U0721373

冯其庸文集

卷二　逝川集

青岛出版社

图书在版编目(CIP)数据

冯其庸文集. 第 2 卷,逝川集 / 冯其庸著. —青岛:青岛出版社,2012.12
ISBN 978 - 7 - 5436 - 8990 - 9

Ⅰ. ①冯…　Ⅱ. ①冯…　Ⅲ. ①冯其庸—文集　②文史—中国—文集
Ⅳ. ①C53　②C52

中国版本图书馆 CIP 数据核字(2012)第 290920 号

责任编辑　赵文生
责任校对　薛天纬　郭铁娜　孙熙春　高海英

逝川集

克全

图版目录

1.在喀什维吾尔族的烤羊肉摊上

2.卡拉库里湖和世界著名高峰慕士塔格峰

3.1998年8月24日，在帕米尔高原之徙多河畔，此为玄奘所经之河，急流如海倒河倾

4.与塔吉克族牧民在一起

5.塔什库尔干唐石头城遗迹，高处为清蒲犁厅，低处为唐城，玄奘曾在此停留

6.帕米尔高原4700米之明铁盖山口，玄奘由此入境归国

3

7.为玄奘入境古道立碑

8.《大唐西域记》里记载的古堡（今称公主堡）

9.罗布泊合影

10.罗布泊地貌（一）

11.罗布泊地貌（二）

12.楼兰三间房

13.作者在楼兰接受中央电视台采访

14.楼兰残存的房屋木构架（一）

15.楼兰残存的房屋木构架（二）

16.楼兰佛塔遗址

17.龙城地貌（一）

18.龙城地貌（二）

19.LE古城遗址

20.楼兰贵族墓外景

21.楼兰贵族墓墓室壁画

22.白龙堆地貌（一）

23.白龙堆地貌（二）

24.汉玉门关（俗称小方盘城）

25.《大唐西域记》所记之古龟兹国（库车）之昭怙厘西寺（一）

26.《大唐西域记》所记之古龟兹国（库车）之昭怙厘西寺（二）

27.昭怙厘东寺之佛塔

28.昭怙厘东寺全景

29.玄奘取经所经古龟兹国的奇异山貌——却勒塔格山峰，山下即取经古道

30.古龟兹国大峡谷之入口处

31.大峡谷中奇峰

32.大峡谷内新发现的唐阿艾石
窟，由此悬梯攀登

33.古龟兹国境内之汉克孜尔尕哈烽燧

34.玄奘西去天竺出国境处别迭里山口之唐粟楼烽燧

17

35.玄奘出国境处的别迭里山口古道

36.去克孜尔千佛洞后山途中

18

37.去克孜尔千佛洞后山寻画家洞的途中,山路十分险阻

38.在画家洞前

39.罗布村之罗布老人

40.与罗布老人

41.塔克拉玛干大沙漠深处千姿百态之胡杨树（一）

42.塔克拉玛干大沙漠深处千姿百态之胡杨树（二）

43.塔克拉玛干大沙漠深处千姿百态之胡杨树（三）

44.矗立在格登山上之纪功碑，乾隆二十年平定
西部立，此处汉代属乌孙国，今地名为昭苏

45.居延海

46.内蒙额济纳旗金色的胡杨林

47. 黑水城佛塔

48. 黑水城城墙

49.大雪山之4200米高处

50.作者在大雪山之4200米高处

51.项羽垓下突围渡淮后之停留处,钟离古城遗址,今称霸王城

52.少十步遗迹

53.阴陵城文物碑

54.大泽今貌

55.东城遗址

56.虞姬墓文物碑

57.四溃山

項羽本紀第七　史記七

項籍者下相人也　地理志臨淮有下相縣其水下流又因置縣故名下相也○索隱曰沛國有相縣故城在泗州宣頊縣西北七十里秦縣項胡講反正義曰括地志云相水出沛國相縣○索隱曰地理志云相縣故城在泗州宣

字羽　索隱曰按序傳籍字子羽也

初起時年二十四其季父　始皇本紀云項燕自殺○索隱

項梁　索隱云崔浩云伯仲叔季兄弟昔反○索隱曰地理志云今陳州項城縣

梁父即楚將項

燕　正義曰燕烏賢反日此云為王翦所煞與楚漢春秋同而始皇本紀云項燕自殺不同者蓋燕為王翦所圍逼而自殺故不同也

為秦將王翦所戮者也

項氏

世世為楚將封於項　正義曰地理志項城縣屬汝南○正義曰括地志云今陳州項城縣

故姓項氏項籍少時學書不成去學劍又

城即古項子國

58.南宋黃善夫本《史記·項羽本紀》（一）

31

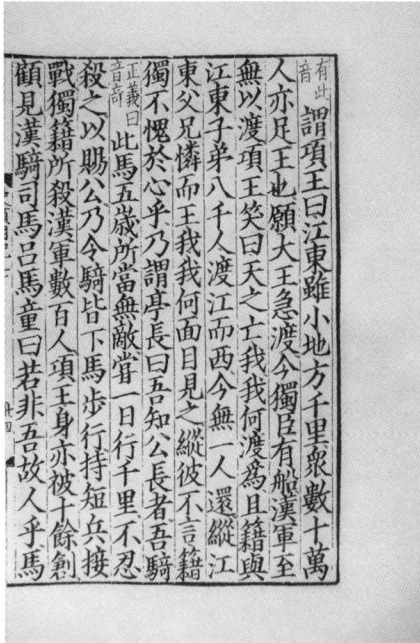

59.南宋黄善夫本《史记·项羽本纪》（二）

60.洛阳新出土之《大秦景教宣元至本经》经幢拓片

61.正德皇帝"罪己诏"（一）

62.正德皇帝"罪己诏"（二）

目　录

目　录

自　序

　　我原有一本文集叫《逝川集》，是文史研究论文的合集，现在我将偏重于文的文章分出来另编一集叫《文心集》，把偏重于史的文章单独成集，仍用原来的名字。

　　除了分出去的一部分文章以外，我把后来写的偏重于史的文章，也都归入本集，这样这个新编的《逝川集》，就成为较偏于史的文集了。不过，以往往往是文史合论的，而我在写文章时，也常常亦文亦史，文史并不分得界线分明。所以现在这本集子，也并不能称史学论文集，只是偏重在史这方面而已。

　　2007 年我发表在《中华文史论丛》上的《项羽不死于乌江考》一文，引起了史学界和社会的热烈争论，有不同意见的争论当然是好事，这是我所乐意看到的。当然这不是一两次争论就能解决的，这需要时间来证明，学术需要认真，也需要耐心。我写《玄奘取经东归入境古道考实》，上了帕米尔高原 4700 米和 4900 米三次，最后我还历尽艰险，终于到了公主堡，这就是玄奘在《大唐西域记》里记载"汉日天种"的故事的地方，这是玄奘以后只有极少数人到过的地方。我既在 4700 米的明铁盖山口找到了玄奘东归入境的古道，又找到了他下山口时经过的古堡，这是我的学术幸运。还有古龟兹国的昭怙厘寺东寺，我直到第五次才找到绕过东西相隔的河道，到了昭怙厘东寺，这也是玄奘记载过的地方，现在仍留有佛塔和寺庙残壁。为了证实玄奘东归入长安前的最后路段，我于2005年9月，从米兰进入罗布泊到达古楼兰，先一天，我们到了楼兰西北的营盘。这一次的考察，共在大沙漠里十七天，使我终于明白了玄奘东归的最后路段，就是他在《大唐西域记》里记载到的那条路线，也就是现在我去考察的这条路线。这十七天的罗布泊、楼兰之行，虽然冒着极大的危险，但终于得到了圆满的结果，解开了千古未解之谜。

玄奘取经东归之路，还剩下从帕米尔塔什库尔干下来到达古于阗国的这一段路程，未经调查考实，但我据《大唐西域记》的记载，已经从南疆的叶城到达棋盘乡并到了它的最南端的玉山，正式的名字叫弥尔岱山。棋盘乡就是《大唐西域记》里记载到的朱俱波，这是唐代的地名，现在叫棋盘乡。这是一个有特殊地形地貌和物产的地方，至今保留的这一切，还与《大唐西域记》的记载一致，特别是悬崖上有僧人居住静修的洞窟佛龛，当地产极好的梨和其他水果，至今仍是如此。我询之当地乡人，他们告诉我从玉山有路可上帕米尔，这个位置就是在帕米尔的东侧，而玄奘就是记载他从帕米尔的东侧下山，经过朱俱波到英吉沙的。所以实际上这条路，我从下面往上走，已走了有一半了，因为于阗和英吉沙我都去过，古于阗国的遗址我也去过，现今的和田与古于阗的位置相去不太远，现今的和田我去过不下四次。我很想再次上帕米尔，从塔什库尔干东侧下来，补完这段从帕米尔到朱俱波的路段，这就完了我的学术心愿，可是我现在身体有问题，2005年我去罗布泊时，也已八十三岁，但身体没有问题，能走路，能爬山，现在却有些困难了，但我仍希望能完此心愿。

我写近年洛阳出土的景教《宣元至本经》经幢的文章，也有点意外，这是由洛阳的朋友送我这件最新出土的经幢拓本引起的，因为早在1946年我在无锡国专读书时，就读过冯承钧先生的《景教碑考》，后来我又特地到西安去考察过这块明代出土的古碑。我也读过国内专家们对景教研究的著作，现在突然见到这件新出土的景教拓本，就引起了我的兴趣，长期积在我心中的这个问题，因为新资料的出现，就促使我写了这篇文章，所以这也是我的学术幸遇。

"文革"中我的家乡因开河挖出一个明代的坟墓，棺材里的尸体未腐，但脑袋已没有了，是用泥塑的脑袋补的。死者胸前挂有一个口袋，内装几份印好的文件，我的侄子拿了一份，其馀同样的几份当时就压到新挖的泥土里了。我侄子将这一份寄给我，让我看看有没有用处，我一看竟是一张明代正德皇帝的《罪己诏》。我立即送到了故宫，但这时正是"文革"高潮，故宫也没有人收，我又拿了回来。前些年，我将这件出土文献无偿捐赠给第一历史档案馆，档案馆后来告诉我，皇帝的"罪己诏"全国只此一份，以前从未见过实物，只从历史文献里读到有皇帝下"罪己诏"之事。前些年，故宫刚好有庆典，约我写文章，我查了《明实录》、《明史·武宗本纪》等资料，结合《罪己诏》本文，写了这篇《明正德九年〈罪己诏〉考及其他》的文章，原来正德皇帝下《罪己诏》，是因为他正月十五玩灯，乾清宫因而着火，烧了一夜，他自己到豹房看到这场熊熊大火，还说"好一棚烟火"。他把这场大火当作元宵的灯火来观赏的，这是《明实录》里的记载。故宫的史料里也没有记这件事。这件《罪己诏》的出土，不仅有了"罪己诏"的实物，也补了故宫史料之缺。

我一贯坚持文献研究与实地调查相结合的学术道路，几十年来我一直如此，玄奘东归入境山口古道的发现，玄奘回归长安最后路段的考实，项羽不死于乌江、曹雪芹堂房老祖宗辽东五庆堂曹氏祖墓的发现，吴梅村墓的发现等等，都是在这一思想指引下得到的结果，如果天假以年，我还将继续这样走下去。

冯 其 庸

2009 年 12 月 27 日清晨

项羽不死于乌江考

乌江自刎，这是千古流传、人人皆知的一个历史人物项羽的结局。但这个传说是否可信却一直没有引起人们的思考，甚至连史学界都一直没有予以注意，一直是沿袭旧说。1985 年 2 月 13 日，《光明日报》发表了安徽定远一个中学老师写的文章，题目是《项羽究竟死于何地?》。他引证《史记》、《汉书》的材料，结合当地的一些遗迹，指出项羽是在东城（今定远）自刎的。文章发表后，颇得到一些好评，还被多家报刊转载。现在，此事已经过去整整二十年了，当时的热点也早已冷却了，事情又回复到原样。我看后来出版的有关书籍，仍旧是项羽自刎乌江。也就是说，这篇文章所提出的项羽自刎于东城的说法没有得到认可。

恰好我从 1982 年起，开始调查《项羽本纪》的一些史迹和地理位置，我曾调查过"下相"（今宿迁，项羽的出生地）、古盱眙（项羽立楚怀王孙心为义帝处）、东阳城（东阳少年聚众起事，立陈婴为长，号为"异军苍头特起"处）等等，后来又调查过鸿沟（在郑州、楚汉相争以鸿沟为界处）、彭城（今徐州）等处。1986 年我又两次调查垓下、灵璧和定远的东城、阴陵、虞姬墓，后来又到乌江作了调查。2005 年 11 月 14 日，我再次到定远调查了东城、阴陵、大泽等遗址，二十年前

1

调查过的古城遗址，现在都已立了碑记。前一次的调查后，我脑子里就一直在思考这个问题，今年的这次调查，使我决心对这个问题作一番考证。

司马迁对项羽败、死的叙论

要考证这个问题，还得从最早的记录——司马迁的《史记》说起。所以还需把《史记》有关的文字全部引录下来，以便检验核证：

《史记·项羽本纪》：

项王军壁垓下，兵少食尽，汉军及诸侯兵围之数重。夜闻汉军四面皆楚歌，项王乃大惊，曰："汉皆已得楚乎？是何楚人之多也！"项王则夜起，饮帐中。有美人名虞，常幸从；骏马名骓，常骑之。于是项王乃悲歌慷慨，自为诗曰："力拔山兮气盖世，时不利兮骓不逝。骓不逝兮可奈何，虞兮虞兮奈若何！"歌数阕，美人和之。项王泣数行下，左右皆泣，莫能仰视。

于是项王乃上马骑，麾下壮士骑从者八百馀人，直夜溃围南出，驰走。平明，汉军乃觉之，令骑将灌婴以五千骑追之。项王渡淮，骑能属者百馀人耳。项王至阴陵，迷失道，问一田父，田父绐曰"左"。左，乃陷大泽中。以故汉追及之。项王乃复引兵而东，至东城，乃有二十八骑。汉骑追者数千人。项王自度不得脱。谓其骑曰："吾起兵至今八岁矣，身七十馀战，所当者破，所击者服，未尝败北，遂霸有天下。然今卒困于

2

此，此天之亡我，非战之罪也。今日固决死，愿为诸君快战，必三胜之，为诸君溃围，斩将，刈旗，令诸君知天亡我，非战之罪也。"乃分其骑以为四队，四向。汉军围之数重。项王谓其骑曰："吾为公取彼一将。"令四面骑驰下，期山东为三处。于是项王大呼驰下，汉军皆披靡，遂斩汉一将。是时，赤泉侯为骑将，追项王，项王瞋目而叱之，赤泉侯人马俱惊，辟易数里。与其骑会为三处。汉军不知项王所在，乃分军为三，复围之。项王乃驰，复斩汉一都尉，杀数十百人，复聚其骑，亡其两骑耳。乃谓其骑曰："何如？"骑皆伏曰："如大王言。"

于是项王乃欲东渡乌江。乌江亭长檥船待，谓项王曰："江东虽小，地方千里，众数十万人，亦足王也。愿大王急渡。今独臣有船，汉军至，无以渡。"项王笑曰："天之亡我，我何渡为！且籍与江东子弟八千人渡江而西，今无一人还，纵江东父兄怜而王我，我何面目见之？纵彼不言，籍独不愧于心乎？"乃谓亭长曰："吾知公长者。吾骑此马五岁，所当无敌，尝一日行千里，不忍杀之，以赐公。"乃令骑皆下马步行，持短兵接战。独籍所杀汉军数百人。项王身亦被十馀创。顾见汉骑司马吕马童，曰："若非吾故人乎？"马童面之，指王翳曰："此项王也。"项王乃曰："吾闻汉购我头千金，邑万户，吾为若德。"乃自刎而死。王翳取其头，馀骑相蹂践争项王，相杀者数十人。最其后，郎中骑杨喜、骑司马吕马童，郎中吕胜、杨武各得其一体。五人共会其体，皆是。故分其地为五：封吕马童为中水侯，封王翳为杜衍侯，封杨喜为赤泉侯，封杨武为吴防侯，封吕胜为涅阳侯。

……

太史公曰：……自矜功伐，奋其私智而不师古，谓霸王之

3

业，欲以力征经营天下，五年卒亡其国。身死东城，尚不觉寤，而不自责，过矣。乃引"天亡我，非用兵之罪也"，岂不谬哉！

《史记·高祖本纪》：

　　五年，高祖与诸侯兵共击楚军，与项羽决胜垓下。……（项羽）大败垓下。项羽卒闻汉军之楚歌，以为汉尽得楚地，项羽乃败而走，是以兵大败。使骑将灌婴追杀项羽东城，斩首八万，遂略定楚地。

《樊郦滕灌列传》：

　　项籍败垓下去也，婴以御史大夫受诏将车骑别追项籍至东城，破之。所将卒五人共斩项籍，皆赐爵列侯。降左右司马各一人，卒万二千人，尽得其军将吏。下东城、历阳。渡江，……

《史记·高祖功臣侯者年表第六》：

　　魏其（周定）
　　以舍人从沛，以郎中入汉，为周信侯，定三秦，迁为郎中骑将，破籍东城，侯，千户。
　　涅阳（吕胜）
　　以骑士汉王二年从出关，以郎将击斩项羽，侯，千五百户，比杜衍侯。

中水（吕马童）

以郎中骑将汉王元年从起好畤，以司马击龙且，复共斩项羽，侯，千五百户。

杜衍（王翳）

以郎中骑汉王三年从起下邽，属淮阴，从灌婴共斩项羽，侯，千七百户。

赤泉（杨喜）

以郎中骑汉王二年从起杜，属淮阴，后从灌婴共斩项羽，侯，千九百户。

吴房（杨武）

以郎中骑将汉王元年从起下邽，击阳夏，以都尉斩项羽，有功，侯，七百户。

高陵（王周）

以骑司马汉王元年从起废丘，以都尉破田横、龙且，追籍至东城，以将军击布，九百户。

以上是《史记》中有关项羽之死的全部文字，此外如《汉书》、《资治通鉴》、《通鉴记事本末》等书，也全同《史记》，故不再引。从上述《史记》有关项羽之死的全部文字中，除《项羽本纪》中有"于是项王乃欲东渡乌江，乌江亭长舣船待"两句涉及乌江，当另作分析外，其馀无一处写到项羽乌江自刎，相反，却是明确说"身死东城"（《项羽本纪·太史公曰》）。《高祖本纪》则说："使骑将灌婴追杀项羽东城。"《灌婴列传》则说："婴以御史大夫受诏将车骑别追项籍至东城，破之，所将卒五人共斩项籍。"《高祖功臣侯者年表第六》则称"破籍东城"，"击斩项羽"，"共斩项羽"，"从灌婴共斩项羽"，"以都尉斩项羽"，"追籍至东城"等等，因为他们都是从灌婴追杀项羽于东城的，所以有的只简略地说"共斩项羽",其地点当然都是东城。由此可见,《史记》里确实不存在乌江自刎之说。相反,却是用论断式的语言说:"身死东城,尚不觉寤,而不自责,过矣。乃引'天亡我,非用兵之罪也',岂不谬哉!"司马迁这样斩钉截铁的断语,以后的班固、司马光、袁枢等,都没有异辞,这难道还不足以说明问题吗?

那末,《项羽本纪》"项王乃欲东渡乌江,乌江亭长檥船待"一段文字将作如何解释呢?

这正是问题的关键。我认为后世的误解正是从这里开始的。当然后世的误解,以讹传讹,远远超出了司马迁的这段文字,完全违背了司马迁的原意,这将留待后面详谈。现在先说这一大段文字本身的问题。

一、项羽当时所在的地点

《项羽本纪》:"项王至阴陵,迷失道,问一田父,田父绐曰'左'。左,乃陷大泽中。以故汉追及之。项王乃复引兵而东,至东城,乃有二十八骑。汉骑追者数千人。项王自度不得脱。"

据此,项羽当时的地点是在东城,而"汉骑追者数千人,项王自度不得脱"后面还有"卒困于此"、"天之亡我"、"今日固决死"等这些话,可见项羽已困死在东城,不可能突围出去了。司马迁的这些明确的叙说,加上这个地理环境,是这一历史事件的基本事实,我们分析问题,不能离开这个基本事实作任意的猜测。

二、项王乃欲东渡乌江

这句话,是意向性的话,是想东渡乌江,而不是已经到了乌江。一个"欲"字,充分说明了它的意向性和它的未遂性。这是一。其次是"东渡"这个词。这个词既具有方向性,又含有距离感。"东"字表明乌江在东城的东面,而且含有一定的距离。方向性加距离感,说明乌江在东城的东面,还有一定的距离。(据安徽省交通部门提供的资料,东城离乌江还有二百四十华里)如果说项羽已经到了乌江渡口,而且渡船已在等待,项羽是站在乌江岸边,那就不是"欲东渡"的问题,而是立刻上渡船的问题了。否则他突围到乌江来干什么呢?难道还要想想要不要渡乌江吗?正是因为他还在东城,离乌江还远,所以说这句既有方向性又有距离感并且是意向性的话。所以我们分析问题,千万不能把项羽所处的地理位置弄模糊了,更不能把这句话的实在语义弄错了。项羽此时是在东城,这一点必需明确记住。项羽是"欲"(要想)"东渡",实际上还没有离开东城。因为一个"欲"字,不可能把项羽一下就转到了二百四十里外的乌江。

三、乌江亭长檥船待,谓项王曰:"江东虽小,地方千里,众数十万人,亦足王也。愿大王急渡。……"项王笑曰:"天之亡我,我何渡为!……"

这段文字,与上文明显矛盾。上文是说"于是项王乃欲东渡乌江",这话是说项羽自己想渡乌江,乌江亭长是顺着他的思路劝他速速渡江。不料项羽却突然来了一个一百八十度的大转弯,说"天之亡我,我何渡为?"好像他根本没有想渡乌江,上文"欲东渡乌江"好像根本不是他的念头似的,文章前后明显的矛盾不接。这是矛盾之一。

"乌江亭长檥船待",这句话让人产生错觉,好像乌江亭长和项羽都已经在江边渡口了。而实际上项羽并未离开东城,也已不可能离开东城。所以这句话并非写实,乌江渡口离开东城还有二百四十华里,乌江亭长怎么可能檥了船,跑到东城来接项羽呢?这是文章明显的纰漏。这是矛盾之二。

那末太史公的文章会有矛盾纰漏吗?有。这种矛盾纰漏前人早已指出。东汉班固《汉书·司马迁传》说:"其言秦汉详矣,至于采经摭传,分散数家之事,甚多疏略,或有抵捂。"六朝宋裴骃《史记集解·序》说:"骃以为固之所言,世称其当。虽时有纰缪,实勒成一家,总其大较,信命世之宏才也。"近人李长之也说:"他在《史记》中根据

7

已成的东西处是远超过于自己的摸索的。懂得这种情形，就不怪《史记》中风格之杂了，也不暇怪他偶而有着矛盾了。"① 可见无论是古人或今人，都已经注意到《史记》的叙事中，是存在着"矛盾"和"纰缪"的，那末这种现象是怎样产生的呢？最早班固就指出："故司马迁据《左氏》、《国语》，采《世本》、《战国策》，述《楚汉春秋》，接其后事，讫于天汉。"所以"甚多疏略，或有抵捂"。② 司马贞也说："其属稿，先据《左氏》、《国语》、《系本》（按：即'世本'。避李世民讳，改'世'为'系'）、《战国策》、《楚汉春秋》及诸子百家之书，而后贯穿经传，驰骋古今，错综隐括，各使成一国一家之事，故其意难究详矣。"他在《后序》里又说："太史公之书，既上序轩黄，中述战国，或得之于名山坏壁，或取之以旧俗风谣。故其残文断句，难究详矣。"③ 近人李长之则说：司马迁著作的根据，大概不外是："一、政府的档案，二、现成的书篇，三、父亲的旧稿，四、实际的见闻，五、自己的推断。""懂得这种情形，……也不暇怪他偶尔有着矛盾了。"④ 总之，"项王乃欲东渡乌江"与下文的"天之亡我，我何渡为"是前后矛盾的，而"乌江亭长檥船待"这句话并非实写，与当时所处的地理位置也完全不相符，所以是完全不可能的事。因此这句话是不足为据的。

　　上文已经提到，司马迁写《史记》引用了前人很多的书，特别是《楚汉春秋》引用最多。《楚汉春秋》是陆贾所作，陆贾是刘邦同时人，《史记·陆贾列传》云：刘邦"乃谓陆生曰：'试为我著秦所以失天下，吾所以得之者何，及古成败之国。'陆生乃粗述存亡之征，凡著十二篇。每奏一篇，高帝未尝不称善，左右呼万岁，号其书曰《新语》。"据近

---

① 李长之《司马迁之人格与风格》。1948 年开明书店版。
② 班固《汉书·司马迁传》。
③ 唐司马贞《史记索隐·序》《后序》。
④ 李长之《司马迁之人格与风格》。1948 年开明书店。

人金德建先生考证，这部《新语》，就是《楚汉春秋》。① 他还说："陆贾当时著作这部《楚汉春秋》的原委，既然是要上奏于汉高祖的，所以他在史笔的叙次上就不免有好些地方要扬汉抑楚，以迎合高祖的心理。"按《楚汉春秋》已佚，今有辑逸本，载《丛书集成续编》。另有王利器先生辑本，载王著《新语校注》附录。② 我检辑本，如"沛公西入武关，居于灞上，遣将军闭函谷关，无内项王"条，"项王在鸿门，而亚父谏曰：'吾使人望沛公，其气冲天，五色相缪，或似龙，或似蛇，或似虎，或似云，或似人，此非人臣之气也，不若杀之'"条，"沛公脱身鸿门，从间道至军。张良、韩信乃谒项王军门曰：'沛公使臣奉白璧一只献大王足下，玉斗一只献大将军足下。'亚父受玉斗，置地，戟撞破之"条，"项王为高阁置太公于上，告汉王曰：'今不急下，吾烹太公。'汉王曰：'吾与项王约为兄弟，吾翁即汝翁，若烹汝翁，幸分我一杯羹'"条，"美人和项羽歌"条等，均见之于《项羽本纪》，文字当然有所不同。同样也可查到若干条见于《高祖本纪》。如"上过陈留郦生求见"条，"高祖向咸阳，南攻宛，宛坚守不下，乃匿其旌旗，人衔枚，马束舌，龙举而翼奋，鸡未鸣，围宛城三匝，宛城降"条。还有若干条是《项羽本纪》、《高祖本纪》共见的。所以从现今残存的《楚汉春秋》的文字来看，可以确信司马迁的《史记》是较多地采用《楚汉春秋》的文字的，当然在采用时有些条文字变动较多，有些条变动较少。可惜此书残缺太多，无法一一查对。如《楚汉春秋》除以上所举各条外，还保存着虞姬的和歌原文，而《项羽本纪》只说"歌数阕，美人和之"。也可能司马迁为使文章雅洁，采用了项羽的歌词，省去了虞姬的和歌。现在《史记》"正义"却注明：《楚汉春秋》云："歌曰：'汉兵已略地，

---

① 见金德建著《司马迁所见书考》，1963 年上海人民出版社出版。

② 王利器先生认为《新语》不是《楚汉春秋》，王先生已有《新语校注》，并附《楚汉春秋》佚文，可参。中华书局 1986 年，页 184、185、186。

四方楚歌声。大王意气尽，贱妾何聊生。'"可惜《楚汉春秋》于"垓下之围"以后的文字，全部断缺，只到"美人和歌"为止。我揣想垓下之围以后的文字，《楚汉春秋》不可能没有，因为这正是项羽彻底失败毁灭，刘邦取得最后伟大胜利的重要情节，陆贾不可能不写出来取悦于汉王。甚至"高祖未尝不称善，左右呼万岁"等等情节，也可能就是因为看到了写项羽最终失败自刎的结局而"左右呼万岁"的，因为楚汉之争，高祖最大的胜利，无过于消灭项羽了，所以我认为《史记·项羽本纪》的最后一段文字，完全有可能是采自《楚汉春秋》的，文字则略作整饰。现今东城之围一段前后矛盾的文字，其根子也可能即在《楚汉春秋》。这当然是我的一种推测，并不是确证。但不论怎样，现存的这段文字是确实存在着矛盾的，这是客观的存在。而另一客观存在，是《史记》里无论是《项羽本纪》、《高祖本纪》、《樊郦滕灌列传》等等，确是无一字说到项羽乌江自刎，相反倒是明确说"身死东城"，其他有关的文字，也与此完全相同，绝无异词。当然还有一种可能，上述矛盾，是《史记》在传抄中的错简（说详下节）。我们知道《史记》有六朝抄本二种：《史记集解张丞相列传》残卷，此卷日本高山寺藏，罗振玉有影印本；另一种是《史记集解郦生陆贾列传》一卷（藏、印同上）。另有唐抄本九种，宋刊本若干种，均详见贺次君著《史记书录》。贺次君还说："传世《史记》各本，文字互有差错，时愈晚而错愈多，故凡旧抄皆胜于宋以后刊本。"这话我认为是可信的，我曾检过南宋建安黄善夫本、南宋乾道七年蔡梦弼本、南宋淳佑三年张杅桐川郡斋本，这三个南宋本，只有一字之差，即黄本作"吾为汝德"，其馀两本均作"吾为若德"。可见《史记》到南宋文字已定型了，至于北宋以前如何，因未见本子，不敢妄测。但《汉书·司马迁传》说："迁既死后，其书稍出，宣帝时迁外孙平通侯杨恽祖述其书，遂宣布焉。"又《宣元六王传》云：东平思王宇，成帝时"后年来朝，上疏求诸子及《太史公书》",未予。《后汉书》之《窦融传》云:"光武赐融以外属图及太史公《五宗》、《外戚世家》、《魏其侯列传》。"又《循吏传》云:永平十二年,……赐(王)景《山海经》、《河渠书》、《禹贡图》。《后汉书》注:《河渠书》就是《史记》。可见《史记》自西汉宣、成之世,到东汉初已开始流传,并且开始是以单篇流传的,后来才有全书。因当时是以竹、木简书写,一部《史记》,当然要汗牛充栋了,所以先以单篇流传是很自然的,这样当然更容易残损和致误。现在我们既读不到接近原著的《史记》,也读不到完整的《楚汉春秋》,对于上述矛盾,当然无法解决,但我们也不可能凭空把它解释为项羽已经到了乌江,因为乌江在汉代属历阳(唐称和州),与东城是相隔遥远的不同地域,如项羽真死在乌江,则司马迁的论赞就应该说"身死历阳"或者迳说"身死乌江",而不应该说"身死东城",《高祖本纪》也应该说"使骑将灌婴追杀项羽历阳"或"乌江",而不应该说"东城"。归根结蒂,《史记》说项羽死于东城是没有错,"项羽乌江自刎"的空穴来风,与《史记》并无关系。《史记》"项王乃欲东渡乌江"这一段文字的前后矛盾是客观存在,不能曲为之解。项羽既不能一转念就出去二百四十里,乌江亭长也不可能单身独行二百馀里杀入重围到东城来救项羽。所以这个矛盾只能把它揭示出来,以得后解。

我们的时代,是一个文化大发现的时代,半个多世纪以来,出土了大量的战国到汉代的竹木简牍,也许有一天会出土《史记》的竹简或木简。那末,或许又有一番奇观了。这个想法并不是异想天开,上个世纪初,斯坦因在新疆和阗、尼雅、楼兰以及敦煌等地,发掘了大批汉文及粟特文、佉卢文、婆罗谜文书,1914年王国维、罗振玉考释并出版了这批文献,名曰《流沙坠简》。其中就有一简是《史记·滑稽列传》的文字,共31字,其文字与今本颇有异同。由此可证,《史记》确有简书流传后世的。

从司马迁对项羽自垓下至东城
的战斗历程的叙述来看项羽的死地

大家知道，司马迁《史记》在叙事上是非常讲究章法和文法、字法的，所以在《史记》的研究中，有的是专从文章的角度来研究的，如明代的归有光、方苞，清代的吴见思、乐生翁等等，都有这方面的专门著作。

《归方评点史记合笔》卷一说：

> 按《羽纪》，史公极力用意之作，钜鹿、鸿门、彭城、广武、垓下皆不惜详尽，极详尽处省少一字不得，且读之惟恐其少也。顾炎武曰：秦楚之际兵所出入之途，曲折变化，唯太史公叙之如指掌，以山川郡国不易明，故曰东曰西曰南曰北，又以关塞江河为一方界限，一言之下，瞭然形势，故于《项羽纪》则曰：梁以八千人渡江而西，曰羽悉引兵渡河，曰羽将诸侯兵三十馀万引略秦地，至河南，曰羽渡淮，曰羽遂引兵东，欲渡乌江。于《高帝纪》则曰：出成皋、玉门，北渡河。曰引兵渡河，复取成皋。自古史书兵势地形之详，未有过于此者。史公胸中固有一天下大势，非后世书生所能成也。

吴见思《史记论文》说：

> 当时四海鼎沸，时事纷纭，乃採三寸之管，以一手独运，

岂非难事。他于分封以前如召平，如陈婴，如秦嘉，如范增，如田荣，如章邯诸事，逐段另起一头合到项氏，百川之归海也。分封以后，如田荣反齐，如陈馀反赵，如周吕侯据下邑，如周苛杀魏豹，如彭越下梁，如淮阴侯举河北，逐段追叙前事，合到本文，千山之起伏也，而中间总处、提处、间接处、遥接处，多用"于是""当是时"等字，神理一片。

项羽起兵伐秦，是自东而西，伐齐，则自西而东，与汉王战，又自东而西，解而归至乌江，则又自西而东。东西字，是一篇眼目。

八千人渡江而西，忽化而为二万，六七万，数十万，忽化而为八百馀人，百馀人，二十八骑，至无一人还。其兴也如江涌，其亡也如雪消。令人三叹。

乐生翁《史记别钞》说：

项王起江东，西渡江渡淮，北渡河救赵破秦，西入关剖封侯王，东归彭城，北破齐城阳，南逐汉灵璧，西拒成皋，东败走乌江，篇中东西南北字，指画分明，虽地名可更，形势不易，后人无须按图考志，已踪迹其去来也。其间最紧要者，数东西字，已尽楚汉兵势。

史公独以东西字点此一大棋局，输赢著路，瞭然在目，非深达兵事，的知枢轴，乌能成此史文者乎。

以上各家都特别注意到司马迁文章的章法、文法、字法以及它的文学气质。记得我幼年读到归方《史记》和吴见思的《史记论文》时，眼睛为之一亮，觉得以此法读《史记》便会头头是道，条理分明。可惜以上各家于项羽之死皆拘于成说，而忽略太史公的原文字法。现在我即以此法来检读《项羽本纪》自垓下之围到东城自刎的一段文字的关节。

"直夜溃围南出"一句，一是点明时间，直夜，就是午夜，子夜。人们称白天"日头直"是正午，则夜间也是月亮当空正直的时候称直夜。因为这时正是人们熟睡的时候，所以项羽选择此时"溃围"。但实际上项羽是未经战斗逃窜出去的，故汉军直到天亮才发觉，如果当时经过战斗，则早已被发觉了，不待"平明，汉军乃觉之"了。二是点明方向，是"南出"。这是十分重要的一个字眼。项羽为什么要"南出"，因为此时只有东南方向还是他的地盘，东南方向就是楚尾吴头，就是他的起兵之地。他起兵是八千人渡江而西，现在相反是向东南，所以从根本来说，项羽当时是想渡淮后再作挣扎的。其中也包含着渡江重回吴中起兵之地，否则他往东南方向突围就无意义了。（请参阅图一：项羽垓下至东城败退路线示意图）

这一段关键的字眼，一是"八百馀人"，点明人数；一是"渡淮"，一个"渡"字，表明已经过了淮河。这是太史公文章交待地点的关键性的字眼，古人称为文章的眼目。之后就是"骑能属者百馀人耳"。特别要注意的是从垓下到淮河渡口，距离不远，只有九十多华里，这短短的距离，经过渡淮，"八百馀人"只剩下"百馀人耳"，可见当时仓皇出逃，败得凄惨，也是项羽所意想不到的。

过淮河以后，继续向南奔逃，但这时方向已偏向西南，因为阴陵在西南向。关键的字眼是"项王至阴陵"。一个"至"字，明确交待项羽已到了阴陵。下面的一句"迷失道，问一田父，田父绐曰'左'。左，乃陷大泽中"。这里关键的字眼是一个"左"字。实际上当时项羽是自北向南奔逃的，项羽的"左"，应是项羽的东边，这是他的出路所在。只有田父的"左"，才是西边，才是大泽。我曾两次到阴陵调查，第二次就是今年11月16日，今阴陵旧城址尚在，已立有文物保护碑，老百姓叫此处为古城村。当时田父是面向项羽，是面北背南，所以他说"左"，是西边。看来田父是用手指着方向说"左"的，项羽是依照他的指点向左即向西去的，所以才会陷入大泽中，如果按照项羽的位置向左，正好是向东南，这正是项羽的出路。田父要不是用手指着方向说"左"，项羽也许就不会向西陷入大泽中。如今从古城村向西，便是一片大泽，其最低洼处至今仍是一片茫茫无际的湖泊，水面上有长数公里的窑河大桥。项羽因为陷大泽中，"以故汉追及之"，从文章来看，此时的"追及"，当是说已经撵上，尚未接战，也就是说项羽与汉军还隔着一段距离。所以项王才能"乃复引兵而东，至东城。乃有二十八骑，汉骑追者数千。"这里的关键字眼是"至东城"。一个"至"字，明确标明项羽已到了"东城"，而且"汉骑追者数千人"。还有一个关键字眼是"乃有二十八骑"。项羽渡淮后"骑能属者百馀人"，也就是过淮河的还有百馀人，但从渡淮到阴陵只有不到一百华里的路程，项羽却从"百馀人"减少到只有二十八骑。可见此时项羽真正已经势寡力薄、穷途末路了。

下面一段，还有三个关键字眼。一是"项王自度不得脱"。这是司马迁明确的交待，项羽已不可脱身了。二是"今卒困于此，此天之亡我，非战之罪"。这是司马迁再次点明项羽已败定了，别无其他出路了。三是"今日固决死"。这更是十分明确地说明项羽已"必死"。以上这三处都是用项羽自己的话说出来的，更显得项羽自己已经感到自己已面临末日了。下面虽然还有"愿为诸君快战"的一场战斗。但这只不过是表现项羽至死不悟，表现项羽刚愎的性格，表明他"霸王之业欲以力征经营天下"的错误思想而已。在项羽也并不是为了作突围的冲杀，只不过是为了证明不是自己打不过人家，是天要灭亡自己而已。在他的脑子里已是"今日固决死"的结局。经过这场战斗，二十八骑剩了二十六骑。

　　总结上面这段文字的叙述方法，用字的特点，是项羽每到一处，都有明确的字眼来表达，如"项王渡淮"，明确用一个"渡"字，"项王至阴陵"，明确用一个"至"字，"至东城"，明确用一个"至"字，而且还加上"自度不得脱"，"卒困于此"，"今日固决死"，三个定语。这就说明项羽再也无法脱身了。司马迁的这些字眼，都是用得非常慎重准确的，无一词是游移模棱之词。所以项羽被困在东城是确定无疑的，是太史公文章的明确交待。

　　再看下文"于是项王乃欲东渡乌江"。上文所述，项羽无论是"渡淮"，"至阴陵"，"至东城"，都是用的实字，但到这句却用了一个"欲"字，这是个虚字，是一转念，不是已经到了，它与"至"字是完全不同的概念。不可能项王一转念间就到了二百四十里外的乌江，更不可能项王一转念，远在二百馀里外的乌江亭长就来了。所以这句话，不仅与下文"乌江亭长檥船待"有矛盾，与上文"自度不得脱""固决死"等话，也前后矛盾。总之一个"欲"字，不能解释为已经到了乌江。这是没有任何别的办法可以疏解这个字的。

　　所以我认为这两个句子，其中可能有错简，我设想，可能"于是项王乃欲东渡乌江"一句文字有脱漏，我以为"于是项王"下脱"之众"（大意）这样两个字，全句应为"于是项王之众乃欲东渡乌江"。这就是说想东渡乌江的不是项王，而是项王的部从，所以下文紧接乌江亭长的一段劝说，然后接"项王笑曰，天之亡我，我何渡为"一大段说明项王不能渡江的道理。这样文章才上下贯通，没有矛盾。所以我怀疑在"于是项王"下文字有脱漏。

　　另外，还有一个问题，项羽困在东城，已只有二十六人。乌江亭长既不能从天而降，为什么凭空多出一个乌江亭长来？如果要勉强解释一下，那末这个乌江亭长就是二十六人之一，他或原是乌江亭长。乌江对岸就是金陵，是吴地，渡船是两面停靠的，这一面是楚，那一面是吴，正是吴头楚尾。也许这个亭长就是当年随项羽从征的八千子弟之一，现在转战至此，他熟知吴中情况，也熟知乌江渡口的渡船，故劝项羽东渡乌江。而且说："江东虽小，地方千里，众数十万人，亦足王也。愿大王急渡。今独臣有船，汉军至，无以渡。"这段话的口气，一是极熟悉吴中情况，二是更清楚乌江渡口的情况。所以我设想这个乌江亭长只能是二十六人之一。我的这一猜测，当然没有任何根据，但二十六人以外，不可能多出一个人来，因为东城离乌江还有二百四十华里，是无论如何来不了人的。

总之，"项王乃欲东渡乌江，乌江亭长檥船待"两句，无论如何是前后矛盾的。这个矛盾，如果从上面分析的是由于文字脱漏造成的，那这个矛盾就能顺利解决了。总之，从司马迁的用字的准确性来说，从他的文法字法来说，已经明确交待项羽已逃不出东城了，所以他的论赞说"身死东城"是十分确切的，无可怀疑的。

因《史记》原文叙述上的矛盾引起
各家疏解上的矛盾

由于上述《史记》本文的矛盾，所以以后各家的注释，也往往随之而差错。

先说《史记》三家注。《史记》正文"期山东为三处"句下，"正义"云："期遇山东分为三处，汉军不知项羽处。《括地志》云，九头山，在滁州全椒县西北九十六里。《江表传》云：项羽败至乌江，汉兵追羽至此（指'九头山'——庸），一日九战，因名。"按："正义"注文第一句还紧扣《史记》正文，《史记》正文所说的这座"山"，虽然未提山名，它的位置在东城是毫无问题的，但"正义"的第二句注文却引《括地志》冒出来一个"九头山"，而且一下扯到了"滁州全椒县西北九十六里"，这就已远离《史记》正文了。更离奇的是下文又引《江表传》，说"项羽败至乌江，汉兵追羽至此，一日九战，因名"。一下"九头山"又到了乌江，山的名字是因为"一日九战"而得名。为什么"一日九战"就叫"九头山"呢？实在有点牵强。所以细按这些注文，都经不起深究。按常理，注释是注解正文的，《史记》正文并未提到九头山，注文却突然冒出了个"九头山"，正文的地点明明是在东城，注文却把地点转移到全椒县，又转移到乌江，越转越远，而且连所谓的"九头山"也从全椒转到了乌江。可见这几条注文是不可信的。[①] 2005年11月，我请定远县文化局长计正山同志亲自到全椒作了认真调查，实地调查的结果是，全椒县根本没有九头山。[②] 何况据《本纪》明确说："自度不得脱"，"卒困于此"，"今日固决死"，可见项羽已不可能突围出来了，怎么可能再到全椒和乌江呢？1986年，我曾到乌江调查过，也没有听说有什么九头山。2006年1月，计正山同志又到和县调查过，和县也没有"九头山"。可见《括地志》和《江表传》的著者都未经实地调查，只是以讹传讹，不可轻信。三家注在"项王乃欲东渡乌江"句下注云：《集解》："瓒曰，在牛渚。"据《元和郡县志》江南道宣州当涂县："牛渚山，在县北三十五里。山突出江中，谓之牛渚圻，津渡处也。"按：牛渚，就是现在长江南岸的采石矶，属当涂县。在乌

---

　　① 九头山，后称九斗山，其来历请参见拙作《地理学奇观——千百年来一座有名无实的"九斗山"》。

　　② 按：《括地志》载：全椒县西北九十六里有"九斗山"。《江表传》又说乌江有九斗山。为了核实"九斗山"，定远县文化局长计正山同志亲自到全椒县作了实地调查。全椒县根本无九斗山。以往旧县志上有九斗山的记载，但地面上实无此山，是陈陈相因，沿袭旧说之误。1988年重修《全椒县志》，经核查，已纠正旧误。故1988年的新《全椒县志》上已无九斗山，纠正了旧误。我们又调查了和县，和县更无九斗山。故以上两书均误。

江斜对岸，中间隔着一条大江。如果按照这条注释，则项羽之死，不仅不在东城，也不在乌江，而是项羽早已过江了。所以上面这三条古人的注释，都远离史实，也不符合历史地理，都不能作为依据。三家注"正义"还说："《括地志》云：乌江亭，即和州乌江县是也。晋初为县，注《水经》云：江水又北，左得黄律口，《汉书》所谓乌江亭长檥船以待项羽，即此也。"这条注释，是就地名注地名，根本不分析《史记》文意，反而把"乌江亭长檥船待"一句不实之辞加以坐实，正叫做望文生义。孟子说："尽信书，则不如无书"，用在这三条注释上，真是十分确切。

以上是三家注的问题。其错都在不细研史文，不详细实地查勘地理位置。都是从书本到书本，互相沿袭。古人读史，贵在实地查勘，方能避免差错，以上注文，可见皆远离史实及其所发生的地理环境。

下面再说近现代的注疏。

我阅读了一部分近现代人关于《史记》的笺注及有关项羽的文章，对于《项羽本纪》"垓下之围"以下一段文字的地理注释，大致有三种情况，一种是就地名注地名，如"阴陵"，一般都注："秦县名，县治在今安徽定远西北。""东城"："秦县名，县治在今安徽定远东南。""乌江"："指乌江浦，津名，即今安徽和县东北四十里长江西岸渡口。"有的则注："乌江，即今安徽和县东北的一段长江，江西岸有个渡口名乌江浦。"另一种情况是在同一部书（《史记》）的注释里，前后自相矛盾。如在《高祖功臣侯者年表第六》："魏其。以舍人从沛。以郎中入汉，为周信侯，定三秦，迁为郎中骑将，破籍东城，侯，千户"条下注云："'破籍东城'，汉五年，楚汉决战垓下，项籍军败走，汉骑将灌婴追杀项羽东城，斩首八万，略定楚地。魏其侯周定破项籍东城，即指此次战役。"这条注释，明确注出"灌婴追杀项羽东城"，与《年表》的正文、《项羽本纪》的正文、《高祖本纪》的正文、《灌婴传》的正文都相一致，自然不误。但此书在"涅阳。以骑士汉王二年从出关，以郎将击斩项羽，侯，千五百户，比杜衍侯"条下注云："'以郎将击斩项羽'，项羽兵败自刎乌江，王翳取其头，杨喜、吕马童、杨武、吕胜各得其一体。"这里又说"项羽兵败自刎乌江"，与上条注发生了矛盾，同时也与《史记》之《项羽本纪》、《高祖本纪》、《灌婴传》等正文发生了矛盾。这是同一部《史记》的注释在项羽死地的问题上表现出来的前后不一致。第三种情况，是认为项羽是死于乌江，说死于东城是"误"，观点明确，前后数处注释皆统一。例如注《项羽本纪》"身死东城"说："按：项羽败走至东城，以二十八骑大力冲杀汉军后，始南逃至乌江浦，自刎而死。乌江浦当时属历阳县，离东城百馀里。"在注"天亡我，非用兵之罪也"条时说："按：项氏此语的确是在东城大战时对部下所讲，也正因此史公遂连类而说他'身死东城尚不觉悟'，但实际项羽并非死于东城。"在注《灌婴传》"下东城、历阳"条时说："历阳，秦县名，即今安徽和县。按：据《项羽本纪》，项羽在东城又进行了一场战斗后，南逃至乌江浦，自刎而死。乌江浦即在历阳东南的长江边上，上文乃叙吕马童等五人共杀项羽于东城。误。"

　　以上三种注释，第一种是就地名注地名，不及文义，可以不论。第二种是自相矛盾的两种说法，一种认为死于东城，这与《史记》本文合，可以不论；第二种认为"项羽兵败自刎乌江"，这与下面第三种注的意见一致，所以实际上只有一种意见，即第三种项羽死于乌江的意见，值得讨论。

　　第三种注释的意见说：项羽"南逃至乌江浦，自刎而死。……上文乃叙吕马童等五人共杀项羽于东城，误。"这里注者所指的"上文"，是指《史记·灌婴传》"下东城、历阳"以上的一段文字。现将这一段《灌婴传》原文录下，以便讨论。

　　项籍败垓下去也，婴以御史大夫受诏将车骑别追项籍至东城，破之。所将卒五人共斩项籍，皆赐爵列侯。降左右司马各一人，卒万二千人，尽得其军将吏。下东城、历阳。渡江，破吴郡长吴下，得吴守，遂定吴、预章、会稽郡。还定淮北，凡五十二县。

注文所说"叙吕马童等五人共杀项羽于东城"的原文在《项羽本纪》，《本纪》说：

　　（项羽）乃令骑皆下马步行，持短兵接战。独籍所杀汉军数百人，项王身亦被十馀创。顾见汉骑司马吕马童，曰："若非吾故人乎?"马童面之，指王翳曰："此项王也。"项王乃曰："吾闻汉购我头千金，邑万户，吾为若德。"乃自刎而死。王翳取其头，馀骑相蹂践争项王，相杀者数十人。最其后，郎中骑杨喜，骑司马吕马童，郎中吕胜、杨武各得其一体。五人共会其体，皆是，故分其地为五。

以上两段文字需要合看，才能辨析明白到底《史记》的原文误不误，到底项羽是死于东城，还是死于乌江。

　　先说《本纪》的这段文字。第一，项羽"令骑皆下马步行，持短兵接战"的这场战斗的地点问题。这场战斗是承上文"今日固决死，愿为诸君快战"而来的，是整个东城之战的一部分，因而地点是在东城，不是在乌江。这一点注者也是这个看法，注文说："项羽败走至东城，以二十八骑大力冲杀汉军后，始南逃至乌江浦"，注者还说："项羽在东城又进行了一场战斗后，南逃至乌江浦。"这里"下马步行，持短兵接战"的这场战斗确是在东城，意见一致，没有分歧。第二，注者说：

"上文乃叙吕马童等五人共杀项羽于东城，误。"按吕马童等五人共杀项羽事，详见《项羽本纪》，《灌婴传》是简述，都不误。注者的意思是说《灌婴传》里说灌婴"追项籍至东城，破之。所将卒五人共斩项籍"是"误"。"误"是"误"在"东城"，而不是误在"共斩"。但是上面已经分析清楚，这场战斗是发生在东城，而不是发生在乌江，注者的注文也是这样注的。而这时项羽等二十六人已是"下马步行，持短兵接战"。从东城到乌江是二百四十华里，即使是且战且退，"步行"还能走二百四十华里吗？如果说项羽已经到了乌江，但《史记·项羽本纪》明明写着"欲东渡乌江"，并不是已经到了乌江。司马迁的文章字法是很周密的，渡淮用一个"渡"字，至阴陵用一个"至"字，至东城用一个"至"字，东渡乌江却用一个"欲"字，说明只是"想"，而并未"到"。再从《灌婴传》这段文章来看，先是说"追项籍至东城，破之"。这里又明写着"至东城，破之"。"破"者，"灭"也。也就是在东城消灭了项羽。所以下文就是总结性的语言："所将卒五人共斩项羽，皆赐爵列侯。"这就是说他的部下五人共同斩了项羽。这里有一点要说明，项羽明明是在东城"自刎"的，这里却说"共斩项羽"，似乎有点不一致，这是因为这是《灌婴传》。从灌婴的这一面来讲，当然要说是"斩"项羽，以夸其功。所以《高祖本纪》也说："使骑将灌婴追杀项羽东城"，也说是"追杀"而不说"自刎"，这是一样的道理，重要的是其地点明确是"东城"，这是关键字眼。再下文就是"降左右司马各一人，卒万二千人，尽得其军将吏"。这就是说项羽已被彻底消灭，其残部都已归降。"尽得其军将吏"，一句话，已将楚军收拾干净。然后才是"下东城，历阳"。这一句很重要，也很讲究序次。先是"下东城"，因为项羽已灭，所以才"下东城"，如果项羽不灭，则东城还不能下。然后再是下历阳。历阳离东城二百四十华里，也就是乌江所属的县，因为离东城还远，所以下东城以后再走二百四十里才能下历阳，也就是说汉军才到历阳（也就是乌江）。所以是下东城在先，下历阳在后，不是同一时间，这样，这段文字的次序已经历历分明了。（请参阅图二、图三）这之后才是"渡江，破吴郡长吴下，得吴守，遂定吴、预章、会稽郡。还定淮北，凡五十二县"。在写明"下东城、历阳"以后，才明确写"渡江"。这里太史公的文章表述得多么清楚明白。所以这段文章，丝毫也没有"误"处，其时间的先后，地域的远近，正是序次井然，丝毫不爽。

以上这些注释上的差异矛盾，其总根源，我认为还是《项羽本纪》最后这段文字上的矛盾引起的，所以我认为这段文字有错简，其理由，已在前面分析，不再枝蔓。

乌江自刎说的溯源述流

我在前文已经说过，《史记》、《汉书》均无"乌江自刎"之说。现在所能查到的最早的资料，是晋人虞溥撰的《江表传》。此书已逸，《玉函山房辑佚书补编》已辑入，但我检读此书，虽有《江表传》之目，但仅存"吴烈帝军于洛阳"一段共三行字。其他只能见《史记》"正义"转引《江表传》云："项羽败至乌江，汉兵追羽至此。"这是"项羽败至乌江"的最早的文字，但并无"自刎"的说法。其次是《史记》"正义"引《括地志》的说法。《括地志》是唐人萧德言、顾胤等所著，已佚，清孙星衍有辑本。"正义"所引文字云："《括地志》云：乌江亭，即和州乌江县是也，晋初为县，注《水经》云：江水又北，左得黄律口，《汉书》所谓乌江亭长檥船以待项羽，即此也。"这里虽然提到"乌江亭长檥船待"这句话，但也未及"自刎"之类的说法，所以项羽乌江自刎之说，到唐代似乎还未有文字可稽。

现在我所看到的最早的项羽乌江自刎的文字资料是元代中期剧作家金仁杰的《萧何月夜追韩信》杂剧。现引该剧第三折下半部分到第四折末的文字如下：

〔耍孩儿〕这楚重瞳能有十年运。去十分消磨了六分，臣一观乾象甚分明。我王帝星朗朗超群，他时来力举千斤鼎，直熬得运去无功自杀身。陛下问安邦策何时定。臣算着五年灭楚，小可知三载亡秦。

……

〔三煞〕臣教子房散了楚军。周勃领着汉兵。臣教郦商引铁骑八方四面相随趁。臣教王陵作先锋九里山前明排着阵。臣教灌婴为合后十面埋伏暗摆着军。臣教樊哙去山尖顶上磨旗作军中眼目，看阵势调遣军人。

〔二煞〕得胜也臣教大梁王在后面赶，诈败也臣教九江王在前面引。把楚重瞳赚入长蛇阵。凭时节喑呜叱咤难开口，便举鼎拔山怎脱身。臣教吕马童紧紧地相逗趁，他那里知心故友，子是个取命的凶神。

〔驾云了〕相持处用着一人。孤舟短棹，直临江岸，扮作渔公，楚重瞳杀的怕撞阵衝军，走的慌心忙意紧。行至乌江，无处投奔，来叫渔公。

〔尾〕只说道渡人不渡马。他待渡马时便不说渡人。这的是一朝马死黄金尽，那时节有家难奔，有国难投，急不得已羞扯龙泉自去刎。

第四折

24

〔竹马儿调阵子上〕〔渔翁霸王一折了〕〔驾一行上〕〔末扮吕马童上云〕怎想今日乌江岸上，九里山前，送了你呵。好伤感了也。

……

〔滚绣毬〕哎。霸王呵，全不见鸿门会那气性。今日向乌江岸灭尽形。那里也拔山举鼎，怎想你临死也通点人情。自别处叫一声。乡人吕马童，枭首级分付的明。这两庄儿送得楚重瞳百事无成，……

以上是金仁杰《萧何月夜追韩信》杂剧后半部分的摘录。我们可以清楚看到在这个杂剧里形象地描写了项羽乌江自刎。也可能正是戏剧的作用，"乌江自刎"的传说才得以广泛传播。非常值得深思的是我在1986年去乌江调查时，访问附近的农民，他们竟对我讲楚霸王乌江自刎的故事，特别是还说到艄公说的"渡马不渡人，渡人不渡马"这两句话。这分明是杂剧里的台词，居然到现在还在口头流传。可见戏剧的传媒作用。

*　　　　*　　　　*

我对这一问题的认识，我认为《项羽本纪》是太史公的杰作，文章十分精劲，而又不失史实。我认为项羽是自刎于东城而不是乌江。《项羽本纪》最后这一段文字可能有错简，因为现存的文字本身前后有矛盾，且容易引起误解。"乌江自刎"是误解这段文字的结果。但只要认真研读《史记》对这一问题相关的记载，就可以看到，项羽"身死东城"是无可怀疑的，在《史记》本身找不出一点与此矛盾的地方。我认为项羽乌江自刎，是民间传说，后来形成了杂剧，这样就广泛传播开来了，但它毕竟不是史实。我于1986年前后曾两次调查垓下，一次调查阴陵、东城，直到乌江。我就是从那里的渡口过江到南京去的。今年11 月，我又到东城、阴陵等地作了一次调查，前后相隔二十年，但印象却十分深刻。当地还有许多遗址，如阴陵城的遗址，东城的遗址，虞姬墓等都还历历在目，正是因为调查，使我感到东城离乌江很远，还有二百四十华里，项羽从垓下突围出来是八百馀人，渡淮就只剩百馀人，从淮河到阴陵不足一百华里，百馀人就只剩二十八骑。从阴陵到东城经过激战，还剩二十六人。这时汉军数千人围之数重，而且项羽已是步行持短兵接战，如何可能再走二百四十里的战斗路程，这段路程，比渡淮后到东城的路程还长，我认为项羽是实在无能为力了。

　　长期被误传的史实，如果有可能纠正过来的话，我认为还是要努力加以纠正。我这是一个尝试，未必正确，写出来欲以求教而已。至于我提出来的现代人的一些注释上的差错，其源在于原文的错简和"三家注"的误注，我真希望有一天能出现一部汉简的《史记》，这也许并非完全是梦想。

　　赘言：《太平寰宇记》说"乌江县（东北四十里，旧十五乡。今四乡)，本秦乌江亭。汉东城县地。项羽败于垓下，东走至乌江，亭长檥船待羽处也"。按《太平寰宇记》为乐史著。乐史五代宋初人，成书于北宋太平兴国间，"所载政区，主要太平兴国后期制度"，"后人复有改补"。（王文楚《宋版〈太平寰宇记〉前言》，中华书局 1998 年版）故所载政区，离秦汉已甚远。只要读读《灌婴传》里的"下东城、历阳"一句就可以明白。如果当时东城辖地包括乌江在内，则司马迁只要说"下东城"就够了，没有必要再说"历阳"。正因为当时的和县是在"历阳"境内，不属东城，所以要说"下东城、历阳"。表明连下两城。查谭其骧先生 的《中国历史地图集》第二册"秦"之"淮汉以南诸郡"图，明确标着"阴陵"、"东城"、"历阳"。可见在秦时"阴陵"、

"东城"、"历阳"是并列的三个县。再看"西汉"之"扬州刺史部"则明确标着"阴陵"、"东城"、"全椒"、"历阳"四个县。可见到西汉"东城"与"历阳"之间又新增一个"全椒县","东城"与"历阳"已经完全不接壤了。而项羽自刎东城的时候，当然还是"秦"的建制。由此可见《太平寰宇记》的记载，已非秦汉旧制。其所说"乌江县，本秦乌江亭。汉东城县地"，实不可信。（请参看附图二、三）

2005 年 12 月 15 日起草至 30 夜 12 时草毕于京东且住草堂
2006 年 6 月 22 日初改，8 月 25 日改定，并增写"赘言"

附记： 1986 年我在定远调查时，是计正山同志陪同我的。去年 11 月我再到定远调查时，还是计正山同志陪同的，他现在已是定远县的文化局长。文中有关调查的资料，除了 1986 年我自垓下到乌江调查所得外，其馀也都是计正山同志亲自调查的，特别是全椒县根本无九斗山，新县志已彻底更正这件事，是计正山同志到全椒县会同了该县的文化局、文物局长，看到了他们的新县志后才彻底弄清楚的，特此说明，并表谢意。

2006 年 8 月 25 日

宽　堂

附：

图一：项羽垓下至东城败退路线示意图

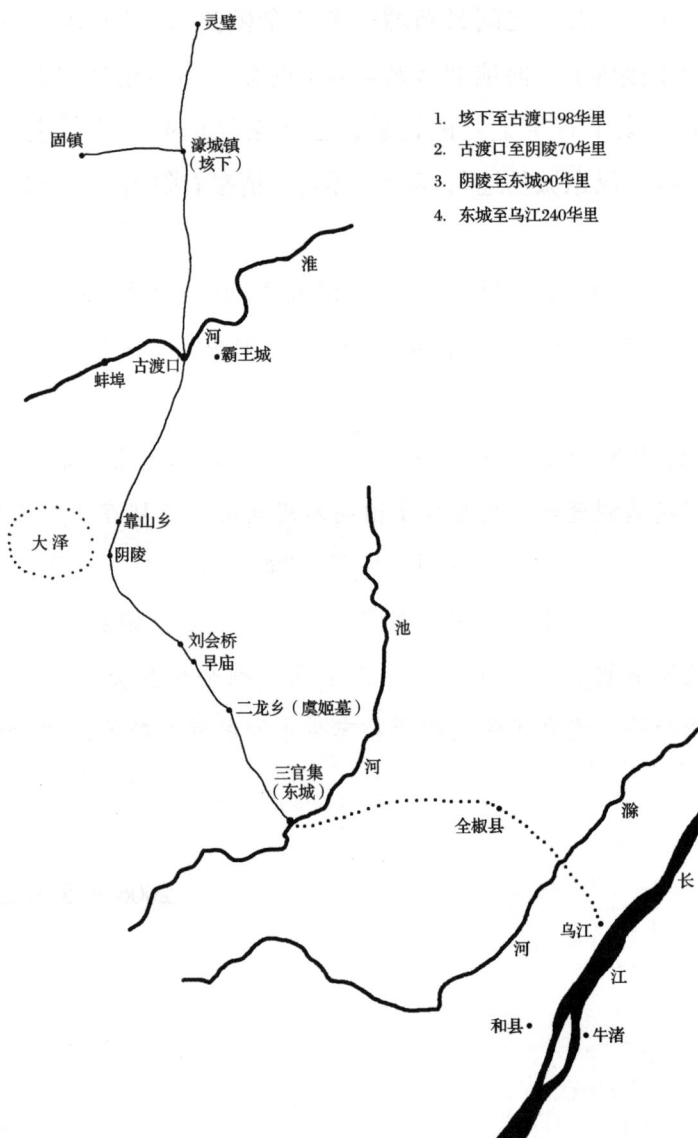

灵璧

固镇　　濠城镇
　　　　（垓下）

1. 垓下至古渡口98华里
2. 古渡口至阴陵70华里
3. 阴陵至东城90华里
4. 东城至乌江240华里

淮

河　　霸王城
古渡口
蚌埠

大泽　　靠山乡
　　　　阴陵

刘会桥
早庙
二龙乡（虞姬墓）

池

三官集
（东城）

河

全椒县

滁

长

河　　乌江

江

和县　　牛渚

项羽不死于乌江考

图二：秦淮汉以南诸郡图（局部）

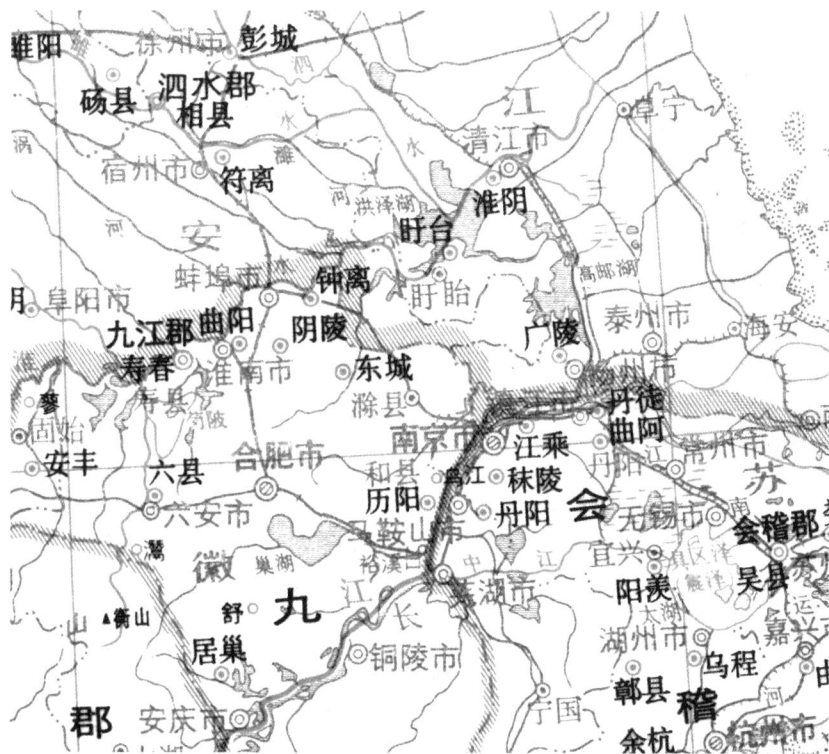

图三：西汉扬州刺史部图（局部）

千百年来一座有名无实的"九斗山"

在项羽乌江自刎的讹传中，"九头山"（后称"九斗山"）是一个关键性的地名和关键性的情节，实际上这个山名和这段项羽的战斗情节，都与《史记》原文无关，都是后世讹传并衍化增生出来的。我在查阅晋唐宋元明清的资料中，逐步弄清楚了这个讹传衍化过程。在查阅的这些资料中，没有一条不说到"九头（斗）山"这个山名和项羽与汉兵在"九头（斗）山"战斗的情节的，因此，弄清楚"九头（斗）山"的实际情况，也就容易弄清楚项羽自刎乌江之说是纯属讹传了。

现在先把各书对于"九头（斗）山"的记载略依时代先后抄列于下，以便检讨：

一、《史记》"正义"：

《括地志》云：九头山，在滁州全椒县西北九十六里。
《江表传》云：项羽败至乌江，汉兵追羽至此，一日九战，因名。①

---

① 据影印南宋黄善夫本《史记》。中华善本再造本，国家图书馆出版社 2005 年版。

按：《史记》"正义"，唐开元间张守节撰，原为三十卷，"后人散入句下，已非其旧"。此书所引《江表传》为晋虞溥撰，已佚，《玉函山房辑佚书补编》已辑录，但实际只存"吴烈帝军于洛阳"一段共三行字。关于项羽的文字，只存"正义"所引两句，这是说项羽败至乌江的现存最早的文字，"一日九战"的地点也是在乌江而不是在别处。但尚无"自刎乌江"之说。"正义"所引《括地志》晚于《江表传》，解见下。

二、《汉唐地理书钞·括地志》卷上：

> 九头山在滁州全椒县西北九十六里。
> 乌江亭即和州乌江县是也，晋初为县。①

按：《括地志》，唐魏王泰命萧德言、顾胤等撰，凡五百五十卷，已散佚，清孙星衍有辑本。此据清中期王谟辑本。此书是最早提出"九头山"在滁州全椒县西北九十六里的。但为什么叫"九头山"却没有解释，更没有称"九斗山"。

三、《元和郡县图志》卷九"河南道五"：

> 阴陵县故城，在县西北六十五里。本汉县也，项羽败于垓下，将麾下八百骑溃围南走，灌婴追羽至阴陵，羽迷失道，问田父，田父绐曰左，左乃陷大泽，以故汉兵及之。
> 东城县故城，在县东南五十里。项羽自阴陵至此，尚有二十八骑，南走至乌江亭。灌婴等追羽，杨喜斩羽于东城，即此地也。

---

① 据《汉唐地理书钞》。中华书局 1961 年版。

按以上两段叙阴陵县故城及东城县故城并项羽以二十八骑败至东城均不误,但下接"南走至乌江亭"一句,误。以下又说"杨喜斩羽于东城,即此地也",此句又不误。可见著者以为"乌江亭"即东城,此为后世误传项羽死于乌江的最早文字,但著者的重点还是说项羽被杨喜斩于东城,而不是强调乌江,只是误以为乌江与东城是一地而已。

同书"淮南道":

　　滁州:

　　九斗山,在县南九十馀里。昔项羽兵败,欲东渡乌江,途经此山,与汉兵一日九斗,因名。

　　历阳县:

　　乌江浦,在县东四里,即亭长舣船之处。

按:此书是最早提出"九斗山"的,以前只称"九头山"或"一日九战"而无山名。但此书所说"九斗山"的位置又在"全椒县南九十馀里"而与《括地志》称在"全椒县西北"有异,此是"九斗山"的地理位置忽南忽北之始。也是"九头山"改称"九斗山"的开始,此后就都叫"九斗山",不再称"九头山"矣。

又本书校勘记云:"九斗山,今按:《水经》淮水《注》作'阴陵山'。""校勘记"说"九斗山"即《水经注》的"阴陵山"。今查《水经注疏》卷三十"淮水"条云:"淮水又北迳莫邪山西,山南有阴陵县故城。(原注:在今定远县西北六十五里)汉高祖五年,项羽自垓下,从数百骑,夜驰渡淮,至阴陵,迷失道左,陷大泽,汉令骑将灌婴以五千骑追及之于斯县也。"[1] 是则《水经注》原文是"阴陵县故城",并未

---

① 《水经注疏》卷三十,页 2530。江苏古籍出版社 1989 年版。

"作阴陵山"。未误。倒是《元和郡县志》校勘记误将"阴陵县故城"作"阴陵山",又误为"九斗山"。此是"阴陵县"、"阴陵山"、"九斗山"实指一处之明显标志,后世之误多有类此者。

四、《舆地纪胜》卷四十二"淮南东路·滁州·景物下":

> 九斗山,一名阴陵山,《元和郡县志》云:在全椒县南九十馀里,昔项羽兵败欲东渡乌江途经此山,与汉兵一日九斗,因名。《图经》云:"九斗山,今山石有磨砺刀镞迹,《史记》项羽军大败垓下溃围南走,汉令灌婴追之,羽渡淮至阴陵失道,即此地也。"

按:王象之,南宋庆元元年进士,自序嘉定辛巳(十四年,1221 年)间成《舆地纪胜》。此书"九斗山"条径称"九斗山,一名阴陵山"。则是又一次明显将"阴陵山"与"九斗山"合而为一。此后各书,都称"九斗山"即"阴陵山",不再称"九头山"矣。此书继《郡县志》文字而增《图经》称"九斗山,今山石有磨砺刀镞迹……羽渡淮至阴陵失道,即此地也"数语,则直指"九斗山"即项羽渡淮后"至阴陵失道"处。再次证明"九斗山"实即指"阴陵"。盖项羽于阴陵失道,被汉兵追及,即连续战斗至东城而死也。《图经》还说"今山石有磨砺刀镞迹"云云,则更可见民间讹传,愈传愈奇。

五、《方舆胜览》卷四十七"淮东路滁州·山川":

> 九斗山,一名阴陵山,在全椒县南九十馀里,昔项羽兵败,欲东渡乌江,经此山与汉兵一日九斗,故名。

按:《方舆胜览》,南宋祝穆撰,祝洙补订。初刻于理宗嘉熙三年

(1239 年),重刻于度宗咸淳二至三年（1266—1267）。此书“九斗山”条文字同于《纪胜》之误而又将所谓“九斗山”之地理位置移至“全椒县南九十馀里”，则又是承《元和郡县志》文字之误。

六、《嘉庆一统志》“滁州直隶州”：

> 九斗山，在全椒县西北。《括地志》：在滁州全椒县西北九十六里。项羽败走至此，一日九战，因名。《寰宇记》：一名阴陵山，今山石犹有磨刀砺镞之迹。

按：《括地志》、《嘉庆一统志》均称“九斗山”在全椒县西北。《元和郡县志》、《舆地纪胜》、《方舆胜览》则称“九斗山”在全椒县南。此种歧异，可见撰著者均未作实地调查。文字亦陈陈相因，以讹传讹。

七、《读史方舆纪要》卷二十九“全椒县”：

> 九斗山，县东南二十五里，一名徐陵山，昔项羽兵败，欲东渡乌江，道经此山，与汉兵一日九战，山因以名。其西五里有迷沟，相传项羽迷道陷大泽处也。《志》云，今县南二十里有楚迷沟。（台湾洪氏出版社本）

按：《读史方舆纪要》又称“九斗山在县东南二十五里，一名徐陵山”，又说“其西五里有迷沟，相传项羽迷道陷大泽处也”。“徐陵山”，显系“阴陵山”之误。又称即“项羽迷道陷大泽处”。《史记》载项羽迷道处在“阴陵”甚明。则可见所谓“九斗山”、“徐陵山”，实仍指“阴陵”，其文字亦前后因袭，以讹传讹。

八、《全椒县文物志》：

康熙《全椒县志》第一册卷之三："山川"："九斗山在县南二十五里，一名阴陵山。昔楚项羽兵败欲东渡乌江，途经此山，与汉兵一日九斗，故名。其山石尚有砺剑迹，梁时屯兵于此。"明进士吴颖有诗："汉家将士挥戈矛，亚父东归项寡谋。兵败阴陵空九斗，至今遗老说迷沟。"文物普查期间，多方考察，九斗山（阴陵山）在全椒具东南二十五里，今和县境内，与全椒仅隔一河。该山附近有沟，即楚迷沟。古时往和县、乌江取道于此。山上建有霸王庙和石柱，石柱当地人称霸王鞭，今已不存。民国九年（1920）《全椒县志》卷二"舆地志"：九斗山在县西北四十五公里处（今西王乡五尖山一带），应纠正。（1985 年全椒县文物局编）

按：康熙和民国《全椒县志》均说全椒县有九斗山，但康熙志认为在"县南二十五里"，民国志又说在"县西北四十五公里"。可见两书均未实地查核，都是辗转引录。2006 年 1 月 9 日，定远县文化局长计正山来信说："最近，我专程去全椒了解'九斗山'情况，发现全椒境内自古以来没有'九斗山'，《全椒县志》不仅'山川'、'遗址胜迹'两章节中没见'九斗山'，翻遍《全椒县志》也无'九斗山'记载。但全椒文化局同志介绍，民国九年编印的《全椒县志》沿袭明、清史料曾有'九斗山'记载。到 1984 年全国文物普查时，经'多方考察'，原来县志所载纯属乌有，所以 1988 年重修县志时作了纠正。结论：全椒境内没有'九斗山'。"

但上引《全椒县文物志》说"九斗山（阴陵山）在全椒县东南二十五里，今和县境内"。今查 1996 年出版的《和县志》第二章"自然环境"下有"阴陵山":"位于绰庙乡北滁河边,距县城40公里,主峰海拔145米。"该《志》又引《中国古今地名大辞典》云:"阴陵山,在安徽和县北八十里,接江苏江浦县界。《舆地纪胜》载有'在乌江县西北四十五里,即项羽迷道处。'"《和县志》又云:"项羽迷道处,上有刺枪坑,旁有泽(今裕民圩),即阴陵九曲泽,泽中有项王村,项羽迷道于泽中,周回九曲,后人称之为'九曲泽'。"

按:以上数处记载,实仍沿旧误。据实地调查《和县志》所称之"阴陵山",只是书上的名字,当地老百姓只知此山叫"花山",不知叫"阴陵山",又"即项羽迷道处"云云,则仍是将《史记》所载阴陵的地理位置,误认在和县。

又此条下接"四溃山"云:"又名驷马山,位于金城乡与江浦县十村庙交界处,旧志载:'项羽败垓下,走至东城(即乌江——原注,庸),惟二十八骑从,汉兵追至,项羽乃引骑依山为圜阵,四面驰下,溃围斩将',故名'四溃山'。"

按:此条更明显地将东城与乌江误为一处,其注文恰证其误。"四溃山",《项羽本纪》说:"乃分其骑以为四队,四向……令四面骑驰下,期山东为三处,于是项王大呼驰下。"所谓"四溃山",当是由"令四面骑驰下,期山东为三处"附会而来,今东城西北谭村有土山曰"嗟虞墩",传即项王令骑四面驰下处。今当地人尚称此山为"四溃山"。其地属东城,予曾二至其地调查。

以上资料说明:全椒县的"九斗山"属于子虚乌有。但澄清了全椒县,却又转到了和县,并且把"九斗山"的名字改为"阴陵山"。按,把"九斗山"别称"阴陵山"始于南宋的《舆地纪胜》,之后《方舆胜览》等仍之。实际上都是附会而来。

以上是有关"九斗山"的文献的排比梳理情况。综合分析这些文献资料,特别是结合实地调查,我们可以明确地看到:

一、原来的文献资料都说"九斗山"在全椒县，不同的是有的说在县西北，有的说在县南、县东南。1984 年文物普查才查明全椒县无"九斗山"，故新编《全椒县志》已无"九斗山"。但《全椒县文物志》除说明全椒县无"九斗山"外，又说"九斗山"在和县，称"阴陵山"。

二、和县的阴陵山究竟是怎么一回事呢？《和县志》关于阴陵山的文字，已见上引，文中特别提到阴陵山"即项羽迷道处"，该《志》"四溃山"条说："项羽败垓下，走至东城（东城下原注说'即乌江'——冯），惟二十八骑从，汉兵追至，项羽乃引骑依山为圜阵，四面驰下，溃围斩将。"根据以上的记载，可知完全是把"阴陵"、"东城"的历史地理位置弄错了。"阴陵山"即项羽迷道处，这句话实际上就是指阴陵，又说东城即乌江，更可见著者把乌江与东城误为一地。按《史记·项羽本纪》"阴陵"下注云："'正义'曰：《括地志》云：阴陵县故城在濠州定远县西北六十里。""东城"下注云："'正义'曰：《括地志》云：东城县故城在濠州定远县东南五十里。"（南宋黄善夫本，蔡梦弼本、张杆桐川郡斋本同）可见此两地皆在定远县，距和县乌江尚有二百馀里。

按以上两处历史遗址，我曾两次去实地考察，一次是 1986 年 8 月，我曾考察了阴陵遗址，同时又考察了虞姬墓和东城遗址。我还到了和县，考察了项王庙和乌江，项王庙是后建的，乌江已改道，旧乌江在今项王庙前。第二次是 2005 年 11 月，我重新调查了阴陵遗址，今为古城村，已经过文物调查立有文物保护碑，在阴陵遗址北面即为靠山乡，阴陵的西面即为大泽，面积甚大，其最低处已汇成湖潭，并有新建的很宽的窑河大桥。当年项羽从垓下突围，渡淮后即至钟离，在钟离停留，今有霸王城遗址。此城原是钟离古城，因项羽停留，故乡人称之为"霸王城"，项羽自钟离西南奔 70 华里左右，即到阴陵，受田父绐，即陷入大泽，再从大泽返回，东南行不远，即被灌婴率部追上，至今阴陵东南不远处有刘会桥，清《定远县志》载"昔刘项会兵于此"，也就是项羽被灌婴追上处。从此开始，项羽与汉兵接战，逐战逐走，东南至二龙乡，至东城。《史记·项羽本纪》说："项王乃复引兵而东，至东城，乃有二十八骑。汉骑追者数千人。项王自度不得脱……今卒困于此，此天之亡我，非战之罪也。今日固决死，愿为诸君快战。"今东城西北不远处，有谭村，其地有"虞姬墓"，《定远县志》载："虞姬墓即嗟虞墩，县南六十里，近东城。"我曾两次去虞姬墓，墓高约 25 米，为一自然土山。据传，项羽在决战前，将虞姬之首埋于此，即作最后的决战。所以此高阜又名"四溃山"。决战后，项羽即自刎于东城。按自阴陵至东城，一路多起伏之土阜，汉兵追上项羽后，于土阜间一路战斗，直至东城。故东城实为项羽最后自刎之处。

检视上引许多记载，其误皆在地理方位之误。所谓"九斗山"，无论全椒县或和县皆无"九斗山"，实则是指阴陵至东城间之土山，汉楚于此追战不止，后人遂谬称"九斗山"，转而又称"阴陵山"，则可知昔人将阴陵、东城的地理位置搞错了。有的记载说"乌江属东城"。项羽死于乌江，故称东城。此说更不符合事实。据谭其骧先生编的《中国历史地图集》第二册所载，秦时阴陵、东城、历阳为三个县，均为县级建制。（参看前文图二）至西汉，东城至历阳间又增一全椒县，则东城至历阳，中间又隔一县。（参看前文图三）又秦汉时县之辖区皆在百里左右，如阴陵县距东城县，只有 90 多华里，东城至全椒，也不出百里，今东城至和县尚有 240 华里，岂能是一县。《史记·灌婴传》明载"下东城、历阳"，可见东城与历阳各为县级建制无疑。且秦汉之际，乌江属历阳县，这有明确记载，故决不能把历阳称为东城，这是完全不同的两个地方，决无混称之理。只要认真作历史调查，一是可以完全查清项羽自垓下之围败退之路线，《史记》记载分明，且与今存的历史遗存完全吻合。这是最关键的问题。二是所谓"九斗山"云云，实无其山，故叙述上忽南忽北，忽而又到和县，而在和县又根本无此山，虽然从志书上找出个"阴陵山"的名字，但老百姓却从不称此山为"阴陵山"，只知道它叫"花山"，更不知有什么"九斗山"。除了《史记》所记地理确切外，其他记载，都经不起实地查勘，这说明都是千百年来，陈陈相因，以讹传讹，积重难返。终于《全椒县志》算是彻底否定了全椒县有"九斗山"的这个谬误，但又不敢彻底澄清旧的谬误，又把这个谬误转移到和县。可见传统习惯势力之难于打破，也可见在史地学的范围里，必须大力提倡求真求实，提倡实地调查的精神。

检读以上许多材料，并作实地的调查，可知项羽确实死于东城，以往所传乌江自刎之说，皆为民间讹传，所记项羽东城以后的战斗路线和地名，皆属子虚乌有。而项羽"乌江自刎"之说之广泛影响，实自元人金仁杰的《萧何月夜追韩信》开始。剧词云："楚重瞳杀的怕撞阵冲军，走的慌心忙意紧。行至乌江，无处投奔，来叫渔公。""只说道渡人不渡马。他待渡马时便不说渡人。……急不得已羞扯龙泉去自刎。"以上即是元剧中项羽乌江自刎的简要唱词。（详见拙文《项羽不死于乌江考》）可见戏曲影响力之大，难怪陆游要感叹"死后是非谁管得，满村听说蔡中郎"了。

2006 年 6 月 25 日夜 12 时于瓜饭楼，8 月 25 日改定

玄奘取经东归入境古道考实

——帕米尔高原明铁盖山口考察记

今年 8 月 15 日，我第七次去新疆。十多年来我连续去新疆七次，都是为了一个目的：调查玄奘取经之路。到目前为止，玄奘取经之路，在国内的部分（主要是甘肃到新疆的部分），基本上已经清楚了，能去的地方也都去了，楼兰、罗布泊当然不易进入，目前还未能去，但我仍希望能去，不希望留下空白。

玄奘出境的路线，是在阿克苏境内乌什城的西部——别迭里山口。1995 年我曾去调查过，因为没有估计好行程，到了山口，看到了现存的唐代烽火台，即《唐书·地理志》所记的"粟楼烽"。再想前进，司机说回程有困难，因此未能直至边境。今年已经作了充分的准备，但到了阿克苏，却碰上洪水把进山的道路冲垮了，有很长的一段路无法走，所以没有能补上次的遗漏，只能等待再次了。

这次我们又上了帕米尔高原的塔什库尔干，在塔什库尔干住下来后，我就下决心明天一早就寻路去明铁盖。幸亏张团长热情支持，他为我们安排了车辆和路线，并且事先通知了所到各点。他们担心我已经七十六岁了，要上 4700 米的高山，怕身体不允许。但我自己心里有数，我七十三岁那年上了4900米的红其拉甫，没有什么特殊的反应，这次不论有多大的困难，我也要闯一闯。因为从文献资料来分析，玄奘当年从印度归来的道路，只有明铁盖山口最有可能，我不去实地观察，就不可能彻底弄清这一点。我看不少有关西域的专著，其含糊处，都是因为没有身历其境的调查，没有感性的认识。如果能一一实地勘查，当能有所收获。我们从塔什库尔干团部出发，直奔卡拉其古边防连，相距约60多公里，此处海拔3600米，地当卡拉其古河与红其拉甫河交汇为塔什库尔干河处。玄奘在《大唐西域记》里专门记述到的公主堡，即可由此山中进入。

关于公主堡，《大唐西域记》卷十二里是这样记载的：

〔朅盘陀〕建国传说

今王淳质，敬重三宝，仪容闲雅，笃志好学。建国以来，多历年所，其自称云是至那提婆瞿呾罗（意为中国与天神之种，唐言汉日天种）。此国之先，葱岭中荒川也。昔波利剌斯国王娶妇汉土，迎归至此。时属兵乱，东西路绝，遂以王女置于孤峰，极危峻，梯崖而上，下设周卫，警昼巡夜。时经三月，寇贼方静，欲趣归路，女已有娠。使臣惶惧，谓徒属曰："王命迎妇，属斯寇乱，野次荒川，朝不谋夕。吾王德感，妖氛已静。今将归国，王妇有娠。顾此为忧，不知死地。宜推首恶，或以后诛。"讯问喧哗，莫究其实。时彼侍儿谓使臣曰："勿相尤也，乃神会耳。每日正中，有一丈夫从日轮中乘马会此。"使臣曰："若然者，何以雪罪？归必见诛，留亦来讨，进退若是，何所宜行？"金曰："斯事不细，谁就深诛？待罪境外，且推旦夕。"于是即石峰上筑宫起馆，周三百余步。环宫筑城，立女为主，建官垂宪。至期产男，容貌妍丽。母摄政事，子称尊号。飞行虚空，控驭风云，威德遐被，声教远洽，邻域异国，莫不称臣。其王寿终，葬在此城东南百余里大山岩石室中。其尸干腊，今犹不坏，状羸瘠人，俨然如睡，时易衣服，恒置香花。子孙奕世，以迄于今。以其先祖之世，母则汉土之人，父乃日天之种，故其自称汉日天种。然其王族，貌同中国，首饰方冠，身衣胡服。后嗣陵夷，见迫强国。

这是一则神奇的传说，公主堡的名称是斯坦因发现此城堡后结合《大唐西域记》里的这一则记载，认为所记就是此堡。此后也就为大家所共识。特别是塔吉克族人至今仍称此处为"克孜库尔干"（即姑娘城）。

我们到此处时，横隔着一条河流，原有桥梁可通对岸，过桥后再翻过两座山头，即可到达公主堡。可惜我们到时，桥梁已被山水冲走，河水深而且急，不能徒涉，因此只好望河兴叹。我只好对着面前的两个山头拍了几张照片，借资想象。

我们从断桥处回来时，看到路口有一牌，上写"瓦罕通道"。我非常注意这四个字，而且我们去明铁盖就是顺着这条"瓦罕通道"走的。这条路还可以通向与阿富汗交界处的克克吐鲁克。

我们顺着这条通道继续向前，一路都在大山丛中。通道是依着从两山峡谷中流出来的河道走的，地势是一路向上，两边的山都是白雪皑皑，道上绝少行人，只有出来晒太阳的旱獭，不断碰到，这意味着已经进入到高山无人区了。大约又走了四五十公里，才到明铁盖边防连，此处离前哨班还有 18 公里。边防连的指导员姓吕，见到我们去，非常热情，他决定亲自带我们去。我们问他还有多远，他说还有 20 多公里。我们为了抓紧时间，不敢停留，继续前进。路上两边全是大山，中间峡谷中一条天然的通道，看来这是自古以来的一条通道。我们走在这大山谷里，吕指导员给我们讲了一个意味深长的故事。他说在古时，有一个波斯商队，赶着一千头羊和骆驼等，由这个通道出口。忽然遇到大雪严寒，商人们看到即将冻饿而死在这个山谷里，他们立即将所携财宝集中埋藏在一个山洞里，留下了标志，希望有一二个人能生还，将来再来取这批财宝。但无情的天气竟把他们全部冻死在这山谷里。后来据说有一个牧人还无意中拾到一个匣子，内藏满匣的珍宝，据说就是从这个藏宝洞里流散出来的。而这个明铁盖的"明"字，波斯语就是一千的意思，就是指这里死了一千头羊。他说，到明铁盖山口，还有一个波斯人的古墓。

我们听着他讲的这个故事，真有点悠然神往。不知不觉，我们到了前哨班，这里地名罗卜盖子，是大草甸子之意。这里距明铁盖山口还有七公里，我们在前哨班稍事休息，即继续前进，直到离山口不足一公里的地方才停下来，这时明铁盖达坂已在我们眼前，只要一举步即可登上达坂，进入巴方的领域。这里的海拔已是 4700 米，我看前方山口是一排冰山，峰峦排列如犬牙锯齿，左右两山对合，两山之间有一条山溪蜿蜒外流，水势不算太大。由对面过来的山道即是顺此水流而行，我右前方的斜坡，就是明铁盖达坂。我看着这眼前景色，仿佛见到了玄奘从对面山坡上一步步地走下来，真是令人神往。

我再细看，这是一条艰难而狭仄的山道，只能步行和牛羊骆驼行走，车辆是无法翻越的。按《大唐西域记》说："自此川中东南（按《慈恩传》作'从此川东出'似较妥），登山履险，路无人里，惟多冰雪。行五百余里，至朅盘陀国。"我看这段文字，切合眼前的实景，这里说"行五百余里至朅盘陀国（塔什库尔干）"，而我们恰好是从塔什库尔干直到此明铁盖山口的，不是更为确切了吗？我正在沉思间，吕指导员却带我们走上古波斯人的墓地。这是一个山坡，我的同行者朱玉麒上坡时，竟引起了明显的高山反应，全身冒汗，眼花，气喘，几乎不能自持，但我走上坡时，却毫无反应，除了略感气喘外，一切如常。这个波斯人墓是用一堆石头垒起来的，墓上还放了一对盘羊角。我们在山口留连了约半个小时，拍了不少照片，才恋恋不舍地回到前哨班，这时已是下午3时45分了。我们在前哨班吃了午餐，与战士们合影，才依原路返回。中途又折向红其拉甫，从红其拉甫回到塔什库尔干，已是晚上九时半了，但在这里太阳还未下山。

这一天的奔波，我非但不感到疲劳，而且十分高兴，因为我断定这个明铁盖山口与这条瓦罕古道，正是当年玄奘回来时所走的路。其理由如下：

一、《大慈恩寺三藏法师传》云：

> 从此（按指"屈浪拿国"）又东北山行五百余里，至达摩悉铁帝国……又越达摩悉铁帝国至商弥国。从此复东山行七百余里，至波谜罗川。川东西千余里，南北百余里，在两雪山间，又当葱岭之中，风雪飘飞，春夏不止，以其地寒烈，卉木稀少，稼穑不滋，境域萧条，无复人迹。

关于"达摩悉铁帝国"，周连宽先生的《大唐西域记史地研究丛稿》一书中说："玄奘之往波谜罗川，即由此国起行。达摩悉铁帝，《续高僧传·达摩笈多传》作达摩悉须多，均为大食语 Termistat 之音译。《新唐书·护蜜传》云：'护蜜者，或曰达摩悉铁帝，曰镬侃，所谓钵和者……'是知此国亦即《后汉书》之休密，《梁书·西北诸夷传》之胡密丹，《悟空行记》之护密，《往五天竺传》之胡蜜，即今阿富汗东北境之瓦汉（Wakhan）地方。"

故友杨廷福兄的《玄奘年谱》云："案此国（指达摩悉铁帝国）所

在地，学者论说其繁，不详列。沙畹据马迦特《Eransahr》的考订，则为今阿富汗东北境的瓦罕南山间一带。"

陈扬炯先生著《玄奘评传》云："达摩悉铁帝国，今阿富汗东北部的瓦汗。"

章巽、芮传明先生著《大唐西域记导读》云："达摩悉铁帝国，故地在今阿富汗东北端的瓦罕地区。"

贺昌群先生著《古代西域交通与法显印度巡礼》说："帕米尔高原在古代是东西交通的经行地，古代乌浒河流域与塔里木河流域的商业、文化的交流，都以此为必经之路，西方古地理学者称为'大丝路'……因地势的关系，又分南北两道。南道自巴达克山越瓦罕山谷东行，取道瓦戛尔或小帕米尔而至穆斯塔格阿塔南的萨雷库。"

以上诸家，都一致证明达摩悉铁帝国即阿富汗的瓦罕地区，而玄奘西行归来正是从这里回来的。再联系我进山时在公主堡附近路口看到的"瓦罕通道"路标，这就十分确切地证明了这条"瓦罕通道"，就是当年玄奘回国的古道，而明铁盖是其途经的山口。

二、我在前文记到一千头羊的故事。其实这个故事来源于《大唐西域记》，卷十二"奔穰舍罗"条云：

大崖东北，逾岭履险，行二百余里，至奔穰舍罗（唐言福舍）。葱岭东冈，四山之中，地方百余顷，正中垫下。冬夏积雪，风寒飘劲。畴垄舄卤，稼穑不滋，既无林树，唯有细草。时虽暑热，而多风雪，人徒才入，云雾已兴。商侣往来，苦斯艰险。闻诸耆旧曰：昔有贾客，其徒万余，橐驼数千，卖货逐利，遭风遇雪，人畜俱丧。时揭盘陀国有大罗汉，遥观见之，愍其危厄，欲运神通，拯斯沦溺。适来至此，商人已丧。于是收诸珍宝，集其所有，构立馆舍，储积资财，买地邻国，

46

鬻户边城，以赈往来。故今行人商侣，咸蒙周给。

　　这则记载，不恰好就是吕指导员给我们讲的这个故事吗？《大唐西域记校注》一书的注释说："据《西域记》此处所记方位（从揭盘陀国首府东南行三百余里，再东北行二百余里），当于塔什库尔干东南方向求之。"我们所到的明铁盖达坂的位置，正好是在塔什库尔干的西南方向，注释略有差误。

　　这则故事的当地传说与玄奘《大唐西域记》的记载完全吻合，这只能说明玄奘当年经过此地，听到此传说，才记载下来的。这则故事恰好是玄奘经行此道的确证。

　　三、前文已经引录《大唐西域记》关于"至那提婆瞿呾罗"（汉日天种）即公主堡的故事。按公主堡的位置，恰好在瓦罕通道的左侧，则明铁盖到揭盘陀必经公主堡。玄奘当年所以记下公主堡的故事，其原因也必定是路经此处，闻此传说，甚至是亲临其地后记载的。从这段文字的语气来看，很像是亲临其地的感受。这段记载，也同样可以证实玄奘是经此瓦罕通道到达塔什库尔干的。

　　四、《大唐西域记》里关于"揭盘陀国"的记载说：

　　　　揭盘陀国周二千余里。国大都城基大石岭，背徙多河，周二十余里。山岭连属，川原隘狭。谷稼俭少，菽麦丰多，林树稀，花果少。原隰丘墟，城邑空旷。俗无礼义，人寡学艺，性既犷暴，力亦骁勇。容貌丑弊，衣服毡褐。文字语言大同佉沙国。然知淳信，敬崇佛法。伽蓝十余所，僧徒五百余人，习学小乘教说一切有部。

《大慈恩寺三藏法师传》也有记载：

　　从此川东出，登危履雪，行五百余里，至揭盘陀国。城依峻岭，北背徙多河，其河东入盐泽，潜流地下，出积石山，为此国河源也。其王聪慧，建国相承多历年所，自云本是脂那提婆瞿怛罗（此言汉日天种）……

　　法师在其国停二十余日。

玄奘在揭盘陀停留二十余日，所记当是亲闻亲见。

以上所列四点，都是连结在瓦罕通道上的，而且都有玄奘的亲自记述，再加上我一到前哨班，战士们就告诉我唐玄奘当年就是从这里回来的，战士们的话当然是来自当地的老百姓，这是一种世世相传的信息，应该是有根据的。何况《慈恩传》明确说："自此川东出，登危履雪，行五百余里，至揭盘陀国。"我想据此，我们是可以确证玄奘当年东归故国的路线，确是从达摩悉铁帝国经瓦罕通道，度明铁盖达坂，沿山谷间的河道（应是卡拉其古河的上游，汇入塔什库尔干河），经公主堡再到揭盘陀的，所以我们确实可以说：我们终于找到了玄奘当年东归故国的古道！

1998 年 9 月 6 日于京华瓜饭楼

玄奘取经东归入境古道考实

附：

调查玄奘取经之路经行路线

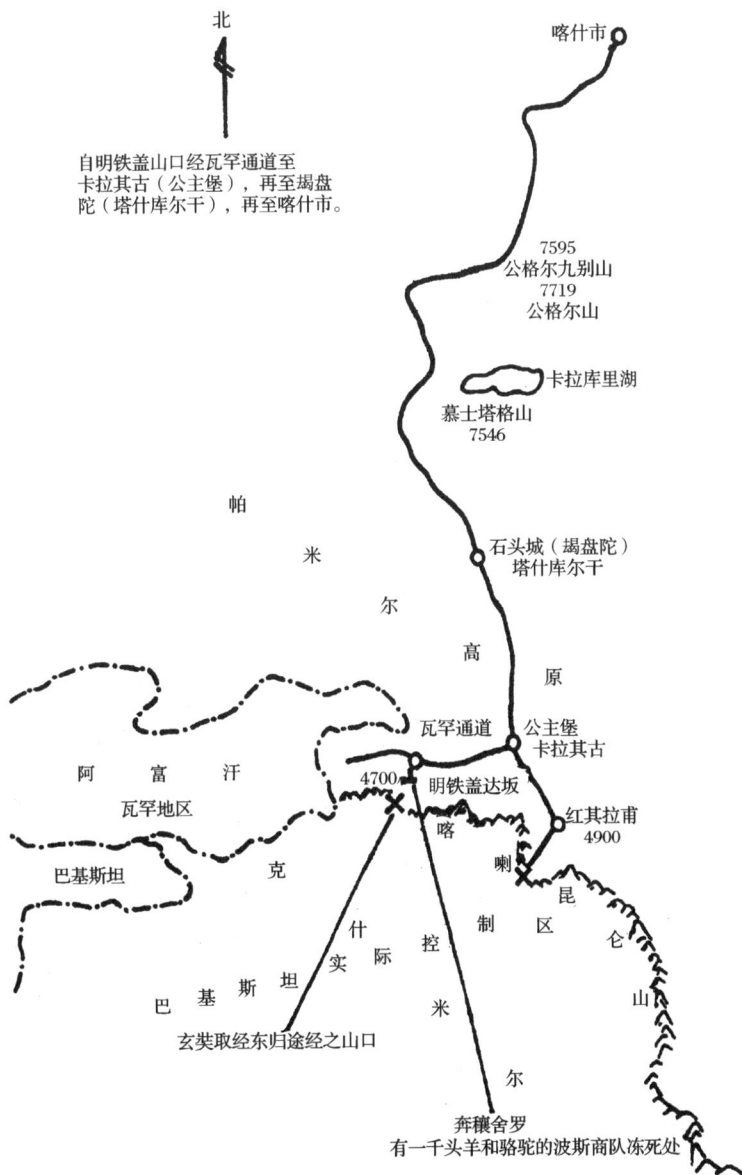

北

喀什市

自明铁盖山口经瓦罕通道至
卡拉其古（公主堡），再至揭盘
陀（塔什库尔干），再至喀什市。

7595
公格尔九别山
7719
公格尔山

卡拉库里湖

慕士塔格山
7546

帕

米

尔

高

原

石头城（揭盘陀）
塔什库尔干

瓦罕通道   公主堡
卡拉其古

阿富汗

瓦罕地区

4700   明铁盖达坂

喀

红其拉甫
4900

巴基斯坦

克

喇

昆

什

实

控

制

区

仑

巴

基

斯

坦

际

米

山

玄奘取经东归途经之山口

尔

奔穰舍罗
有一千头羊和骆驼的波斯商队冻死处

49

玄奘西天取经的第二个起点

——《吐鲁番市志》序

吐鲁番是闻名遐迩的西域历史文化名城。吐鲁番地处古丝绸之路中路的交通要冲,在这里很早就是东西方文化交汇之点,东西方文化默默地自然地在这片土地上交流和融合。

吐鲁番具有悠久的历史文化传统,旧石器时代、新石器时代都有文化遗存,吐鲁番地区出土的彩陶器,其彩绘和形制都具有自身独特的文化特色。

吐鲁番又是文化遗迹密集之处,著名的历史名城交河城,已历两千多年的历史变迁,至今仍巍然矗立在地面上,这在全世界也是极为少见的。交河城是一块原始台地,《汉书·西域传》载:"车师前国,王治交河城。河水分流城下,故号交河。"至今这里仍保持着原貌,人们依然可以看到"河水分流绕城下"的情况。今年 9 月 14 日,我第五次到吐鲁番,特意围绕交河城走了一圈。在城外东边台地的北部,看到了两千年前车师贵族的墓葬,再到谷底依河道跋涉前行,整整走了两个多小时,真正对交河城进行了一次环城巡视,更加真切地看到两河绕城于城南相交的情景。

玄奘西天取经的第二个起点

高昌城最初建筑于公元前 1 世纪末，在魏晋时期已略具现在的规模，到高昌王麴文泰时期，大概已修筑得十分坚固，以至麴文泰竟想借此抗唐分裂，最后被唐军击破。现存的高昌城还保持着唐代修建的旧貌。

这样两座规模宏伟、保存完整的历史古城的存在，是吐鲁番居西域政治、军事的重要地位和经济、文化繁荣发达的明证。

围绕着这两座历史文化名城，还有著名的伯孜克里克千佛洞、胜金口千佛洞、吐峪沟千佛洞等佛教文化遗迹。吐鲁番地区曾经一度是西域的佛教重城，名僧玄奘西行时曾在此停留一个月，在高昌王麴文泰的大力帮助下，[①] 遂得以继续西行，成其正果，所以这里也可以说是唐玄奘西天取经的第二个起点。

这里还有阿斯塔那古墓群，曾出土了大量魏晋至唐的文书。加上前述吐峪沟、伯孜克里克千佛洞、胜金口千佛洞的大量佛教书籍，形成了类似敦煌千佛洞所宝藏的敦煌文献那样的吐鲁番文书。可惜这批珍贵的经卷图籍，被德国的勒柯克、日本的桔瑞超、俄国的罗波洛夫斯基、科兹洛夫、克列门茨和英国的斯坦因等人盗掘一空。去年我到德国，在柏林的印度艺术博物馆里，见到了当年被勒柯克劫走的大批吐鲁番文物，其中有一尊高昌大佛，还有不少小佛像和其他文物，我还见到了深藏在德国国家图书馆库房里的大量经卷及其他卷子，可惜我没有时间，不能充分展阅。前年我在韩国国立中央博物馆，看到了被桔瑞超盗走的部分吐鲁番文物，因为这一部分又转让给了韩国，所以由韩国中央博物馆陈列了出来。

新中国成立以后，我们国家重新组织了对阿斯塔那古墓的发掘，获

---

① 按：麴文泰事玄奘甚礼，其西行之种种，麴氏遣员盛资以送，以解沿途诸难。详见亡友杨廷福所著《玄奘年谱》第 119 页至 122 页，1988 年中华书局版。

得了大量的出土文书，并已整理出版了《吐鲁番出土文书》十册，目前专门研究敦煌学、吐鲁番文书的"敦煌、吐鲁番学"已成为国际显学。

吐鲁番地区的"坎儿井"，也是本地区的一大特点，虽然国内其他地区也有存在，但远不如吐鲁番有充分的发展，而且至今还起着极重要的作用。关于"坎儿井"的来源，也是国际学术界所关注的问题，有的学者持外来说，有的学者持本地说，也有的学者认为是内地传来的。我认为论证这个问题的关键：一是要重事实，重调查，包括地下的发掘；二是要重文献。外来说看来依据不足，后两说我认为没有根本的对立。因为吐鲁番地区很早就有内地的移民，然后他们也就成为了本地的主人，何况吐鲁番地区的汉文化很盛，从阿斯塔那古墓发掘的古文书，也是以汉字为主。重要的是这项技术如果不是当地的人民自己掌握并根据本地的特点加以发展，是难以生根的。所以即使是由内地传来像龙首渠之类的水利经验和技术、原理，也是难以照搬的，归根到底，我认为主要是当地人民的创造。当然，要进一步精确论述这个问题，还是要等待更充实的资料。

我这次是第六次来新疆，第五次到吐鲁番，我感到新疆的学问做不完，吐鲁番的学问也做不完。丝绸之路的南、中、北三路我已重复了几遍，玄奘取经之路的甘肃、新疆部分，我也重复了几次，但总觉得认识不尽，特别感到吐鲁番地区是丝绸之路和玄奘取经之路的重要地段。

这次意外地读到这部新编的《吐鲁番市志》，感到非常高兴。这部《志》书的一大特色是对历史文化部分作了系统的充分的叙述，对每个门类都作了纵贯的叙述，而且非常重视调查和证据。我这次来吐鲁番，恰好遇到主编钟兴麒同志和储怀贞同志去对新发现的无半城遗址作第二次的验证复查，我感到他们的这种认真态度，实在令人钦佩。我曾经读过不少新编的地方志，其中有一些就是略古详今，历史部分几乎不占多少篇幅，这未免是一种缺陷。因为历史是我们认识的依据，没有了历史也就没有了依据。而且方志的任务重在记事和记实。对历史的不重视，就必然失事和失实，这样也就降低了方志的作用。我感到这部《吐鲁番市志》非常得体地解决了这个问题，而且有不少问题实际上是一个个的学术专题，他们不回避，也不怕困难，从调查研究、从文献资料的收集中来解决问题。我直觉地感到，这部《吐鲁番市志》从其每个门类都作历史的纵贯的叙述来看，从其门类的详备来看，也无异于一部《吐鲁番通志》，所以我认为这部书的学术价值是很高的。这部书，等于是为研究西域解剖了一个典型，因此本书的出版，对促进新疆的研究是会起积极作用的；对全国的方志编写也是提供了一个好的模式。

我的这些意见，当然只是一己之见，况且旅途匆匆，得以参考的东西不多，难免有偏颇之处，或许只能算是一个第一读者的初步反映而已。

1997 年 9 月 16 日，旧历丁丑中秋之夜，

写于吐鲁番旅次

流沙梦里两昆仑

——玄奘东归最后路段的考查

　　我是 1986 年秋天第一次到新疆的，那是应新疆大学的邀请去讲学，讲学结束后，我考察了吐鲁番的高昌、交河古城，还到了伯孜克里克千佛洞，到了火焰山。之后，二十年间我连续去了吐鲁番六次，根据高昌王麴文泰对玄奘法师的大力资助，我称吐鲁番是玄奘取经的第二个起点。那次，我又游览了天山的天池，考察了吉木萨尔的唐北庭都护府遗址和新发现的西大寺。这几处的考察，已经使我感到了眼前的这片新天地，充满着神奇，充满着历史文化的气息。

　　在我临回北京之前，我又去了南疆，到了库车。我是特意坐长途汽车去的，这样可以多看到一些当地的奇山异水和特异的民族风情。这次的南疆之行，更使我的首次西域之游具有了神话般的色彩，那两山夹峙一道崎岖曲折而又尘土蔽天、烈日炎炎的旱沟，我称它是旱三峡，那开都河上玄奘渡头的落日余辉，那龟兹国昭怙厘寺遗址上用白灰写的"女儿国"的字样——这个寺庙现存的遗址，与玄奘法师在《大唐西域记》里的记载还依然符合。龟兹盐水沟古道是玄奘当年的取经之路，两边的奇山异水，使人如进入刀山剑林，尤其是路北一望无际的群峰，远看真如万刃刺天。光是库车这一块地方，二十年间，我前后去了六次，我在梦里也常常梦见这片神秘而奇妙的山水。

我三次上了帕米尔高原，每经卡拉库里湖，总要在湖边停留多时，仰望着世界高峰慕士塔格峰、公格尔峰、公格尔九别峰峰头的万年积雪，我仿佛从现在一直看到了远古。特别是那徙多河的滚滚急流，使我想到了玄奘法师曾多次提到它，因而也使我感到我的眼光似乎与玄奘法师的眼光汇聚到了一处。特别是我历尽千辛万苦，到达海拔 4700 米的明铁盖山口，终于找到了玄奘法师取经东归入境的山口古道，仿佛感到我是踏着法师的足迹走的，在我的心头似乎出现了我与玄奘法师千载相隔而又相通的感应。2005 年 8 月 15 日，我与喀什市政府、中央电视台在明铁盖山口为玄奘法师立东归碑记，16 日，我又与大家一起经历特殊的艰险，穿越一道道的山溪急流，终于找到了位于海拔 4000 米以上的"公主堡"。紧贴公主堡就是一条由明铁盖山口下来的蜿蜒曲折的羊肠古道，据路过的牧民讲，这是自古以来的瓦罕通道，从而使我恍然大悟，玄奘法师当年回来是从这条古道下山因而路过公主堡的。而原先我们上明铁盖的山道，虽然也是通向瓦罕的，但这是今人开的新路，不是当年的古道。

我最难忘的是我从库车穿越原始胡杨林到塔里木河边，胡杨的千姿百态已经使我惊心怵目了，而滔滔的塔里木河，站在岸边，远望对岸，烟水苍茫，我第一次看到这条世界闻名的内陆河的真容，可是当我回程复出胡杨林时，汽车却熄火了。这时在林子里等待我们的一群维族青年，却在林子里埋了大锅，为我们煮了一锅羊肉，还有大如铜锣的馕，这是我们早晨刚进林子时带路的维族老乡用维语嘱咐他们做的。这时月亮已高悬中天，清丽的月光，透过树梢，洒落到我们的身上。我们满脸满身尘土，围着大锅席地而坐，吃着鲜嫩的羊肉，吃着大块的馕，真正感到了一种饱含诗意的异域风情。环顾四周奇形怪状的胡杨树，我似乎是在神话的世界里。这夜，我们只好在抛锚的汽车里坐卧，一直到天色微明，才由部队搜索到了我们，接我们回去。

还有一次是我在和田的中秋之夜。我原先是在洛浦过中秋，酒未及半，忽然和田的雒政委来电话，要我一定回和田过中秋，于是洛浦的来政委说，你要回和田过中秋也可以，各过一半，但你必须留下一首诗才能走，我被逼无奈，只好随口吟了一首诗，诗说：

> 万里相逢沙海头。一轮明月正中秋。
> 殷勤最是主人意，使我欲行还又留。

吟完了这首诗，我就与和田史专家李吟屏一起到了和田，路上当头一轮皎洁的月亮，一望无际的塔克拉玛干大沙漠，起伏无尽的沙浪和沙山，真使我感到不知今夕何夕，甚至使我幻觉到我或许是与张骞同来西域的。

到了和田，满屋的旧友，满桌的瓜果酒菜，真是兴高采烈，使我不得不放怀畅饮，当时我身体很好，是能豪饮的，在当时的气氛下，即使不会饮酒的人，也不免要喝上三杯。和田最闻名的是美玉。雒政委是识玉专家，他竟当场拿出一块约六寸长四寸宽三寸厚的大绿玉来送我，作为今夕之欢的纪念，他说这是真正的昆冈之玉，你不能不赋诗。我趁着酒兴，也随口吟了一首：

> 与君相见昆仑前。白玉如脂酒似泉。
> 莫负明年沙海约，驼铃声到古城边。

末两句是记我们已约好明年一起骑骆驼到沙漠深处的尼雅遗址去，因为这是玄奘法师到过和记载过的地方。

流沙梦里两昆仑

我的西域之行最难忘记的是 2005 年的罗布泊、楼兰之行。当年我已虚岁八十三岁了，但我曾多次说过要去罗布泊、楼兰。苍天不负苦心人，终于得到机会了，我与中央台的摄制组，借助新疆部队的协助和多位专家的指导，终于于 2005 年 9 月 25 日开始作罗布泊、楼兰之旅。我们先到营盘，这是汉唐以来出玉门关通往西域的一个军事经济交通重镇，现在古城还完整地环立着，在它的旁边是耸立的佛寺遗址和毗连的墓葬遗址。那些被盗墓人挖掘出来的散乱的白骨，随处都是，特别是我见到一个小孩的骷髅，前额上有一道明显的刀痕，它为我们留下了古代战争的遗迹。

第三天，我们就从米兰进入，直去罗布泊。米兰是我 90 年代早已去过的地方，但现在已经完全不认识了。早先茂密的红柳沙包，把一处处古代遗迹密密地掩护着，进入米兰，如入灌木丛林，现在却是茫茫一片沙丘，一根红柳也找不到了，所有的遗迹都呈现在眼前。仅仅十来年的间隔，变化已是如此之大，正是沧海桑田，令人不胜浩叹。我们进入了罗布泊，实际上就是进入了一个无边无际的早已干涸了的大海，我们是在没有水的海底行走，那干涸的海底，形态各异，色彩班驳，有的地方如龟裂，有的地方远望如大海的波浪，有的地方又如鱼鳞，有的地方被落日的余辉渲染后发出火焰似的红色，远望好像是地火在燃烧。我们路经一处，立着许多石碑，是以往到过此地的人立的纪念碑，我们在此停留拍照，然后继续前行，到傍晚，我们就在罗布泊南端宿营。大家经过一天的疲劳都已进入梦乡，我却思绪万端，独自一人，走出了营帐，环顾四周，只是茫茫无际的一个大圆圈，而天上的月亮和星星，却亮得出奇，大得出奇。因为罗布泊已是大漠，无一点水气，所以天空特别明净，而周围沉寂得一点声音都没有。因为奇干，连一个虫子都不能存在，所以没有任何声音可以供你感受。我于此时，似乎真正体会到了佛家所说的"寂灭"。

　　第二天我们一早起程，汽车整整走了一天，从南向北穿过罗布泊，靠近楼兰的 18 公里，竟走了五个小时，汽车的颠簸，无法加以形容。到暮色苍茫的时候，我们到了楼兰"城"外，这里已是罗布泊的北端，城早已不存在了，但还有残余的城墙可见，大家忙着扎营，一部分人已早早地跨入沉隐在暮色中的楼兰遗址了。我因为一天的劳累，加之暮色很重，实际上已经看不见了，所以我就在营帐里休息，赶写了一天的日记。到了半夜，我习惯要起来，我也特别喜欢夜的宁静和月色的皎洁。楼兰之夜是我一生中最难得的，所以我走出营帐，趁着皎洁明净的月色，走到了楼兰外围的铁丝网前，此时楼兰遗址上高耸的佛塔，全世界闻名的楼兰三间房，还有残存的建筑构架藉着明丽的月色，都一一进入了我的眼帘。我徘徊在楼兰城外，沉思着千年往事，面对着楼兰故城的憧憧夜景，我感到历史给我们留下了那么多的谜，要我们去破解，去回答。我面对的不仅仅是古楼兰的遗址，而是一部还没有完美的答案的大书，是一个深不可测的谜题。我在沉沉的夜色中，沉思着楼兰的往事。

　　第二天，大家一早就进入遗址，我也与大家一样，面对着这周长一公里，总面积约 10 万多平方米的遗址，我的镜头，对准着佛塔、三间房、建筑构架等标志性遗存，尽情地拍摄。我一直走到三间房墙边，王炳华同志告诉我，著名的"李柏文书"就是在这三间房的墙缝中发现的，我也想到了楼兰文书中买"丝四千三百廿六正"的简牍，可见当时丝绸贸易之盛。我还想到从书法的角度看，这些汉文简牍，使我们看到了汉晋人的书法真迹和书法风格。从楼兰残存的建筑木结构，可以看到有一部分构件上，还刻有精致的花纹，有些构件，还依然被当年的卯榫紧紧地连结着，未曾散架。这不由得使我想象到楼兰盛时大兴土木的盛况。

　　我们在楼兰遗址上，还看到大批破碎的缸片和陶片，仿佛是一场劫难刚刚过去。楼兰，给我看的和想的太多了，我不断地为它陷入沉思。

当晚，我们仍宿营楼兰，10月3日清晨，我们去龙城，这更是一个奇妙的世界。从龙城我们又经白龙堆、三陇沙入玉门关。当我们进入玉门关的时候，刚好遇到太阳下山，那火烧一样通红的落日，把玉门关渲染得像胭脂一样的鲜红，我真正看到了苍山如海，残阳如血的壮丽河山。

我们这次的大漠之行，是为了确证玄奘法师到达于阗后东归的路线，据《大唐西域记》的记载，法师到达于阗后，其东归的路线，是先经尼壤（今尼雅），再东行入大流沙（今塔克拉玛干大沙漠），再东行至沮末地（今且末），再东北行至纳缚波（今罗布泊），"即楼兰地，展转达于自境"（《大慈恩寺三藏法师传》）。从上述文字的指向来看，很明显他是从尼壤经罗布泊、楼兰而走上东归的大道的。因为在楼兰的西北就是我们前几天去过的营盘。营盘是连结玉门关至西部的一个交通点，至今从营盘向西，直到库车，还有十多座汉代的烽火台，这等于是西去的路标。沿此道东南行，经龙城、白龙堆、三陇沙则就是入玉门关的古道，也就是历史上张骞通西域的古道，也就是玄奘法师经楼兰入玉门关的古道，现在则是我们从龙城、白龙堆回来的道路。

所以此行最大的收获，是根据文献，经实地调查，证实了玄奘从于阗东归的路线。反过来说，如果玄奘法师不走此道，那末他何必深入沙漠如此之远，他的指向为什么会是纳缚波、楼兰等地。所以，通过这次大漠之行，确证了这一段长期未能确证的玄奘法师东归的最后路段。

2009 年 3 月 7 日于石破天惊山馆

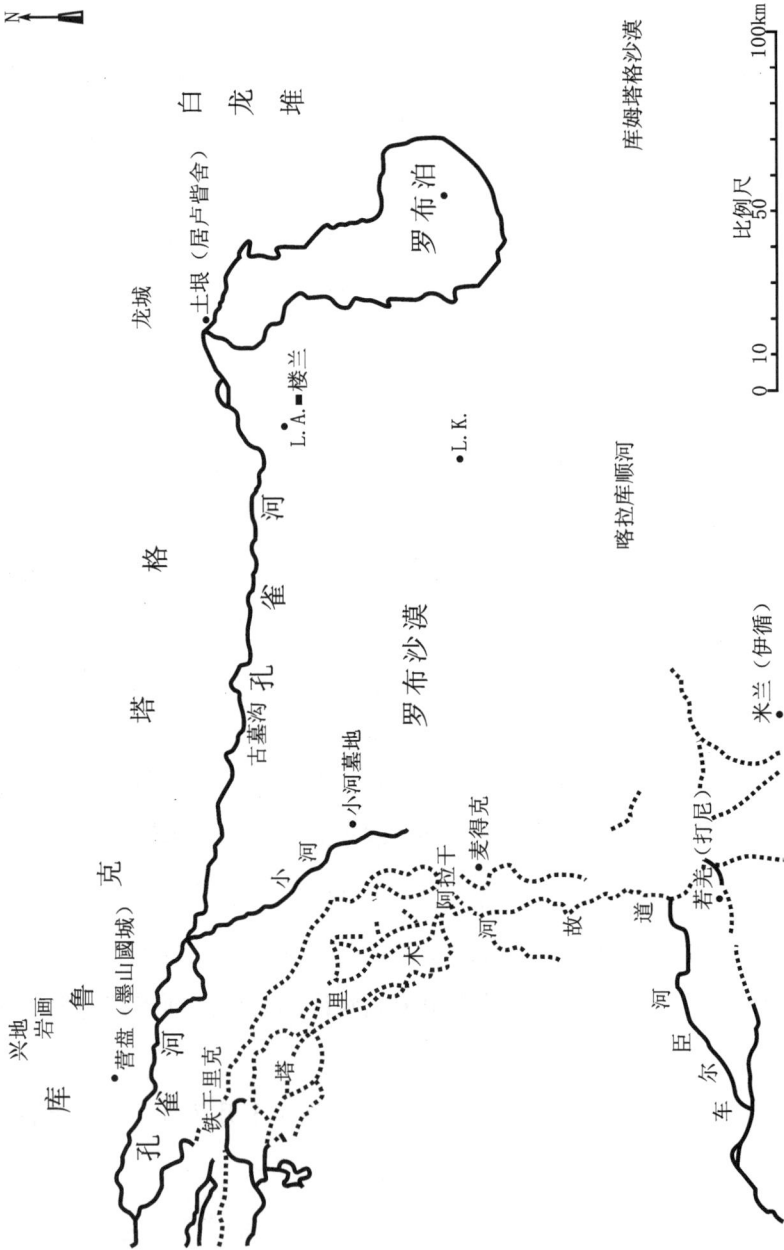

附：

图一：营盘、楼兰、罗布泊、龙城、白龙堆位置图

（王炳华　绘）

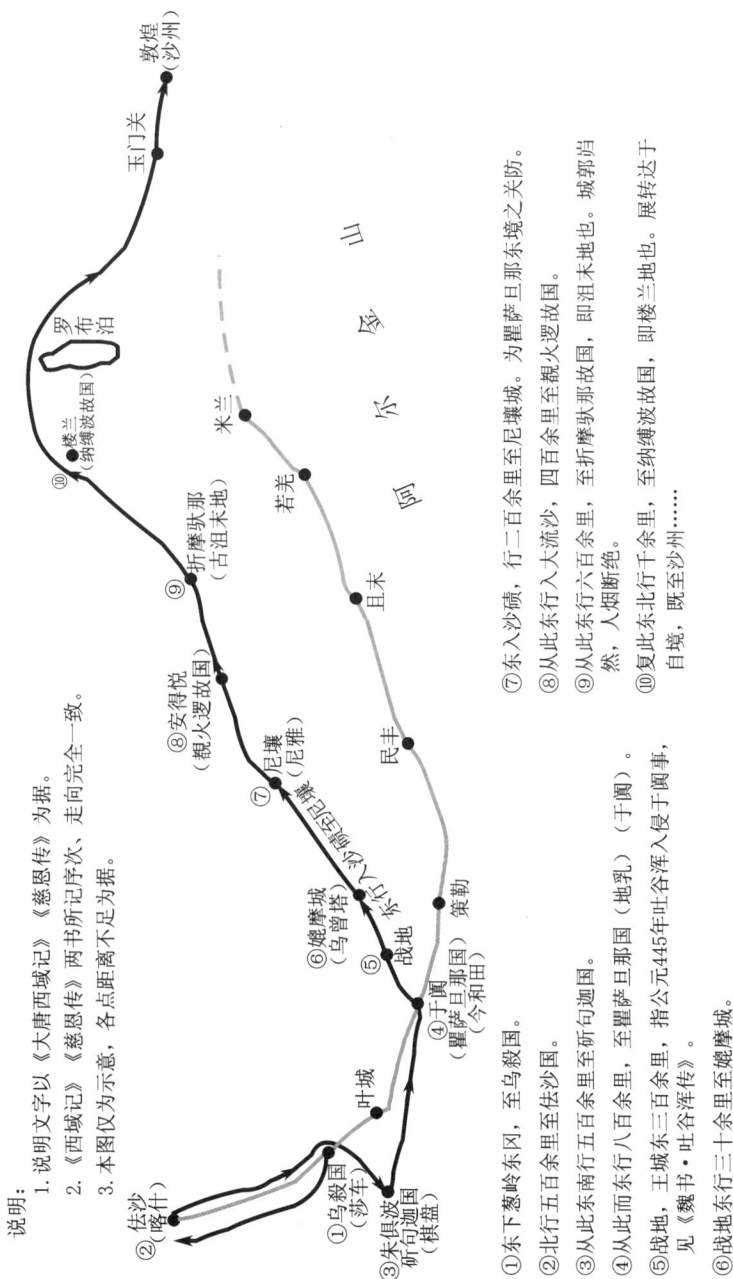

图二：玄奘自葱岭东下经乌铩（莎车）、佉沙（喀什）、斫句迦（叶城）、于阗（瞿萨旦那）、尼壤（尼雅）、折摩驮那（沮末）、纳缚波（罗布泊）、楼兰至沙州路线示意图

说明：

1. 说明文字以《大唐西域记》《慈恩传》为据。
2. 《西域记》《慈恩传》两书所记序次、走向完全一致。
3. 本图仅为示意，各点距离不足为据。

① 东下葱岭东冈，至乌铩国。

② 北行五百余里至佉沙国。

③ 从此西南行五百余里至斫句迦国。

④ 从此而东行八百余里，至瞿萨旦那国（于阗）。

⑤ 战地，王城东三百余里，指公元445年吐谷浑入侵于阗事，见《魏书·吐谷浑传》。

⑥ 战地东行三十余里至嫭摩城。

⑦ 东入沙碛，行二百余里至尼壤城。

⑧ 从此东行入大流沙，四百余里至觇火逻故国。

⑨ 从此东行六百余里，至折摩驮那故国，即沮末地也。城郭岿然，人烟断绝。

⑩ 复此东北行千余里，至纳缚波故国，即楼兰之地也。展转达于自觉，既至沙州……

在《玄奘之路》开拍仪式上的发言

各位领导、各位贵宾、各位专家、增勤大师

女士们、先生们：您们好！

我有幸参加中央电视台大型文化考察活动片《玄奘之路》的隆重开拍仪式，感到非常光荣。我认为中央台这个选题是十分重大，十分适时的，是思想文化方面的一项重大建设，它不仅具有现实意义，历史意义，而且更具有重大的国际意义，因为玄奘大师是一位世界性的人物。

我预计，这部片子，将有以下几方面的重大意义：

一、提倡玄奘精神，发扬玄奘精神。玄奘精神的精髓，就是毕生追求真理，为追求真理而献身的精神。玄奘为了追求佛经的真义、本义，历经千难万险，去印度求取真经，苦心钻研，对佛经的真义得到了最高的悟解，最彻的圆通，赢得了最高圣僧的荣誉。而他所得到的最高的圆觉，是从千难万险的实践中得来的，没有艰苦卓绝的实践，是不可能得到最高的解悟的，所以他的追求真理的崇高精神，又是与艰苦卓绝的实践相结合的。没有实践，就没有真知。玄奘法师的真知实践，并不是虚玄的理念，而是在印度众高僧大德的论辩实证下得到一致的诚信敬服的，这就是得到了最坚固的实证。

所以，我们今天，正须要大力宏扬玄奘的追求真理、追求实践、追求实证的精神。虽然玄奘追求的是佛教真理，但是其追求真理的意义是普遍的，对于我们今天建设新社会，树立新道德，宏扬新风尚是非常适时的。

二、玄奘大师在佛学上取得的无上正果，在德行上成就的无上仁德，大大发扬了中华民族的崇高品德，从而大大提高了我们民族的威望，提高了我们祖国的威望，使他的法雨仁风，遍沐寰宇，使人类的心灵普遍得到了善化和净化，这种无上的仁德和心灵的善化、净化，正是当前全世界最最需要的。

三、玄奘大师百折不回，宏扬佛教事业的事业心，历万死而不辞，贯终生而不渝，荣华不能动其心，富贵不能移其志，虽取得全世界至高无上的成果，虽欲以国师之荣宠之留之，而玄奘法师不忘本根，不怕万难千险，毅然负经跋涉归国，这样崇高的爱国主义精神，更是我们今天应该大力提倡的。

特别是玄奘大师归国后，虽然得到太宗的最高崇信，可以说是无求而不可得，但玄奘大师，不改其志，不变其常，一无所求，依旧谢俗绝世，归隐玉华宫，苦译经文，直至圆寂。

玄奘大师终身奉献于事业，自身一无所求的贫贱不移、富贵不淫、威武不屈的崇高精神更是我们现实社会所极需的。

我虽未奉身于佛业，但对玄奘大师的无上崇高精神，终身服膺，常以自励。为此我八次去新疆寻求玄奘取经之路，终于在我七十六岁那年（1998 年），在帕米尔高原 4700 米的明铁盖达坂山口，找到了玄奘大师取经回国入境之山口古道，成为玄奘大师归国后 1355 年以来的第一次确认，因此我更坚信玄奘大师万死求真的精神！

我预祝这部片子能取得巨大的成功。预祝这部片子能成为历史的巨响。预祝这部片子的崇高精神能影响后世!

谢谢大家!

2005 年 6 月 28 日夜 12 时于瓜饭楼

《敦煌吐鲁番学论稿》书后

柴剑虹同志的《敦煌吐鲁番学论稿》快要出版了，要我写几句话。我于敦煌吐鲁番学毫无研究，根本没有发言权。我一再固辞，剑虹同志则一再静待，不肯取消他的计划，于是我只好做无米之炊。

我抱着学习的态度，读了剑虹同志的大稿，引起了我极大的兴趣，也勉强找到一点话题。剑虹同志的大稿中，有一部分是考证西域的历史地理的，近十多年来，我曾连续去新疆七次，跑遍了新疆各地。我去甘肃作丝稠之路的调查，也有六七次之多。1998 年 10 月 5 日，我还到了额济纳旗，调查了古居延海，又到了黑水城，看到了这座西夏的名城。至于敦煌，我也去过多次。所以，读了他的文稿，却诱发了我的一些话题。

剑虹同志对"瀚海"的考证，解决了千年之惑，这是大家都知道的。我初次进入南疆的大沙漠时，首先冒出来的就是"瀚海阑干百丈冰"这句诗，这一望无际的大沙漠，滴水皆无，哪里来的"百丈冰"？后来读了剑虹同志的论证，才明白"瀚海"一词的原意和后来的衍义，这也就顺利地解决了唐诗中有时用原义，有时又用衍义，而且后来原意尽失，通用衍义的语言现象。

剑虹同志对"葫芦河"的考证，也是饶有兴趣的。恰好我于 1998 年 10 月 9 日至 10 日到安西去调查，调查的重点是榆林窟、唐玉门关遗址、瓠卢河和苜蓿烽。1990 年，我还调查过安西的锁阳城。所以，读剑虹同志的考证，如故地重游，倍感亲切。剑虹同志共引了《新唐书·地理志》、《大慈恩寺三藏法师传》、《元和郡县志》、《鸣沙石室佚书》、《旧唐书·刘仁轨传》等五种史料和岑参的《题苜蓿烽寄家人》等诗篇，结论说：

> 《题苜蓿烽寄家人》一诗当作于天宝十载（751 年）立春诗人首次东归途中，诗中的葫芦河即唐玉门关附近的疏勒河。这样，苜蓿烽也可能即是《大慈恩寺三藏法师传》中所述瓠芦河西北五烽之一。

这一结论是完全正确的。汉玉门关，在今敦煌西北二百里的小方盘城。1990 年，我曾至小方盘城考察过，实际上所谓小方盘城，就是玉门关的关城，行人出入都必经此关。玉门关旁就是一望无际的汉长城，至今巍然屹立于戈壁沙漠之中。而大方盘城，也即是河仓城，即在离小方盘十多公里外，至今尚残存于沙漠中。玉门关至唐代即内移到今安西境内，一说在锁阳城北，《辛卯侍行记》六则说在今安西县双塔堡附近。我们去实地调查，只见一片碧波，至今已成为双塔堡水库。据博物馆介绍，唐玉门关即深埋于碧波之中。至于苜蓿烽，现尚存于双塔水库北侧的山顶，因为时间紧迫，我们未能再登山察看。

关于瓠卢河，故友杨廷福《玄奘年谱》说：

> 按瓠卢河，《行状》（冥详《大唐故三藏玄奘法师行状》）作葫芦河，就是回族人民所谓的布隆吉河，即今窟窿河，经乱

山子流入疏勒河，为疏勒河的支流。

我们也以此询问布隆吉的老乡，老乡也说有葫芦河，但他的土语很重，听不真切，辨其语意和表情，似是肯定的意思。

更有意思的是东西榆林窟共有六幅玄奘出玉门关渡葫芦河去西天取经的壁画，至今尚存。而且是《西游记》故事最早的壁画，是西夏的遗迹，远远早于《西游记》的成书。如果不是玄奘在当地出玉门关渡葫芦河西去取经的话，当地的佛窟，就不可能别出心裁地画这一题材的壁画。

关于岑参诗中的铁门关，有人把它与中亚阿姆河北、撒马尔罕南今乌兹别克南部杰尔赛特西的铁门关混为一谈。剑虹同志对此也作了很精确的辨析，论证详确。他引了《新唐书·地理志》、《新疆图志·道路志》、徐松《西域水道记》等重要史料，说明"这个铁门关就是东铁门，在今库尔勒北哈满沟孔雀河入谷处"。剑虹同志引的《西域水道记》说：

> 今自库尔勒北二十里至岩口，所谓遮留谷，入山，径路崎岖，三十里越大石岭下，逼海都河，地处要害，或置关也。唐岑参有《题铁门关楼》及《宿铁关西馆》诗。

剑虹同志所作的论断和上引这些史料是完全一致的，尤其是徐松的这段话，说得更详确。剑虹同志的论断，不仅仅是有这些文献作坚实的依据，而且是亲自调查过的，所以才能作出这样正确的决断。

恰好1995年8月31日，我从库尔勒出发，也曾去铁门关作调查，同行的有朱玉麒、孟宪实两位。我调查的目的不是为了岑参的诗，而是为了弄清楚玄奘西行途中是否经过铁门关，铁门关的具体位置和现状。

行前我读了有关资料，据黄文弼先生、周连宽先生的研究，铁门关是玄奘西行必经之路。我见到的铁门关的形势，仍是两山夹峙，一水中流，道路极仄，关门雄跨于两山之间，确有万夫莫开之势。现在的关楼是经过重修的，但入关后，右边是山溪急流，左边是峭壁悬崖，在悬崖上有不少题刻，看来这个关址是旧的。我们入关后，循溪边小道前行，山势曲折而狭仄，只有一条极仄的曲折小道，人行其中，真是在夹道内，想象玄奘当年，也只有此道可走，也许我们真是踏着玄奘的脚印在行走。

剑虹同志对"桂林"的考释，也卓有新意，虽然目前可资引证的资料还不够充实，但以事理而论，当如剑虹同志所述。剑虹同志引《太平广记》卷八十一引《梁四公记》载黀杰公辨识高昌国特产事：

> 高昌国遣使贡盐二颗，颗如大斗，状白似玉。干蒲桃、刺蜜、冻酒、白麦面，王公庶士皆不之识……经三日，朝廷无祇对者。帝命杰公迓之。谓其使曰："……蒲桃七是洿林，三是无半……"帝问杰公群物之异，对曰："……蒲桃，洿林者皮薄味美，无半者皮厚味苦，……洿林酒滑而色浅，故云然……"（原引文长，此有删节）

剑虹同志分析说："文中所述洿林、无半……均是高昌国城镇名。洿林见《梁书·高昌传》载，无半见《大慈恩寺三藏法师传》载……洿林当为高昌国特产葡萄、葡萄干、葡萄酒的著名产地，故岑参诗云'蒲桃新吐蔓'。冯承钧先生曾推测洿林在哈喇和卓（karakhoja，即高昌故城）之南、艾丁湖（aidin-kol）附近。然《梁四公记》讲无半与洿林蒲桃品质迥异。艾丁湖附近多为盐碱、沼泽地，对葡萄生长不利，而据《大慈恩寺三藏法师传》所述，无半城在托克逊以东，离艾丁湖不远。因此，我推测此洿林当在今吐鲁番县城以北的交河故城到葡萄沟一带……"

我认为剑虹同志的分析是有道理的，吐鲁番的以上这些地方，我大多去调查过，艾丁湖是一个盐湖，湖中产盐精，如大块的水晶。上引资料说："高昌国遣使贡盐二颗，颗大如斗，状白似玉"，我怀疑这就是盐湖的产品。我去时，司机直往干涸的盐湖远处开（车在湖边道上走，湖虽干涸，但仍下陷，不能走人，我曾试走几步，几乎陷进去），想为我找一块大盐晶，我怕危险，没有让他继续开。盐湖低于水平面154米，为全世界第二低地，四周都是盐泽，远看如平沙，根本不可能产葡萄。我猜测，涝林当如剑虹同志所说就是现在的葡萄沟一带。种植葡萄，水质最为重要，无好水即无好葡萄，而地下的好水，并不是可以随意游动的，所以现在的葡萄沟，也当有它相当的历史。我去葡萄沟的第一印象，就是充足而优质的水源。

关于无半城，早已湮没了很长的时间，1997年我第五次去吐鲁番时，恰好重新发现了无半城，我随着去调查了一遍，拍了照片。故城面积甚大，残存遗迹甚多，包括残存的古代坎儿井的遗迹。其位置当在托克逊以东，离艾丁湖稍近，与葡萄沟虽同在吐鲁番，却相距较远。上引文字说："蒲桃，涝林者皮薄味美，无半者皮厚味苦。"正是因为涝林水质美，所以皮薄而味美，至今葡萄沟的葡萄仍是如此。无半城是新发现，现在是否还产葡萄，我未注意调查，不敢妄说。但是我们去调查的时候，却是没有见到葡萄，也许是没有注意，更不能说它的味道如何了。

在西域的地名中，轮台是最引人注目的，其原因主要是岑参的诗写得太好了，常常引人想去了解轮台的地理位置。但轮台也是最易惑乱人的，因为新疆有两个轮台，一是汉轮台，一是唐轮台，汉轮台在南疆，而唐轮台在北疆。唐轮台的位置，又有米泉县的古牧地说、阜康县的黑沟子说、昌吉说和乌拉泊古城说等等多种的说法。前边数说是较早的说法，其中米泉说居于主要的地位，我于 1986 年初冬曾去调查过，恰值下了一场初雪，站在古城废墟上，颇有茫茫雪海的感觉。剑虹同志考辨轮台的文章写得较早，他提出了米泉和乌拉泊两个地方，最后取米泉。从岑参的诗来分析，米泉说较易理解，因岑参在北庭都护府封常清幕下，其供职地点在天山北面的吉木萨尔，或称金满城。1986 年秋，我去吉木萨尔作过调查，古城规模宏大，还留有高大的城墙和城门垛子，以及城内大量建筑的遗存。尤其是旁边的西大寺，留有佛像和较好的壁画，其王子逾城部分还明显地保存着沥粉堆金的画法。隔了两年，我又去调查过一次，面对着北庭都护府的恢宏气势，令人想象当年的盛唐气象。从吉木萨尔沿着天山北麓往西，就可以到米泉，所以此说容易取得理解。但是学术研究是不断前进的，近年来乌拉泊说得到了较大的发掘，有多位学者作了认真调查和论述，尤其是徐伯城先生，作了长期的研究，发表了论文和专著，所以乌拉泊说目前基本上已取得共识，连带着走马川也得到了定位，这就是贯通天山南北的白水涧道。此道是由于天山的断裂带而自然形成的一条古道，其旁就是白杨河，所以我有时也称它为白杨沟。现今从乌鲁木齐到吐鲁番，首先是经过柴窝铺的乌拉泊古城，继续往前过达坂城，就进入这条古白水涧道，全长二十多公里。白杨沟风光旖旎，我曾走过不下五六遍，拍过大量照片，因为它是去吐鲁番的必经之地。如果从古丝绸之路来说，从唐伊州（哈密）经唐西州（吐鲁番）到唐轮台（乌拉泊），也就是必经之地。所以目前大家基本上认同走马川即白水涧道说。

西域的地理研究，是敦煌吐鲁番学的重要组成部分，剑虹同志在这方面的成就，已经贡献至巨，令人耳目一新了。

剑虹同志这部论稿更主要的方面，是对敦煌文献的研究，遗憾的是我对敦煌学毫无研究，说不出所以然来，但在研读之后，也有一点感受。主要是感受到剑虹同志论证的严密和引证之广博，每论一事，必能

70

旁征博引，条贯缕析，引人入胜，迎刃而解。如他对敦煌写卷《黄仕强传》的论析，就是一例。经他认真调查，敦煌写卷《黄仕强传》共有七个，连被俄国孟西科夫错列在"不知体裁作品"里的无首尾的《黄仕强传》也被剑虹同志查证了出来，纠正了孟氏之失。

在此基础上，他将三个伯氏藏卷（伯希和藏）和两个北图藏卷作了详细的校注，公布了原文。与此同时，又对美国敦煌文学研究专家梅维恒（维克多·H·麦尔）的偏颇的论断作了精细的有说服力的评析，而在评析过程中，也就是对《黄仕强传》的广博而深入的研究，原文具见本书，此处不再征引。

我在研读这篇论文时，除了深佩文章的辨析精确以外，对他校注的《黄仕强传》也有极深的印象。觉得这篇文章虽短，却不失为是一篇很好的讽刺文学作品。作品的重点显然是讽刺官方的腐败和草菅人命，把一个不该死的黄仕强硬是弄到了"阴间"。当发现了"错死"要查对文案时，连管文案的官吏都未到职，却让黄仕强自己查核，却又查不出来。这段描写，对官吏的渎职腐败的讽刺揭露是够辛辣的了。

文章写守文案人的索贿也是绝妙的一笔。守文案人向仕强索贿，仕强说"唯有三十馀文，恐畏少短"。守文案人却说："亦足，何必须多！"向人索贿当然多多益善，而此人却说"何必须多"，这显然又是对现实生活中大量的行贿索贿的调侃和讽刺。

总之，这篇文章冷峻而幽默的讽刺笔调，是一大特色，凡此等等，剑虹同志都作了深刻的分析。

在《敦煌题画诗漫话》一文中，剑虹同志提出了题画诗不是从宋代才开始，他引范晔《后汉书》卷六十四《赵岐传》，指出在汉代的墓室壁画里就有题赞了。之后，从六朝到唐、五代，都有题画之作，并举了不少例证。

剑虹同志的这一论断，也是符合史实的。汉代的题画，从现今尚存的汉画像石上就可以看到。不少画像石上都有榜题，也即是一幅画的标题，其中较多的是画中的人名。但也有正式的题记，如东汉许阿瞿画像石旁，就有 136 字的长篇题记，内容是哀悼许阿瞿，位置就在画面之旁。我曾说过，这是中国画加题记的滥觞。唐代除了杜甫外，王维有一首《崔兴宗写真》，也当是题画之作，诗云：

> 画君少年时，如今君已老。
> 今时新识人，知君旧时好。

王维是画家，他为崔兴宗写真（画像），题了这首诗，从诗意来看，当是题在画上的，否则"知君旧时好"等句就无着落。

剑虹同志从敦煌写卷发现题画诗，从而追本溯源，一直追叙到汉代的题画记载，这也足见他治学的认真，一丝不苟，真可谓是"上穷碧落下黄泉"了。

特别是对黑城出土的《文酒清话》的考析，更见剑虹同志的治学特色。他写此文时，俄国方面只刊布了该残卷中的一页照片，在剑虹同志的认真考查下，纠正了孟西科夫的不少失误。例如孟西科夫说"没有一本宋人书目著录过《文酒清话》，此书似从未被记载过"。剑虹同志却查出了宋王灼《碧鸡漫志》、宋孙光宪《北梦琐言》、宋蔡正孙《诗林广记》、南宋曾慥《类说》等书都记到《文酒清话》并有引录，从而指出《文酒清话》在黑城残本之前并非完全亡佚。接着剑虹同志又进一步对《文酒清话》中记载到的"高敖曹"、"安鸿渐"、"钱大王"、"陈大卿"、"孙山"、"李成"、"张元（亢）"、"吴献可"等八人一一作了考查，查出了这些人的有关记载，大大丰富了我们对《文酒清话》所记的这些人的认识。根据以上这些详确的考查及对《文酒清话》刻板形式等综合的考察，指出了此书的刊刻时代，"应该是公元 1189 年之前，很可能是在公元 1085 至 1180 年这 90 年之间"。也即是宋神宗元丰八年到南宋孝宗淳熙七年之间。我认为剑虹同志的这许多论断，都是有大量史料作为依据，因而是确切可信的。

这里我还要补充两点意见，一是剑虹同志文中所引孟西科夫对《文酒清话》的说明文字，孟文是有错漏的，其所列各篇篇目的顺序，似也不甚妥当。剑虹同志所看到的最先只是一页照片，后来则据原件抄录，所以不易发现孟文的疏漏和差误。现在《俄藏黑水城文献》已经陆续影印出来了，《文酒清话》就印在第四集里，只要仔细查对一下，就可以发现孟文的失误。二是孟西科夫《提要》介绍《文酒清话》里有关丘源的文字，只引了 26 个字，令人不知其下文如何。现在《文酒清话》残本已全部印出，就很容易地可以查到这段文字了，因此我特将它录出：

丘源本非儒者，乍开书铺，即□□□有官（?）□铺下文字。一日，有一冯斋郎为源曰：有一亲知，新转四厢，□□□求一书本子贺之。源又耻于求人，乃自为云：伏维太保才离五湖□□□□□湘（?）之职。紫袍窄地，牙笏当胸，手持金骨之朵，□坐银校（交）□□□□□□只是一个，如今唱道约勾（够）十人，据此威风，下消（稍）头为太尉，□□□念（?）旧第一，莫打长行。冯斋郎见之，大怒而去。

这段文字残损较多，大意似在讽刺书铺主丘源，抑或是兼讽冯斋郎？不敢确定。

剑虹同志这部《论稿》里，重要的敦煌学论文还有好多篇，如《敦煌唐人诗集残卷（P. 2555）初探》、《研究唐代文学的珍贵资料——敦煌（P. 2555）唐人写卷分析》、《秦妇吟敦煌写卷的新发现》等等，这里不能一一列举。我读这部《论稿》，突出的印象有三点：

一是这部《论稿》是对敦煌学研究的一个新贡献，《论稿》里的许多文章都是力作，都是用了很大的功夫写成的。这部书的出版，无疑对今天的敦煌学会起到积极作用。近几十年来，我国的敦煌学有很大的进展，这当然是敦煌学界共同努力的结果，但这部《论稿》也应是这种进展之一。

二是贯穿这部《论稿》的研究思想、研究方法，这部《论稿》所代表的学风，是一种实事求是的严肃纯正的学风，是一种良好而可贵的学术品格，每一篇文章都用了极大的功夫作了考证，也即是学术调查。可以说每作一个结论，总是具备了充足的证据，绝无想当然的臆测。因此《论稿》所作出的判断和结论，具有很高的可信性，起到了解惑的作用。

当前学术界一部分人对考证颇有微词，觉得考证烦琐，考证似乎是多余的等等。我认为这种认识是不对的，甚至是危险的。可以说研究中国的文化历史而不作考证，是根本研究不下去的，只要在传统文化领域内的研究，就离不开考证。剑虹同志的文章之所以有很强的说服力，就是因为既有"考"，而且更有"证"。有的"考证"之所以遭人讨厌，是因为实质上根本不是考证，只是冒用"考证"这个容易唬人的名字，在"考证"的名字掩盖下骋其臆说而已。我读了剑虹同志这部《论稿》，不由得为之快然欣然而又慨然！

三是敦煌吐鲁番学，也可以说是中国西部的学问，尽管其中不少内容并非西部，但却无一不与西部有关。我在80年代就撰文提出为开发大西部而多做关于中国大西部的学问的呼吁，我还说开发大西部是中国富强的必要前提。现在中央已经郑重地提出了开发大西部的规划，全社会已经形成了西部大开发的气氛。西部的开发已经真的摆在日程上，而且早已付之于行动了。正在这个时候，而且适逢2000年的开头，剑虹同志这部研究西部学识的大著恰好出版，正是适逢其会。我相信这部书的出版，对兴起研究大西部的学术热潮，也是会有积极作用的。

我于敦煌吐鲁番学毫无研究的，只好算是先睹为快以后的一点读后感，谓之"书后"，是最实在的。

2001 年 1 月 16 日夜 12 时于京东且住草堂，

时大雪严寒，零下 14 度也

《西域地名考录》序

　　钟兴麒同志的《西域地名考录》经过十多年的努力，数易其稿，终于完成了，要我写一篇序。我于西域并无研究，但与此书却有一点渊源，那是我多次去新疆考察的时候，在新疆师大见到了钟兴麒同志，当时他在新疆地方志编委会工作，从事地方志的编撰和研究工作，我感到这项工作很有意义，我就建议他搞一部《西域地名考》，这是因为我多次去新疆，无论是实地考察或是阅读文献，总觉得新疆的地名既复杂而又很有历史内涵，对我们认识新疆也非常有意义。钟兴麒同志告诉我他也早有此意，并且已经做了一些工作，当时我听了很高兴，还建议不要单讲地名，要把地名的沿革、变化、来源以及相关的人文资料作简要的综合，这样才便于读者对该地的了解。钟兴麒同志也深善此说。这样一晃就十来年过去了，现在终于看到此书的完成，这是一项重大的学术工程，我为此也感到高兴。何况现在正碰上西部大开发的最好时机。

　　当然，说到西部大开发，就首先必须有对西部的大认识、大了解。回顾以往，七十多年前由中外学者共同组成的西北科学考察团，就是一次为开发西部而认识西部的创举。鉴于西部地名古今迥异，沿革难求，考察团出发前，曾请冯承钧先生撰著《西域地名》小型辞书一部，人手

76

一册，以备查检。在西部大开发正式启动的今天，人才流、资金流、物资流大量西流，只有正确把握西部及其周边区域的自然与人文的历史进程，才能避免失误，保证西部大开发沿着可持续发展的道路前进。在西部认识与研究活动中，这部《西域地名考录》恰好适应着这一时代的需要。

冯承钧先生的《西域地名》自 1930 年出版后，曾引起学术界重视。1955 年和 1979 年又经删增、订正而两次重刊。但因该书收录条目较少，篇辐较多的 1979 年版仅 900 余条；特别是清代为西域古今地名演变的重要阶段，该书又多缺失，不敷应用。钟兴麒同志在多年从事新疆方志编撰期间积累了大量的地名资料，其中特重清代的资料，又吸收近年学术界丰富的相关研究成果，汇编成书。因多是亲历其地、核查得实的结果，故曰《西域地名考录》，"录"者，实录也。

《西域地名考录》约收 4000 多条目，计 40 余万字。此书以新疆维吾尔自治区范围内的古代至清代及民国时期的地名为主要考录对象，使之与现今地名加以对照，便于读者时空置换。内蒙古、宁夏、甘肃、青海、西藏诸省区，以及南亚、中亚、西亚、俄罗斯、蒙古等与新疆关系密切的地名，亦择要予以收录，仍不超出古代广义西域的范围。至是，西域地名考释，大备于斯矣。

予读此书，略见以下数点。

一、考证方法科学。有关地名考证，均遵循由疑得信的认识路线。如以往研究碎叶，专以巴尔喀什湖附近之碎叶当作安西四镇之一之碎叶，致使与之相关的大量唐代史文得不到正确解释。著者多方求索，发现了早已被历史尘封的哈密碎叶，因而弄清了《新唐书》等典籍把碎叶置于焉耆都督府条下的原由，从而为最终解决碎叶城的地理位置而给学术界提供了一种新的见解。其他诸如温宿、姑墨、曲先、无半、甘露川等存疑地名，都是根据其方位里程、地形地貌、语音文字、相关史实等多种因素，加以比较，得出可信的结论。

二、收录范围广泛。上自先秦《山海经》、《穆天子传》，下至民国的《新疆兵要地志》中的相关地名，均为收录对象，并寻找其与当代政区地名相对应的方位。如《西域图志》所记今皮山县木济、章固雅、萨纳珠、皮雅河勒玛、阿克阿里克一带的叶什勒库，即是一条清代中叶以后就不复存在的古河道，应即历史上的紧馆河。记述此类已经消失的地理实体，不仅对名存实亡的地名有个交代，还可以看出自然生态环境的变化。凡历代西域文史典籍中的地理名称，百分之九十以上都可以从本书中检出。

三、注意语音演变。《汉书·郑吉传》的兜訾城，《汉书·西域传》的交河城，一为车师语，一为汉语，属同城异称，而元明时期的"招哈和屯"，则为汉语与蒙古语的合璧地名，"招哈"即"交河"的音变，"和屯"为蒙古语"城"。高昌王国的南平城，至清代音变为"拉木伯"。这类少数民族语名变成汉语名，汉语名变成少数民族语名，或汉语名读音少数民族口语化，在新疆比比皆是。此种独特的地名现象，蕴含着历史演变的踪迹。

四、重视译称变化。西域是一个多语种区域，搞清地名译写变化，是地名研究的主要课题。汉唐时期的"温宿"，元明时期的阿克苏，属同一地名在不同时期的不同译写。清光绪九年筑阿克苏新城则是移用元明至清代中期的阿克苏城名。原阿克苏城则称"温宿"，维吾尔语则称"老阿克苏"以与新城相区别。民国时期阿尔泰山区的也里匾设治局，今为蒙古国最西部乌列盖省。"也里匾"与"乌列盖"属同地名的异译。

五、加强关连记述。通过主要交通要道的记述，增强地名之间的关连性。《隋书·裴矩传》的西域三道的路由，学界解释不一，著者根据《裴矩传》本文及当时西域各种政治军事势力的分布态势，对其作出新的阐释。其他如隋唐时期敦煌至吐鲁番的大海道，宋代王延德的哈密至西州的南道，元明清的吐鲁番至伊犁的天山腹区东西大道，清代民国各主要驿道，旅游探险道路，都有较为完整的记述。

六、择录人文资料，把一地相关的人文资料，如赤谷城与常惠，鄯善与班超，柳中与班勇，贪汗山与铁勒联盟，格登山与乾隆御碑，红山嘴与林则徐，赛里木湖与洪亮吉《净海赞》等，择要加以记述，或恰当地引述名家诗文，以增加地名的历史厚重感与可读性等等。

以此数点，聊括本书特色，固未能尽也。

西域学，是目前学术界的显学，亦是西部大开发的实学，此书之出，不惟有功于学术，且亦有补于实际，予故乐为之序云尔。

2003 年 5 月 10 日，旧历癸未年

四月初十写于京东且住草堂

《东方的文明》初读

——雷奈·格鲁塞《东方的文明》中译本序

法国科学院院士雷奈·格鲁塞教授，是一位著名的研究东方历史和文化的专家，他的四卷本的《东方的文明》，早已饮誉学界，此书的前三卷中译本，即《近东和中东的文明》、《印度的文明》、《中国的文明》，我国以前曾经出版过，第四卷《日本的文明》则至今没有出版。最近中华书局决定出版此书的四卷本全书，并对译文重新加以校定，统一全书的译名，重新制作此书大量的珍贵图版，使之清晰悦目，这对广大的读者来说，是一大功德。特别是未经翻译出版的第四卷，这次也一起出版，使此书成为全璧，这就更有益于读者。

大家知道，由于世界历史发展的不平衡，西方的工业革命，即资本主义化比东方遥遥地早出了一个半世纪，因此西方资本主义国家，可以凭借他们的经济实力，可以利用历史先行的特有的时间条件，最后还运用他们的坚船利炮，来推行和宣传他们的西方文明。

西方文明，从历史的角度来看，当然是一种比较先进的文明。这种先进性，自然是就其大者来说的，更自然不能包括他们用血与火来强卖给东方的鸦片和强制向全世界推行的殖民主义政策。

《东方的文明》初读

由于西方资本主义国家长期（一个多世纪）用各种方式和手段宣传西方文明。因此使得一些人逐渐形成了一种崇拜西方的心理，认为西方的一切都比东方好，从而轻视甚至鄙视东方的文化，包括自己祖国的传统文化。这是受殖民主义之害造成的心理，是帝国主义长期的殖民政策造成的，是对世界历史、文化发展的偏见。

在这样的历史背景下，雷奈·格鲁塞教授能够从事东方历史文化的研究并承认东方文化卓越的成就，与西方可以并肩的成就，这也就非常难得了——尽管他在叙述中，仍摆脱不了西方中心的某些偏见。

历史本来是充满矛盾的，一方面，在某些人的眼睛里，西方文化和艺术高于一切，但在另一方面却不惜用掠夺、偷盗和重金收买的手段来获取东方的艺术品，而且公然陈列在博物馆里，把它作为世界一流的艺术品来看待。人们对于这种矛盾现象，早已见怪不怪，习以为常了。

但是历史毕竟是要继续往前发展的，前一个半世纪右脚跨在前面，而之后直至现在和下一个世纪，却是左脚跨在前面了。近半个世纪来的历史现实难道不是这样吗？

说到东方的文明，特别是中国的文明，是足可以大书特书的，足可以昂首自豪的，这当然只能更加鞭策我们应该埋头苦干，加紧建设，而不应该像阿Q那样"老子的祖宗比你强！"

从中国的原始文化来说，近半个世纪以来，我们发现了大量的新石器文化遗址，如浙江的河姆渡文化、良渚文化，河南的仰韶文化、大河村文化、裴李冈文化，山东的龙山文化、大汶口文化，陕西的半坡文化，甘肃的大地湾文化，辽宁的红山文化、新乐文化，这众多的新石器时代文化遗址，它们的时间都远在距今五千年到八千年之间，更证明我们中华民族，有源远流长的文化源头，也证明了中华民族的大文化，是多元的而不是一元的，是相互吸收融化汇合的而不是兴此灭彼的。特别是我们灿烂辉煌的彩陶文化，已充分展示了我们的文化一开头，就是

81

异彩纷呈、气象辽阔、富丽多姿的。更值得重视的是其中已包涵有原始文字的信息,特别是造型艺术和绘画艺术,在原始彩陶里已具有相当的水平了。其中有一些器皿的造型,至今还在运用,而有些原始绘画,已被现代派艺术作为绘画创作的灵感泉源了。

从我国的文字来说,我们不仅有遥远的甲骨文,而且还有甲骨文之前的更早的原始文字,这种原始文字,已经不只是一两处发现了。山东邹平县丁公村龙山文化的陶文和山东莒县陵阳河、大朱家村、坑头等处出土的大汶口文化的陶文,是其中最显著的例子,而莒县的陶文要更早于邹平县丁公村的陶文。

特别是我们的青铜文化,具有绚丽多姿的异彩,为世界文化史上一种少见的现象,长期以来,我国的青铜器一直是世界各国收藏者所梦寐猎取的对象。而我国的雕塑艺术,从河姆渡的小人头雕塑到辽宁红山文化女神庙的女神雕塑,都是世界最早的原始雕塑杰作。至于西汉前期的雕塑,我们至今还保存着霍去病墓上马踏匈奴以及几种动物气势雄伟、风格浑朴的雕塑。魏晋以后我们更有山西大同云冈、河南洛阳龙门的巨雕和群雕,而敦煌石室和麦积山石窟、炳灵寺石窟的雕塑和壁画,更是举世文化艺术工作者和爱好者们朝拜的圣地。而中国的古建筑艺术,我们至今还保存着唐代的原建多处,这就是山西五台山地区南禅寺等建筑。而汉代的建筑,虽然地面木建筑已经不存了,但地面的石室建筑——山东孝堂山石室还保存至今;而西汉早期的汉墓,如徐州北洞山汉墓、小龟山汉墓、狮子山汉墓,都还保持着汉代地面居室建筑的格局,而且在墓室内还有地下室、仓库、厕所等等的设施。而唐以后宋、元、明的地面建筑,更是保存得不少。这种历数百年至千年以上的古建筑的存在,当然允称为世界的奇迹。

中国的绘画,尤其是源远流长,众彩纷呈。溯其源头,大地湾出土的约五千年前的地画,是至今最早的原始绘画。而与此差不多时间或略早或略晚一点的彩陶绘画，同样是最早的原始绘画，例如青海大通县的舞蹈盆、陕西临潼出土的五鱼彩陶盆，盆中绘五鱼衔尾而游，其中一鱼却跃出行列，表现了生动活泼的情趣，而其笔触明显地与后来的传统画法有衔接之处。战国至汉的绘画主要靠地下发掘。战国至秦汉出土的墓室壁画、帛画、棺画、器物画已经相当丰富了，我认为中国的绘画基本法则到汉代已经大备，这可从现存的汉代绘画和画像石、画像砖得到证明。现今传世最早的文人绘画的原作，要推隋展子虔的《游春图》，自隋唐至宋元明清，涌现出了一大批绘画名家，巨作林立，一直为国家博物馆和私人收藏家所收藏，而且它们都是世界性的珍宝，这类国宝，流散到国外由国外博物馆和私人收藏的亦不少。

中国的传统文化和艺术，是一个说不完的题目，在这篇短文里不可能全面涉及，更不可能稍加详尽的。中国如此，其他东方国家如印度、埃及、波斯、阿拉伯、日本等国的文明和艺术，也同样如此。好在雷奈·格鲁塞教授的这部《东方的文明》，对此都有较为详尽的论述，无需这篇短文来重复。

但是我读雷奈·格鲁塞教授的这部书并试为其撰写序言的时候，却又产生了另一个念头。雷奈·格鲁塞教授作为一个西方人，却对东方的文明产生了迷恋，并在"西风压倒东风"的历史背景下，毅然从事《东方的文明》的研究和写作，那么，这样的一种任务，东方的研究家似乎更有责任。以一个西方人来研究东方的文明，肯定有它的难度，也很难真正深入到历史的底蕴。这样的题目，由东方的学者来写，我想是会有更丰富更深入的成果的。我这话，当然不是对雷奈·格鲁塞教授此书的不够重视，我完全不是这个意思。相反，雷奈·格鲁塞教授的这部巨著的学术地位是不可动摇的。我只是说，东方的学者更有责任来写这个题目。

历史是前进的、发展的，当此世纪之交，可显而易见的是下一个世纪，应该是东方腾飞的世纪，应该是举起历史的左脚跨步的世纪，因此，也应该是东方的文明发射自己的强烈光芒的世纪。

所以，在今天出版这部名著，除了饱飨读者以外，也许它真能起到"引玉"的作用！

1988 年 10 月 24 日 1 时

于京东且住草堂

对新疆石窟艺术的几点思考

——《常书鸿文集》序

　　常书鸿先生，是我国著名的敦煌学前辈专家，他把毕生的精力献给了敦煌石窟的保护、清理和研究，大半生苦行僧一样的生活，完全是为敦煌事业而献身。常先生这种崇高的无私奉献精神，实在是我们后辈的楷模。

　　常先生在敦煌事业之外，更把目光投射到中国的大西部，即古代的西域、今天的新疆的石窟艺术，这更是难能可贵。这不仅说明常老的眼光远大，更说明常老治学上的追根究底的探求精神。

　　从中国石窟艺术的发展历程来说，敦煌与新疆是不可分割的，新疆的石窟是敦煌石窟的先驱。所以研究敦煌而上溯到新疆石窟，这是十分自然，顺理成章的事情。

　　我自 1986 年以来，连续去新疆作丝绸之路的调查、玄奘取经之路的调查以及石窟艺术的调查，前后一共去了五次。最长的时间是三个月，一般都在两个月左右。最近的一次就是今年 9 月 6 日回来的。由于我亲自多次目见了这许多石窟的现状，以及丝绸之路、玄奘取经之路的现状，再来拜读常老的这部鸿著，就感到十分亲切。常老这部大著，从

50 年代写起，一直修改到 70 年代的最后一年，常老的这种孜孜不倦、刻意求真的治学精神，使我一边在翻阅拜读的时候，一边由衷地感到敬佩。我认为这是用求真知的精神来写的书，是用生命来写的书，我有幸能先睹为快，真是无上的荣幸。

常老在本书中探讨新疆石窟艺术的渊源的时候，在承认佛教文化艺术的外来事实的前提下，努力探究了新疆石窟艺术的本土性和接受中原艺术的影响。常老的这种探求方式，我特别赞成。因为任何一种重大的文化艺术、历时久远的文化艺术，在向外传播的时候，如果不与当地的实际情况结合起来，并融入当地的生活和艺术的话，它是不可能生根开花，更不可能繁殖的。

大家清楚，在新疆的石窟艺术中，最具有特色的是中心柱石室。毫无疑问，这种中心柱式的建筑，是从印度传来的。这种特殊的建筑形式是服从于特殊的需要的，即服从于僧徒们的礼拜诵经和旋转的需要的。看来这确实是一种外来形式，这是没有异议的。但是，就建筑本身来说，这种中心柱式的建筑，在中原地区，以现在发现的资料来看，早在西汉初年就存在了。具体的实例，就是徐州的小龟山汉墓，这是刘邦第六代的坟墓，是凿山而建的。从墓门进去就有 100 米长的墓道，全是凿山而成。墓道尽头就通入一大室，室内即有一个巨大的中心石柱，基本是四方形的。柱的上部还有乳钉。石柱是凿室时留出来的原石，所以上下生根，而不是另砌的。当然就其功用来说，与佛教的中心柱石室是完全两回事，但就建筑来说，它应该也属中心柱的形式，而且在该墓的几个墓室里都有这种中心石柱的存在。我进去两次都是在开放以前，里面一片漆黑，虽然打了手电，看起来也只是一个大概，不能看得十分清楚。现在已经开放，里面有灯光，可以看得一清二楚了。据说在徐州这种中心柱式的墓还不止这一处。我之所以要提到这件事，主要是想说明早在佛教传到中原地区以前，这里已经有中心柱式的建筑了。

对新疆石窟艺术的几点思考

常老指出，佛教传入新疆的路线，最早是两路：一路是从葱岭经朅盘陀到莎车，再传至于阗、米兰等地，这实际就是丝路的南道。另一路是从葱岭经朅盘陀到疏勒，然后再北传至龟兹、高昌等地。这就是丝路北道。南道的佛教艺术主要是寺庙的壁画，由于历史的沧桑和帝国主义分子的掠夺，今已荡然无存。我曾在南道上调查过两次，莎车、叶城、和田（古于阗）、民丰、且末、若羌我都去过。特别是到了古于阗国的废城，也到了且末、瓦石峡、米兰，这些位于塔克拉玛干沙漠边缘的古城。在汉唐时期，这里都是规模较大的城市，现在除一些残建外，已荡然无存了。这次我非常有幸的是在和田得到一片古陶片，将陶片赠送给我的孙先生是从于阗古城废址上捡到的。陶片上保存了一个基本完好的"有翼天使"的形象，其大体的样子，就如斯坦因在米兰发现的壁画上的"有翼天使"。圆脸，大眼睛，直鼻大耳，有耳坠，头上有冠饰或发饰，两边背上有翼，羽状。顶上有两层圆光，胸前横抱一琵琶，四弦，一手执拨。图像外圈是联珠纹饰，联珠皆凸出。仔细观察，这个陶片是一个陶制容器的残片，可能还是一件日用器具。从四弦琵琶和执拨的情况来看，应是唐代的遗物。白居易《琵琶行》说"曲终收拨当心画，四弦一声如裂帛"，正是这种琵琶。从人物的脸形来看，已经不是外来的印度的形象，这种圆脸大眼直鼻大耳有耳坠的形象，在库车克孜尔壁画中可以见到，在和田和米兰的壁画中也可以找到，我认为这已经是西域化的与当地民族结合的形象了。

在南道上还值得一提的是位于叶城西南约 80 公里的棋盘山，现在是棋盘乡。自叶城沿公路西南行皆是茫茫无际的大戈壁。在戈壁尽处，忽然地势陡坡下陷百余公尺，出现一狭长的绿洲。绿洲两边皆是戈壁下陷的断崖，这个绿洲就是有名的棋盘乡。行尽这个狭长的绿洲，在右侧的断崖上就可以看到参差不齐的十几个石窟，里外已经完全空洞无物。但它原来是佛窟是可以确定的。因此这丝路南道上也不是绝对没有石窟佛寺。

丝路北道在疏勒境内，当有两处佛迹，一是著名的三仙洞，另一是莫尔佛塔。三仙洞位于断崖上，我两次去都未能上去，一般以为洞内已无壁画，今年再去，知道靠里边的石窟内尚存壁画和近代的题记，壁画在《今日喀什》上刊出一幅，可惜看不清楚。莫尔佛塔现在只剩下两个高耸的遗址，但规模甚大，可见当年盛况。据说在佛寺附近还有坎儿井，可见坎儿井不仅是吐鲁番地区有，远至疏勒境内也有，这又是另一个研究课题。

三仙洞和莫尔佛塔的年代，都没有确切的考证，三仙洞一般说是东汉的，莫尔佛塔的时代估计也不会太晚。

北道上最重要的石窟，当然是龟兹境内的克孜尔、库木吐拉、森木塞姆、克孜尔尕哈等窟以及吐鲁番地区的伯孜克里克、胜金口、吐峪沟、雅尔崖等石窟。实际上是龟兹石窟中心和高昌石窟中心。这在常老的书里都有详细的叙述。我虽然都曾多次去过，但常老记述在数十年之前，见今人之所未见，所以这部著作就倍加可贵。

常老书中还详细论述了新疆石窟的绘画艺术，特别指出其受中原画法的影响，我是完全赞同的，常老的这些论述，都能给我以启发。

新疆石窟壁画艺术的表现技法，我的浅见，认为基本上可以归纳为两种。一种是"屈铁盘丝"式的线条，再加敷彩；另一种是在线条的基础上再加晕染，然后再敷彩。当然无论是线条还是晕染，都不是一成不变的。线条在"屈铁盘丝"的基础上可以有适合画面需要的各种轻重变化，晕染也可以浓淡深浅变化运用。大家知道，线条不仅是中国画的基础，即所谓"骨"，而且也是中国画几千年来一贯的传统。这个传统说来话长，从新石器时代的陶画、玉刻，到商周青铜器上的纹饰，战国秦汉间的帛画，到两汉的石刻，莫不是以线条为骨架的。三国时东吴的曹不兴，东晋的顾恺之，唐代的吴道子，他们的线条都是与前代的线条一脉相承而又有创造发展的。所谓"曹衣出水"，就是说他的线条紧密柔软，如出水时衣服之贴身。在龟兹的石窟艺术和整个新疆的石窟壁画中，无论是"屈铁盘丝"或者"曹衣出水"，都是可以找到的。这证明了新疆的石窟壁画艺术，确实是受中原画的技法的影响的。但要注意这种影响在画面上的反映有多有少，并不都是一样程度的。至于那种晕染凹凸画法，是印度古法，当然是外来的。

与此有关的是克孜尔第207窟，俗称"画家洞"的"画家作画图"的这幅壁画。1931年，日本羽田亨博士在他的《西域文明史概论》中说："由此画中的服装（庸按：指壁画中正在作画的画家所穿的服装），知画家为其他画中（庸按：指克孜尔其他壁画）常见的所谓吐火罗人，决非中国人，亦非突厥人……其服装形式则与别种壁画中所见的骑士相同，腰前侧悬短剑，似不合为艺术家的服装（别洞中亦有描写画家的壁画，亦同样的带剑）。但右手则持一中国笔，左手持一小壶（当作杯——庸按：原译者注），此壶当然为盛绘具者。"① 羽田亨的这一段话，至少有两处错误和一处含混不清。第一个错误是说画家"腰前侧悬短剑"。其实这根本不是短剑，而是盛笔的"笔橐"。或者叫"笔匣"或"笔囊"。总之是放画笔的工具。请看画家手中所持的笔，是一支长杆笔，这是专门画壁画用的，比一般纸上作画写字的笔要长。又这类画笔，一般有两种，一种是毛笔，另一种是硬笔。硬笔是用长竹片削制，②笔头部分劈成半寸长的极薄极薄的薄片，再斜削成刀刃样，然后醮墨画线，可以刚健挺秀，转折处亦如"屈铁盘丝"。作壁画，特别是部位高的壁画，一般用硬笔较为方便，易于挺拔而均匀（注意图中画家是踮起了脚在作画的），如在案上作画，则当用毛笔。又在壁上作画，画笔极

---

① 羽田亨著，郑元芳译：《西域文明史概论》，商务印书馆第3版，第35—36页。
② 也有不用竹片而用芦苇秆等其他东西代用的。

易损坏，加之如要敷彩，则更需要准备好多支笔，方够应用。所以作壁画时，胸前悬一"笔橐"，以便随时换笔，所以画中画家胸前所悬之物，决非短剑。试想画家在石窟中虔诚地作画，一心礼佛，佛法戒杀，而画家居然身佩短剑，岂非驴唇不对马嘴？此其误一也。画家左手中所持之物，决不是什么"壶"。壶，一边有"流"，即壶嘴，一边有"执"，即壶把，而上面还应有盖。现画家手中所持，明明是一个杯子，与"壶"也是风马牛不相及。羽田亨说"此壶当然为盛绘具者"。这话又是大错而特错。很明显这个杯子是用来放颜料或墨色之类的东西的，看样子还可能多半是墨色，因为如用颜色，就可能不止一个杯子——当然也可能先敷一种颜色，那末也就只需一个杯子。总之，这个东西是杯子而不是壶，是画家放颜色或墨色的，而不是"盛绘具者"。此其误二也。

还有一处含混不清需要弄清楚的，是"所谓吐火罗人"的问题。按吐火罗语，是一种古代的语言，现在已经死亡，它使用的范围，主要是今天新疆库车（即龟兹）到焉耆这一带地域。[①] 那末说吐火罗语的，当然也就是当时的龟兹人或焉耆人。德国学者克林凯特说"库车的大多数居民可能是吐火罗人"，而且库车还是"吐火罗文化的中心"。这样，羽田亨博士上面所说的话，也无异是说画家就是当时的龟兹人或焉耆人了。大家知道，自汉武帝派张骞"凿空"通西域以后，到汉宣帝神爵二年（公元前60年）汉朝政府就在西域设都护府。郑吉为第一任都护，都护府设在乌垒。这就是说，当时汉朝政府的实际力量，早在佛教传入新疆以前就已经存在了，[②] 由此可知该地区受汉文化的影响也就很自然了。

---

① 据研究有一部分吐火罗人"早在公元前就从中国的西部向西迁徙了"，"定居在阿姆河南部"。见克林凯特著《丝绸古道上的文化》，赵崇民译，新疆美术摄影出版社1994年版。

② 一般认为佛教传入新疆大约在公元1世纪左右，而广泛传播，当在公元2世纪中。

至于画家所穿的所谓骑士服装的问题，更不能以此来论定他所画的画的风格，甚至究竟是什么籍的人也很难据以论定。大家知道清代康熙年间，意大利画家郎世宁住在中国，供奉内廷，作了不少中国风格的画，由此可证外国人也可以作中国风格的画的。"画家洞"壁画中那个穿所谓骑士服装（？）的人，未必不是画的中原画风格或龟兹画风格的画，何况他手里拿的还是一支中国画笔！然而，上引羽田亨的话，有一句是讲得很对的，这就是说画家右手"持一中国笔"。这句话说得对极了，一点也没有错。因为这的确是一支中国笔，吐鲁番阿斯塔那晋墓出土的笔就与此相同。[①] 何况还有其他地区出土的汉代的笔可以参证。

说到这里，让我们再回到本题，我认为常老大著中指出新疆石窟壁画中有一部分是受中原画风影响的，这是一个非常正确的看法。要注意的是常老作这样的判断是早在几十年前，这就更为难能可贵了。

还有一个问题是克孜尔石窟壁画中的非常特出的菱格画的问题。数十年来，探讨这个问题的人很多，可以说是众说纷纭，但是却莫衷一是。概括起来，就是外来说和本土说两种。外来说根据不足，无法论证，本土说又分编织纹说、博山炉说、陶、砖纹说多种，但也都是从形式上着眼。现在的问题是菱格内究竟画的是什么？是树叶，是山峰，还是花瓣？现在似都无法确指，正是因为无法确指其所画纹饰，因而也就无法进一步论断。我个人也同样无法确断，因而也还不能深论。但我认为应该注意到这种菱格纹饰，是春秋战国到两汉之间非常流行的纹饰，有名的春秋晚期的越王勾践剑，剑身全部是菱格纹饰。同时的吴王夫差矛，也是这种纹饰。特别是汉代和田、民丰、吐鲁番地区出土的织物，有不少是各式各样的菱格纹，从《中国美术全集》的"印染织绣"卷可以找到极多的例子。应该注意到的是和田、民丰等地，正是丝路南

---

① 笔藏新疆博物馆。见《新疆出土文物》。

道，与龟兹相对地比较接近。菱格形从中原到西域，时间是从春秋战国到两汉，都广泛地流行。那末克孜尔壁画的菱格形不是从中原或西域本土来，反倒是从帕米尔高原以西引来，而且并没有多少确切的根据，所以与其信从无据的外来说，还不如本土说来得亲切有据。不过我说的有据，也还只是指自春秋战国到两汉流行于中原和西域的菱格形的外形，菱格形内所画的究竟指什么，我揣测性地认为可能是菩提树的树叶。当然这是经过图案化的树叶，因为菩提树正是释迦牟尼证道之树，其树叶椭圆形，顶部尖长，略加图案化，就成为克孜尔壁画中的样子。其树叶下可以画一切众生，或佛传故事等等，正说明一切众生皆可成佛。我这种理解，当然只是一种领会，而并不是考证。领会错了，也是完全可能的。但是有一点应该提出注意，在上述漫长的历史过程中，菱格形一直是不断变换其内容而外形不变。那末龟兹的壁画家取流行已久的菱格形的外形而实之以佛教内容，并以释迦成道之菩提树叶作为背景，这也就不算太过无据了。

关于"有翼神像"的问题，常老说："如果要追溯这有翼神像来源，与其说是渊源于希腊，倒不如说是渊源于反映老子道家思想的汉代画像石中的'羽人'。在佛教艺术中，犍达婆作为一种诸天使乐，也只是'飞天'的一种，并不是'飞天'都叫做'犍达婆'，真正的'犍达婆'，也并不是有翅膀的。"

常老的这段话，我非常赞同。

在中国的传统文化里，关于神、仙、飞升的思想是来源很早的。庄子的《逍遥游》说："藐姑射之山，有神人居焉，肌肤若冰雪，绰约若处子。不食五谷，吸风饮露，乘云气，御飞龙，而游乎四海之外。"在屈原的《离骚》、《九章》等作品里，也有同类的思想。但这个时期所写的飞升的情况，都是借助动物的。如庄子的姑射神人，是要"乘云气，御飞龙"的，屈原想象自己的升天飞行，更是要借凤凰、青虬、白螭的，自己既没有"翼"，也不能飞行。但到汉代的画像石里，就有了带"翼"的人，即羽人。这种带"翼"的人，在秦代的青铜器里就已经有了，不过到汉代的画像石里，羽人的"翼"就逐渐增大，有的"翼"大到似乎可以升起人的身体，如河南鄢陵出土的"羽人乘麟画像砖"，[①] 这个羽人的"翼"，就特别凸出。但到了魏晋南北朝时期，情况又有了变化，一方面佛教的飞天已传入中国；另一方面，中国传统文化中的羽人，也丢掉了羽翼，能自己升天飞翔了。如洛阳金村出土的北魏石棺盖，上刻"蛇身人首（按：准确点说，应该是蛇尾人体）之守护神四个，拥以云气，遨游昊天之中"。[②] 或以为这是伏羲、女娲，我以为待证。因为就在同卷第 5 图：宁懋夫妇图，就可以参证。宁懋夫妇图是一幅绘刻十分精湛的世俗画，描写宁懋夫妇从中年到晚年三个时期不同的形象。在石室的另一处，还刻有燃柴做炊、汲水淘米等生活情状。很明显，宁懋夫妇图及汲水做炊图，完全是现实的生活写生，是一幅难得的世俗图。图中人物的服饰和发式，也应该就是当时生活的写实。而恰好就是这个宁懋夫人的服饰和发式，和本书第 19 图蛇尾人体的这个在飞行中的画像的服饰和发式完全一样。所以这个飞行中的蛇尾人体图像，是否是伏羲、女娲，尚待论证。我认为这恰好证实了中国的羽人，抛掉了羽翼以后又安上了一个原始神话中的蛇尾，以便它的飞升。如果真是伏羲、女娲的话，那也只是说明这个伏羲、女娲已经完全世俗化到只留一点蛇尾巴了，目的是为了使这个形象能飞升！

但这还仅仅是中国的羽人变成飞天的全过程的一个中间环节。真正完美的中国飞天是否能找到呢？完全能够找到。这就是江苏丹阳胡桥吴

---

① 见《中国美术全集》，上海人民美术出版社 1988 年 10 月版，绘画编 18，画像石画像砖卷第 260 图。

② 见《中国美术全集》，上海人民美术出版社 1988 年 10 月版，绘画编 19，石刻线画卷第 19 图。

家村、建山金家村出土的三座南朝大墓中《羽人戏龙》、《羽人戏虎》图中位于龙虎上方凌空飞翔的"天人"（原图刻有"天人"两字）。有人认为这是"带有佛教'西方净土'的意味"的飞天。① 说它是中国的飞天，我认为是完全对的，但说它是"带有佛教'西方净土'的意味"的飞天，也即是佛教的飞天，那就完全错了。这是一组地地道道的中国飞天，这组飞天形象的完美性是无与伦比的，而且它恰好是从羽人、从蛇尾人体而飞翔的人演变成这完美的中国飞天的！何以确定它不是印度的而是中国本土的呢？第一，谭树桐先生说："'天人'服装全是汉式，手持乐器有竽、磬、铃以及丹鼎、孔雀裘等物。"这里"服装全是汉式"是一证，但更关键的是手持丹鼎。大家知道只有道家才炼丹，佛家是不炼丹的。所以决没有佛陀而手持丹鼎的。又是穿的汉装，又是手持丹鼎，这只能证明它是道家的飞天，也即是真正中国本土的飞天！第二，整个《羽人戏龙》、《羽人戏虎》图的内容是什么，这是必须弄清楚的，不弄清整体的内容，就难以确定图中飞天的性质。据舞蹈史研究专家殷亚昭先生的研究，这是一幅南齐宫廷舞蹈《上云乐》的舞蹈图。但《上云乐》是梁武帝在梁天监十一年（512 年）据吴歌西曲改制的，《上云乐》的名称也是改制后另取的。《羽人戏龙》、《羽人戏虎》图出自南齐的三座墓葬，据考证，是南齐末代皇朝废帝东昏侯萧宝卷、和帝萧宝融的坟墓，还有一座是始安贞王萧道生的坟墓，其时间是南齐明帝建武二年到和帝中兴二年（495—502）。下距梁武帝改制《上云乐》的时间还有十年。所以当此《羽人戏龙》、《羽人戏虎》两图入墓之时，尚是吴歌西曲。但据研究者的考订，梁武帝的改制并不是重新创制，故从吴歌西曲到《上云乐》其演出形式和曲调变化不大，故此两图所反映的演出情况也就是十年后更名《上云乐》的演出情况。

---

　① 见《谭树桐美术史论文集》，新疆人民出版社 1992 年版，第 144 页。

按《乐府诗集》卷五十一，《清商曲辞》八，尚存梁武帝制《上云乐》七曲："一曰《凤台曲》，二曰《桐柏曲》，三曰《方丈曲》，四曰《方诸曲》，五曰《玉龟曲》，六曰《金丹曲》，七曰《金陵曲》。"现录最后两曲的曲辞：

第六曲《金丹曲》

紫霜耀，绛雪飞。追以还，转复飞。九真道方微，千年不传，一传裔云衣。

第七曲《金陵曲》

勾曲仙，长乐游洞天。巡会迹，六门揖，玉板登金门，凤泉回肆，鹭羽降寻云。鹭羽一流，芳芬郁氛氲。

全部七曲的曲辞，都是道家性质，特别是六、七两曲。殷亚昭说："此二曲乃是歌舞表演的高潮部分。金丹既成，功德圆满。曲中所称紫霜、绛云皆形容丹火之盛，炼丹时丹火是赤红色的，细看《羽人戏龙》、《羽人戏虎》图中有不少火焰式的花纹，以示丹火。于是绛云赠羽，散花流芳，这是整个歌舞的宗旨，羽化而登仙矣。羽人手执状如凤毛之鸳羽，正是中国传统之舞具，在此也得到充分地运用。一群由炼丹而得道的真人、仙人，在羽人、天人的赠羽绛云之下，终于登入'长乐游洞天'的极乐世界去了。"① 从整个《上云乐》的七曲，我们可以确知这个宫廷大型舞蹈的确是道家性质的舞蹈，与佛家没有关系。那末，这整个画面中的飞天，即图上表明的"天人"，自然也不可能是佛家的飞天了。第三，第七曲开头两句是"勾曲仙，长乐游洞天"。勾曲，也即是句曲，即茅山。茅山又称句曲山，是六朝齐梁时道教上清派的基地。位

---

① 见殷亚昭《中国古舞与民舞研究》，台湾贯雅出版社1991年版，第109页。

于江苏丹阳、金坛、句容的中间。齐梁时，陶弘景在此隐居，号称"山中宰相"，梁武帝与他私交甚厚，函札赏赐，旬日一至。陶弘景是道教上清派的传人和道教茅山宗的一代宗师，他是丹阳人，称"丹阳布衣"，隐居句曲山（茅山）后，又自称"华阳隐居"。他所著的《真诰》卷十一《稽神枢》称："大天之内，有地中之洞天三十六所，其第八是句曲山之洞，周回一百五十里，名为金坛华阳之天。"所以又称"第八洞天"。陶弘景弘扬道教，写了大量的著作，此外的重要活动就是炼丹，至今茅山还留有他的丹井。所以上引曲辞"句曲仙"，当然是指陶弘景，因为梁武帝对他倍加崇信。第二句"长乐游洞天"，也自然是指近在眼前的句曲山（茅山）的第八洞天。因为从地理上说，建康（今南京）离茅山和丹阳确实很近。特别要重视的是这三座墓的墓地，就在陶弘景老家丹阳。在这样的现实条件下，这个《羽人戏龙》、《羽人戏虎》里的"天人"即飞天，怎么会有可能是佛教的飞天呢？当然只可能是道教的飞天！

　　有此考证，我们确认这个《羽人戏龙》、《羽人戏虎》图里的飞天是中国本土自生自长的道教的飞天，我想是有足够的说服力的。不仅如此，我们还可以历数这个中国本土自生自长的飞天的成长过程，从庄子、屈原等作品里产生飞行升天的思想和文字描写的形象，到战国秦汉之间，就产生了有翼的人，而且这个"翼"，由小而逐渐加大，终于有点接近于飞鸟的翼与身子的比例。再往前，就是脱去了翼，变成一个完全是世俗装束的能飞翔的女性，但是却让她露出了一点蛇或龙的尾巴，透露了一点她之所以能飞翔的"神"气。最后终于形成了羽人戏龙、戏虎图里的完美的中国飞天！因为这个飞天是我们民族自生的，所以我们能够历数其成长过程。可是同样是在中国的佛教的飞天，我们就不可能为它排比出这样一个生动而清晰的成长历程。

　　因此我认为中国的飞天和印度的飞天，都是各自成长的。但是印度的飞天，却飞到了中国，随着佛教的兴盛和道教的衰落，中国的飞天就逐渐被印度的飞天湮没了，以致在认识上也误认为凡是飞天都是印度飞来的。这实际是认识上的一种误差。

我在拜读了常老的这部大著后，深受教益和启发，才写了这些不成熟的见解，唯恐见笑于方家，又岂敢称序。

1995 年 11 月 1 日夜 11 时病中草草

陕西长安县王曲地区新石器时代遗址调查 *

　　1964年11月至1965年5月，我与周红兴同志在长安县王曲公社北堡寨村东的一个土坑内，发现了一些陶片和石器。1965年4月间，我们又进行了调查和采集工作，获得了陶片数百片和近20件完整的或复原的陶器，以及多种石器、骨器与蚌器等，同时还发现了多处文化堆积和一座大型周代墓葬。

　　遗址位于潏河东岸，神禾塬头。北距半坡遗址约20公里。遗址以北堡寨、南堡寨、藏驾庄为中心，向东延至北江兆、中江兆，向北伸展至王曲镇南端，范围约5平方公里余（图一）。从出土遗

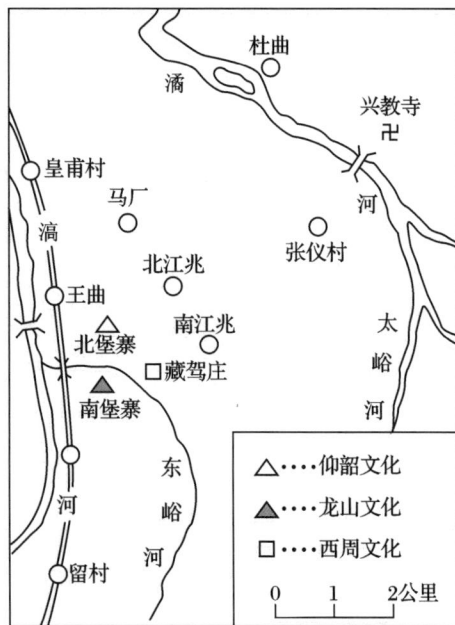

图一　遗址位置图

---

　　* 本文由作者撰稿，器物图由《考古》编辑部绘制，发表时与周红兴同署名。

物看，北堡寨主要是彩陶，与半坡遗址的大体相同，另有一些西周遗物（图二，5、8、9、10、13）；南堡寨，出土遗物比较接近龙山文化，藏驾庄出土的多是商或周代的陶器。

据我们的调查，这处遗址已暴露很长时间。由于历年山水冲刷，在南堡寨、北堡寨和藏驾庄之间，有一条深沟，叫东峪河。在沟的两壁上端，均可见到文化层。另一条名叫柳沟，横亘于中江兆、北江兆和藏驾庄、北堡寨之间，据说是明朝地震造成的。在这四个村子之间，沟的两侧也有文化层可寻。另外在北堡寨村东，沿村南北走向有一个壕沟，我们在这里获得不少陶片、陶锉、骨箭头、陶纺轮等遗物。解放前，这里曾修了一条由北堡寨至藏驾庄的大道，道旁也露出很多灰坑与遗迹。

由北堡寨、南堡寨、藏驾庄暴露的文化层来看，它们大都离地表很近，上面压着一层 0.5 米左右的耕土层，下边便是厚达 2—3 米的灰层。

文化层一般呈灰色或灰黑色，土质很松软，仅有两处不同，一是由王曲镇去北堡寨路南土崖的文化层呈灰白色，内中夹有大量的红土与其他遗物，并且有层次。另一处是北堡寨东柳沟东壁有一长约百余米的文化层，土质极硬，夹有大量的红陶（陶质软）或红烧土，有一处土层内有均匀的夯土的层次。同时尚有几个灰坑。

在这些文化层的侧表，我们还发现窖址两座（均在南堡寨，一个已毁近半）；瓮棺两个（一在藏驾庄，已毁半，随葬品有石凿、石锛、石刀、骨簪、蚌泡、文蚌、贝等物。一个在南堡寨，仅有少许骨骼）；各种兽骨，多具尸骨。在南堡寨尚遇到一个藏有大量螺壳的灰坑，从坑内我们挖出斑鹿角四支。

（一）北堡寨

石器

斧　1件。琢磨而成，器身扁宽，横断面呈扁圆形，长 10 厘米、宽

5 厘米、厚 2 厘米（图二，2）。

刀　3 件。一件打制而成，略呈长方形。两侧带有凹口，长 7 厘米、宽 5 厘米、厚 1 厘米（图二，1）。一件为磨制，长 9 厘米、宽 4 厘米、厚 1 厘米。一件已残，磨制而成，长条形，单孔。

此外尚有磨棒、杵、网坠、钻、敲砸器和磨石等。

陶器

锉　4 件。皆残，二红二黑（图二，3、4）。

纺轮　3 件。形状各异。一件圆形，直径 5 厘米、厚 1.5 厘米（图二，14）。一件直径 5.5 厘米，底边有指按花纹，轮面有绳纹（图二，16）。一件为半圆形，棕色，直径 4 厘米，高 2 厘米。

罐　4 件。一件为灰黑色细砂陶，鼓腹，轮制，表饰弦纹三道，肩部有五个圆球形突起（图二，10）。一件为灰色细砂陶罐。壁厚，质硬，肩以下饰绳纹。敞口，平肩，口径 11.5 厘米、高 16 厘米、底径 10 厘米（图二，13）。一件带盖，褐陶，盖上划有几何纹，罐身有绳纹（图二，8）。一件为小口大腹，细泥黑陶罐，腹至颈有三道弦纹。

鬲　5 件。表饰绳纹，粗砂灰陶。其中一件高 15.4 厘米、口径 16 厘米（图二，5）。一件高 18 厘米、口径 18.4 厘米（图二，9）。

碗　1 件。红细泥陶，素面平底，口径 13 厘米。

除了上述陶器外，还采集了一部分彩陶，器形多为钵或盆的残片（图二，6、12、19、20），有的可以复原。其中较完整的有两件。

盆　1 件。细泥红陶，圆鼓腹，口径 20 厘米。饰黑彩勾叶圆点纹（图二，7）。

钵　1 件。细泥红陶，敛口深腹，口径 21 厘米。口沿饰黑彩勾叶圆点纹（图二，18）。

此外，还采集有小口瓶、器足及器口多件。残陶环的断面呈圆形、半圆形、三角形和扁圆形数种，环面有划线纹，或外突成齿轮状，并在齿上刻有线纹。还有一件有孔陶器，用途不明（图二，15）。

骨器 有骨镞（图二，21、22）、骨锥（图二，17）。

蚌器 仅采集了带孔残蚌刀一件（图二，11）。

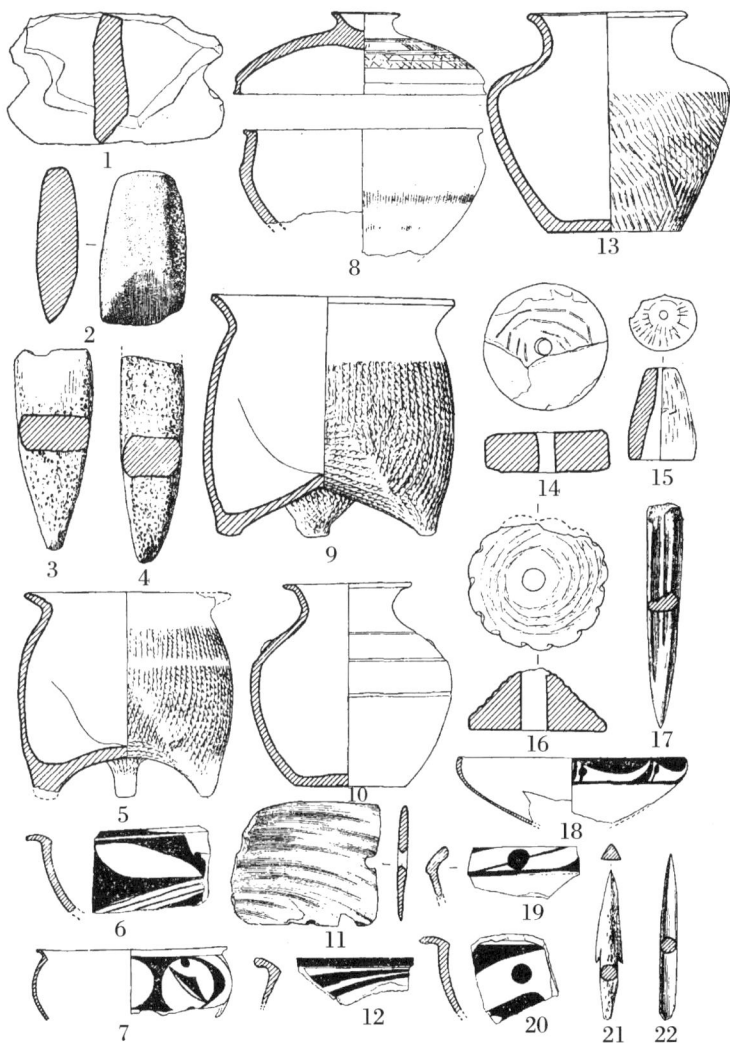

图二 北堡寨遗址出土遗物

1. 石刀 2. 石斧 3、4. 陶锉 5、9. 陶鬲 6、12、19、20. 彩陶片 7. 彩陶盆
8、10、13. 陶罐 11. 蚌刀 14、16. 陶纺轮 15. 带孔陶器 17. 骨锥 18. 彩陶钵
21、22. 骨镞（1—4、11、14、16、17、21、22 均为 1/2，7 为 1/8，余为 1/4）

（二）南堡寨

石器

斧　2件。一件完整，琢磨而成，器身宽扁，中部厚突，横断面为扁圆形，长11厘米、宽6厘米、厚3厘米（图三，1）。一件磨制，长方形，已残。上有一个两面钻成的孔，宽7厘米、厚1.5厘米（图三，6）。

凿　2件。皆残。一为长条形宽刃，只刃部为磨制（图三，8）。一为圆柱状，琢磨制成。

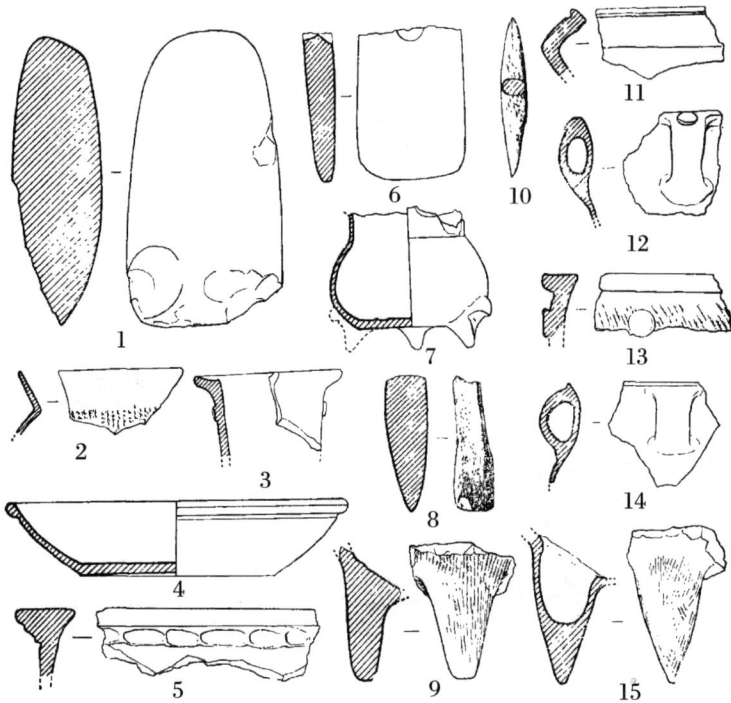

图三　南堡寨遗址出土遗物

1、6. 石斧　2、3、11. 器口　4. 陶钵　5、13. 罐口　7. 三足罐

8. 石凿　9. 鼎足　10. 骨镞　12、14. 器耳　15. 鬲足（1、6.　1/2，余1/4）

陶器

钵 1件。细泥黑陶，素面，敞口，平底，口径23厘米、底径13厘米、高5厘米（图三，4）。

三足罐 1件。红陶，轮制，直颈，口微敞，鼓腹，平底，下有三尖足，自腹下至足皆涂白衣（图三，7）。

此外尚有各种类型的残罐口（图三，5、13）、器口（图三，2、3、11）、器耳（图三，12、14）、鼎足（图三，9）和鬲足（图三，15）。

骨器 仅采集到骨镞一件（图三，10）。

（三）藏驾庄

石器

锛 2件。均为长方形，一长5厘米、宽3.5厘米、厚0.5厘米，双孔。一长4厘米、宽3厘米、厚1厘米。

刀 1件。长方形，磨制，已残。

陶器

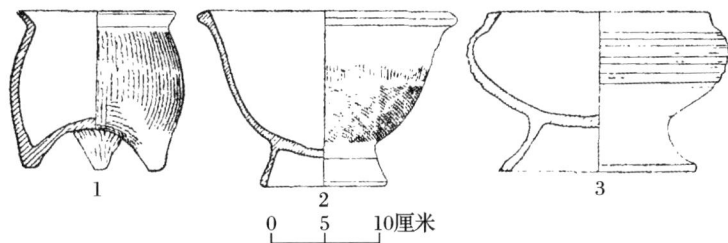

图四 藏驾庄出土陶器
1. 鬲 2、3. 簋

103

鬲　3 件。均为粗砂灰陶，饰绳纹（图四，1）。

簋　2 件。一为细砂灰陶，高圈足，肩腹饰弦纹。口径 20 厘米、足径 18 厘米、高 15 厘米（图四，3）。一为灰陶，敞口，圈足较矮，口径 24 厘米、足径 12 厘米、高 16 厘米（图四，2）。

从以上情况来看，这三个村的遗址的时代不同，北堡寨主要是仰韶文化遗物。南堡寨的遗存则大体相当于龙山文化。藏驾庄为周代文化遗址。

我们对这三个村的遗址，只是作了初步调查，至于这三处遗址的关系，尚须作进一步的发掘来说明。

1965 年 8 月

一个持续五千年的文化现象

——良渚玉器上神人兽面图形的内涵及其衍变

　　良渚文化遗址的发现，是近半个世纪的事情，良渚玉器上神人兽面图形的发现，则是 1986 年 6 月的事，所以无论是对整个良渚文化体系的认识，还是对余杭反山、瑶山出土的大批玉器以及玉器上的神人兽面图形的认识，都还处在初期阶段，随着时间的推移，考古家们的认识当然会日新月异，而文化界对这一问题的认识，自然也将随着考古家们的认识而得以逐步提高。

　　有一点是现今早已得出了确定的认识的，这就是随着长江流域（重点是长江中下游）、太湖流域、华南地区独立的原始文化体系的发现，早先的中华民族文化起源于黄河流域的文化一元论观点，不得不被新冒出来的大量的客观事实所突破了。人们不得不重新更正自己的观念，承认中华民族的文化起源，是丰富多彩的多元论而不是单一的一元论。承认这一点是非常重要的事情，因为只有认识了这一点，才能正确地认识中华民族传统文化的丰富性和复杂性。良渚文化的发现及其独立体系的被确认，是认识中华民族文化起源的多元论的一个极为重要的依据。

　　我本人并不搞考古，也完全不懂考古，我只是觉得作为今天的一个历史研究者或传统文化研究者，如不能及时地运用考古家们辛勤地发掘和认真研究得出的最新的科学成果，那我们的某些研究，很可能会流于盲目性，甚至会作出早已过时的结论。

我对良渚玉器上神人兽面图形的识读，就是出于这种心理。这完全是一个学习者的心理，丝毫也谈不上任何研究的性质。特别是我在试图识读的过程中，认真学习了考古家们对良渚文化的精彩的论述，每当我读到他们的精辟的高论时，确实使我欣然忘食或浮以大白。我们伟大的中华民族丰富多彩的原始文化和传统文化，由于我国卓越的考古工作者们辛勤发掘和杰出的研究，才得以光被四海，才得以倾动全世界的汉学专家以欣羡和崇敬的姿态来瞻仰和研究伟大的中华文明。我要再次申述，伟大的中华民族对整个人类的文明所作出的贡献是巨大的，全人类的文化和科学能够发展到今天的高度，其中有中华民族几千年来对人类文明所作出的卓越贡献。文化是积累而成的，民族历史越是悠久，它所作出的贡献就越大。文化又是全人类性的，所以一个民族所创造的先进文化必然将有益于其他民族，有益于全人类。所以，我们面对着今天人类文明的总和，应该感到自豪，因为其中有一大部分是我们民族的功劳。当然，我们应该再接再厉，为全人类的文明作出更多的贡献。

1986 年 6 月，在余杭反山第 12 号墓发现的玉琮王，是件稀世珍品，[①] 此件高 8.8 厘米、射径 17.1—17.6 厘米、孔径 4.9 厘米，重约6500 克。此件共四节，内圆外方，外部四面正中直槽内各刻神人兽面图像两个，共八个，另外，在琮的四角以角为中轴线，每两节刻一组简化的神人兽面像，上部为神人面，下部为兽面，四角共八组。在兽面像的两边，各刻一鸟纹，鸟的形象已经过变形夸张，从图版上来看，已经看

---

① 见《良渚文化玉器》第 6—7 页，1989 年文物出版社、两木出版社合出。本文所论及的良渚玉器均见此书。

不清楚是鸟纹。这个琮体上的纹饰，简而言之，就是如此。

现在我们来分析这个神人兽面图像，识读这个图像是很困难的，一是我们识读得究竟对还是不对，没有办法验证，二是我们没有其他参考物，更没有文字记载，三是我们距离良渚人也即是创作这个图像的人的时代太遥远了，当时他们的思维方式我们现在未必能把握得到，更未必能把握得准。所以我们现在的识读，特别是我的识读，简直可以说如同猜谜。我初看这个图像的第一个印象，就是图像分凸出的浮雕和平面的线刻两部分。当然最引人注目的是凸出的浮雕部分。这部分恰好是神人面（上部）和兽面（下部）。为什么这两个部分要用浅浮雕的方法来表现呢？用我们现在的思维方式来考虑，当然是为了使这两个部分给外界以突出的感觉，为了使见到的人有极其深刻的印象。我们现在看这个兽面图像，从整体来说是凶猛而又威武，两个大而又圆的眼睛炯炯有神，虎视眈眈；一张大嘴巴露出了上下的獠牙，更加显得狰狞可怕，还有鼓起来的大鼻子，显出它的嗅觉特别灵敏。总起来说，这个图像给人以凶猛的印象。上面的神人像，同样是大眼睛、大鼻子、大嘴巴，加上方脸盘和头顶插羽饰的风字帽，给人以威灵赫赫的神秘之感。现在要思考的是这神人与兽面究竟是什么关系，为什么组合在一起？这里要说明的是这神人兽面虽然是两个头部或者说两个面孔，但却只有一个身子。这就是说，神人和兽面是合在一个身子上的，是一体。所以我认为，这个凶猛而狰狞的兽面，是良渚人崇拜的图腾，它对内起保护作用，对外则起威慑作用。至于上面的那个神人，就是这个图腾的具有特定内涵的神灵。良渚文化的时期，下限距今 4260 ± 145 年（树轮校正年代），约相当于夏代的起始年代，上限距今 5200 ± 135 年，约相当于大汶口文化中期。[①] 这个时期，一方面是多神崇拜的时期，另一方面则是氏族社会中

---

① 据牟永抗《良渚文化玉器》前言。

特权阶层形成，凌驾一切的特权逐步确立的时期。在当时人的意识里，由于来自万物有灵论的图腾崇拜的作用，他们认为世间万物都有神，而这许多神却是并列的，其中并没有一个统治神。另外，当时人们的意识里，也还没有后来的天上、人间、地下三界。所以当时人们心目中的万物的神灵，都是与物并存于世的。也就是说，当时的人认为神、人、物三者是共处在一个现实社会里，只不过"神"，人们见不到而已。这样在客观上就有可能使逐渐确立的氏族特权人物与崇拜的图腾神结合起来，以增强氏族特权人物的神性，从而强化氏族成员对氏族特权阶层的宗教性崇拜。现在再来看这个神人兽面图像，上面的神人，显然就是氏族特权人物作为图腾的显现。这个标志着图腾神的显现图像，是带有特殊意义的图像，并不是任何器物上都可以使用的。从良渚文化所出土的器物来看，具有这种图像的器物，只有玉琮、玉钺、冠形器、柱形器、三叉形器、牌饰、璜等几种，其他器物上，一概只有简化的兽面图形。上面这几种器物，有的是属于礼器，是祭祀埋葬等场合用的，如玉琮、璜等；有的是象征军权的，如玉钺；柱形器、牌饰究竟作什么用，还不清楚；冠形器、三叉形器，当也是祭祀等重大场面用的礼器。所以，上面这些器物，虽然还不能件件都弄得很清楚，但它们与玉琮、玉钺、玉璜之类具有同等性质大概是无疑的。这个最完整、最精致的神人兽面图形的纹饰是出现在大型玉琮上的。玉琮究竟是怎样的一种礼器呢？《周礼·大宗伯》说："以玉作六器，以礼天地四方；以苍璧礼天，以黄琮礼地……"《典瑞》说："疏璧琮以敛尸。"根据现代考古发掘，以上记载大体是对的，但璧、琮这两种礼器的作用，未必就是这样的区分。据张光直先生的研究，琮是象征天圆地方的一种礼器，他说："把琮的圆方相套的形状用'天圆地方'的观念来解释，由来已久。……内圆像天外方像地这种解释在琮的形象上说是很合理的。""琮的实物的实际形象是兼含方圆的，而且琮的形状最显著也是最重要的特征，是把方和圆通串起来，也就是把地和天相贯通起来。专从形状上看，我们可以说琮是天地贯通的象征，也便是贯通天地的一项手段或法器。"张先生还说："巫的本身首先能掌握方圆，更进一步也更重要的是能贯通天地。……颛顼命重黎绝地通天，于是天地之通成为统治阶级的象征。""巫师通地天的工作，是受到动物的帮助的，所以贯通天地的法器上面刻有动物的形象必不是偶然的。《左传》宣公三年：'昔夏之方有德也，远方图物、贡金九牧、铸鼎像物……用能协于上下以承天休'，便是明指礼器上的动物的功能是用来'协于上下'的。"① 张先生的文章有许多精到的见解，这里只是借鉴了他关于琮的研究的一小部分意见，归纳起来：一、琮是内圆外方的一种玉质礼器，它的功能是贯通天地，它本身就是贯通天地的一种法器。二、这种法器是由巫师或由具有巫师一样的神权的人物来掌握的，掌握这个法器的人，也就是掌握了贯通天地的神权和特权的人。三、法器上的动物图像，是贯通天地的媒介，巫师或特权人物在进行贯通天地的法事的时候，动物是必不可少的媒介。根据以上的这些认识，我们就可以进一步地看到，这个玉琮，就是神权和军权、财权统一而集中的象征，下部的兽面是它们的图腾的标志，上面的神人，既是这个图腾的神灵，也是这个氏族的特权人物自己，作为神，就是图腾的神灵，作为人，就是氏族的特权人物，他享有至高无上的特权。因此，凡是刻有这个完整的神人兽面图像的器物，都是这个特权人物进行祭祀之类贯通天地的活动的礼器或法器，其他人是不能占有和使用的。至于其他的器物上，则一般都只刻兽面图像或简化的兽面图像，以示与前者有所区别。

这个神人兽面图像的躯体部分，与它的兽面部分一样，都是象征性

---

① 见张光直先生《谈"琮"及其在中国古史上的意义》一文，载 1986 年文物出版社出版的《文物与考古论集》。

的理想化的产物。我认为这一兽面动物形象，并不是写实的形象，而是一个理想化的集合形象。它的面部，是猛兽头部（我认为主要是虎头）的理想化和美术化，它的身子，我认为可能是凶猛的鳞甲动物的理想化和美术化，那些满身的云纹，就是鳞甲的反映，因此，它的左右肩部会有两个甲片耸起。它的爪，我认为不是鸟类的爪，而是蹼状掌，也就是水生动物或水陆两栖动物的脚掌。所以这个兽面形象，包括它的身子在内，是个几种或多种凶猛动物的理想化了的集合体，是一个创作而不是写真。它的神人部分，则是这个图腾的神灵。非常重要的是这个神人的形象。从这个形象来看，当时的良渚人，已经按照他们的想象，把虚无的神灵具象化并且人形化了。那末如何来进行这个具象化呢？究竟创造什么样的形象呢？我认为他们实际社会生活中掌握了贯通天地的特权的特权人物，就是他们的理想的范本。所以这个神人，是被神化了的写实的人物。因此他不是集合形象，而是被神化的现实的形象。神人头部的羽冠，应该说基本上是写实的，也可能就是氏族特权人物象征特权的"法冠"，可能在创作的时候，又加以美化和夸张，使这个羽冠既堂皇而又神秘、神圣。为什么说这个羽冠基本上是写实的呢？我曾经在浙江省博物馆看过一件浙江宁波鄞县出土的铜钺，在这个铜钺上铸有一批划船的人，一色都是高高的羽冠，可见当时在越地戴这种羽冠是现实生活中存在的。特别是这个铜钺上的羽冠，长长的羽毛是密密地直立着的，与这个玉琮上的羽冠颇有点近似之处。

还有一点应该特别提出来，就是在反山出土的玉器中，有一件透雕的冠形器，上面用阴线刻着一个单独的神人形象。（参见图1）这个形象说明它已离开了兽面而独立存在了，这就是说良渚人终究离开了他们的图腾形象而创造了一个独立的神像了，这也许是中国大地上第一个具象的原始神，或者说，它与辽宁牛河梁女神庙出土的陶塑女神残像，成为一南一北的最早的原始神像而问世了。这一事实说明，当时普遍存在的图腾崇拜正在逐渐蜕化，原始神的独立形象正在缓慢地取代图腾的形象。这一事实也说明良渚人的社会形态正在分化，社会财富和权力高度集中，处在原始社会晚期的良渚人正在向阶级社会迈进。从神人兽面的人兽合体图像到脱离了兽面而独立存在的人形神像，正好透露了这一社会的分化和原始宗教意识的演进。

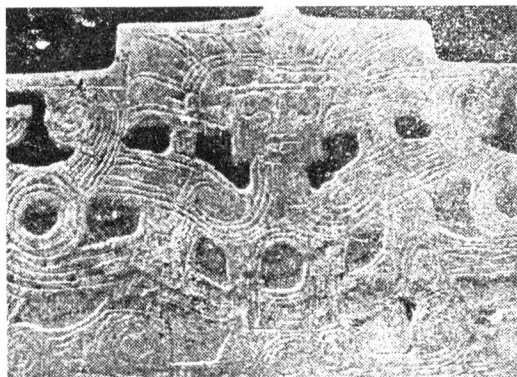

图1　反山出土冠形器上独立之神人形象，其下部已无兽面。

良渚文化的这一神人兽面图像从它的构图来说，反映了原始社会后期的良渚人形象思维和抽象思维的高度水平，同时也反映了他们艺术创作和制作的高度技巧。从这个图像的内涵来说，它既有丰富的深刻的内涵，而又具有非常明显的易于了解的直观效果，具有非常鲜明的目的性。良渚人创造出这样精美的内容和形式高度统一的艺术品来，它从总体上说明了当时的良渚人已将举步跨进文明的大门了。

值得注意探讨的另一个问题，是良渚文化与中原文化的关系。现在已有多位学者指出，良渚玉器的琮，在殷墟已有发现，1976年妇好墓就出土了14件。（参见图2）大家知道，琮是良渚玉器中特有的，在此之前，良渚文化以外的地区没有出土过琮。殷墟遗址居然有琮出土，这说明良渚文化玉器中的琮，已被吸收入殷商文化中了。不仅如此，更重要

图 2　殷商玉扳指

1976 年殷墟妇好墓出土，此件扳指上兽面纹极为明显，
可与良渚神人兽面图形对看，妇好墓出土之青铜器、玉器、
象牙器上多有此类纹饰，可证南北文化之交流融合。

也是更普遍的是，良渚玉器上的兽面纹饰，已经普遍地被用到殷商的青铜器上了。而且由商而周而春秋战国，而秦、汉、唐、宋以至于直到今天，这种兽面纹饰的图案，依然在普遍流传。（参见图 3—4）

图 3　殷墟中期兽面纹壶颈部

此图上部尚存风字帽形，下部巨目可与良渚神人兽面图形对看。

图 4　玉铺首

西汉早期，1975 年陕西兴平茂陵附近出土。

　　这里我们要特别重视的是长江下游和太湖流域的原始文化与生根于黄土高原的中原文化或者叫作华夏文化的结合。在中国的早期文化中，应该承认商周的青铜文化（一直到战国）是一枝阆苑仙葩，它的铭文，记载了大量的史实，大大地丰富和充实了我国的古史记载；它的书法艺术，可以说是第一次在中国历史和文化史上大放异彩，它的造形艺术，也是达到了高峰，只有前于它的众多的原始陶器艺术略可以与它媲美；它的丰富多彩的纹饰艺术，可以说构成了一个装饰艺术的海洋，至今仍为人们所喜好；它的青铜冶炼和铸造技术及艺术，也是达到了惊人的高度。以至于至今要复制一件青铜器，仍然是一桩高难度的工作。然而，这样辉煌的青铜文化，其中却有着良渚文化的重要成分。所以在分析中国早期的传统文化的时候，如果仅仅只注意地域，不自觉地将各个地区的文化在认识上把它隔离起来，而忽略了它的相互吸收，那末将使我们在认识事物上犯片面性的毛病。

　　当然，我们更不会忘记，在商周灿烂的青铜文化之前，早已有了灿烂晶莹的玉文化了。而这个玉文化，正是由良渚文化玉器和红山文化玉器作为主要构成部分而构成的。当然，这个玉文化后来也自然汇入了商周及其以后的玉文化，然而作为历史阶段的划分来说，它是在青铜文化之前的，它已经先于青铜文化而给人以耀眼夺目的印象了。中华民族向来有爱玉的传统，任何人都知道玉的贵重，以至于批评别人不识好坏叫"玉石不分"，称赞别人的操行好叫"冰清玉洁"，尊重别人的说话叫"玉言"、"玉音"，尊重人家的光临叫"有劳玉趾"，甚至于取名字也往往喜欢用玉字偏旁的字。这种民族性的喜好，应该承认，从良渚时期就开始培养了，我们现在也仍然继承着这一传统。

与良渚文化的神人兽面图形有关的另一个文化现象，就是傩文化。傩文化同样是极为古老的一种文化，它同样是建立在远古的原始宗教信仰的思想基础上的。傩，是远古时代人们为了驱逐疫鬼而举行的一种祭祀活动。举行傩祭时，扮演者要戴形象极为凶恶威猛恐怖的假面，手中挥舞着戈盾，发出强烈的"傩、傩"之声，以驱逐恶鬼。关于这种傩祭的仪式，《周礼·夏官·方相氏》的记载说："方相氏掌蒙熊皮，黄金四目，玄衣朱裳，执戈扬盾，帅百隶而时难，以索室殴疫；大丧，先柩，及墓，入圹，以戈击四隅，殴方良。"这段记载里，非常重要的是写出了傩祭时的面具是"黄金四目"。什么叫"黄金四目"？这句话自我读书时起，一直到目前，几十年来，迄未弄懂。我请教过不少人，同样不得其解。及至我看到了良渚文化玉器上的神人兽面图像，我才恍然大悟，原来这就是"黄金四目"！当然在良渚文化玉器上，还不是"黄金四目"。"黄金四目"是到了商、周之际盛行傩祭时，扮演者戴了铜制的面具，面具的图案就是这个神人兽面的图像，这图像本身就是"四目"，它自身的作用就是可以威慑驱逐其他凶神恶鬼的，所以这个图像流传到商周时代，就自然被人们采用为傩祭的面具了。所以这"黄金四目"直到今天，我才得到确解，同时我也自信真正考出了傩的最原始的面具形象了。非常有意思的是我们至今还能看到多种铜制的面具，前几年四川广汉三星堆出土了商代的青铜人立体雕像，同时也出土了青铜面具（参见《中国文物精华》第30—34图），当然这不是傩祭用的面具（可能是别种祭祀性的场面上用的，有的研究者认为这个青铜人就是蜀王像，这样我认为就更有可能是祭祖用的神像），所以它不可能"黄金四目"，但第一它是商代的面具，是原始傩祭同时代的实物，第二它虽然不是"四目"，却确是"黄金"（三星堆出土的是青铜面具和头罩，我还看过近代的鎏金面具，这就真正是"黄金"了）。我们能看到这样的面具，再据神人兽面图形加以想象，我想这个"黄金四目"的面具，就可以思过半了。

但是我要告诉大家，这种古老的傩文化以及它的傩祭、傩舞、傩戏，至今还流传在民间，尤其是它的面具，依然具有这种恐怖感，它的鼓目、獠牙等等的特色还保留着（参见图5—6），而且这种古老的傩文化，在南方的好多省里都有，特别是贵州的傩文化保留得最为完整，我曾专门看过他们的演出。这样一种古老的远古文化，居然还能保存到今天，恐怕也是人们始料所不及的吧。

图5　贵州铜仁地区的明代傩面具

图6 陕西民间剪纸艺术

　　我还要告诉大家一个信息，实际上这个良渚文化玉器上的神人兽面图形在商周之际转化为傩面具后，一方面作为傩文化和傩面具艺术被保存了下来；另方面，它又普及到民间去，转化为民间的习俗和民间艺术，至今老百姓还喜欢给孩子们戴虎头帽，穿虎头鞋，玩布老虎的玩具，端午节要"虎符系背"。我去年到长江三峡去，在神女峰下的老百姓家里，还看到他们的门楣上画着一个大大的虎头。总之，这种借着猛兽的图像，以镇慑外魔，保护自身的民间风俗，至今仍然盛行于民间。去年秋天，我在陕西游秦始皇陵，看到附近的摊头店铺里，摆满和挂满了种种兽面图像。我深深感到这个神人兽面图像的生命力！

　　作为一种文化现象来看，这确是一种持续了五千年的文化现象！

1991 年 4 月 27 日动笔，29 日夜 2 时 30 分

完稿于京华瓜饭楼

《傩面具图册》序

近些年来，国内学术界酝酿涌现了对傩文化研究的热潮，而且经久不衰。我认为这是一种好的现象，是我国学术研究领域扩大和深化的一种趋向。

傩文化，是一种远古的原始文化，它发生和发展的时间，大概是在新石器时代的初期。这种文化，具有特定的内涵和性质，由于它长期被湮没或被误解，以至于几乎很少有人了解它了。近几年来，随着文化寻根的热潮，也随着民俗学的蓬勃兴起，因此，傩文化也就被作为一种文化现象，被人们揭示出来，并有人专门从事研究了。

事实上，傩文化是中国传统文化的一个组成部分，它在中国传统文化中的作用和影响是很大的，尤其是在中国早期的传统文化中，它的作用和影响更为明显。要明瞭这一点，还必须从头说起。

我认为现存最早的傩文化遗迹，是 1986 年 6 月在余杭反山第 12 号墓发现的玉琮王上所刻的神人兽面图像，① 这个图像上部是神人面，下部是兽面，而这个神人面和兽面，是共存于一体上的。我认为这个兽

---

① 见《良渚文化玉器》第 6—7 页，1989 年文物出版社、两木出版社合出。

面，就是当时良渚人崇拜的图腾，而上部的神人，就是这个图腾的神灵，也就是当时氏族特权人物与图腾神的结合。因此它就是氏族特权人物作为图腾神的再现，这样这个氏族特权人物就具有人与神的两重性，从而可以沟通神与人之间的隔离。这样这个氏族特权人物借助于这个神灵就具有了至高无上的权威，可以号令全氏族。①

良渚文化玉琮上的这个神人兽面图像，它本身被当时的良渚人认为具有对外的威慑驱邪作用和对内的保护作用。所以这个观念连同这个图像就一直沿传下去，被作为举行傩祭以驱逐疫鬼时扮演者所戴的假面。《周礼·夏官·方相氏》的记载说：

> 方相氏掌蒙熊皮，黄金四目，玄衣朱裳，执戈扬盾，帅百隶而时难，以索室欧疫，大丧，先柩，及墓，入圹，以戈击四隅，欧方良。

这里，比较详细地记载了傩祭驱鬼时的具体情景。令人值得特别注意的是这个驱逐疫鬼者方相氏是"掌蒙熊皮，黄金四目，玄衣朱裳"。其中"黄金四目"历来未得确解，我也一直在心中存疑，及至见到了这个良渚文化玉器上的神人兽面图形，才恍然解悟。这个图形正好是"四目"。"黄金"，当然就是指驱疫者方相氏戴的铜面具，而这个面具图像的渊源，应该就是良渚玉琮上的神人兽面图形。

上述这段记载，显然是记述商、周时代的傩祭活动。恰好前数年在四川广汉三星出土了大量的青铜器，其中有青铜立体塑像，有大型和中型的铜面具，其时代正是相当于商代。可见以青铜做面具是当时的

---

① 请参见拙文《一个持续五千年的文化现象》，载《中国文化》1991 年 12 月第 5 期。

事实。

我们特别应注意的是商、周时代灿烂的青铜文化。在青铜器上普遍存在的是被人们称作为饕餮的兽面图案。实际上这个普遍而多样的饕餮图形，就是良渚文化玉琮上神人兽面图形的流传和变异。于此我们又见到远在南方的良渚文化一旦与中原大地的商、周文化结合，就开出灿烂的文化奇葩来。谁也不能否认，商、周青铜文化，是我国早期传统文化的一个灿烂辉煌的存在。

无论是良渚玉琮神人兽面图形也好，无论是商、周的饕餮图形也好，其最最主要的共同特征，是巨目、獠牙、巨鼻。这三者甚至也是以后各时期傩面具的共同特征，人们只要据此三者去检验，绝大多数都可以得到验证。

当然这个图形逐渐变异，除了大量的傩面具继续保持这个特征外，又发展到其他装饰物和用具上。也就是人们依据这种傩文化的观念，又将它扩大使用到其他方面，其作用仍然是辟邪驱疫。我曾在洛阳市博物馆看到一件大型的北魏时的陶制傩图形，但已不是面具，而是房屋上的饰物。我又在四川剑阁县博物馆看到一件大型的陶制傩图形，也不再是面具而是墓室里的装饰物，其时代是唐代。特别引起我注意的是它与三星堆巨型面具有特别相似之处，就是极为突出的鼓目。两颗眼珠，鼓出于眼眶甚多。我还在白帝城收集到一个傩瓦当，面积不大，比一般的瓦当略小，而巨目、獠牙、巨鼻十分明显。总之，傩面图形的使用到后来就十分普遍了，以至我前几年在三峡神女峰对面的山村里，见到我住宿的老乡的房梁上正中，也画有一个傩面图形。尤其是今年9月，我到新疆和田考察，发现当地流行用玉做的一种被称为"鬼脸"的佩饰。据当地人说，在身上佩戴这种"鬼脸"，可以消灾免难，甚至说某次飞机失事，佩"鬼脸"的人都安然无恙。我被一种好奇心驱使，特意去验看了这种"鬼脸"，方知仍然是傩图形的变异，其巨目、獠牙、巨鼻这三个特征，一丝也不差。可见这种傩的意识，依然活在广大的人民群众中间。

以此推衍，则小孩子戴的虎头帽、穿的虎头鞋、枕的虎头枕无一不包含着这种傩意识。

由此看来，傩文化和傩意识在五千年的传统文化和人们的日常生活中，其影响是何等深远和广泛啊！

作为祭祀驱鬼活动的傩祭，当然是傩文化的直接传布，因此由它发展推衍的，就是各代、各地的傩戏、傩画。因此我们至今还能见到各地的傩戏和大量的傩面具。

我曾在贵州安顺地区看到大量的清代和近代的傩戏面具，还曾买了几个回来。后来我更多次看到贵州铜仁地区的傩戏表演和傩面具展览。我还曾在湘西吉首地区观看了在野外表演的较为原始的傩戏表演，我也知道，其他各省也都有傩戏和傩文化的存在。可惜无法去作更为全面的调查研究。

最近得知薛若琳同志主编了一部大型的傩面具图册，该图册收罗宏富，囊括精华，为有志于作傩文化研究者所必备。我方欣幸不久可读到此大型图册，以弥补我无力到各处去调查搜罗的憾事。若琳同志却要我为此图册写几句话，以当序言。因此我利用旅途的间隙，写了一些我自己对傩文化的粗浅的认识，其有不当处，敬请方家指教。

1993 年 12 月 18 日夜 1 时于无锡旅次

关于傩文化

一

我是因为研究原始文化才接触到傩文化的。

我认为我国的文化起源是多元论而不是一元论，那种认为中华文化起源于黄河流域的一元论已经被大量的客观事实所否定了，在全国各地，不论东西南北，都有新石器时代文化遗址。甘肃大地湾文化距今七千多年，浙江河姆渡文化也是距今七千多年，一在东南，一在西北，相隔几千里，不可能谁传播给谁。

这个多元论的问题现在学术界已经公认了。我现在注意的问题是这许多不同体系的原始文化是如何交融、如何互相吸取甚至合而为一的。肯定存在交融、合一的过程，要不然我们现在还将有上千种不同的文化，这是不可想象的。

二

我就是在研究原始文化及其交融合一的过程中，发现最原始的傩文化的。这就是浙江余杭反山、瑶山出土的大批良渚玉器，在玉琮及其他几种玉器上有神人兽面图形。我认为这个神人兽面合体的图像具有非常丰富的内涵，我认为兽面是良渚人的图腾，神人就是这个图腾神而同时又是良渚氏族的首领，至高无上的特权人物，也即是掌握神权的人物。这个图腾和图腾神，对于异族具有驱除、威慑作用，对于本族则具有保护作用，用简单的话来说是辟邪和吉祥的双重作用。

三

值得特别重视的是这种作为良渚文化特有的玉琮及其纹饰，居然在河南安阳殷墟妇好墓出现，而且神人兽面图形被大量用到青铜器及其他器物上，形成灿烂的青铜文化。这种图形人们称之为"饕餮"。这一事实说明商周之际的灿烂的青铜文化是南北文化交流的结果！

这仅仅是两种文化交流的一例，我认为中华民族光辉灿烂、丰富多彩的传统文化就是在多种原始文化的长期交融中形成的，只承认我们原始文化的多元论而不承认这种交融，只能算说对了问题的一小半，因为真正重要的是这种交融。没有交融，那末就不能发生文化的质变，也就不能形成现在所能看到的光辉灿烂、丰富多彩、博大精深的伟大的中华文化。

因此也由此可以认识到，我们研究中国的传统文化，如果不理解这种交融的伟大作用，如果只是一个劲的从汉族文化的一个方面去研究，那末肯定不能解开传统文化的许多疑难问题。

四

大家知道在商代盛行傩祭，《周礼·夏官·方相氏》说："方相氏掌蒙熊皮，黄金四目。"什么叫"黄金四目"？我一直未得确解，直到见了良渚玉器上的神人兽面图形才恍然大悟。原来黄金是指青铜面具，这是傩祭时用的，现今在广汉三星堆出土了一批青铜面具，时代正是相当于商代。什么叫"四目"？"四目"是指画在面具上的图像，良渚玉器上的神人兽面图像，刚好是四目，神人两目，兽面两目。于是我们才对这句话得到了确解。

值得注意的是这个由良渚玉器上转化过来的神人兽面图像即后来被普遍认为的"饕餮"图像，历经周秦汉唐宋元明清直至今天，仍在继续广泛流传，民间的虎头鞋、虎头帽、铜铺首等等，就是这种反映。

而今天尚能看到的傩戏以及它的祭祀方式，则显然是从商周的傩祭、傩舞衍化下来的。请看傩面具的最明显的特征，就是巨目、巨口、獠牙。这与神人兽面图形仍然一致。

五

我认为傩文化的研究是一件具有深远意义的大事，它将为深入研究我们的传统文化开辟出一条新路，找到一个突破口，不是说过去的研究不对，而是说应该加上这方面的研究，而且我认为这是非常重要的一个方面。对传统文化进行这种两方面的深入，也许就可以得出崭新的成果来。

1993 年 8 月

关于振兴国学教育的几点思考

　　收到人民大学发来关于"振兴国学教育"座谈会的邀请,我非常高兴,我认为这是一次具有重大历史意义的座谈会。大家回忆一下,自从建国以来,有过这样的座谈会没有?我实在回忆不起来,能回忆起来的似乎只有批判"厚古薄今",批判"白专道路"、"拔白旗"等等的运动。从建国以来,由于当时的历史原因,传统文化的教育、传承被削弱了。记得50年代还稍好一些,进入60年代及以后,就越来越被削弱了。我担任的古典文学课程从原来的每周十小时(包括作品选)削减到每周六小时,再削减到每周四小时,这就可见一斑。但当时学生却强烈要求增加古典文学教育的时间,但始终没有得到上级领导的同意。将近半个世纪的对传统文化的不重视,将近半个世纪的对传统文化的批判甚至否定,几十年后,它的后果终于显露出来了。在这样的时刻,人民大学纪宝成校长亲自邀请专家来开这个座谈会,其远见卓识,其巨大的魄力,足以令人钦佩。也因此,这次会议确实意义非常重大,而且这封邀请信的开头一段话,已经把这个问题的重要性,说到了根本上了。一句话,振兴国学是振兴中华的根本。国学是我们民族的思想和灵魂,是我们民族独有的东西,削弱了国学,也就是削弱了自己,削弱了自我意识，削弱了我们民族的自尊心和自信心。一个没有自己的思想和灵魂的民族，一个没有自尊和自信的民族，是谈不上什么振兴的。所以我认为今天的会议确实具有特殊重要的意义。

为此我思考了几点不成熟的建议，供振兴国学教育作为参考。

一、今天振兴国学教育，首先要从实际出发而不是从概念出发，譬如说先弄清什么叫"国学"，"国学"的内涵有多大？然后再依次逐项振兴，我认为这样考虑问题是不切时宜的。今天谈振兴国学，首先是要把国学的核心问题、关键问题抓住。这就是要把经史子集中最主要的学科重建起来，包括古文字学（含甲骨文、金文、古陶文等原始文字的识读研究和训诂）、目录版本学等等。以上各项所包含的学科仍然是极其广泛的，我们仍然只能从实际出发，因人设课，逐步建立各项重点学科，把工作做在实处，而不搭空架子。

这些重要学科的建设，是需要一个必要的时间的，关键是抓人才，抓师资。有了第一流的人才，有了第一流的师资，就能办成第一流的学术机构，反之就会落空。

二、如果仅仅恢复或建设经史子集中原有的基本学科，这只是做到了重建和继承。这重建和继承虽然是很重要的，必不可少的，但应该看到中国的文化传统并不是凝固的，而是发展的、深化的。近百年来到近半个多世纪以来，甲骨学的产生和发展、解放后大量甲骨的继续出土，敦煌学的产生和发展，敦煌吐鲁番文书和敦煌洞窟的继续发现，就大大地丰富了我们的传统文化，由于以上各学科研究的不断深化，也使传统文化得到了丰富和深化。所以在重建原有的国学学科的基础上，必须增设新的学科，我初步考虑有五个方面的新学科的建设：一是西域研究。其中包括原有的敦煌吐鲁番学研究。因为面临着西部大开发，对西域的调查研究迫在眉睫。西域无论从地域的重要性、民族关系的重要性、汉唐以来历史文化的重要性，还有历史上种族交融状况研究的重要性（新

疆关于这方面的资料——人体干尸——特别丰富）等等，都是直接关系
到大西部的建设的，所以我们必须重视这一点。二是敦煌吐鲁番学的研
究。敦煌吐鲁番学的研究，我国已有较长的历史，较高的成就，且有力
量较强的研究学会，而且被英、法、俄等国取走的文献资料基本已出齐
（其中德、日等国的尚未取回，我国北京图书馆所藏大批文献今年刚起
印）。敦煌吐鲁番学正面临一个新的起点，国学院应该把这一研究课题
开设专门学科。三是汉画学的研究。如果说敦煌是佛教文化传入以后的
一种新的文化，那末，从丰富的汉画像石、画像砖、汉墓建筑，汉墓室
壁画、帛画、棺画、器物画等等，就构成了一部中国自先秦两汉一直到
魏晋南北朝的形象的丰富多彩的多视角的社会史，而且这是未受外来文
化影响的中华民族的固有文化。对这方面的研究，并非始自现在，清代
至民国已经有人重视了，不过从 1989 年起成立了全国性的汉画研究会，
十多年来全国的汉画像石，画像砖等等，大量出现，难以数记，而且全
国的研究机构也不下数十，至今天大学里已有汉画研究的博士生，至于
汉画研究的专著，更是层出不穷。现在更须要有高级的研究机构和专
家，把这一研究加以升华。这项研究必将大大丰富我们的传统文化，而
且也是国际文化交流的热门项目之一。四是红学研究。《红楼梦》自诞
生之日起，即有脂砚斋的评批。乾隆五十六年程伟元、高鹗整理的排字
本出，就引起了社会广泛的评论，自嘉庆初年到民国初年，《红楼梦》
的评批本如雨后春笋，这是旧红学派。到了上世纪 20 年代，胡适的新
红学派出，遂使红学面目一新，红学也真正成为了一种"学"。1954 年
的批判运动以后，更使"红学"发生了质的变化，真正用马克思主义的
新理论、新观点来研究这一门学问，更凑巧的是从胡适时代起，就发现
了接近于曹雪芹原稿的《红楼梦》的原始抄本，至建国初期，这类抄本
更陆续有所发现。对这些珍贵抄本研究虽始自胡适，但大规模的、排比
式的深入研究却是上世纪 70 年代开始的，而且差不多与此同时，又有

曹雪芹的家世史料档案的大量发现，这对红学研究，包括对《红楼梦》思想和文本的研究，起到了极大的推动作用。在这样的基础上，1980 年成立了"中国红楼梦学会"，1979 年创办《红楼梦学刊》，至今已历 26年，出刊 100 多期。现在又从季刊改为双月刊。"红学"研究在美国、德国、新加坡都开过国际研讨会，由我国召开的国际研讨会已开过三次，国内的研讨会已开过十多次，至今世界主要国家如美国、德国、法国、英国、俄国、日本、新加坡、马来西亚、澳大利亚，还有我国的台湾、香港等地都有红学研究专家，所以红学研究确已成为当前国际性的一门显学，也是国际学术交流的一个重要热题，国家也早在 1980 年正式成立了"红楼梦研究所"。今天我们在振兴国学教育的时候，当然也应该对它进行更深入的研究，继续培养研究人才。五、简帛学。我国在清末就发现了汉晋简牍，成为学者们研究的一个新课题。但自解放以来，更有大量的战国竹简、汉简、帛书、帛画的发现，其质量之高，数量之大，为前所未有，如武威汉简、居延汉简、居延新简、敦煌汉简、银雀山汉简、睡虎地秦简、望山楚简、包山楚简、马王堆的帛书，上海博物馆收购的战国竹简、长沙走马楼三国孙吴木质简牍、郭店楚墓竹简、尹湾汉墓竹简等等，这些或是秦汉古籍的重现，或是孙吴档案的出土，也是我们研究的新任务，它早已为世界学术界所瞩目，这批大量的先秦汉晋简牍帛书的出土，无异是我国传统文化的大发现，它既是古老的，也是最新的，这些珍贵文献，连王国维、郭沫若都没有能见到，这无疑是我们时代的幸运，也是我们时代的重大研究课题，它自应列入国学的新增的范围之内。古人说"旧学要加新学养，今朝不与昨朝同"，这两句话非常切合我们今天的实际。如果将原有的旧学恢复重建起来，再加上以上五个方面的新学，那末我们振兴的国学自然就能呈现出我们时代的特征了。

三、必须大量网罗人才。办学必须以"学"为主。振兴国学，自然也必须依靠国学专家，没有第一流的专家，一切都是空想。可惜半个多世纪以来，我们的前辈专家都已过去了，这是无可奈何的事。那末，只有依靠我们现代的专家，而且我们现代的专家队伍也已逐步形成了。但是这些专家都分散在各自的单位里，要把他们调在一起是不可能的，那末，能不能请来兼职？抗战胜利后，我在无锡国专读书，那时学校请的尽是第一流的教授。唐文治校长亲自讲《诗经》，王蘧常先生讲《庄子》、《诸子概论》，周予同讲《经学史》，童书业讲秦汉史，周谷城讲中国通史，钱仲联讲《清诗》，葛绥成讲地理学，顾廷龙、王謇讲目录版本学，朱东润讲《史记》、《杜诗》，冯振心讲《说文解字》、《老子》，蒋石渠讲《墨子》，周贻白讲《戏曲史》，吴白匋讲《词选》，朱大可、顾佛影讲《诗选》，张世禄讲音韵学等等。其中有不少著名教授都是兼职，特别是学校每学期要举行几次全校性的学术报告会，记得钱穆先生来讲演时，整个礼堂挤满了人，造成极大的轰动，也增强了学校的学术气氛。我觉得这些机动灵活的专家流通方式还是可取的。

另外，必须尊重专家，加强专家的责任制。那时录取的学生必须由专家亲自看考绩和口试，而且特别重视专业成绩。专业成绩特殊优异的，非专业成绩的要求就不十分严格了。反之，如果专业学科成绩平平，其他学科成绩最好，导师也不会接受。学校一直贯注着"因材施教"的古训，重视发展学生的特长爱好和个性。

四、建议创办一个国学专刊，专刊是学术的重要阵地，也是培养人才的重要手段。记得我在无锡国专读书时，当时《大公报》有一份文史专刊，在专刊上写文章的不少是学校的教授，也有我的同学。给我印象最深的是两件事，一件是童书业先生与唐兰先生为金文的问题展开友好的笔战，两位先生都是学生所崇拜的，他们的辩论也是友好的，虽然互相诘难，但都是有史证可据并且是谦虚的。他们相当长时间的笔战把学生带进了浓郁的学术气氛里，另一件事是我的同学在《文史》上发表了一篇论文，受到了王蘧常先生当众的表扬，这也大大鼓励了学生的学术进取性。所以振兴国学，必须要有自己的学术阵地。

以上几点都是草率的不成熟的意见，仅供参考，有不妥之处，请多批评。

2005 年 5 月 27 日

6 月 18 日改

在中国人民大学国学院
开幕式上的讲话

尊敬的各位领导、各位贵宾、各位专家

女士们、先生们：你们好！

中国人民大学纪宝成校长，经过长时间的筹措，中国人民大学国学院终于建成了。我认为，这是一件非常适时的重大举措，它对国家和社会必将产生重大而深远的影响。

我们国家在党中央的正确领导下，正在走向繁荣富强，我们的国力正在迅速上升，我们伟大的中华民族正在飞速走向复兴之路，我们现在已经以巨人姿态屹立于世界之林，我们的声音已经震动整个世界。在这样的历史背景下，我们的民族精神、民族思想、民族文化必将发挥它强大而积极的作用。

一个伟大的国家，一个伟大的民族，不可能没有自己独有的思想、独有的文化，现在是发扬光大我们民族传统思想文化的精华的时代了。

我个人所理解的国学，是大概念的国学，也就是中国学术的简称，它应该是包罗宏富的，其中，以孔孟为代表的儒学，以老庄为代表的道学和诸子学，以屈宋为代表的楚辞学，以左迁为代表的史学，以韩柳欧苏为代表的文章学，以《诗经》、乐府、李杜韩白苏辛周姜为代表的诗词学，以周程张朱为代表的理学，以关王白马高孔洪为代表的曲学，以《三国》、《水浒》、《红楼》为代表的小说学，还有其余相关的如古文字、音韵、训诂学、目录版本学等诸种学问，应该是国学的主要内涵。但是，我们现在的国学教学，只能循序渐进，择要取精，不可能同时全面并举。我还认为国学并不是凝固的僵化的，国学随着历史的进展在不断丰富发展，唐代的国学总比秦汉要丰富，而后代又胜于前代，国学经典著作的解读，也随着时代的进展而有所深化、有所革新，国学的典籍、文献资料也有所扩展增添。近百年来，大量甲骨文的发现，青铜铭文的发现，战国秦汉魏晋南北朝简牍、古籍的发现，敦煌宝藏大量经卷典籍的发现，西部大量古文书简帛的发现（已大量被外国人劫掠），不是使我们的国学，我们的传统文化大大地丰富了吗？我们的国家是伟大的多民族团结融合的国家，我们不能把国学局限于某一局部，这是显而易见的。

所以，国学是我们整个中华民族的民族精神、民族思想、民族意志的共同载体，是我们伟大中华民族的精神长城，是我们伟大民族顶天立地的思想根基、力量根基，也是我们不可被战胜的强大自信力量的源泉。

人民大学的国学院，纪校长要我来暂时承乏，我辞之再三，终未获准。但是从我的学问来说，离这个职务太远太远，而从我的年龄来说，又大大地超过了这个职务的界限，所以我只能做暂时的过渡。这不是我想偷懒的借口，相反我要在这短暂的时间里，多为国学院尽力。

振兴国学，是一个伟大的历史任务，这决不是一个中国人民大学的国学院所能独自承担的，这绝对需要全社会的共同努力，尤其需要全国兄弟院校的共同努力。"天下兴亡，匹夫有责"，振兴国学同样也是全社会共同奋斗的大事，所以国学院一定要向社会学习、向兄弟院校学习。

国学所聚，聚在专家学者，所以国学院必须礼聘大批的专家学者来共同承担学术传承的历史任务。国学院还将设立西部研究机构、简帛研究机构、敦煌学研究机构、汉画学研究机构等等，以适应事实上早已发展扩大丰富了的国学，也就是近百年来学术的现实。

国学院还将创设"中华国学论坛"，延聘天下学者（包括国外的汉学家）来做学术讲演，论坛将不拘一家一派，唯学是从。论坛当然不能赞成无据妄说，以维护中国学术的纯净和庄严。

国学院还将创办《中华国学》期刊，以及时发表专家们的最新学术成果和相互切磋探讨，《中华国学》也同样不拘门派，唯学术是求。学术是天下公器，人人应该有发言权，任何人不得私之。

我深知振兴国学任重而道远，然而，我相信随着我们伟大祖国的强大复兴，国学也必然会得到伟大的复兴和更新。

让我们大家携起手来，为伟大祖国的强大复兴，为伟大中华文化传统的复兴和光大，共同努力。

中华民族传统思想文化的精华必将光耀于全世界，中华民族必将在传统文化精华的基础上创造出我们时代的灿烂新文化！

2005 年 10 月 16 日

大国学就是新国学

国学的概念虽然近代才有，但是国学的内容古已有之。有人说，不同时代有不同的国学，这是对的。但是又问，我们要搞哪个时代的国学？这个问题问得好。我们要研究的当然就是我们今天的国学，我们不可能倒退到乾嘉或者清末时代去，今人研究国学有今人的观点和方法，有今人的时代需求。今人即使研究秦汉六朝的学问，那还是今天的学问。时代具有主体性，这是谁也改变不了的。

不错，每个时代都有每个时代的国学，这说明国学一直处在变化发展之中。诸子百家出现在春秋战国时代，《史记》、《汉书》出现在两汉，唐诗宋词元曲，唐宋散文，宋明理学，明清小说，这些相对稳定的学术概念，几乎都有时间限定，都是一个时代的标志。每一个时代的国学，都是在前代国学的基础上发展起来的，今天我们研究的国学，就是涵盖以往任何时代的中国学术。

近百年来，甲骨文、金文的发现，战国秦汉魏晋南北朝简牍的大量出土，敦煌宝藏的意外面世，西部古代简帛文书不断地呈现……这些一方面极大地丰富了我们对国学的认识，另一方面极大地扩展了国学的领域。近代以来，西学东渐，中国受到西方的多方面影响，很多新的学科就是在西学的影响下建立起来的，在西学的影响下国学也呈现出不同以往的新面貌。今日我们研究国学，能够绕过国学的百年历程吗？当然不能。国学的领域扩大了，这就是大国学的概念，于此同时，这也是国学的新拓展新进步，所以大国学就是新国学。

国学研究，我的理解，有三个方面的含义。一是研究对象。对此，大国学、新国学就是反对画地为牢，不能人为地说这可以研究，那不可以研究。国学作为新的时期刚刚开始，刚刚开始就到处设置篱笆，是不利于长远发展的。凡是现在属于我国内的学问都应该收入我们的研究范围之中。应该承认，很多年以来，国学的研究没有提上我们的研究日程，造成了很多问题，虽然有的地方进步很大，但存在严重的缺失，有的领域长期无人问津。在这个时候，我们尤其不能片面地限定国学的研究范围。大家知道无锡国专的校长是唐文治，他是著名的经学大师，但是他就是坚持让学有专长的先生都来上课，所以无锡国专没有变成经学院。有人说，国学太宽泛了，边界太模糊了。我认为，现在我们的国学研究状况总体上并不发达，这个时候边界模糊一些是很自然的，只要坚持大国学的理念，就会愈研究愈清楚。

二是研究方法。国学研究有特殊的方法吗？我看没有。这个时候，我主张实践第一，方法是实践中总结出来的。义理、词章、考据，凡是有利于学术问题解决的都是方法。近代以来，西学给中国带来很多东西，其中一个就是方法论，研究讲究方法。王国维先生能够提出"二重证据法"，显然得益于近代西北考古的启发。很多新的研究方法是被证明行之有效的，如马克思主义的研究方法，唯物主义的研究方法，就能够很好地应用到我们的国学研究中去。如果说国学的研究对象有国界的话，那么研究方法应该是没有国界的。研究具有探索性，运用新方法也是探索的一个方向。到这个时候，就应该用鲁迅先生主张的拿来主义。大国学要有大思维，凡是人类的积极文明成果，都应该吸收，研究方法当然也要吸收。新国学要有新思维，不仅探索新的研究领域，而且敢于运用新方法研究问题。

三是研究立场。学术研究是否有立场问题，恐怕这是一个仁智之见。具体的立场比如政治立场不要干扰了学术研究，这是正当的要求，但这不等于不要学术立场。国学这么多年最大的问题，就是中国人不敢坚持中国的学术立场，以至于国学概念都不敢提及。西学全面否定国学的存在价值，一方面是西方中心论的具体体现，另一方面是国人不能坚持，这与其怪人家，不如从我们自身上找原因。学习西方不意味着一定要否定中国。我们比较熟悉的国学大师，不论是王国维还是陈寅恪，他们都是在没有放弃中国立场的前提下学习西方学术的。在民族国家存在的背景下，学术的国家民族立场存在是正当的自然的。

中国文化源远流长，生生不息，国学研究有着广阔的前景。我们研究国学是为了让国学的优秀传统能够在今后发扬光大，让中国文化为人类作出更大贡献。学习外来文化是必须的，那是中国文化发展的重要途径。但是一味地学习他人，对本国传统数典忘祖，那就走向了偏颇。要明确，学习别人是为了发展自己，不是把自己变成别人。我们不会主张让中国文化解决全世界的所有问题，但是我们至少要让中国文化在世界文化中占有重要地位，按照数千年世界文化发展的实际来说，事实也是如此。人类文化的丰富多彩，是人类的幸事，中国文化至今未能中断，是中国的幸事。中国的学者，可以有不同的文化观，但是对自己国家的历史和文化缺乏研究，甚至略无所知，能说是光彩的吗？虽然说中国文化未曾中断，但是近代以来的危机还是严重的，现在的状况更不能乐观。研究国学，传承文化，要我说，是国家和民族走向兴旺、发达的重要方面，也是今天的民族大义。

中国人民大学设立国学院，招收本硕连读学生，到今年已经三年了。当初因为国学院开办而出现的争论也渐渐平息了。很多事情，还要到多年以后才会有定评。与其放着研究不做来争论名词概念，不如先研究起来再说。看见学生们的进步，我作为一名老师，感到特别高兴。孔子说后生可畏，希望还在于年轻人。他们今日熟悉中国文化经典，来日就会更好承传下去的。在世界日益一体化的今天，他们也能够继续向世界介绍中国文化。文化的生生不息，最后还是要靠一代一代的年轻人。

2008 年 10 月 15 日

瓜饭楼述学

一

我于 1942 年起在无锡报纸上发表诗词散文，1947 年，在《大锡报》上发表了历史调查文章《澄江八日记》，从 1942 年到现在，已经经历了六十七年了。

我出生于贫苦的农民家庭，曾过过长时期的饥饿贫困的生活。小学五年级因抗战开始失学后，就一直在家种地，同时也就走上了自学之路。我在这一段时间里读了不少书，《论语》、《孟子》、《左传》、《古诗源》、《唐诗三百首》、《古文观止》、《东莱博议》、《三国演义》、《水浒传》、《陶庵梦忆》、《西湖梦寻》、《浮生六记》、《西青散记》等等，都是在这一段时间读的，但读的书很杂，因为只能借到什么书就读什么书，再说那时还不懂得如何读书，只是像一个饥饿的人，见到什么食物就吃什么而已。后来上了农村中学，也是半农半读，没有离开种地，也还走着自学之路。所以我在二十岁以前是一个真正的农民，村里与我一起干活的还有人在。1942 年下半年，我考上了无锡工业专科学校，高中一年级，读的是染织科印染学，但又因经济无法维持，加之我喜欢文史，不喜欢工科，所以读了一年，又失学回家种地了，之后就当小学教员，还兼当中学教员。

1946年春，我考入了无锡国学专修学校本科，这是我人生道路上的一个转折点，我从此开始走上了学术道路，也从此开始走上了革命的道路。无锡国专的名师很多，当时文史方面第一流的学者，几乎都在无锡国专任教，因为唐文治校长在学界威望很高，只要是唐校长的聘请，无不欣然接受。所以当时如周谷城、周予同、蔡尚思、顾廷龙、王佩净、谭其骧、葛绥成、童书业、王蘧常、钱仲联、朱大可、顾佛影、朱东润、冯振心、赵景深、胡曲园、吴白匋、钱基博、钱穆、陈小翠、周贻白等诸名家，都先后来讲过课，在这样的学术气氛里，再直接听这些名师的教导，自然就让我走上了学术的道路。当时，无锡国专的课程，凡经典著作，都有专题课，如《诗经》、《楚辞》、《左传》、《论语》、《孟子》、《老子》、《庄子》、《墨子》、《史记》、杜诗等等，都是半年到一年的专题课。当时丁儒侯老师讲《论语》、《孟子》，冯振心先生讲《老子》、《说文解字》，朱东润先生讲《史记》、杜诗，俞钟彦先生讲唐诗，吴白匋先生讲五代两宋词，王震先生讲文学史，张世禄先生讲音韵学。还有文选学、目录版本学等课。我与无锡国专的许多位老师，也是始终没有间断过交往，如王蘧常、钱仲联、冯振心、朱东润、顾廷龙、周贻白、吴白匋等等，一直到他们逝世前，都保持着密切的联系。尤其是王蘧常先生，关系更为密切。1947年底，我接到地下党组织的通知，要我离开无锡，因为搞学生运动，国民党要抓我。我立即于1948年初转到上海无锡国专分校，分校是王蘧常先生任教务长，我是事先得到王老师的许可的。我到了上海，就听王老师讲《庄子》、《诸子概论》。我毕业后，他前后给我的信有六十多封，直到他突然去世前几天我还在他身边。钱仲联先生也是如此，他去世的时候还不断叫我的名字。

我在上海这一段时间，还听了童书业先生讲秦汉史。他常常在讲课时讲他与唐兰先生关于金文方面的争论，所以也使我对金文产生了兴趣。他讲的秦汉史，后来就出版了《秦汉史》这部书。同时上课的有葛绥成先生（讲地理学），顾佛影先生（讲《诗选》），刘诗荪先生（讲《红楼梦》），顾廷龙先生（讲版本学，这时他的《明代版本图录》刚出书），周谷城先生（讲《通史》），周予同先生（讲《经学史》）等等。

我在无锡时，一次听钱穆先生的讲学，使我终生不忘，印象最深的一点是要我们做学问要"我见其大"。这四个字，可以说指点着我一辈子的学术道路。我在上海时还专门去拜访了陈小翠老师，当时她已不讲课，我是特意到她住处去请教的，她是当时最负盛名的大词人，有的人称她为当代的李清照。我那时醉心于词，所以带着自己幼稚的习作，去拜访了她，想不到竟得到她极大的鼓励。还有一位词学大师龙沐勋（榆生），是由王蘧常老师写信介绍我去拜见的，他有严重的胃病，身体很瘦，但也热情地接谈甚久，还嘱咐我再去。特别是顾廷龙先生，他当时是合众图书馆馆长，我正在撰写《蒋鹿潭年谱》，我除了听他讲版本学外，差不多每天都到他的图书馆去，他特意叫管理员将我看的书单放，第二天不必再办手续，直接就可取阅，这对我来说节省了许多时间。解放后，他任上海图书馆馆长，还写信给我，要把我在合众图书馆时期写的《蒋鹿潭年谱》在上海图书馆的纪念刊上发表，这样，这部稿子就在上图的纪念刊上首发了。所以无锡国专这许多先后的老师，都是我学术道路的指引人，我终生不能忘记。而且我从此一直走到现在，可以说没有背离他们的教诲。

在无锡国专另一个决定我人生道路的事情是，1947 年我在带头搞学生运动时，意外地得到了地下党的支持。我带头搞学生运动，开始完全是自发的，是基于义愤，是对国民党的不满，之后，我渐渐地不断得到了开导和指点，而开导和指点我的人本来就是与我一起搞学生运动的同班好友，实际上他已接受地下党的领导了。到 1947 年下半年，因我带头搞学生运动，学校要开除我。校务会议上俞钟彦老师和其他许多老师不同意开除我，因此与另一位老师发生了激烈的冲突。与此同时，我忽然接到一个通知，要我立刻离开无锡。我就秘密地和几位同学转到了上海无锡国专，在王蘧常先生的关注下，在上海无锡国专读书。这时我明白了我的活动，一直受到党的关注。到1948年12月，我从无锡国专毕业，在家乡前洲镇上的树德小学任教，这时党的地下组织就与我直接联系，从此我真正走上了革命的道路。1949年4月22日夜，我在锡澄公路上迎接过江的解放军，第二天，我就办理正式入伍的手续，编入解放军的队伍，在苏南行署工作。我到教育的岗位上工作，起初也是受组织委派的，所以一直未脱解放军服装。直到一年以后学校向组织上提出要求将我留下来，才让我和同时派去的同志正式转入教育队伍，脱掉解放军服装。我走上革命道路，追本溯源，还是从无锡国专开始的。

二

我在无锡国专读书的时候，就一直醉心于文史的学术研究，也热爱诗词创作。在无锡国专时，还组织了"国风"诗社，习作了不少诗词。可惜这些早年的作品，连同"文革"前的一些诗词，都在"文革"中被毁了。我喜欢文史研究的这种癖好，喜欢诗词、书籍版本的癖好，可说一辈子没有改变。我现在还保存着几本我小学失学以后在农村种地自学时读的书籍，但绝大部分已散失了。

我一直喜爱文史研究，包括考古发掘和地面调查。还喜欢古典戏曲，这个喜好是很早就形成的。1954年8月我被调到北京中国人民大学，当时并没有给我半年备课的时间，8月到职，9月开学就担任大一的国文，而且兼任几个系的课程，那时我才三十岁。我当时的压力实在很重，但对我的这些爱好来说，到北京无异是进了一个大学校，文史方面有许多前辈可以直接请教，戏曲方面更是名家林立，流派纷陈。我把看戏也作为学习，我是常常带着《牡丹亭》的本子和其他剧本到戏院子里听戏的。

学校课程的要求和我的喜好也是完全一致的，所以任务虽重，我自觉地夜以继日地读书，以保证课程，也大大加速了我自己的学习进程。我主编的第一部书《历代文选》，就是在这种形势下写出来的。当然，这部书的出版，已经是好几年以后的事了，但起因是从这时开始的。

在人大担任大一国文课，后来又担任文学史、文学作品选的课，这更要求我在文学和史学、文化史学、训诂学、考古发掘的新成果等等方面都要有广泛的知识，特别要求有文化前沿的知识。所以从1954年起到1966年"文化大革命"爆发以前，一直是我最紧张的学习阶段和研究阶段，我的一系列研究论文，包括戏曲研究的论文、文学史研究的论文、词学研究的论文、封建道德的批判与继承的论文等等，都是在这十年间写成的。上世纪60年代初，我主编的《历代文选》，受到了毛泽东主席的表扬和推荐，吴玉章校长为此专门接见我、鼓励我，还把他的著作送给我。尤其是那篇批判封建道德的文章，更受到毛泽东主席的极高评价，并嘱咐康生主持写"六评"要用我写批判封建道德的文章的观点和方法来写，康生因此找到了我，转告主席对我的文章的评价，并希望调我到中央去写作。主席对我文章的评价，事前周扬和林默涵同志已经详细告诉我了，康生要调我到中央去写作的事，我因酷嗜学术研究，也怕到政府部门去工作，特别是我当时已借调到中宣部的写作组，与林默涵、张光年、李希凡等一起写批判前苏联赫鲁晓夫文艺路线的文章，加上我在人大的课程重，教中国文学史和文学作品选两门课，所以便以这两项为理由婉言辞谢了。

上世纪50年代末，郭沫若院长在研究《再生缘》的时候，找不到作者陈端生（云贞）的资料，恰好我早些年读过陈云贞的《寄外书》，因为文辞好，我大部分还能背诵，除《寄外书》外，我还收集有有关陈云贞的其他资料。这个消息由人大的罗鬓渔先生告知了郭老，郭老立即让他的秘书来找我，约我与他见面，在他的书房里作了一次长谈，我直陈了我的一些思考和疑点。他看了我带给他的资料非常高兴，对我说这些疑点都会解决的。他随手就将新出版的《文史论集》签名送给了我，之后他就不断地给我写信，讲他研究进展的情况，前后约有十来封信，"文革"时都被抄走了。前些年又从天津经朋友帮忙还回来四封，去年又在山西太原发现一封。我清楚记得有一封长信书法也特别好，红卫兵抄去后，把它当法帖来练，之后，这些信就再也没有影子了。

我当时对文史研究，做着一系列的好梦。我想了解中国文化民族特性的形成，所以认真学习和调查了全国各地的原始文化（新石器时代的文化）遗址，考察了大量的出土文物。并于1964年在陕西王曲地区发现了一个大面积的新石器时代文化遗址，为此苏秉琦先生还专门到我住处来仔细观察了我带回来的一些陶器、石器和骨器，肯定这是一处相当于仰韶时期的大面积的新文化遗址，郭沫若院长还鉴定了部分陶器、石器和骨器，结论与苏秉琦先生完全一致。这个遗址同时也得到了陕西省考古所的认同并作了保护，《考古》杂志上也发表了我们的调查报告。

我调查全国各地新石器时代文化遗址所得出的结论，是认为中国的原始文化不是一元论，不是从黄河流域的文化传布到全国各地去的。相反，却是在新石器时代，全国各地都有自生的原始文化，然后经过长时期的交融磨合，到很晚才形成一个基本统一的文化。这要算到秦始皇的书同文、车同轨的时期了。即使这样，文化的区域性特征也没有消失。直到今天，地域的文化差异还依然存在着。这个观点，"文革"前我曾在汉中师院讲过一次，后来在南京的一次古城研究会上讲过，得到了学界的认同。我后来写的《一个持续五千年的文化现象——良渚玉器上神人兽面图形的内涵及其衍变》，就是在我调查研究原始文化的基础上写成的，文章发表在南京博物院的专刊上。

为了适应当时教学的需要，我除编过《历代文选》外，还编过一部《中国文学史》，从先秦一直到明，约 60—70 万字，当时是用油印的办法印出后发给学生的，那是上世纪 50 年代后期。后来政治气候愈来愈"左"，教学方面古典文学的课程愈来愈减少，我的文学史课钟点也大大减少了。我的讲义后被改成铅排，但已不由我作主，被缩减成二十来万字了。当时我手里还有油印讲义原稿，所以我也不着急，没有想到"文化大革命"一来，我的油印讲义也被毁了。幸亏我还有两本薄薄的铅排本，一、二两册，自先秦至晚唐，晚唐以下没有印出来。在这两册书前都有一段说明："全部《中国文学史》暂分编三册：（一）先秦、两汉。（二）魏、晋、南北朝、隋、唐、五代。（三）宋、元、明、清。本书系集体编写，内容风格均未能统一。"这里说的"集体编写"是虚的，因为在当时"左"的气氛下，用了个人名字就是个人主义，你的东西如不愿作为集体的，你就是个人主义，所以尽管是我个人编写的也只能作为"集体编写"。为什么没有第三册呢，因为第三册我还未写完，只写到明（这个铅排本的年代是 1959 年 8 月）。但到"教育检查"等运动来时，却只批判我一个人，这时就没有"集体"，不讲"集体主义"了。这种风气是当时的时代风气，不是某一个人的问题。而且以后还更加"左"，直到"文化大革命"。所以上面这种情况就不足为奇了。

最近原任安徽省政协秘书长的余乃蕴同志和原在湖北省委宣传部工作的周维敷同志先后给我寄来了两部我当时讲课的文学史讲义油印本，尚未经删改。时代是从先秦一直到元。油印时间是 1956 年到 1958 年 3 月。总字数可能超过 70 万字。感谢他们两位，还保存着我的这部最早的作品。

我还写过一部研究《三国志演义》的稿子，只写了十来万字就在

"文革"中被毁了。我写的《论罗贯中的时代》一文，就是这部稿子的前期工作。罗贯中的时代，向无定论，我从罗贯中的同时代人葛可久的《十药神书》里找到了葛可久的确切的生卒年，从而基本上论定了罗贯中的时代。

我在读书时期，就对屈原、司马迁、杜甫特别崇敬。我刚到北京，由于王蘧常老师的特别推荐，就先去故宫拜见了唐兰先生，并建立了联系，之后我就到北大拜见了《楚辞》专家游国恩先生，我与当时正发表《杜甫传》的冯至先生也取得了联系。后来我对屈原、司马迁和杜甫也分别写了文章，可惜我下了很大功夫翻译的《离骚》文稿，除在课堂上讲过外，原稿却在"文革"中丢失了。关于司马迁和杜甫的文章，都是应当时教学的需要而写的，其实还未进入研究的领域，但因为这些文章都发表了，所以没有散失。我对文史研究有着一个较大的计划，对《史记》我准备写《史记地理考》，目的是想把《史记》地名的古今变革写出来，从而进一步去研究《史记》本身，为此我做了不少准备工作，并实地调查了不少地方。我近年写的《项羽不死于乌江考》，实际是我当时计划中的一个课题。我对杜甫，除了聚集了杜诗的各种较重要的本子外，主要是对杜甫的行踪，几乎是作了全程的调查。我对古典戏曲，除写了一些研究性的文章外，还写了不少剧评，后来都结集了。如果不是突发的"文化大革命"，我的研究方向就会沿着这个路子踏实认真地走下去。

在"文革"中，我还抢救过一批战国时楚国的青铜器，这是我家乡在挖河时挖出来的。老百姓拿去卖给收废铜处，不收。后来铜鉴作为猪食槽放在猪圈里喂猪，经我侄子的帮助，把它抢救了出来。我得到的共五件，最大的一件是铜鉴，老百姓叫它大锅。另外四件分别是铜匜、铜豆等，都有长篇铭文。我曾拿着拓片与唐兰先生一起研究过，确认是楚器。铭文中有"君王子申"等辞句，可惜等器物运到北京时，唐兰先生已经去世了。后来李零先生等都来看过原件，并发表文章，也引起过金文研究界的讨论，后来此器定名为"郪陵君鉴"。五件青铜器，我都无偿捐赠给南京博物院了，是姚迁院长专门派人来取的。

"文革"中我家乡还出土过一件明正德的《罪己诏》。一张黄纸，老百姓不知道是什么东西，扔了。由我侄子拣了回来，他也不懂，把它寄给了我。此件很完整，是国内惟一的一件皇帝的《罪己诏》，我写过一篇《明正德九年〈罪己诏〉考及其他》的文章，发表在《紫禁城》上。原件无偿捐赠给了第一历史档案馆。

三

我从小就喜欢戏曲，这是受两方面的影响：一是我的家乡盛行戏曲，每年遇到节日，总要搭台演戏，并且都是演的京戏；二是我的亲戚和我的二哥，都是戏迷，每逢雨天不能下地干活，我就在家舂米，听他们说戏，正是各家各派，说得津津有味。每逢社戏的日子，他们就带我去看戏。我上初一时，镇上来了苏昆剧团，主要演员就是周传瑛、王传淞、张娴等等，班主是朱国良，也是名角。我每天在下午散学后，就到剧院里看戏，此时已是最后一出或最后第二出的一半，已不用买票，所以到后来我与这几位名角都成为了好友。特别是1947年杜寿义演，全国名伶都聚在上海，我恰好在上海，有幸看到了孟小冬的《搜孤救孤》。这是她毕生的最后一场戏，当时的演出情景，她的绝代声容，至今仍在眼前。在无锡我还看过蓝月春的张飞，刘奎官的曹操，新艳秋的程派名剧《荒山泪》，也还看过孟鸿茂（孟小冬的叔辈）、杨宝森，还在上海看过俞振飞、高盛麟、刘斌昆、于连泉（小翠花）、叶盛章、童芷苓、班世超、周信芳、赵晓岚、盖叫天、李多奎、李金泉、马富禄、马连良等等，但都只是偶尔看一次，因为我爱好戏曲，所以能念念不忘。

1954 年我到北京，真是天遂人愿，我看戏的机会大大增加了，并且 50 年代正是京剧大盛的时代，梅、程、荀都还经常演出，还有张君秋、赵燕侠、吴素秋、关鹔鹴、言慧珠、李慧芳等等；须生一行的周信芳、谭富英、马连良、杨宝森、关正明、徐敏初；花脸一行的郝寿臣、裘盛戎、侯喜瑞、袁世海；丑角一行的萧长华、马富禄、叶盛章；武生一行的盖叫天、孙玉崑、李万春、李少春、厉慧良。昆曲方面的韩世昌、白云生、侯玉山、侯永奎、孟祥麟，还有南昆的张继青，上海的华传浩。当时真是人才济济，各显神通。我还有幸看到肖长华的《连升店》、《群英会》，侯喜瑞的《战宛城》，侯玉山的《钟馗嫁妹》。那时他们都已很老了，很少演出了。我还陪同张庚同志一起去看望过侯喜瑞。可惜我没有看过程砚秋的演出，那时他因身材太胖，不能演出了。特别是全国各地的地方戏，不断来京演出，其精彩的程度，丝毫不逊于京剧的名角，我至今尚能数出长长的一个名单。我在这样的戏剧气氛中，自然大开眼界，也大大提高了我的欣赏能力。

我写戏剧评论是从 1959 年开始的。为了庆祝国庆十周年，各地的戏剧名家都要来京演出，为此《戏剧报》要发表一批评论文章。武汉的汉剧名家陈伯华来京演出她的代表作《二度梅》。陈伯华是著名的"小梅兰芳"，以前我曾两次看过她的《二度梅》，印象极深，可说是声容两绝。这次《戏剧报》要我写《二度梅》的剧评，我再次看了陈伯华的演出，觉得比以前更精彩，看过后，我当晚就写了一篇《三看二度梅》的剧评。不想这篇剧评首先就得到《戏剧报》编辑部的赞赏，发表以后，田汉同志看到了这篇文章，恰好我在《戏剧报》开座谈会，散会时，编辑递给我一个条子，叫我不要走，田汉同志要请我吃饭。之后，我与《戏剧报》的同志就一起到了西单的"曲园"酒家，田汉同志早已在座，在座的还有吴晗、翦伯赞同志，还有越剧名家王文娟。田汉同志为我热情地向吴晗、翦伯赞介绍，盛称我的文章。吴晗同志却说不用你介绍，他早已是我的"语文小丛书"的常务编委了。翦老也说，早就与我因为一起看戏、开会就认识了，只有王文娟才是初次见面。其实田汉同志1946年在无锡排《丽人行》时我就认识他了，但那时我还是无锡国专的学生，随周贻白老师与他见面，他还给我写了整整一本签名册，是他题《丽人行》的诗，他可能已经不记得了。再加几年的相隔，情况都不一样了，难怪他想不起来了。但田老的热心爱护后学，他对这篇文章的赞赏，加上《戏剧报》同人的揄扬，很快这件事和这篇文章就广为人知。后来我见到了陈伯华同志，她还特别谦虚地说：我还没有演得那么好，你却把我写得那么好！从此我们就成了朋友，她庆祝八十岁的时候，我还专程到武汉去为她祝寿。她竟与李罗克合演了《小放牛》，以八十岁的老人扮演一个小姑娘，而且天真活泼，自然可爱，真是奇迹。第二天，她又在《梅龙镇》中演李凤姐，其艺术的炉火纯青，真是令人叹为观止。最近听说她虽坐轮椅，精神却还好，令人欣慰。

我自这篇文章以后，就不断有写剧评的任务，与之相联的是看戏的任务。那时，只要有重要演出，我都每场必看，我是把看戏当做读书的。我看梅兰芳的《游园惊梦》，就带着《牡丹亭》这本书，对照着台上的唱腔身段，来体会每句词的含义。有一次，袁世海、李世霖合演《青梅煮酒论英雄》，袁世海的曹操，李世霖的刘备，演得极为精彩，但却在"闻雷失箸"的关键情节上出了差错。我当天晚上就写了一篇8000字的文章，寄给了《人民日报》，没有多久，《人民日报》整版发了这篇文章。之后，袁世海同志就亲自来看我，准备重排这出戏，请我到剧协去讲一次，结果我在原文联礼堂（现商务印书馆）连讲了两个下午，这个戏就重新进行了排演。

1965年左右，孟超同志写了昆曲剧本《李慧娘》，把剧本送给了我，我也看了北昆李淑君的演出。《北京文艺》约我写新编《李慧娘》

的文章，孟超是熟人，剧本和演出也不错，我就写了《从〈绿衣人传〉到〈李慧娘〉》这篇文章，在《北京文艺》发表。与此同时，吴晗写了《海瑞罢官》的剧本，也送给了我，同时也约我看了马连良的演出。马连良和吴晗都是熟人，马老的演出当然是十分精彩，但是吴晗是个大学者，不是编剧者，剧本有点平，就仗着马老的演出再加上毕竟是大学者吴晗（他还是北京市副市长）的新编，所以演出也较好。这个时候，上海的周信芳也来京演出了海瑞的戏，我也看了周信芳的演出。但吴晗的《海瑞罢官》和周信芳的演出我都没有写文章，我评孟超的《李慧娘》的文章，"文革"中却成为一大罪状。孟超竟因为写《李慧娘》，受"四人帮"迫害而丢了性命。

上世纪的60年代，北京的戏剧界是非常活跃的，一是演出非常火炽，二是理论的争论也非常热烈。演出方面，除了传统戏的演出外，还有京剧现代戏的演出，《沙家浜》和《红灯记》两出戏从排练到成功演出的全过程，我都是比较清楚的，为创造阿庆嫂这个角色，赵燕侠花费了很大的心血，也取得了极高的成就。这出戏的第一篇评论是我写的，发表在《文汇报》上，当时还叫《芦荡火种》。《红灯记》是阿甲导演的，阿甲是戏剧大家，我与他相交甚深，也是同乡，他是宜兴和桥人。而这个戏的两位主角李少春和袁世海，更是我的老朋友，所以差不多每次排练，我都去看，有时是世海来找我，有时是阿甲来找我。等到这两出戏演出获得极大成功的时候，江青却统统把它掠为己有，赵燕侠不接受江青的买好，表现了她可贵的骨气，江青恨之入骨。阿甲从延安时期就了解江青，到《红灯记》的问题出来后，他一直沉默，最后他想法离开北京回老家无锡去，他去无锡是托我为他安排的，我心里明白他的意思。

当时戏剧理论上的讨论，最热烈而持久的是关于历史剧的创作，这是因为京剧《满江红》的演出而引起的。一种理论，认为创造历史人物要与历史人物一模一样，还认为强调岳飞的爱国主义，强调他的抗金是脱离了历史，岳飞忠于宋高宗就是岳飞的爱国主义等等。为此，我写了《读传奇〈精忠旗〉》。我不同意上面这种观点，要做到与历史人物一模一样，这只是一句空论，好听而不好做。用什么东西来作为衡量一模一样的标准呢？马克思主义的历史唯物主义，决不是简单的"一模一样"。另外岳飞忠于宋高宗是不是爱国主义，要看宋高宗的政策。当宋高宗实行抗金政策时，岳飞忠于宋高宗而全力抗金，这可以说岳飞忠于宋高宗就是爱国主义；但当宋高宗实行投降政策时，岳飞如忠于宋高宗只能说是愚忠，不能说是爱国主义。岳飞一直坚持抗金，最后被召回京时，是因为左右两路的友军都已撤回，岳飞孤军陷敌，形势所迫，不得不回。岳飞与宋高宗是有矛盾的，矛盾的焦点就是抗金与降金。岳飞的风波亭悲剧，就是因为他坚持抗金的结果，而不是忠于宋高宗的结果。秦桧是杀手，是卖国贼，明代文徵明的《满江红》词说"叹区区一桧亦何能，奉其欲"。这就是说仅仅一个秦桧，有多大能耐，秦桧胆敢杀岳飞，是奉宋高宗的"欲"而已。卖国贼的头头，是宋高宗，秦桧是卖国的执行者和杀手，两个人是一丘之貉，宋高宗是头。所以，那种认为忠于宋高宗就是岳飞的爱国主义，这种认识，至少落后于文徵明。

我在写完了《读传奇〈精忠旗〉》后，就着手作传奇《精忠旗》的笺证，但这部稿子，却费尽了周折，开始于"文革"之前，"文革"中尚未完成的初稿丢失。到80年代，我又重做，还得到我早年的学生陈其欣的帮助，后来他把稿子带回无锡去了，意想不到的是他又突然不幸去世，我隔了很久才知道，急忙托我的老友去找这部稿子时，说已经没有了，也说不清为何没有的。幸亏我自己还留有一份稿子，但还不是后来被他带回去的稿子，我只好又重新再做，一直到去年才算完成。

我对戏曲研究工作一直有着浓厚的兴趣，我曾想认真地研究中国戏曲的形成和衍变，包括戏曲题材的衍变和发展。我写的《从〈张协状元〉到〈琵琶记〉》和《从〈绿衣人传〉到〈李慧娘〉》两篇文章，就是戏曲题材衍变研究的一个尝试，我曾对元明以来所有的岳飞剧做过研究，写出多篇文章，也是这一课题的尝试。我还想从现存的明清地方戏唱本和地方戏的演出中勾稽出若干元曲的唱法唱腔，为此我曾请教过北昆的侯永奎先生，承他告诉我《刀会》中的北曲《新水令》还是元人的唱法。我还想从出土戏俑和戏曲壁画中探索古代戏曲的若干程式动作和勾脸的遗存，但这些想法，统统被一场史无前例的"文化大革命"打断了。我的研究课题和研究方向被彻底改变了，使得我在文史研究、戏曲研究的方面都只能仅止于此。

四

我从小就喜欢写字和画画，也不知道受的什么影响，只记得有一次无意中读到唐寅的两句诗："闲来写幅丹青卖，不使人间造孽钱。"觉得这两句诗的境界，令我非常羡慕，自己如果也能如此有多好啊！这还是我小学五年级失学后种地时的想法。谁知这一点心底的思想活动，却永远在我身上生了根。

我开始是一直练书法，临的是欧阳询的《九成宫》，临了很长时间，后来又找到欧阳询的《皇甫君碑》。《九成宫》结构堂皇端庄，《皇甫君碑》秀挺，后来我又临小欧的《道因法师碑》、《泉南生墓志铭》，《道因碑》有《九成宫》的遗意，《泉南生》结体严紧，用笔斩截。后来我又得知大欧还有《虞恭公碑》和《化度寺碑》，这两种欧帖都已残损较多，但都是大欧的精心之作，我尤爱《化度寺碑》，恰好我得到的是吴县吴氏四欧堂藏的影印本，此本原为成亲王旧藏，是原石拓本，不是翻刻本。我个人认为《化度寺碑》是欧书之最，结体端庄，内蕴醇厚，神而有韵，所以我有很长的一段时间是专学欧字，尤致力于大欧的《九成宫》、《皇甫君碑》和《化度寺碑》。此外我还学过北碑的《张黑女》、《张猛龙》，意在得北碑运笔之方。

我还喜欢写蝇头小楷，开始学过《灵飞经》，后来觉得《灵飞经》用笔柔媚，又改学《十三行》和《黄庭经》，总觉未入门。有一次，见到上海郑午昌的山水题跋，都是端严的晋唐小楷，而且字字清晰，运笔的来龙去脉可以看得一清二楚，我就决心先从郑午昌学起，学了一段时间，竟能得其用笔的起落和轻重缓急。再过一段时间，我又见到文徵明的《离骚经》和仇、文合著的《西厢记》，因《离骚经》字大而又是墨书，我就用纸覆在上面认真地摹揾，连续摹揾了很多遍。我再把帖放在帖架上对临，这样，我感到我已明白了文徵明小楷的运笔结体的特征，可以离开了帖自己运笔作书而不离文书的风范。我还买到过一轴清康熙时张照的小楷真迹，写得极工极韵，也用来临习了一段时间，可惜此件被一个年轻人借去后未还，后来连人也找不到了。仇、文合著的《西厢记》我至今还保存着，当然是影本。"文革"中我每天深夜抄《红楼梦》就是我写小楷的实践。

行书我最早是学的《圣教序》，那时我上初中一年级（1939 年），学校里有一位姓唐的教务干事也在临《圣教序》，我俩便成为学书的朋友，互相勉励，互相比较。后来我又学《兰亭序》，一开始我就先双钩，也是一位老人教我的，果然双钩几遍后，对每个字的结构风姿心里都清楚了。《兰亭序》里有不少字有破笔，我双钩时不明底里，都作为书写时的破笔来对待，后经人指点，才知这不是破笔，而是唐人据原迹双钩时留下未填墨的痕迹，因为我用的正是冯承素钩摹的"神龙本"《兰亭》。

学行书的过程中，我还到故宫反复观摹过王珣的《伯远帖》，因为在晋人的书帖中，《伯远帖》是唯一的真迹，而其用笔的爽利劲秀，同样也反映了晋人洒脱不羁的风度。每到故宫展出此帖时，我总会去细细观摹不忍离去。后来我又发现《雍睦堂帖》里收有《伯远帖》，印得也还可以，我赶忙买了一部回来，可以朝夕观摹。故宫展出中，还有苏东坡的《人来得书帖》真迹，此帖用笔如行云流水，文字则恻恻动人，可见东坡大才。特别是此帖至今墨色如新，字字闪光，几乎跳入你的眼睛，我每次看到总不忍离去。后来我也买到了建刻本《快雪堂帖》，收有东坡数帖，此帖即在其中。建刻《快雪堂帖》是名帖，不见真迹，则此刻差强人意，但与真迹相比，则此本运笔滞迟，东坡旷达潇洒之气无复可见，可见真迹之可贵。

行书的最高境界，我至今仍认为是王羲之的《丧乱》五帖，此帖于唐时即传入日本，也是唐人双钩，世称"下真迹一等"，即比真迹只差一点点。此帖传入日本后，一直秘藏深宫，外间无由得见，故既无其他人收藏章，更无任何名家的题记。我于上世纪50年代，曾获得日本影印的茧纸《丧乱》五帖，可说与真迹无异。我朝夕相对，有时也临摹，我觉得行书至此，行云流水，率意天真，已入化境。此外，米芾的《蜀素帖》、《秋深帖》，也是行书的高标，《蜀素帖》我很早就看到影印本，后来还买到珂罗版的影本，极传神；《秋深帖》是启功先生告诉我的，后来我看到影本，确是比《蜀素帖》又胜一筹。

明末的倪元璐和明末清初的王铎，也是行书的大家，张瑞图也极可称，但其行草往往有过头处，倪元璐则独树风标，以枯笔运行，而苍劲有神，气贯全幅。王铎的行书，往往善写八尺大幅，起笔联翩而下，如银河泻瀑，势态奔腾，令人神往。我在周怀民先生处，还看到王铎的小楷，直逼晋唐风神，令人佩服他的功力和修养，那次周先生还给我看了他藏的文徵明的小楷经卷，其精绝可比《离骚经》，我曾建议周先生付之影印，可供学书者临摹，可惜未能成为事实。

于篆书我曾临过《石鼓》，还到故宫去看石鼓的原件。后来又临

《泰山刻石》、《峄山碑》，都只是略知其意，未下苦功。之后又临汉《袁安碑》，还到洛阳关陵细看原石。我也临过唐李阳冰的《滑台新驿记》等，我还藏有此帖的双钩本和拓本。我没有临习过金文，但喜欢读金文中的许多名作，如《散氏盘》、《毛公鼎》、《大盂鼎》等。金文是《石鼓》之前的文字，是更古的文字，是《石鼓》文字之源。我学习大小篆书，一方面是学书法，但更多的是为了了解中国古文字的结构，归纳出它的基本结构原则，同时也可以看出以后的隶、楷、行、草书，都或多或少地体现着这个原则。这个原则就是左右的配搭和上下的配搭，有的字是左边占三分之一，右边占三分之二，或者是相反；有的字是上部占三分之一，下部占三分之二，或者相反；又有竖三分或横三分的，当然也有少数特殊结构的，明白了中国字大体的结构原则，那么自己在书写时也可以有一个大体的分寸，不至使字形怪异而至于不美。

隶书我曾临过《张迁碑》、《曹全碑》、《孔宙碑》、《衡方碑》，《衡方碑》是朱东润先生看过我临的隶书后建议我再临《衡方碑》的。后来我还临过《石门铭》和《朝侯小子碑》。

我学书的过程中，还喜欢看石刻的原迹，我到汉中看《石门铭》和《衮雪》，到山东莱州和平度看《郑文公》上下碑，在曲阜孔庙看《五凤刻石》、《孔宙碑》，《孔宙碑》在"文革"中又遭损毁，但还有些字保存着原刻的刀口未损，我在孟庙多次看《莱子侯刻石》，在泰山经石峪看摩崖石经。看这些原迹，是为了寻觅这些书迹的历史真面，从它的未损字中去领会它的真味，藉以丰富和提高自己的眼界和识力。我原以为这是我师心自造，后来才知道四川的大书家、诗人谢无量先生也喜欢寻求石刻的原迹。可见这也是前辈学书之途，于领悟古人是有益的。

我从小就喜欢画画，也并不是受什么人的影响，好像是天生的。初学《芥子园画谱》，后来又觉得不满意，不知从哪里借来的珂罗版影印的古人画册，拣容易入手的就学。那时我才小学五年级，因抗战失学在家种地，所以无拘无束，除了种地养羊以外，就是读书写字画画，既无人教，也无人管。

高中一年级，我考入了无锡工业专科学校，那是 1942 年夏天，我从农村到了无锡城里，我幸运地遇到了大画家诸健秋先生，他是已故大画家吴观岱先生的弟子，那时诸先生大约也有五十多岁或六十左右了，他是山水画家，有一次他从他的学生邵君手中看到一把山水扇面，他问邵君这是谁画的，邵君即指着我说是他画的。不想诸老先生却对他说：他比你画得好。接着诸先生就问我的情况，我的朋友代我说了，说我喜欢画画，并说我家境困难。诸老先生听了就对我说你跟我学吧，你只要到我画室看我画就行了，看就是学。我当时高兴得不得了。从此经常去看诸先生画画，进了他的画室也不多说话，只是站在他的右边看他作画。看了诸先生画山水，我才知道山石树木房屋是怎么画的。偶然碰到诸先生休息时，就给我讲讲他画室墙上挂的一些名人书画，从此我不仅知道了山水画是怎么画的，还记住了他说的"看就是学"这句话，这句话也成为了我毕生绘事的"座右铭"。

这一年还有一件大事是我在无锡公园饭店看了吴昌硕、齐白石的画展。吴昌硕、齐白石的画，可以说是大开了我的眼界，给我以强烈的震撼，我当时惊奇地觉得天地间竟有如此奇情壮彩的神妙之笔，从此吴昌硕、齐白石就成为我心中仰慕的偶像，那年我虚岁二十。可惜我只在无锡耽了一年，第二年夏天，我已无力上学而失学回家，仍旧种地养羊，不久我又当了当地的小学教师，但仍旧不废种地和养羊，因为是农村小学，这是非常自然的。

1945 年抗战胜利，我那时在无锡孤儿院小学当教员，恰好苏州美专从内地迁回，因沧浪亭校舍尚未收回，所以先在无锡招生授课，我就抱着试试看的心理去参加考试。考试先是交一篇作文，接着是考历史文化常识，再就是中国画和素描。不想我画完素描以后，就有人来通知我我已被录取了，剩下的几门课不必考了。这完全出乎我的意外，后来老师告诉我，我的文章很好，中国画也很好，加上其他两门课也很好，所以不等考完老师就决定录取我了。我考的是国画系，并且说好每天我要上完小学的课才能来学画，因为我无力脱产。美专的老师也同意了。不想只过了两个月，苏州美专迁回苏州沧浪亭了，我因为无力脱产，只好又一次失学，学校的老师和同班同学都为我惋惜，但我实在无力去苏州读书。

1946年春考入无锡国专后，我继续抽空去看诸健秋先生画画。但因为功课重，要读的书多，加上我又参加了学生运动，实际上能去诸先生家的时间已不是很多了。

1948年春我到上海无锡国专分校后，除听了不少名家的讲课外，还拜识了白蕉先生，我原先就对白蕉先生的书画非常崇拜，到上海后得以亲见，真是大慰平生。还有我去拜见词学大家陈小翠老师时，同时也拜见了大画家陈定山先生，他是陈小翠老师的哥哥。这些虽是短暂的见面，但在我的身上影响还是很大的，使我更加热爱书画。

从1946年到1954年8月，这八年中中国发生了翻天覆地的变化，我于1947年起受到地下党的指导，到1949年4月迎接解放军过江后，4月23日就到苏南行署报到，参加解放军，9月又被派到无锡第一女中工作。整整八年多，一直在紧张的读书和工作中，很少有时间学画。无锡国专有位同学叫汪海若，他是胡汀鹭的学生，他在市中心崇安寺有一间画室，我偶尔有空就跑到他画室作画，那也只能作写意的花卉，没有时间认真细画。1948年12月毕业后，更没有时间和条件学画，但到1954年8月到北京后，情况就大不一样了。我到北京不久，我的老师周贻白先生就给我介绍许麟庐先生，他是齐白石的大弟子，他看了我的画，就要带我去见白石大师。我当时觉得自己还不会画画，怎好去打扰白石老人，所以没有敢去，不想大约一年以后，白石老人就去世了。未亲见白石老人成为我终身憾事，后来我写了一首长诗悼念白石老人。

我到北京以后，课程负担很重，加之那时运动很多，政治压倒一切，我备课每天到深夜一二时，所以很少有时间作画，但也忙里偷闲，偶尔画一点花卉兰竹，收在我第一本画册里的那幅墨竹，就是当时的作品。

上世纪70年代末，刘海粟大师到北京来开画展，专程到我的办公处恭王府来看望我，要请我为他的画展作序，这是我与海老订交之始，此后的交往就一直没有间断。海老用鼓励的方式常指点我作画，也请我为他的画题字。也是上世纪70年代末，上海的朱屺瞻老画家来北京，住北京饭店。住下后即给我来信，说要来看我，我收到信后，立即就到北京饭店，那天恰好冰心也去看他，由朱老介绍后，我与冰心也认识了。这次朱老北京之行，竟到了八达岭的最高处，这时朱老八十六岁，满头白发。回到北京饭店，朱老拿出他的《梅竹图卷》属题。此后我与朱老的交往也一直没有间断。

北京的周怀民老画家，是我的同乡，画宗宋元，富收藏，也常指点我学画，还给我看他收藏的许多宋元旧作。后来我与谢稚柳、唐云先生也常往来，唐云还给我精心画了一幅《鱼乐图》。我自1975年起，被借调到文化部校订《红楼梦》，工作之余也常作画，但都是花卉一类。我性喜山水，1964年我被派到陕西终南山下搞"四清"，我利用假日游了终南山，游了华山，遍历泰华三峰，还游了大散关，登上秦岭之顶，游了渭北平原上的汉武帝茂陵，登神禾原找到了著名的香积寺，我还到杜曲找到当年杜甫流寓的地方，现有杜公祠。还到辋川，看了王维当年居处的佳山水。还到骊山，找到了华清宫遗址。"文革"后期下放江西余江期间，我就利用探亲假，游了黄山、庐山、桂林、阳朔山水和余江附近的道教圣地龙虎山，贵溪、鹰潭附近的山水，还游了浙江的雁荡山，山东的泰山。上世纪80年代后，我连续游览甘肃、新疆、宁夏、青海的山水，所遇之奇山异水，一一在我心头。我游山有一个特点，总要登上最高峰。1964 年冬天雪后，我住终南山下的马河滩，我即从此处登山，到了终南山顶，南望秦岭，一碧如蓝，在雪后阳光的照射下，简直就像一块精莹澄澈、其大无比的蓝宝石，这种奇景，即使久居山下的人，也是难得见到的。特别是我三上帕米尔高原 4900 米和 4700 米，高入云霄的世界高峰慕士塔格峰、公格尔峰、公格尔九别峰，都是终年积雪的雪峰，尤其是明铁盖达坂山口的喀喇昆仑山，山色如铁，雪峰重叠连绵，四望无际。特别是古龟兹国（今库车）的山水，其奇特的山形和绚丽强烈的色彩（以红色为主），实非中原山水之可比。我翻越 4000 米的天山老虎口到一号冰川时，其险其奇，为生平所仅历。我在老虎口停留时，风雪交加，冷透肌肤，而旁边高峰上挂下来的巨大冰舌，真是势欲吞人。我站在一号冰川近旁，耳听山腹中轰然的太古冰瀑巨响，而一片片浓重的白云，忽而从我头顶上飞过，忽而把我裹在云里，忽而云从我两袖飞出，又忽而云在我脚下飞过，我一时就像站立在云端里，要不是奇冷彻骨，我真想多站一会。

2005 年 9 月，我从米兰进入罗布泊，在罗布泊宿营，真是四顾茫茫，无边无际。第二天到楼兰古城，则千年沧桑，尽在眼前。从楼兰出来再经罗布泊到龙城、白龙堆，则又是一种造化所成的天然奇景，被风蚀的山丘，如条条长龙，白龙堆则巨龙排列，一望无际，简直是一个巨大无比的龙阵，因为盐碱泛白，所以远看如条条白龙。

我生平所经历的奇山异水，实非言辞所能道尽，这就是我后来喜作山水画的内在原因。

我于 1996 年离休，那年我虚岁七十四岁。离休以后我就有时间可作山水画了。经过一段时间的学习和准备，2000 年 4 月，我开始作第一幅山水画。我一直喜欢宋元山水，我认为中国山水画，至五代北宋而见其结构之雄伟、庄丽、崇高，崇山峻岭、幽岩绝壑、峰峦重叠、连绵不尽，可称气象万千，至元而又加重了书卷气与文人气，元四家大都可见此特色。

我学宋元山水，也是先从后代学宋元的大家的作品中揣摩他们学宋元的径路的。我主要是认真研读临摹了沈石田、龚半千两家。石涛、石溪我只作观赏研读。我学石田是学他用笔的斩削，学他点苔的苍厚，学他气韵的纯厚；学龚贤是学他皴笔的厚实细腻，结构的幽深，墨色的苍润。我对这两家临习了很久，主要学他们的用笔和纯厚的气韵。后来我又用功学黄公望、王蒙、方从义诸家。在这段时间里我也用功学了范宽、关仝、巨然、董源、燕文贵等五代到北宋的名家，我的《河岳集》、《墨禅集》、《还山集》等都是我临习五代宋元的记录，特别是那幅宽4米、高1.4米的巨幅山水，用的是乾隆以前的旧纸，这幅画题曰："重峦叠翠图"，是我学宋元的一个标志。当然其中也都有我自己对真山真水的领悟。我之所以取名《墨禅》，是深深感到作画有如参禅，于古人的用笔，于真山真水，必须有所悟，有所会心，而且从心到手要能相应，才能达到你所憧憬、追求的效果。我取名《还山》，意思是希望自己的画能还真山真水的自然面貌，因为我在作画时，常常会发生画到某一段时，忽然会出现自己在某处所看真山真水时的感受，似乎那种境界又到了眼前，又隐现于笔端，这种在作画时画笔与真山真水的浑一，画面的意境与所历真境的浑一，是我常有的感受。当然我所追求的是气氛、境界和神韵，而不是具体的一草一石。

我创作了一批重彩的山水画，色彩对比浓烈，这是以前没有人尝试过的，我之所以这样大胆，是因为受龟兹山水强烈色彩的影响。有一次我在库车，恰好一阵雨过，好像把周围的山洗了一遍，而忽然又是雨过天晴，强烈的日光照射，那原本就是红色的山显得更加通红，与蓝天白云形成强烈的对比，那个地方老百姓就叫它"五色山"，因为旁边还有黄色、青色和白色的山，在日光的照射下，真是斑驳陆离，令人感到神奇。还有一次是我在祁连山 3000 米以上的丛山中寻找北魏的古刹"金塔寺",一路雪峰耸立,蓝天白云,而又红叶、黄叶漫山,令人陶醉,特别是到了金塔寺前,寺建在壁立的悬崖上,悬崖高百丈、宽无计,而一片红岩,环顾无尽,周围都是青松、白桦,特别是白桦树,树干白色,树叶金黄,映衬着眼前的红崖,真是天造奇景。所以回来后我也用强烈的对比色调记录了这一感受。不了解情况的人,都以为我是异想天开,实际上我却是记录大自然所赐。

我深深感到祖国的绘画传统是非常丰富的,无穷无尽的,古人所达到的境界我们一定要学到它。祖国大自然的山水更是无穷无尽的,听任你的慧心去领悟撷取。一定要把这两者结合起来,然后根据你自己的个性、悟性去开拓发展,开辟出自己书画的新天地,这一切都应该是水到渠成的自然结果,而不是有意做作做出来的,自然与自己合一,传统与自己合一,然后再变化生新,这是我学画的一点感悟,也是我坚持走的艺术之路。

五

一场突变性的"文化大革命"运动,完全改变了我的学术研究计划和课题。1974 年,先是由北京市委把我调到写作组去写评《红楼梦》的文章。那时中国社会科学院的黎澍和李新两位老前辈已经把我调到社科院历史研究所,与丁伟志、蔡美彪等同志一起参与续编范文澜的《中国通史》。我去了不久,又因人民大学被"四人帮"解散,把我扯了回去,分配给北京师范学院中文系,最后还是调到市委写作组。写作组我耽的时间不长,没有等写作组的书出版,我即提前离开写作组,再回历史所。不久,国务院文化组副组长(相当于后来的副部长)袁水拍同志来找我，我建议成立《红楼梦》校订组，重新校注《红楼梦》，因为《红楼梦》一直没有好的校注本，我认为一定会得到中央的批准。水拍同志非常赞成我的想法，并要我起草报告，水拍同志把报告送上去后，很快就批准了，水拍同志任组长，并让我与希凡担任副组长，我负责校注业务。这样我又被借调到国务院文化组下面的《红楼梦》校订组，时间是1975年下半年。从此我的学术研究计划作了根本性的改变，原先我从原始文化起，一直到先秦两汉魏晋南北朝隋唐五代宋元的一些初步的准备工作，也就成为我的一点必要的学术补课，此后的主要研究课题，就是《红楼梦》。

我们的校订工作从1975年开始，一直到1982年出书，前后进行了七年。参加工作的人员是从全国各高校调来的专业人员，大都一年后即调回去了，只有少数人整整工作了七年。在这七年中，为确定采用底本，我写成了《论庚辰本》一书。在此之前，我已与吴恩裕先生合作，发表了《己卯本〈石头记〉散失部分的发现及其意义》一文。在这篇文章的写作过程中，我们考证出了己卯本是怡亲王府的抄本，又考证出了己卯本是据曹雪芹的原稿抄的，它保持了曹雪芹原稿的格式和面貌，这在《石头记》的抄本研究史上是空前的发现。但己卯本已散失近一半，意想不到的是我在研究庚辰本时，竟发现庚辰本是据己卯本抄的，不仅保留了己卯本的全部特征，在第七十八回，还保留了一个己卯本上避讳的"祥"字，这样己卯本丢失的近一半的文字和款式，都可以从庚辰本看到。这可以说是《石头记》抄本研究史上的又一个奇迹。特别是庚辰本上有一部分文字的笔迹，是己卯本同一个抄手的笔迹，这一发现，证明庚辰本抄定的时间，不会离己卯本太远。己卯是乾隆二十四年，到乾隆二十五年就是庚辰，到这年秋天，已有"庚辰秋月定本"。可见怡府抄己卯本时，还可能在"庚辰秋定"以前，因为那时外间没有传抄本，只能从曹家借，怡府从曹家借来原稿时，还是"己卯冬月定本"，可见其借出时间可能在己卯末或庚辰初。等到庚辰本抄主照怡府己卯本抄时，曹雪芹的原稿又进行了一次修订，故称"庚辰秋月定本"。但问题是明明是照怡府己卯本抄的，怡府己卯本所有的特征都保留在庚辰本上，可为什么照怡府己卯本抄的本子，抄成以后却写上了"庚辰秋月定本"的题记？有两点可以推测：一是庚辰本的抄主与怡府的关系非常亲密，所以在怡府刚抄完己卯本，还未抄眉端的脂批时，就将新抄本借给庚辰本的抄主了；二是庚辰本抄主与曹府的关系也非常密切，所以他可能又借到了不久前完成的"庚辰秋月定本"，他在据怡府己卯本抄录时，又参考了"庚辰秋月定本"，故据怡府己卯本抄的本子，却变成了"庚辰秋月定本"。今庚辰本的款式与怡府己卯本完全一样，怡府己卯本的双行小字脂批，庚辰本也完全一样，只漏抄一个"画"字，庚辰本上众多与怡府己卯本相同的特征，证明它确是据怡府己卯本抄的。但庚辰本的文字，却又有少量与怡府己卯本不同，文字有少量的增添和改动，这少量的异文从何而来？真是不可解释，除非庚辰本抄主在据怡府本抄时也借到了雪芹的"庚辰秋月定本"底稿，因而将新修改的文字抄入新本，并同样加题"庚辰秋月定本"？这个问题实在不好猜测，我上面的猜测（不是考证）也是不完善的，只能说是仅助思考的一种假想而已。所以这个问题至今还是学术界的未解之谜。但有一点是可以想象得到的，即雪芹或脂砚修改原稿或增加评语时，不可能每次都从第一句开始逐句修改，其修改也当是局部性的或少量的，不是推倒旧稿重来或大面积改写，这从庚辰本与己卯本的微量的差异也可以看得出来。至于庚辰本与己卯本之间的一层未解之谜，目前还无线索可解，只能等待新的资料的出现或有高明之士来解难了。我写成《论庚辰本》以后，我们采用庚辰本作底本也就看法自然一致了。

　　我在此期间写的第二本书就是《曹雪芹家世新考》。因为要校订好这部书，特别要为校订本写前言，就必须对此书的作者弄个明白。凑巧由于友人的介绍，我从辽东曹氏五庆堂后人曹仪策先生处借到了抄本《五庆堂辽东曹氏宗谱》，上有曹雪芹一系的世系。我就从这里入手，开始了对曹雪芹家世的研究。为了考证这部宗谱，我翻阅了大量的明清史料，从《清实录》里发现了曹雪芹五世祖曹振彦的重要史料，从康熙二十三年的未刊稿本《江宁府志》里发现了以往从未见过的《曹玺传》，从康熙六十年的《上元县志》里发现了另一篇从未见过的《曹玺传》，两篇《曹玺传》刚好从曹家发迹之初写到曹家败落之前。此外还发现了康熙抄本《甘氏家谱》、嘉庆刻本《沈阳甘氏宗谱》和道光时的《沈阳甘氏宗谱》，证实了辽东曹氏与沈阳甘氏的姻亲关系。还在河北涞水县张坊镇沈家庵村，发现了五庆堂曹氏从龙入关的曹德先一家的坟墓，和辽阳有曹振彦署名的两块碑刻：《大金喇嘛法师宝记碑》、《玉皇庙碑》。还有曹雪芹堂房老祖宗署名的《弥陀寺碑》。此外，还从地方志里发现了曹振彦顺治年间任职的履历和籍贯的记载。以上种种，都是有关曹家的第一手资料，而且大都是由我亲自发现的。特别是由于故宫博物院明清档案馆《关于江宁织造曹家档案史料》和《关于苏州织造李煦档案史料》的公布，加上以上这些新史料的首次发现，使我们对曹、李两家在顺治、康熙、雍正三朝的认识大大充实和丰富了，《清实录》和辽阳三碑、《五庆堂曹氏宗谱》、《八旗满洲氏族通谱》、《八旗通志》等，则充实了对曹家早期历史的认识。我的《曹雪芹家世新考》从1980年初版，至今已三版，经过两次增订，已从30万字增加到80万字。时间是经历了30年，若从写作的时间开始，则已历34年。这34年，对我是一个极为深刻的认识过程，特别是康熙五十年三月初九日曹寅的奏折说："（前略）至于臣身内债负，皆系他处私借，凡一应差使，从未挂欠运库钱粮，臣自黄口充任犬马，蒙皇上洪恩，涓埃难报，少有欺隐，难逃天鉴。况两淮事务重大，日夜悚惧，恐成病废。急欲将钱粮清楚，脱离此地，敢不竭蝼蚁之诚，以仰体圣明。所有钱粮细数，另开一单，以备御览（下略）。"这段话，十分重要。第一，他向康熙表明他个人的开支全是自己解决，不涉及公款；第二，所有一应公事上的费用（江宁织造和两淮盐运司），也循公办理，"从未挂欠运库钱粮"。这就是说无论是他的私人开支还是衙门公事上的费用，都没有亏空挂欠。第三，他就不说了，只说"急欲将钱粮清楚，脱离此地"。这不清楚的钱粮是怎么回事呢？实际上主要是康熙南巡造成的巨额亏空，还有两淮盐商的亏欠，还有皇子们及其他人等的需索等等。这些康熙是很清楚的，曹寅也不便直说，只说"急欲将钱粮清楚，脱离此地"。这最后一句是实在干不下去了，只好要求辞退了。事实上，还没有等曹寅辞退，在曹寅上此折一年以后，曹寅就去世了。曹寅的死，是被重债压迫忧恐而死的。曹寅死时，曹家事实上已经败落了，所以曹颙和曹頫所继承的是一个空架子和一大堆债务。到了曹頫的时代，主子已换，康熙这棵大树已倒，曹頫又没有曹寅的才干，加上雍正大力推行新政，整肃财政，一应亏欠，皆衡之以法。雍正元年李煦首先倒台，李煦的亏欠，也是一桩大冤案（详见拙著《曹雪芹家世新考》李煦章）。曹頫侥幸被留任（其中可能有怡亲王允祥的作用）。但在李煦已倒在前的情况下，曹頫还未能特别警惕和谨慎，至又发生骚扰驿站案。此案实际上也不能算是大罪，过往驿站的钦差收受一点费用，虽是明文所不许，但事实上却是习惯常例，曹頫没有警惕，也照常规收受了，于是就犯了罪。但此案尚未了结之时，雍正又突下谕旨抄曹頫的家，并且严令防止他转移财产。雍正下令抄曹頫的家，肯定是另有因由，特别是严令密防其家人转移财产等，看来是有人乘机诬陷告密，才出现这种突发性事件。但抄家的结果，"封其家赀，止银数两，钱数千，质票值千金而已。上闻之恻然"。（《永宪录续编》）这个结果，可见曹家实际上早已彻底败落了。

曹頫的枷号收监，是因为驿站案"尚未完银三百二两二钱"。他在长清站收受的银子是"三百六十七两二钱"，看来他已经还了六十五两银子。当时杭州织造府笔帖式德文受的是"五百十八两三钱二分"，苏州织造府乌林人麻色受的是"五百零四两二钱"，都比他收的多，但未见处理结果。按说是同一个案件，但就是没有这方面的处理结果。令人深思的是曹𫖯就是因为交不出这"三百二两二钱"银子，从雍正五年起，一直枷号到雍正十三年雍正死，乾隆登基大赦天下才得赦免，前后一共关了八年，扛着 25 斤重的枷子。这就是曹家的最后结果。曹家当时并不是一个亲戚都没有，但就是没有人伸出援助之手交这三百两银子，可见世态炎凉，人情冷暖至此。

我从开始写作《曹雪芹家世新考》起，经两次增订再版，反复阅读思考曹家的有关史料，较为深入地了解曹家的发迹、兴旺和败落的过程。特别有感于前引康熙五十年曹寅奏折所陈的事实，深深感到百年世家曹家，一直忠实于清皇朝，到头来却以织造亏空的罪名彻底败落，李煦的败落同样如此。这实在是一桩天大的冤案。而曹𫖯和曹雪芹是这个冤案的最后承受者，是这个百年世家败落的最后经历者，是曹、李两家数百人青春岁月被毁灭的见证者。实际上，曹雪芹的"满纸荒唐言，一把辛酸泪"十个字，已经深刻而准确地概括了《红楼梦》这部书。故事是"满纸荒唐言"，是虚构的，但"一把辛酸泪"是真实的，而且这一把辛酸泪，不是只洒在一两处，而是浸透着全书，哪怕在欢乐的岁月里，也总有一丝半缕的哀音。曹雪芹的高妙至不可及之处，就是"弦外之音"和"言外之意"。了解了曹家的整个家世，再仔细读《红楼梦》，那么就能渐渐地感到这"弦外之音"和"言外之意"了。当然这种感受有明有暗，而总是有限度的，如果根据这一点而无限引申那就又远离曹雪芹了。

在写作《曹雪芹家世新考》的过程中和以后，我又陆续写了 12 篇关于曹雪芹家世和祖籍的专论。其实，关于曹雪芹祖籍的问题，上世纪 60 年代后，曹家的档案、家谱、碑刻、传记资料不断发现，地方志的

"职官志"，《曹玺传》、《楝亭集》上的曹寅自署，《五庆堂曹氏宗谱》等等都记得清清楚楚，是辽东的辽阳，根本无用争辩。所以后来的争辩，硬说是河北的丰润，已脱离了学术，也背离了史实，完全被地方经济利益所驱使，甚至到不惜造假欺骗，利用报纸大肆宣传假证等等。结果曹雪芹祖籍丰润说还是不能成立，倒为红学史上留下了一段永远洗刷不掉的造假证、宣传假证的不光彩的史实。必须记住，历史的真实永远是历史的生命，虚构、造假，永远是没有生命的。还必须记住，造假归根到底总会被识破的，梦想以假乱真、成真，只是痴人说梦，自己欺骗自己。

我在曹雪芹家世研究以后，又对《红楼梦》本身及相关的问题作了一些专题性的研究，后来分别结集成《石头记脂本研究》、《红楼梦论集》、《曹雪芹家世论集》。

我以上这些研究工作，都是围绕着我们的《红楼梦》的校注工作做的，到 1982 年，我们的新校注本《红楼梦》由人民文学出版社出版了。此书的出版，革新了以往《红楼梦》印本的面目，获得了学术界的较高评价。李一氓老为此书还专门写了一篇书评，称此书可以作为《红楼梦》的定本。

1984 年 12 月，由李一氓同志筹划，我由国务院、外交部、文化部联合委派，去前苏联列宁格勒鉴定苏联东方学研究所所藏《石头记》清代抄本，同去的有中华书局的李侃同志和周汝昌同志，我担任组长。在两国专家联合的鉴定会上我代表鉴定组作了发言，指出：一、这个抄本是脂本系统的抄本，于研究《红楼梦》很有价值；二、这个抄本的抄定年代最早是乾隆末年，最可能是嘉庆初年；三、这个本子值得由中、苏两国联合出书。苏方的专家李福清、孟列夫等一致赞同我的鉴定，并说在这么短的时间里（看书时间总共不过三个多小时）能作出这样精确的鉴定，只有真正的专家才能做到。会议在和谐的气氛中结束。在莫斯科期间，我们在使馆里起草了两国联合出书的协议。由大使馆呈报中央后，经中央批准，由杨大使代表中方与苏方签定两国合作出书的协议，从此中苏两国长期冻结的局面到此结束，而从道光十二年传到俄国去的这部《石头记》的珍贵抄本的胶片，不久也就回到了祖国，由中华书局出版。

在以上这些工作的基础上，从上世纪末，我开始了对《红楼梦》文本的评批工作，我利用传统的评批方式，除了正文的校订外，再逐句逐段地加批，当然这不是绝对的，有的是逐句批，有的是分段批，更多的是眉批和行间批，在每回之末，又作了回后评，在书前又有一篇长文作为导读，这样综合起来，从宏观到微观，可以把我自己读《红楼梦》的领悟和考订，巨细不遗地载入此书。此书我前后进行了五年，到2005年出版，最近我又作了增评。

近两年，我又重读了《石头记》庚辰本的影印本。我在影印本上又作了一次批。此次的批，除解读《红楼梦》外，主要把我近几年读《红楼梦》的感悟新得，批入曹雪芹生前最后的这个稿本上。特别是这个本子与己卯本有着历史自然形成的内在联系，这种联系是有形的，不是无形的，它是两本在抄成过程中自然留存下来的天然标记，是两本血肉相关的一种印记，一种密码。我是在写《论庚辰本》时发现了这个秘密的，我已把这些天然形成的特殊标记，详细地写入了《论庚辰本》，但读者如要单独读影印庚辰本《石头记》时，一时还不容易找到这些标记，所以我这次除批解庚辰本的文本外，又用蓝笔将这些与己卯本密不可分的以前不为人知的特殊标记或天然密码，一一予以明确地批示出来，以便于读者对读，我相信读者会对此饶有兴味。

为了使读者便于对照，我又用蓝笔批了影印的己卯本，将己卯本是怡亲王府的抄本的特征用蓝笔批出来，以便读者验证。我又将己卯本与庚辰本的内在标记用蓝笔批出来，读者可以用来与庚辰本上的蓝笔相对照，以验证此两本天然形成的相关标记。这样，己卯、庚辰两本百余年来秘密存在的天然标记，就完全公之于世了，我想这也将是一件读者所感兴趣的事。至于己卯本的文本，因为与庚辰本的文本基本一样，在己卯本上就不再作评批，以免重复，何况己卯本只残存四十一回又两个半回，评批的文字和情节不可能连贯，倒是一色保持蓝色的批，既省读者眼目，也便于读者检寻。

《石头记》古本中的"甲戌本"，是一个特殊的本子，由于胡适的长期宣传，且直到胡适去世以前，世人才见到影印本。所以这个本子一向带有神秘而特殊的味道，而对它的研究也还不深。1980年我在美国开会时，曾借到此本，在我手中一周左右，因为在会议期间，也不可能作研究。据我后来对影印本的初步研究，我认为此本的正文可能是较早的，但它的抄成时间却较晚，最早也只能是乾隆末年，尤其是此书被改编过，书前的"凡例"是编者后加的。书中有一些原来完整的脂批被分割成数段且移动了位置，与正文文不对题。"护官符"下的小注原是墨书正文，却被当做脂批用朱笔抄写在下面，特别是原有署名署年的脂批都被删去了署名署年，还有些脂批抄错了位置，批语与正文不对应，版口的脂砚斋署名也是有疑问的，所以此书尚待研究的问题很多。为此，我又写了《瓜饭楼手批甲戌本石头记》一书，我将我所发现的疑点都批在这个本子上，我对此本的优点据我的认识也批在书上，我这样做，是希望引起大家对此本的重视和研究，引起大家来解疑，而不是我对此书作什么结论，结论要等大家来作。

我的《红楼梦》研究工作，暂时只做到这一步，如果我身体好，我会继续认真读这部书的。我也希望己卯本的另一些残本和甲戌本的现存十六回以外的文字会有可能再现。中国历史博物馆发现的三回又两个半回的己卯本残抄本，就是一种希望之火，即使若干年没有发现，也没有必要把这希望之火熄灭。

六

我于 1986 年秋天到新疆大学讲课，从此开始了我的中国大西部调查研究。对中国大西部的向往，我从中学时代就开始了，这主要是受了两方面的影响：一方面是受唐代边塞诗的影响，唐代大诗人高适、岑参、李颀等人描写西域的风光，令人神往；另方面，我读了《大慈恩寺三藏法师传》，受到玄奘法师西天求经万死不辞、百折不回的精神的感召。那时，我就觉得我应以他们为榜样，但一直苦于没有机会，直到 1986 年，才算得到了这个机会。

从 1986 年到 2005 年，前后二十年，我一共去了中国西部（主要是新疆和甘肃，也到过内蒙、青海、宁夏等地）十次。每次的时间长则一二个月，短则一个月或二十天左右。我西行的主要目的，是调查玄奘取经之路，也包含丝绸之路。

我的十次新疆之行，两次登上了帕米尔高原的红其拉甫（4900米）、三次登上明铁盖达坂山口（4700 米），确证了玄奘取经东归入境的山口古道，这是自玄奘回归后 1355 年以来的第一次发现和确认。我两次穿越塔克拉玛干大沙漠，还积数年（次）之功，绕塔里木盆地走了一圈。我多次翻越天山，到过一号冰川，听到山腹深处轰然不息的冰川巨响和悬伸在险峰上的巨大冰舌。2005 年 8 月 15 日，我再到明铁盖达坂与中央电视台和喀什市政府一起立玄奘东归入境古道的碑记。当年 9月 26 日，我经米兰到罗布泊，在罗布泊宿夜，次日又从罗布泊到古楼兰，在古楼兰宿夜，第三天考察古楼兰，再宿楼兰城外，第四天再穿罗布泊，经罗布泊底部东行到龙城，考察土垠、LE 遗址及楼兰贵族墓。此处的位置已是罗布泊的北缘，还残留着少量的未干涸的罗布泊湖水。

从龙城，我们又到了白龙堆、三陇沙，入玉门关到沙州（敦煌）。我之所以要去罗布泊、楼兰考察，目的是要弄清楚玄奘取经东归到长安的最后一段路程。结果用《大唐西域记》的记载与实际的地理考察对证，玄奘确实是如他所记的经尼壤（今尼雅）过纳缚波（今罗布泊）、楼兰，从楼兰北部走上经龙城、白龙堆入玉门关到沙州的古道的，这也是自玄奘回归以来的第一次确认。至今从楼兰西北的营盘向东南，便是经龙城到玉门关的古道，向西则可以经焉耆、龟兹（库车）从南天山的别迭里山口出境。至今这条古道上还有林立的烽火台遗址，实际上这也就是当年张骞出玉门关通西域的古道。

我还考察了天山北部的吉木萨尔古城所属的唐北庭都护府遗址。遗址面积甚大，城垣巍峨，但城内已是一片荒土，惟北门尚可见城门遗迹，闸门的坎道依然可见，其西还有西大寺，是维族佛教的遗存，其壁画用屈铁盘丝法，线条凸出如贴线，这种古法已很少见，而此处竟然保存尚完好，实为难得。吉木萨尔以南天山横亘，中有小道可通高昌、交河，即今吐鲁番。这条古道，经友人实地穿行考察，虽道路险峻之极，但至今依然存在。我曾到吐鲁番考察高昌、交河古城，前后去了五次，还绕交河城整整走了一圈，考察了交河城东边台地上的车师贵族墓葬。

1998 年，我还从酒泉到金塔县，考察汉肩水金关遗址，又往前到内蒙额济纳旗考察古居延海和黑水城遗址。居延海因水源问题已渐缩小，但其原来面积极其浩大，今到缩小分割后的海边，还依然望不到边，可见古时居延海之大。我还考察了出土大量居延汉简的古烽燧，至今牧民们手中尚有散落的汉简。黑水城则古城荒凉，俄国人盗宝的遗迹尚在，1984 年 12 月，我曾在前苏联冬宫博物馆见到从黑水城被盗走的大量西夏文物。

我还去银川考察过西夏王陵，那时还无人管理。元昊陵最为雄伟，周围高塚林立，气势依然雄伟。贺兰山拜寺口西夏双塔则正在修复，出土了不少西夏文献。

我的大西部之行，只出版了《瀚海劫尘》大型摄影集，另一部《玄奘取经之路全程影集》已经完成，友人摄国外部分，我摄国内部分，加上文字说明，成为首部玄奘取经的全程影集。此外我写过《玄奘取经东归入境山口古道考实》、《两越塔克拉玛干》、《西域纪行》、《流沙梦里两昆仑》等等专题文章。

关于西部，我积累了几千张有关西部历史文化影像的底片，尚待整理。

中国的大西部，也是一部读不完的书，如果我的健康能恢复，我还想再作西部之行，以考定玄奘从帕米尔东侧下山的古道。而古道接近地面的一端，我已去考察过，即现在的棋盘乡，玄奘《大唐西域记》里记作"朱俱波"。现在此处地貌、物产，与玄奘所记完全一致，而山崖岩壁上佛龛尚存，其南即弥尔岱山（当地人称玉山），经弥尔岱山，即登帕米尔的另一古道，其位置恰在帕米尔的东南，但这只是文献与局部地理的考实，还未作全程的考察，我希望我能完成这一考察任务。

我身经丧乱，出身贫苦，未得较好的读书机会，虽遇名师，终负厚望。后来虽稍有著述，自惭简陋。今虽勉强一一成集，总觉惭恐交并。作此简述，殊无胜意，不过是供了解而已，唯望高明教之。

2009 年 5 月 20 日，宽堂自述于

瓜饭楼，时年八十又七

传承发展优秀历史文化

我们所处的时代是一个"文化大发现"的时代。

1994年我国的专家在香港发现了一批竹简，其中有大家以前都不知道的孔子"论诗"的文章。这是件很了不起的事情。就是说孔子除了《论语》之外，还有《论诗》。

从新中国成立到现在，从考古的角度说，几乎年年都有新发现。所以我在人民大学给学生们讲，你们是最幸福的一代人，因为你们处在一个幸福的时代。很多珍贵文物、文化遗存，郭沫若没见过，王国维没见过，甚至连汉代的司马迁也没有见过，现在都逐步发掘出来了。这就需要我们去研究它、传承它。需要培养人才。要有人懂得这些东西，不然的话，就白发掘了。可惜的是，现在研究、整理文化遗存的专业人才太少，整理花费的时间也太长。

封建社会历代统治者都利用孔孟之道为自己服务，他们对经典的解释，都是有利于他们的。现在通过考古发掘，以历史唯物主义和辩证法为指导，我们就可以客观地来鉴定竹简，知道它原来的意思是什么。

中华民族有着悠久的历史文明，而且从未中断过，这在全世界都是少见的。别的国家也有历史比较早的，但是中间中断了，有的文字没有延续下来。我国最早的文字肇始于甲骨文。其实，甲骨文之前还应该有一段历史。山东莒县发现的古陶器上，就有一种半象形、半文字的图像，跟后来成形的文字不完全一样。长江口上大溪口文化考古发现，也有一种古文字记载。中国文明过去说有五千年的历史记载，这是估计；现在从发掘出来的文物看，已上推到八千年，实际上新石器时代的上限还应该更早，我估计应在一万年以上。我推测甲骨文之前还应当有夏代的文字，也可能甲骨文中也含有少数夏代的文字。

　　人民大学成立国学院，我是非常赞同的。国学院举行开学典礼那天，加拿大籍华裔学者叶嘉莹教授说，人民大学办国学院是得人、得时。"时"就是指我们今天这个伟大的时代。这个时代，需要我们研究"国学"，发扬其中优秀的精华，使中华民族的灿烂文化更好地走向世界，让全世界都了解它，知道我们的文化是博大精深的。

　　应该努力发掘和传承中华民族文化遗产中的精华，这是我们弘扬民族正气和奋发自强的基础。说起传统文化，人们以为就是指孔孟之道加程朱理学。我不赞成，这是康乾时期的概念，那时的封建统治者为了巩固自己的政权大力提倡孔孟之道，尤其是宣扬程朱理学，以此来加强他们的封建统治。实际上，从孔孟到今天，"国学"的内容已经大大地丰富了，决不能拘泥在那样的范围内。

　　我国历史上就是一个伟大的多民族国家，最原始的文化不应该只是汉族文化，中华文明不全是汉族创造的，各个民族都有自己的贡献，也都有悠久的历史。中国的文化是多元的，有的民族很小，但有文化特色。中华民族是统一的、多民族的国家，汉族文化在长期的历史发展过程中，虽然一直处于主导的地位，但不能把汉族文化当作唯一的传统文化，而应该提倡多元的传统文化。这也有利于民族的团结。

　　我们中华民族的文化遗产里有很多精华的东西，应该努力加以发掘和传承，努力弘扬我们的民族正气，让整个中华民族在全世界昂首阔步。新中国成立五十多年了，在马克思主义指导下，我们应该不断继承优秀文化传统，建设有中华民族特色的、符合中国实际的社会主义。

中华文明悠久、丰富、博大，证明我们中华民族是富有理想、富有创造性、具有自强不息精神的伟大民族。中华民族的精神是什么？我们很早就提出的"天下为公"，"老吾老，以及人之老；幼吾幼，以及人之幼"，还有"大同"思想等等，都是民族精神的精华。重视并振兴这些民族精神，对我们祖国的发展将起到很大的作用。

我们的祖先创造了光辉灿烂的文明，为世界文明的发展作出了巨大的贡献。康熙以前，远到汉唐，中华民族一直处于世界领先地位。那时候的生产能力、技术水平已经非常了不起了。中国的落后，是近代以来帝国主义兴起之后的事。我们现在处于一个了不起的时代，有好的机遇，正是振兴我们国家的大好时机。但要建设一个强大的、复兴的中华民族，不发扬自己民族的精神，是不可能成功的。今天，国家很重视对传统文化的继承和创新，我觉得非常好。因为我们这样一个历史悠久、幅员辽阔、人口众多的伟大国家、伟大民族，不可能把我们国家的基础建立在外来文化的基础之上。当然，对于国外的先进文化、科技自然应该认真学习、借鉴，但发扬我们自身积累的历史文化的丰富成果，才是我们奋发自强的基础，也是树立民族自信心、自豪感所必需的。

现在的很多年轻人不了解我们祖国辉煌的历史，容易受外来文化的影响，认为人家的什么都好。这种影响长期下去，对我们国家未来的发展很不利。有的学生成绩不错，但学有所成，便去国外工作。古人强调"天下兴亡，匹夫有责"，就是说每个人对国家、对社会、对民族都应该有责任感，不是每个人长大了就跟自己的国家没有任何关系了，不求回报祖国了。一方面，我们要取之于社会，共同享有祖国的恩惠；另一方面要懂得回报祖国。唐代伟大诗人杜甫，一辈子生活境况很不好，但在中华文明的长河中，他给我们留下了享受不尽的诗歌华章，这是永恒的文明。司马迁，受了那么多的屈辱，还完成了"究天人之际，通古今之变"的《史记》。他对死的阐释与理解是："人固有一死，或重于泰山，或轻于鸿毛。"为什么会重于泰山呢？一个人要对国家有责任啊！

我曾经想写一篇《我们需要爱国主义》的文章，就是要大力倡导大家爱我们的国家，爱我们的人民，爱我们党的事业，包括爱我们的文化。中国的历史多么光辉灿烂啊，单说汉字就非常不得了。现在最古老的中国文字是甲骨文，甲骨文以前的文字也会被发掘出来。从甲骨文到现在，中间从来没有中断过。现在用电脑打字，打汉字也可以比打外文快，汉字包含的信息量甚至还更多。我们最近尝试出版了《红楼梦》繁体字本，当时想，这部小说比较浅近，让年轻人习惯一下读繁体字。开始印了六千部，很快销售一空，后来又印了五千部，第三次印了八千部。出乎意料，短短几个月连印了三次。这说明繁体字还是能被人们接受的。

文化越高，我们的前途才会越广阔。现在社会各方面都需要"国学"。国学院要培养什么样的人才呢？要培养研究型人才，对中国的历史文化等各方面都研究，但绝不是仅限于"钻故纸堆"。我认为，研究"国学"同样要注重实干精神，要走出去搞调研。我一辈子跑了很多地方，什么样的苦也吃过，搞调查，风餐露宿，很艰苦。但只有去调查，才能有新的收获。比如，关于项羽死的地方，长时间以来人们都认为项羽死在乌江，实际上不在乌江而在东城。《高祖本纪》记载"斩项羽于东城"。安徽一位同志还专门写文章《项羽死于何处》，提出同样的观点。我也为此专门作了调查。去了以后，东城遗址找到了，整个楚汉相争的战争陈迹、路线都很清楚。回来后又反复查证，从东城到乌江有二百四十华里，从垓下退出来到东城只有一百多华里，项羽当时从垓下出来只有八百骑，过淮河，只剩一百多骑，到阴陵，再经东城一战，剩下二十六骑。当时项羽四面被围，怎么可能冲出去？所以司马迁的记载是可靠的。我们现在还可以看到很多历史遗存，这是调查的结果。做学问，也要出去跑，了解历史、了解地貌、了解人情风俗。研究"国学"，同样要求真务实、扎实苦干。

"应试教育"容易导致功利主义，不利于学生树立创新思维，最重要的是必须首先抓好中小学的基础教育。

要善于发现人才。如写《康熙大帝》的二月河（原名凌解放），原来是县里的一名宣传干事，他寄来一篇研究论文让我看。我一看，文章想象太多，像在写小说。我说这是写小说的笔法，他就来信问可不可以写小说。我说，你只有写出来才能知道行不行啊。他喜欢清代历史，就想到写康熙大帝。刚开始写了一段时间，他很苦恼。有人说"康熙大帝"本身就讲不通，"大帝"是个外来词。我说不要受别人影响，不要打乱自己的思路。写出来不行再改嘛，有什么了不起！后来写到 30 万字的时候，又写不下去了。那时我们还没有见过面，只是通过书信往来交换意见。他希望我帮他看看稿子。我正好带研究生到河南调查，先到洛阳，后到他住的南阳。看了他的稿子，我高兴得不得了。我说你肯定能写成，就按照计划写下去。他听我这么一说，心情与先前大不一样。最后他写成了四卷，准备出版时，我还从北京找了几个朋友到郑州，为他做宣传和推荐。后来，他一发而不可收，相继写出了《雍正皇帝》、《乾隆皇帝》。这说明，社会上的确有很多优秀人才，就是要有人去发现和鼓励他们。

我认为，作为政府和社会各界，要想一些办法，让有志于追求事业的青年人才能够被发现。尤其是文学和艺术方面，社会上优秀人才很多。不能仅仅依靠文凭、学历，两眼只盯着学校教育，而要把眼光放到整个社会。学校教育培养出来的人，也不是个个都有水平。有的有学历，也有能力；有人有学历，但实际能力非常一般，甚至很差。这也是客观存在。社会上没有学历但有真本领的人很多。我们要创造一种机制、氛围，想出一

175

些办法，让包括文史方面的各类人才都能有机会脱颖而出，把社会的成才道路开辟得更宽广，让更多的人觉得，他学习一项技能、研究一门学问，就会有施展的天地，从而回报社会、为国家作贡献。

我希望有人能编一本《自学书目》，为社会上没有机会上大学的人介绍掌握传统文化必须读哪些书，哪一种版本最好，再加上注释，便于他们阅读、自学。到一定时候，搞一次考试或测验，成绩好的也给优秀，主要是让他们有办法检测自学掌握的程度，从而提高学习信心，促使他更认真地学下去。这样，整个社会的文化水平，就可以通过这种方式慢慢得到提高。如果大家都这么做，全社会就会形成一种新的学习风气。自然，也会增加更多的人成才的机会与可能。

毛泽东是伟大的政治家、战略家，兴趣非常广泛。他对《红楼梦》说过一句话，说中国除了地大物博以外，几千年就产生了一部《红楼梦》。这个评价是非常高的。他说，《红楼梦》里有阶级斗争，后人可以很生动地看到当时的社会状况。曹雪芹写四大家族，以贾家作为典型，用艺术的语言写出当时的社会经济关系。从官僚、富豪到老百姓、穷人等各种层次的人都有。毛泽东多次让一些武将出身的干部读《红楼梦》。有人不理解，说《红楼梦》写的尽是一些谈恋爱的事。毛泽东劝他应该仔细读读。

毛泽东不仅了解"国学"，他的"国学"水平一般人也望尘莫及。他接受的中国传统文化基础牢固，基本功深厚。他的文化修养极高，他的"国学"根基也是铸成他成为伟人的一个重要条件。

（原载《光明日报》2007 年 4 月 19 日。本文是一次座谈会的发言，发言是讨论式的，是多次的，不是一次讲完的。这里只是摘录本书著者的各次发言。）

关于中国文化史的几点随想 *

　　新中国建国以来的三十多年，在考古发掘上的辉煌成就，早已震惊了全世界。大量出土文物所显示的艺术魅力和文献的特殊珍贵性，也已使得不少有远见的学者，感到不能把自己的研究停留在书本上了。

　　我曾经多次讲过，我们今天所处的时代，对于学术研究来说，实在是千载难逢的盛世。这样的时代，王国维没有福气赶上，郭沫若赶上了一点，但仍然是逝去得太早了。尤其是近十多年来考古学上的重大发现，其意义确实是很难估计的。我个人认为，由于大量的地下文物的被发现，我国的学术研究，将出现一个巨大的划时代的变革，许多过去认为是空白或薄弱的环节，现在一下就变成了资料特别丰富的环节。例如陕西临潼秦始皇兵马俑坑的发现，使秦代的艺术资料和历史资料，一下就来了一个飞跃。又如只能在白居易的诗里读到的"春寒赐浴华清池"的"华清池"，竟然会在今天重见天日，而且玉池犹存，泉温依旧，如此奇迹的出现，过去有谁敢作这样的梦想呢？还有，不久前陕西扶风法门寺出土的大量文物，其中尤其令人注目的是"佛骨"。大家读过韩愈

　　* 本文为廖奔著《宋元戏曲文物与民俗》序。

的《论佛骨表》，读过他的"一封朝奏九重天，夕贬潮阳路八千"的激动人心的诗句，深佩这位"文起八代之衰，道济天下之溺"的韩文公的胆量和勇气；但是总归已经是过去千年的陈迹，只能从文献中想象其大概了，又谁能料到引起当时这场激烈斗争的重要文物，居然还能让我们今天的人看到呢？历史又回到了眼前，谁说已经过去了呢？——过去确是过去了，但并非过去得无影无踪，而恰恰是有影有踪，好事的人们，大可以寻踪觅迹，大可以从这些重见天日的文物中，进一步认识历史，丰富和全面地了解历史。

我曾说过，我们目前在经济建设上，是一个不发达的国家，我们必须努力追赶历史的车轮，不能固步自封。然而，一切事情都不是孤立的存在，老子说"祸兮福之所倚，福兮祸之所伏"，好与坏都是互相依存地存在着。由于我们经济建设的落后，所以我国至今保存着许许多多的原始地貌。我十分喜欢作实地调查，我一向认为我们除了应该读书架上的书外，还必须读保存在地面上、地底下的各种历史遗迹和文物这部书，从某种意义上来说，这地底下和地面上的书，可能更为真实和更为丰富。我曾认真调查过《史记·项羽本纪》里所记载的发生过重要史事的地点。我去过新丰鸿门、白鹿原，去过刘邦被封汉中王的汉王台，去过鸿沟划界的鸿沟，去过垓下之围的垓下，去过东城决战的东城，最后还去过乌江。谁能想到，这史书上记载的发生重大史事的地点，至今尚能保存它的历史地貌呢？写到书上的固然是历史，那末，古代人民用鲜血、生命和汗水写在祖国的大地上的这些遗迹，难道不更是历史吗？难道不更应该读一读吗？

我们长期以来引以自豪的是中华民族悠久的文化历史传统。这一点也不错。但是，就从新石器时代算起，至今我们的文化历史传统究竟有多少年了呢？我们再也不能习惯于过去说的三千年文化或五千年文化了，这都已经过时了。从现今发现的最早的新石器时代的原始文化算起，已经有了八千年的文明史。

我去年看到了从河南裴李岗出土的一支骨笛，大约有七寸长，差不多有一支钢笔这么粗，两头穿孔，面上有六个大孔，一个小孔。每个孔制作都很圆整，好奇的朋友马上放在嘴上吹，立即就吹出不同的声音，而据碳十四的测定，这支骨笛距今约八千年。而且同时出土的骨笛有十多支之多，并不是只此一支。

我也看过距今约七千年的河姆渡文化遗迹，其木结构房屋的遗存，实在令人震惊！它所用的卯榫的结构，其基本原理与后来的和近代的建筑可以说是同一原理。

至于说北方黄土高原上的彩陶文化和南方良渚玉文化，其奇光异彩，更令人振奋不已。至今专家学者们还无法解释杭州附近反山地区属良渚文化的大型玉琮，何以会具有如此繁复、如此精美、如此准确、如此严密到只有用现代化的机器才能做到的工艺，在距今四千一百到五千年前的原始人，他们是怎么做到的？我们面对着这个奇迹，至今还无从回答！

我们一向习惯于认为中华民族的文化是起源于黄河流域，我们的文化起源论是黄河流域一元论。由于大量原始文化遗址的被发现，这个结论，显然要重新考虑了，显然显得缺乏说服力了。从现在已经发现的全国范围的原始文化来看，我们的文化的起源，是多元的而不是一元的。一开始我国的原始文化就呈现着百花齐放的姿态。从距今四千多年前到八千多年前，在我们伟大的国土上，无论东南西北，无论黄河流域、长江流域，到处都在萌发着和创造着原始文化。由于长时期的历史的发展，部落的战争，氏族的迁移、交流等等活动，使得早期各自分散的原始文化互相影响，互相吸收，互相融合，形成了几个大的原始文化的体系，最后才形成了伟大的统一的中华民族的文化。在这个融合过程中，黄河流域的文化，无疑起着重要的和先进的作用。但是原始文化的先进性，也并不仅仅是中原地区一地，现在看来长江中游的大溪文化和长江下游的河姆渡文化、马家浜文化，也是具备了相当惊人的先进性了，例如他们的木结构的房屋、他们的丝织品、他们的水稻种植和他们灿烂的各种玉器，至今仍然令人目眩！可以清楚地看到，我们伟大的原始文化是多么五光十色啊！

这样丰富而复杂多姿的原始文化，它当然不可能出生在一个母胎里，然后向全国传播，这样的事实，在距今五千年到八千年前，是不可想象的。

探讨我国原始文化的多元性，是为了用大量的已经发现的文化遗迹和实物来打开我们的思路，使我们能从实际出发来总结和认识问题、更新已经陈旧的结论，使学术向前发展，而不是为了发思古之幽情！

可以毫不夸张地说，在今天研究我国的历史：政治史、经济史、文化史、文学史、美术史、科技史、舞蹈史、戏剧史、工艺史，等等等等，而不去或不懂得去运用地下发掘和地面遗存的资料，那末，他的研究，很可能是片面的和陈旧的。例如在安徽阜阳汝阴侯墓里出土了大批竹简，其中恰好残存着两片楚辞的竹简，一简是《离骚》的第四句"惟庚寅吾以降"中的"寅吾以降"四字，一简是《九章·涉江》里"船容与而不进兮，淹回水而凝滞"两句中的"不进旖淹回水"六字。"兮"竹简作"旖"，与今本异。① 这证明当此墓埋葬之时，屈原的作品早已广为流传了，而否认屈原其人的理由是认为《离骚》是淮南王刘安所作。按汝阴侯墓葬于汉文帝十五年（前165年），其时，刘安才

---

① 请参阅《中国韵文学刊》创刊号阜阳汉简整理组的《阜阳汉简〈楚辞〉》一文。1987年10月中国韵文学会《中国韵文学刊》编辑部出版。

十四五岁，①依现在的学龄来估计，刘安当时刚好读初中，以十四五岁的小青年，如何可能作《离骚》？刘安作《离骚》之说岂非梦呓！更何况汝阴侯墓葬入的楚辞竹简，不可能是当年所写，很可能是汝阴侯平时所读之书的随葬，则竹简抄写的时间，也很可能早在刘安出生之前，然则《离骚》之作，就更与刘安风马牛不相及了！这样看来，刘安作《离骚》之说，经不起这两片只有牙签大小的竹简②的一击，就告粉碎了。于此可见，在今天研究历史而不注意地下发掘出的文物所传达的信息，不及时掌握出土文物的珍贵资料，实在是很危险的。

当然，目前已有一批同志，特别是文物考古界的同志已经十分重视这一点，并且已作出了成绩。史学界的前辈像已故的王国维、陈寅恪、夏鼐诸先生和汉史专家陈直、著名学者郭沫若等等也早就这样做了；然而，这毕竟仍然是少数人，并且他们的研究，有的也只是局部的和专题性的，系统地、全面地利用出土文物或地面文物来研究某一专史和通史，则至今仍不多见。

1983 年，我费了将近二十年的精力收集考订的《曹雪芹家世·红楼梦文物图录》得到了出版，我收集了一千多张有关曹雪芹和《红楼梦》的文物图片，系统地编排、考订和论证了曹雪芹的家世和《红楼梦》的流布，深深感到这个研究途径和方法是十分有意义的，并且是一条完全创新的道路。可惜我这部书的编写，也仍然只是专题性的。因此，我下决心再用此法编写一部《中国古代作家文物图录》。我已经着手进行了多年，亲自拍摄了图片千数百帧，但由于我目前的行政工作，

---

① 见《史记·淮南衡山列传》："孝文八年，上怜淮南王（按：指第一代淮南王刘长——作者），淮南王有子四人，皆七八岁，乃封子安为阜陵侯……孝文十六年……乃立其三子：阜陵侯安为淮南王，安阳侯勃为衡山王……"

② 此两片竹简现存中央文物局，我特意去文物局，承见示，竹简已干缩成牙签状，浸在玻璃瓶的药水里，用特大的放大镜可见到语句，字体是汉隶，与马王堆帛书字同一形体。

这项工作只能暂停，为此我感到非常不安，生怕理想成为空想。

最近，读到了廖奔同志的《宋元戏曲文物与民俗》这部洋洋数十万字的专著手稿，这真是空谷足音，使我喜出望外。廖奔同志搜集和运用了大量戏曲文物，对此作了系统而深入的研究，提出了许多新的看法，发人之所未发，可以毫不夸张地说，这是一部立体的宋元戏曲史。有了这么多的文物资料，再加上系统的考证分析，就使得这部戏曲史不仅仅是理性的，而且也是形象的、直观的了。

这是学术道路上的一个开创，这也是学术研究方法上的一个开创，目前不是很多人在谈各种各样的方法论吗？那末，廖奔同志这部书所体现的方法，我认为是一种科学的唯物的和历史辩证的方法，实在值得我们重视这种方法。

对于戏曲史研究和戏曲文物的考订，我也是一个爱好者，前些年，我到过山西临汾，调查过临汾一带的戏曲文物，看到了至今犹存的元代的戏台，还看到了一部分戏俑和图片。后来我又看到了山西新绛吴岭庄元墓杂剧砖雕的图片，其中第六个戏俑作两手提靠的身段，显然这是武生亮相的程式动作，再看其他戏俑的身段动作，有不少也是至今仍保留在舞台上的。由此可知，戏曲表演的程式化动作，由来已久，今天舞台上一套完整的戏曲程式动作，是有着悠久的历史背景的，它至少是从元剧的表演程式中继承下来的。从这一点，我又想到，在元代也应该不仅仅是一个剧种，也应该是有多种不同风格的地方戏的。不见得一提起元剧，就只有四折一楔子的这一种，起码，现今所知的宋元南戏的南戏，就是曾经与四折一楔子的元杂剧并存过的另一种剧种。还有福建的梨园戏，其渊源也是很古老的，在元杂剧盛行于北方的时候，肯定这一剧种也在南方的剧坛上活跃着。

廖奔同志这部书专讲宋元戏曲文物和民俗，这是十分必要的，元代戏曲是中国戏曲史上最重要的一段，也是中国戏曲表演艺术趋于成熟并发出灿烂光辉的一段。由此往前，它应该还有一段未趋成熟即起源的阶段，我觉得这一段的历史对于治戏曲史来说，也是十分重要和不可或缺的，犹之乎我们研究中国文化史不应该不研究原始文化和商周文化一样。

关于中国戏曲原始阶段的史料，散见于汉画像石、陶楼、壁画以及其他文物和文献资料中。现在已发现的西汉的陶戏楼和东汉的陶戏楼（百戏）已经为数不少了。前数年，我在安徽阜阳见到一座陶戏楼，共四层，绿釉，时代是东汉，其中第二层正在表演，大幕前有四个演奏者，台口有一个在"拿顶"，整个"戏台"的前、左、右三面有栏，大幕左右是门，与后世的出将入相的鬼门道一样。陶楼的门还是活动的，可以开也可以关，推开门，可见后面是一条通向上层的楼梯。这样的一座戏楼，从舞台的形式来看，无疑已与后来的戏曲表演舞台相差不多了。当然这座戏楼里表演的是百戏而不是戏曲，这是无可怀疑的。但是我觉得值得注意之点是三面的勾栏和大幕前的场面——即演奏者，因为我看到福建的梨园戏演传统剧目的时候，仍然在舞台上放上了"勾栏"，演员只在这"勾栏"以内表演。我还看过福建木偶戏的表演，也是舞台上摆设"勾栏"的，这梨园戏和木偶戏的"勾栏"是否来自汉代，我尚未考证，不能断言。但这两者的十分相似，的确是不容忽视的。还有在汉画像石里保存的大量的汉百戏的表演画面，其中有不少表演技术，包括歌舞的表演，是与后来的戏曲表演有密切的关系的，就连绘画和音乐，也是后来戏曲形成的十分重要的基础。如果说能同样把这些有关的资料收集、整理并加以研究，对于中国戏曲的探源，将是一件功德无量的伟业。

读了廖奔同志的宋元戏曲文物的专著，又生出了新的要求，未免有点苛求；然而，学问就是从苛求中逼出来的，可以说任何一个做学问的人都是在自己对自己的苛求以及别人对自己的苛求中得来的。一个做学问的人如果不对自己苛求，让自己在成绩中自我陶醉、自我欣赏，那是会贻误大事的。一个做学问的人，他应该一辈子是一个勤奋的人，不自我满足的人，他也应该看到自己的旅程，总是在起步而不是终点。屈原说："路漫漫其修远兮，吾将上下而求索。"杜甫说："大哉乾坤内，吾道长悠悠！"这两句话，对于做学问来说，我感到是永远适用的。

我们的学术道路正在向新的广阔前途展开，我们应该永远是长征者，在我们的词典里，永远不应该有"疲劳"和"满足"这两个词！

1988 年 4 月 3 日夜于京华瓜饭楼

关于文学史研究的几点意见

　　我在学习前人和今人所写的文学史的时候，受到很多启发，也促使我经常思考一些问题。

　　文学史，它首先应该属于"史"的范畴。因此，对文学史了解的深度，从某种意义上来说，取决于对各时期的历史了解的深度。各个历史时期的文学的存在与发展，并不是形而上学的孤立的存在与发展，是与政治、经济、哲学、宗教、艺术等等各个方面紧密地联系着。文学，只是这个时代的多面体的一个"面"，要了解文学的这个"面"，就必须了解这个多面体的另外的一些面。因此，文学史，就其分工的专职来讲，它可以专讲文学的这个"面"，但就其要透彻地了解这个"面"的底来说，还必须同时了解其他相关的各个"面"。这样，在治文学史者的心目里，就不是形而上学地片面地存在着文学的这个"面"，而是形象地、立体地存在着这个历史的多面体了。

　　文学，作为一种社会意识形态，是受经济基础制约的。但这是从一个较长的历史阶段的总体来说的，是就经济基础与上层建筑的关系来说的；如果就某一特定时期的文学或某一特定的文学形式来说，它往往受政治的影响来得更为直接和明显。试观我国的文学史，无论是屈原的

《离骚》，司马迁的《史记》，李白、杜甫、白居易的诗篇，关汉卿的《窦娥冤》这类的剧作和《水浒》、《三国》、《红楼梦》这类的小说，有哪一个作家或作品不是与政治斗争有密切的关联呢？甚而至于我认为连陶渊明的隐逸，也是特定时期政治斗争的产物，无怪乎有人说陶诗是"二分梁父一分骚"了。因此在研究文学史时，这种各时期的社会政治斗争，也即是阶级斗争，不能不是我们首先要了解的重要方面。恩格斯说：由于马克思对法国历史的精湛知识，他才能写出《路易·波拿巴的雾月十八日》这样不朽的马克思主义的经典著作来，才能对这一历史事变描绘出如此精确的无与伦比的图画来；我认为研究文学史，同样需要这种对历史的精湛的知识，即对各历史时期的各个历史"面"的透辟的了解。

文学发展的历史告诉我们，文学的繁荣时期，往往也是社会经济的繁荣时期，这是基本的一般的规律，但这并不是唯一的规律。建安时期的七子，东晋时期的陶渊明，唐代的杜甫的一些著名诗篇，都不是产生在社会安定、经济繁荣的时期，恰恰相反，正是出现在社会经济遭到严重破坏的时期。为什么会产生这种社会经济衰落而文学发展的特殊的不平衡的状态呢？我认为这仍然由于政治斗争的激发和影响，同时也是由于文化传统的孕育，如果没有前一历史时期的传统文化的深厚基础，那末，要在残破的衰败的经济基础上开出灿烂的奇葩来，也是不可能的。

治文学史，要注意"通"和"变"。司马迁写《史记》，旨在"通古今之变"，章学诚说："通者，所以通天下之不通也。""通"，就是要求我们去找出文学发展的规律，找出各种文学形式、文学题材的从源到流的发展规律。各个不同历史时期的文学，就像流经祖国大地的黄河、长江一样，有它的发展的源头，有它的发展过程中各个阶段的特点，然而，它仍然有它贯穿始终的东西。文学史的研究，就是要通过对大量的历史材料的占有和用历史唯物主义和辩证唯物主义的理论去详加分析，从客观的实际材料中去找出它的发展规律。"变",就是在发展过程中的变化。任何事物都是在发展着,也都是在变化着,文学在它自身的发展过程中,也是在不断地变化着。"通"和"变"是辩证的关系,能知其"通",就必能知其"变",因为在"通"的过程中就包含着"变"。如果只知"通"而不知"变",那末他所知道的"通",也是表面的肤浅的,甚而至于还不曾"通"。反之,要知道"变",就必须知道"通",因为"变"是在"通"的过程中的"变",在发展过程中的"变",如果连"通"都不曾做到,那末,"变"也就无从说起了。这里我们虽然都是说的抽象的"通"和"变",但在文学史上从来没有抽象的"通"和"变","通"和"变"都是具体的,只要结合文学史的发展过程细加考察,这种"通"和"变"的关系自不难理解,这里就不再罗列事例了。

文学史,离不开对作家的评论,而对作家的评论要做到恰当,确是不容易的。特别是有些思想和经历比较复杂的作家,更不容易取得一致的看法,这是正常的。对一个作家或作品提出一种能吸引人们普遍进行讨论的观点来,比起那种不痛不痒四平八稳的文章,作用要大得多。一种谬误的观点,当它在一定的时期里取得一定的社会地位以后,要它自动地让位于新的科学的观点,那几乎是不大可能的,因此,我们要提倡百花齐放、百家争鸣,提倡争辩,真理是在同谬误作不调和的斗争中发展的,究竟是谁掌握了真理,不能看评论者地位高低,声望大小,文章长短,而是看他的理论是否经得起实践的检验。在评论作家和作品的问题上,我们应该按照历史唯物主义的原则,把问题提到一定的历史范围之内,从作家作品的具体实际出发,提倡实事求是地分析问题,研究问题,那种离开了作家所生活的特定的历史范围去要求作家,给作家定框框,戴帽子,贴标签的方式都是无济于事的。在评价作家和作品的问题上,过去"左"的和右的片面性都是存在的,但两者比较起来,还是

"左"的片面性较多，苛求古人，对古代作家和作品否定过多，片面地强调作家作品的思想性，而不重视总结研究作家作品的艺术成就，一谈艺术性，就被看作是鼓吹资产阶级观点或修正主义观点，真有点谈"艺"色变之势，这种情况很不利于贯彻"双百"方针，也不利于学术工作的发展和提高，现在必须把这种错误的倾向纠正过来，造成学术上自由和民主的气氛。否则，学术就会窒息，思想就会僵化。

文学史的研究过程中，离不开考证，我认为应该为考证工作恢复名誉。其实，考证是一种手段，是学术工作上的调查研究，是研究工作的第一步。过去常常把考证工作与"烦琐"两字联系在一起，似乎凡考证必"烦琐"，其实何尝是如此。考证就是调查，在调查一件事情的来龙去脉的过程中，要绝对避免烦琐，也是很困难的。如果烦琐的结果而弄清了问题，解决了问题，这总比说空话要好得多。当然，我并不赞成烦琐，相反我主张文章是要写得简要清通的，我在这里只是说考证工作的必要性，在做考证工作的过程中，往往很难避免烦琐。在"文化大革命"中，文痞姚文元在攻击周扬同志的那篇黑文里，对考证工作，曾狠狠地打了几棍子，他质问说：

> 你们不是连续发表了几百万字的曹雪芹死年考据、祖宗考据、大观园地址考据等等奇谈怪论，登了整版整版的稀奇古怪的地图，为胡适派唯心论实行了一次大复辟吗？

好家伙，考证了曹雪芹的卒年、宗祖等等，就是唯心论的复辟，罪名大得很！大家清楚，曹雪芹是我国文学史上放射着奇光异彩的伟大作家，他的名字已经取得了世界的崇高地位，全世界有多少读者在阅读他的作品，有多少专家在以毕生的精力研究他的不朽巨著，人们听到关于他的那怕很小一点点的新的资料的发现，都要津津有味地去议论它，研究它；但是这样一位为我们国家民族带来了这样崇高的荣誉的伟大作家，我们却不知道他生于何年、死于何年，不仅不知道，而且连想去知道、努力去探求，都成了"复辟"的罪状。更遗憾的是，"四人帮"的这种反动思想，至今没有肃清，竟然在不久前的报纸上，还对考证伟大作家曹雪芹的祖宗发出责难，重弹起姚文痞的老调。我们不禁要问，这究竟是为了什么呢？这难道不值得我们深思吗？

研究文学史，就需要脚踏实地地认真做好资料的搜集、整理、考证工作。一切结论，应该从大量的客观资料中归纳出来，而不应该先定一个框框，先定一种结论。"四人帮"的御用班子里发出来的汗牛充栋的文章，都是阴谋文艺、影射史学。他们根本不要材料，更不用说从大量的客观材料里去归纳出结论来了。因为历史的材料对他们旨在篡党夺权的阴谋和杜撰出来的荒唐"理论"不利，所以他们根本不能要材料，也确是害怕材料，更害怕考证。我们应当奋然而起，扫除"四人帮"的残余文风，大胆提倡说真话，提倡调查研究，提倡根据事实，根据切实可靠的材料说话，提倡明辨是非，独立思考，提倡朴实的文风，坚决扫除那种帮气十足的帮八股，扫除那种空话连篇，不要任何根据的志在唬人和骗人的空头文章，坚决提倡马克思主义的实事求是的，观点和材料统一的，持之有据，言之有物的马克思主义的文风。

我们应该为此而努力奋斗。

1979 年 7 月 24 日

关于中国的陶文化、茶文化及其他*

　　中华民族，是一个具有悠久历史文化传统的民族。据近四十年来的考古结果，我们的新石器时代的文化，最早的距今已有七千至八千年。作为新石器时代的最主要的文化遗存之一，就是原始陶器——素陶和彩陶。

　　全国究竟出土了多少件素陶和彩陶，我敢说，谁也无法作出统计。但是出土陶器无比丰富，几乎不可以数字计，这是客观事实。由于大量的陶器出土，加之它们的形制、色彩、纹饰、彩绘等等的各不相同，各有特色，因此形成了洋洋大观的原始陶文化。

　　站在当代宜兴紫砂的立场上来粗略地追溯一下原始陶文化的情况，探索一下它们之间的联系，这并不是多余的事。

　　我既是一个紫砂的爱好者，又是一个考古爱好者和原始陶器爱好者。我在陕西终南山下的神禾原上，发现过一个大面积的原始社会遗址，获得大量的陶器骨器等文化遗存，这个遗址已为考古界所确认，但目前还无力发掘。我在"文革"期间，被遣至江西余江山区种了三年

---

* 此文系《宜兴当代紫砂名人集锦》序。

茶，了解茶叶的栽培和制作。特别是我的石屋门前有一口水质极好的古泉，因此我得以真正享受到用活火烹的新泉冲出来的明前茶。松声蟹眼，一叶一芽，晴窗细乳，这种种境界，都被我意想不到的经历了。

而且数十年来，我一直爱好紫砂，荆溪夜月，阳羡名壶，时常萦于梦寐。有时摩挲名壶，追思古陶，觉得两者如从微观来看，当然相距甚远，截然不同；但从宏观来看，从先后文化的继承和革新来看，从民族文化的整体来看，我觉得又不能把它们完全割裂，视作毫不相干的事。

如果从大处落墨来观察这个问题，我认为至少有以下几个方面是有共同之处的。

一、烧制的原理相同。具体烧制的方法，现在宜兴紫砂厂的烧制设施当然与原始陶器的烧制是不能同日而语的，但是无论是古陶还是今陶，都必需高温烧制这一点是古今相同的。80 年代初，我去天水大地湾遗址考察，除见到了遗存的建筑遗址，发现地画的地面，大量的陶片等等以外，我第一次看到了原始窑址。窑址还较完整，我在未看窑址以前，脑子里空想窑一定很大，实际上这是现代的观念。我看大地湾的原始窑实在很小，大概只能放几个陶坯。我恍然大悟，在当时的生产水平，如果窑膛大了，温度肯定上不去，因此只能是这样的小窑。同时我也悟到，我在多次的调查考察原始社会遗址和研究这些古陶器时，发现有一些陶器，尤其是红陶和红底彩陶，质地细密坚硬，陶壁较薄或很薄，是一种高水平的烧制品；而有一些灰陶、夹砂陶，质地就很松散，也有一种颜色鲜亮如砾膘一样的红陶，质地特别松散，显然这是一种低质的产品。所以产生这种差别的原因，我想除了使用的原料不同，制作粗精不同外，恐怕与温度的高低也大有关系，有一些灰陶或夹砂陶，可以明显地看出温度不够。

我从大地湾窑址里带回几块烧结的红土，恰好碰到紫砂厂原厂长高海庚来，我就拿着这块烧土给他看，问他是什么土。他一看就说，这是窑土，烧成这样，温度要在一千度左右，否则不能达到这个硬度。他说完后我就告诉他这是从大地湾古窑址取出来的，他惊叹当时竟能达到这样的高温。

所以这种高温烧制的原理是古今一致的。

二、运用的材料相同。无论是古陶还是今陶，拿来做陶器的材料，只能是陶土。古陶器大体上说，主要有两类，一类是纯泥，另一类是夹砂。从这两点来说，古陶和今陶又是相同的。当然，宜兴得天独厚，宜兴的陶土，其质远远超过了全国其他各地。所以从微观来看，宜兴的陶土与古代和今天其他各地的陶土是完全不一样的，不能混同，同时，紫砂的纯泥和紫砂的夹砂，与古陶也有重大差别，不能等量齐观。然而，从宏观来看，又不能不承认两者的共同点：古今陶器的原料都离不开陶土。

三、造型上的相同（通）。原始陶器和原始彩陶，粗一看，觉得五彩斑斓，千奇百怪，与宜兴的紫砂完全是两回事，风马牛不相及。然而，仔细观察和分析，发现它们毕竟是有共同之处的。从壶形来说，古陶基本上都是圆形，宜兴的紫砂壶虽然近世以来，造形变化比较多了，有方形、有多面形、有自然形等等，但从根本上来看，还应该承认圆形是主流。从陶器的把手来说，无非是两大类，一类是壶錾，一类是提梁。这两种类型，在古陶中都早已存在。1980 年文物出版社出版的《青海彩陶》第 24 图，就是一件"马厂类型波折纹提梁罐"，至于錾，已是极普遍的存在，无须多说了。从陶器的嘴或叫作流来说，古陶中也早已有带流的陶器了，请查看《甘肃彩陶》第 52 图，就是一件"半山类型带流瓮"（1979 年文物出版社出版）。《青海彩陶》第 15 图，也是一件"马厂类型带嘴壶"。这里，还要特别提一下《青海彩陶》第 14 图，这是一件"马厂类型带盖菱纹壶"，这个壶的壶盖是用骨刀切割而成的，盖与壶身原是一个整体，切割后壶盖和壶身虽经烧制，但仍能合缝。壶盖顶端还有一个形如瓜蒂也像柿盖的执，所以从整个壶盖看来，其外形很近似现在的紫砂瓜形壶。再从纹饰来看，古陶主要有三类，一是素面，二是压纹，三是彩绘，也有少量的刻画。如果不去刻舟求剑地看问题，那末，也可以看到，古陶重视朴素美和装饰美，紫砂也仍然保持着这个传统，既有素面，也有题刻，也有花货。

由此可见，古今陶器，虽然时间相隔着七八千年或五六千年，但还是有它相同或相通之处的，我们不仅应该看到它们的相异之外，而且也应该看到它们的相同和相通之处。

关于我国的茶文化，其丰富的程度，决不是三言两语可以概括的。可以说，唐、宋以来的文献和诗词歌赋以至于绘画雕刻里，保存着大量的资料，足供研究，但是与紫砂本身有密切关系的事，却是明以后饮茶方式的改变。明以前饮的是团茶，用时要磨成末，做成茶汤的方法是放在锅里烧煮。这里引两首与茶有关的诗：

双井茶送子瞻

黄庭坚

人间风日不到处，天上玉堂森宝书。

想见东坡旧居士，挥毫百斛泻明珠。

我家江南摘云腴，落硙霏霏雪不如。

为君唤起黄州梦，独载扁舟向五湖。

这是黄山谷给苏东坡送茶的诗，下面是东坡答谢黄山谷的诗：

鲁直以诗馈双井茶次韵为谢

江夏无双种奇茗，汝阴六一夸新书。

磨成不敢付僮仆，自看雪汤生玑珠。

列仙之儒瘠不腴，只有病渴同相如。

明年我欲东南去，画舫何妨宿太湖。

还有一段与此有关的材料，叶梦得《避暑录话》卷下云：

　　草茶极品，惟双井、顾渚，亦不过各有数亩。双井在分宁县，其地属黄氏鲁直家也。元祐间，鲁直力推赏于京师，族人交致之，然岁仅得一、二斤尔。

第一首诗第五句是黄鲁直说自己家乡产名茶，第六句说将茶碾成茶末。第二首第三句也是说将茶磨成末，第四句是说自己要看煮茶时"雪汤玑珠"的情景。叶梦得《避暑录话》的材料，是说黄鲁直家乡所出双井茶的名贵。

　　从以上这些资料，可以看到宋代饮茶的方式，它是靠碾和煮的，碾以前是团茶，茶叶压缩成饼团，所以又称凤饼龙团。由于当时风尚是煮茶而不是沏茶，所以茶壶这种饮茶用具的作用还不大。但到元明之间和以后，饮茶的方式大变，由团茶改为散茶，由煮茶改为沏茶，这样一个大变化以后，茶壶的作用就愈来愈大了，于是对茶壶的要求也就愈来愈讲究。

　　宜兴紫砂，据羊角山的考古发掘，始自北宋中期，一直延续到明初。宜兴紫砂的时代是否还能向上延伸，这不能靠猜测而要看今后的考古发掘。

重要的事实是宜兴紫砂的真正发展，是在明正德以后，16世纪初，著名壶人供春的出现。关于供春的传说性的资料很多，无需重复，我想说的是供春应该看作是一个阶段性的名字，在他之前，似乎还举不出来作为壶人的名字。可见供春的出现，标志着紫砂开始进入一个新的历史阶段。

供春之后的另一个可以作为阶段性名字的，我认为应该是万历时期的时大彬。在此前后相近的时间里的，有四大家（董翰、赵梁、元畅、时朋）和三大妙手（时大彬、李仲芳、徐友泉），还有李仲芳之父李茂林等人，都应该属于这个历史阶段里的重要作手。

再往后，就是嘉庆时期的杨彭年、杨凤年、陈曼生和道、咸时期的邵大亨等等。

这么多名家的出现，说明了紫砂已经不同于以前的古陶和瓷器，已经形成了完全属于它自己的独立特出的艺术天地和艺术生命了。在这么多的名家的共同努力下（事实上还有很多名家，如明末的陈用卿、惠孟臣、陈子畦，清初的陈鸣远等等，这里不能一一开列），紫砂留下了大批卓越辉煌的艺术杰作，照耀着紫砂工艺的历史。

从1949年到现在，紫砂进入了一个新的时期，这一时期的阶段性的名字，当然就是国家级的艺术大师顾景舟。与他同代的如裴石民、王寅春、朱可心、蒋蓉，后起之秀高海庚、徐汉棠、徐秀棠、李昌鸿、汪寅仙、周桂珍、李碧芳等以及其他许多当代的优秀工艺师，都是属于这一历史阶段的作手。

从明代到今天，紫砂事业是不断地经历着起落的。紫砂发达的客观原因，是由于煮茶改为沏茶，因为沏茶，所以必须有透气性强而又能耐高温的茶壶，宜兴紫砂自然就是独擅胜场了。其主观原因，则是紫砂壶在名家的创作下，确实达到了十分高超的工艺水平，特别是在与文人画家结合以后。应该认识到，这一结合，是紫砂工艺从造型到装饰的一个全面飞跃。还应该认识到这个结合并非是从杨彭年与陈曼生始，实际上供春、时大彬都是如此。供春的主人是吴颐山，对供春当然有影响，当时的著名文人如董其昌、陈继儒、文震亨、项元汴、潘允端等，对他们的创作，都起了重大的作用，使紫砂从纯粹的民间艺术一跃而进入了文人雅士的领域，成为与文学艺术相结合的新型的特种工艺品；而且这种结合不是生硬的外加上去的结合，而是血脉灌注，声气相合的内在性的结合。有了这种结合，紫砂才走上了一条宽广的上升的道路。这种结合产生了两方面的好的效果，一方面是有的热爱紫砂的文人自己也变成了紫砂的行家里手，如陈曼生；另一方面是紫砂的作者，在受到了文人们的熏陶后，代代相传，使后来的紫砂作手，自己也提高了文学艺术的修养，具备了这方面的素质，自己也成了文人，所以他们的眼界和出手都能不凡，现今的紫砂艺术大师顾景舟就是典范。

当前，宜兴紫砂名家辈出，又进入了一个新的上升时期。那末，究竟如何向前走呢？还要不要继承传统呢？继承传统是否会妨碍发展和创新呢？这是摆在宜兴紫砂面前的现实问题。

作为紫砂的爱好者，我认为由供春、时大彬、陈曼生、杨彭年等前辈艺人开辟出来的道路不能中断，陶瓷工艺自己发展形成的艺术风格、艺术特征不能抛弃。一种传统的艺术如果突然中断了继承，抛弃了自己的艺术特征，这是不可思议的。实践证明，宜兴紫砂一直是在继承传统的，不仅继承古陶的传统，而且还继承和借鉴了瓷器的传统、玉器的传统、青铜器的传统等等，至今为人们所喜爱的僧帽壶，不是早在元代就已经有"青白釉僧帽壶"的瓷器壶了吗（见《中国美术全集》陶瓷下）？应该理解，继承本身就包含着创新，因为继承既可以临摹，也可以革新，并不是只准翻版。

另外，还应该注意到，紫砂必须尊重和保护自身长期以来形成的艺术特征，不能失去紫砂的特色，并不是不管任何东西的造型都可以把它做成紫砂壶的，如果不注意到这一点，将是一个失误。

在继承传统，在维护和尊重自身的艺术特征的前提下，紫砂当然要创新，因为只有创新才能发展，才能形成自己的艺术风格和特色，从而汇合成时代的艺术特色。时大彬和陈曼生的区别，并不是从名字上区别的，而是从他们的艺术创造上区别的；是他们的艺术形成了自己的艺术风格，而不是他们的名字形成了他们各自的艺术风格。

宜兴紫砂，正处在春花烂漫的时期，既有老一辈的艺术大师，又有群星灿烂的中年一代作手，这本《宜兴当代紫砂名人集锦》，就充分反映了这一现实。

我与顾老论交已四十年，我与海庚也相交甚久，不幸海庚溘然而逝，古人云："既痛逝者，行自念也"，在为这本书写序的时候，不能不使我掷笔三叹！

我与顾老相交已深，他是当今紫砂的一代宗师，我就用我赠顾老的两首诗来结束这篇叙文：

> 弹指论交四十年。紫泥一握玉生烟。
>
> 几回夜雨烹春茗，话到沧桑欲曙天。
>
> 我到荆溪第几回。论壶长共顾翁杯。
>
> 江山代有才人出，又见群贤济济来。

1989 年 8 月 9 日夜，挥汗写于京华瓜饭楼

《大秦景教宣元至本经》全经的现世及其他

引　言

2006 年 7 月初，洛阳豫深文博城出现了一件唐元和九年（814 年）十二月的《大秦景教宣元至本经》经幢，据了解，这是前不久在洛阳李楼乡城角村东北出土的。经幢底部已残损，但大部完好，残存经幢最高部分 81 厘米，最短部分 59 厘米，八棱，周围 112 厘米。残存部分字迹清晰，字口生辣，未经捶拓，存经文 19 行，《经幢记》21 行，左上端有大和三年迁举题记二行，经文前有"祝曰"二行。计存经文 431 字，《经幢记》348 字，题记 16 字，祝词 14 字，共计存字 809 字。①

按天津大藏书家李盛铎原藏有《志玄安乐经》和《大秦景教宣元本经》二件，传为敦煌藏经洞的写本，为景教的珍稀经典，至为珍贵。1919 年 7 月，王国维曾经说："李氏诸书，诚为千载秘籍，闻之神往！……景教经二种不识但说教理，抑兼有事实，此诚世界宝籍，不能

---

① 图版见赵君平著《河洛墓刻拾零》第 522 页。北京图书馆出版社 2007 年 7 月版。

以书籍论矣。"这里所说的景教经二种，就是指李盛铎所藏的《志玄安
乐经》和《宣元本经》。1935 年 8 月，陈垣在给胡适的信里，也说：
"李氏藏有世界仅存之景教《宣元本经》。"① 可见两位学界巨擘，对李
氏所藏景教经典是何等重视。今洛阳经幢再现《大秦景教宣元至本经》，
即使把它看作是藏经洞遗珍的再现也不为过。上世纪 40 年代，日本小
岛靖氏得到《大秦景教大圣通真归法赞》和《大秦景教宣元至本经》
两件写本，传为李氏旧藏。前者于 1945 年 9 月从天津撤退时丢失，后
者（《宣元至本经》）则带到了日本。由于敦煌出土文书中关于景教的
文献极为稀少，更由于小岛所得的这两件文书的来历不明，所以学界对
被称为"小岛文书"的《大秦景教大圣通真归法赞》和《宣元至本经》
的真实性颇置怀疑。也就是说传到日本去而被称为"小岛文书"的
《宣元至本经》（《通真归法赞》一件已失，故不及）是否真是李盛铎原
藏的《宣元本经》，抑或是赝品？对此荣新江教授和林悟殊教授合著的
《所谓李氏旧藏敦煌景教文献二种辨伪》一文有精到的分析。② 2000 年 6
月，在北京举行的敦煌藏经洞发现一百周年国际学术研讨会上，日本学
者落合俊典博士披露了在 1938 年到 1940 年间，日本企业家西尾新平在
羽田氏的帮助下，购得了李盛铎旧藏 432 件敦煌经卷，林悟殊教授认
为，"《宣元本经》当是其中之一"。③ 这无疑是说，李盛铎旧藏敦煌出
土《大秦景教宣元本经》原件是在西尾新平处。若果真如此（尚未验
证），那末，小岛靖氏所藏的《大秦景教宣元至本经》自然是另一件写
经，何况经题也不同，甚或是件赝品了。我从荣新江教授的《鸣沙集》
和林悟殊教授的《唐代景教再研究》两书所附的照片来看，完全像是不

① 以上两处均转引自荣新江《鸣沙集》。
② 参见荣新江《鸣沙集》，台湾新文丰出版公司，1999 年版；林悟殊《唐代景教再
研究》，中国社科出版社，2003 年版。
③ 参见林悟殊《唐代景教再研究》，中国社科出版社，2003 年版。

同的两件写品，首先李盛铎旧藏本连题共 26 行，《大秦景教宣元本经》
题目在右边第一行，"大秦景教"四字下有"木斋真赏"一印，右下端
有三个印章："李盛铎印"（白文），"李滂"（白文小印），"两晋六朝
隋唐五代妙墨之轩"（朱文），题目上端也有一章，照片上只存下半部，
当为"敦煌石室秘籍"。① 而小岛所藏题目为《大秦景教宣元至本经》，
比李盛铎旧藏本题目上多一"至"字。此题目在左边第三行，前两行是
题记"开元五年十月廿六日法徒张驹传写于沙州大秦寺"。题记是自右
至左顺读。全文连题 28 行，加题记共 30 行。右下端无印章。《宣元本
经》最末一行是："亏，不盈、不浊、不清、保住真空，常存不易。"
《宣元至本经》照片不清晰，但末句是"外真虽涉而无事也"，其右边
起首更漫漶不清，不易辨认。但仅凭以上诸端的直观来看，这两件文
书，根本不是一回事。也有研究者认为此两件实为一件写经的两截，这
一解释，也有疑问。对比两者的照片，小岛文书的字体和李氏藏本完全
不同，两者每行文字的字数不一样，小岛文书仿佛经体例，一般是 17
字，李氏藏卷则为 18、19 字，可以肯定不是一件，前人因为没有办法
看到两者的原件，所以致误。本文主旨在于介绍洛阳新出土的《大秦景
教宣元至本经》经幢所刻经文，以补李盛铎藏本的残缺，关于小岛文书
本与李盛铎旧藏本之间的差异，当于下文作进一步的辨析。

李藏《宣元本经》与洛阳经幢
《宣元至本经》的合校

以下我即将洛阳新出土的《大秦景教宣元至本经》经幢上的经文及

---

① 参见荣新江《鸣沙集》。

题记，全录于下，并以李盛铎旧藏《大秦景教宣元本经》对校，凡字下有黑线者，为敦煌写本的文字，余则都是经幢上的刻文。李盛铎本我只能依仗荣新江、林悟殊两教授刊布的照片和林悟殊教授的释文，先此敬表谢忱。

洛阳新出土《大秦景教宣元至本经》经幢所刻
经文与李藏《宣元本经》合校及经幢题记录文

祝曰

清净阿罗诃　　清净大威力　　清净（下残）

大秦景教宣元至本经

时景通法王，在大秦国那萨罗城，和明宫宝法云座，将与二见，了决真源。」应乐咸通，七方云集。有诸明净士，一切神天等妙法王，无量觉众，及三百六十五种异见中民。① 如是族类，无边无极，自嗟空昧（昧字残半字）」久失真源，馨集明宫，普心至仰。时景通法王，端严进念，上观空皇，亲承印旨（经幢缺此句），告诸众曰：善来法众，至至无来。今可（李本作"柯"）通常，启生灭死，各圆（李本作"图"）」其分，静谛我众。如了无元，碍当随散。即宣玄化，匠帝真常旨：（经幢此处空三字）无元，无言（经幢"言"字泐大半），无道，无缘，妙有，非有，湛寂常（李本无"常"字）然。吾闻（李本作曰，按即因字）太阿罗诃（经幢"诃"字残半）开无开异，生无心涣，藏化自然浑元。发无发，无性，无动，

---

① 李盛铎藏写本"民"字避讳作"⺼"，经幢本"民"字未避讳。

灵虚空置（李本作"買"），因缘机轴。自然著为象本，因缘配为感乘。剖判枀罗，三生七位，浼」诸名数，无力任持；各使相成，教了返元真体。夫为匠无作，以为应旨，顺成不待而变，合无成有，破有成无，诸所造化，靡不依（依泐半字）」由，故号玄化匠帝无觉空皇。隐现生灵，感之善应：异哉灵嗣，虔仰造化，迷本匠王，未晓阿罗诃，功无所衔，施无所仁，包浩（李本作"洁"）察（察字泐半）」微，育众如一。观诸浼有若之一尘，况是一尘亦非尘。怸（李本无"怸"字）见非见，悉见见故，无界非听，悉听听故；无界无力，尽持力故。无界无（经幢本缺"无"字）嚮，无」像无法，所观无界无边，独唯自在；善治无方，镇位无际；妙制周临，物象咸揩（李本作"楷"）。唯灵惑（李本作"或"）异，积昧亡途。是故，以善（李本作"若"）教之，以平治之，」以慈救之。夫知改者，罪无不舍。是谓匠帝能成众化，不自化成，是化终迁。唯匠帝不亏，不盈、不浊、不清、保任（李本作"住"）真空，常存不易。」（李藏敦煌写本至此止，合校亦至此止。以下全为洛阳出土经幢上石刻经文，经幢下端残损文字已无可补，馀文亦难句读，故即以原文实录）弥施诃应大庆原灵故慧圆悟之空有不空无于空不滞（下残）卢诃那体究竟真凝常乐生命是知匠帝为无境逐不𠂤（"法"字残下半，以下残）数晓人大晤了皆成益味（？）民滞识是见将违盖灵本浑（下残）且容焉了已终亡焉听为主故通灵伏识不遂识迁（下残）下备八境闻生三常灭死八境之度长省深悔警慎（下残）景通法王说至既已普观众晤于其会中诠以慧罔（"罔"下半

残，以下残）诸界但有人受持读诵信解勤行当知其人德超
（下残）如海溢坳平日升暗灭各证太寂晓自在常喜涤（下残）

以上为两经合校后的全文，亦为《宣元本经》或《宣元至本经》
迄今最完整的经文。

大秦景教宣元至本经幢记

夫至圣应现，利沿无方，我无元真主匠帝（下残）海而
畜众类，日月辉照，五星运行，即（下空转行）散有终亡者，
通灵伏识，了会无遗，咸超〻（"〻"，残下半，以下残）海窅
窅冥冥，道不名，子不语，世莫得而也，善（下残）无始未
来之境，则我　匠帝阿罗诃也（下残）有能讽持者，皆获景
福，况书写于幢铭（下残）承家嗣嫡，恨未展孝诚，奄违庭
训，高堂之（下残）森沉感因，卑情蓬心，建兹幢记，镌经
刻石，用（下残）尉亡妣安国安氏太夫人神道及亡师伯和
（下残）愿景日长悬，朗明暗府，真姓不迷即景性也。夫求
（下残）幽魂见在，支属亦愿无诸郭难。命等松筠，长幼（下
残）次叙立茔买地之由，所管即洛阳县感（"感"？字残甚）
德乡柏仁（下残）之始，即元和九年十二月八日于崔行本处，
买保人（下残）戚，岁时莫酹，天地志同，买南山之石，磨
龚（砻）莹澈，刻勒书经（残半字）于陵，文翼自惭猥拙，
抽毫述文，将来君子，无见哂焉。时（下残）敕东都右羽林
军押衙陪戎校尉守左威卫汝州梁川府（下残），中外亲族题字
如后。弟景僧清素，从兄少诚，舅安少连（下残），义叔上都

左龙武军散将兼押衙宁远将军守左武卫大将军置同政员（残半字，下残）。大秦寺，寺主法和玄应俗姓米，威仪大德玄庆俗姓米，九阶大德志通俗姓康，捡校荃及庄家人昌儿。故题记之。

以上是《经幢记》的全文。

另在经幢的第八棱（即最后一棱）的上端有题记两行，文曰"其大和三年二月十六日壬寅迁举大事"。与此题记并列的右边三棱，中间一棱顶端刻十字及蔓草纹饰，左边一棱刻天神面向十字，手持莲花，右边一棱刻天神面向十字，手捧宝珠。经幢开头的四棱，前三棱顶端也是中间一棱刻十字，左右蔓草纹饰，十字下似为莲花，左右两棱各有天神面向十字，双手作前伸举掌状。经幢上所刻天神，已与佛教的飞天差不多少，天神手捧莲花等，也可见受佛教的影响。

《宣元本经》与《宣元至本经》两者的关系及洛阳经幢的年代

上面我已经把敦煌写本《大秦景教宣元本经》与洛阳经幢上石刻的《大秦景教宣元至本经》作了合校，写本的文字是参看荣新江教授和林悟殊教授书中的照片和林悟殊教授的释文，经幢的文字是据友人碑刻研究专家赵君平先生提供的精拓本。写本与石刻本虽然题目上有一字之差，石刻本多一"至"字，但正如林、荣二教授所说的"有无'至'字，意思雷同，多一字更易理解"①。林悟殊教授也说："两者应是同一

____

① 见荣新江《鸣沙集》第70页。

部经典抑或是二部，学者多认为应是同一。"① 我将两本合校的结果，
完全证实了这点，实际上敦煌写本与经幢本题目上虽有一字之差，经文
却是完全一致：一是写本与经幢本共有的文字完全一致，只有个别漏字
和异写。二是经幢本残损的文字，用写本填接，可以密合无间。这两
点，读者只要看上面合校的文字，便可一清二楚，无须重复举例。三是
写本有头无尾，经幢本首尾俱全，前已说明写本文字与经幢本完全一
致，而写本残缺后经幢本一直衔接到底，除经幢下端残损少有缺文外
（部分缺文已为写本补齐），其经文末尾"景通法王说至既已普观众晤，
于其会中，诠以慧（下残）"、"诸界但有人受持读诵，信解勤行，当知
其人德超"等文字，都是经文结尾的必有文字，所以敦煌写本《大秦景
教宣元本经》与洛阳经幢石刻《大秦景教宣元至本经》实际上是同一
经文。原来残缺的敦煌写本，得到洛阳经幢石刻经文的校补，使这部千
馀年来人间未见全经的景教经典，基本上得见全貌。尚存少量残损，也
许日后更有奇遇，亦未可知。

经幢刻成的年代，据《经幢记》是元和九年十二月八日（814 年）。
大和三年二月十六日（829 年）是迁葬的时间，经幢是初葬时刻成的，
所以迁葬的题记刻在第八棱末尾的上端，说明前面早已刻满经文。至于
敦煌写本避民字讳作"𡰪"，而经幢本不避民字讳，那是因为元和九年
离太宗贞观元年已有 187 年，所以在民间这种避讳也就淡化了。

以上是我对敦煌写本《大秦景教宣元本经》和新出土的洛阳经幢石
刻《大秦景教宣元至本经》的初步看法。至于《经幢记》所涉及到的
许多人名，是一个重要线索，还未来得及进行检索考察，只好俟之
来日。

---

① 见林悟殊《唐代景教再研究》第 180 页。

"小岛文书"《大秦景教宣元至本经》的再检讨

前面已经说过，敦煌写本《大秦景教宣元本经》与洛阳出土的经幢本《大秦景教宣元至本经》的合校，我们已获得了《大秦景教宣元至本经》的真经全文（稍有残损）。被称为"小岛文书"的《大秦景教宣元至本经》如果是真经的重复，那末，它的经文自应与上述合校的经文相同，在敦煌写本中，这种重复抄写的经文甚多，并不稀奇。但"小岛文书"的《大秦景教宣元至本经》的经文却与上述真经大相迳庭。请看"小岛文书"《宣元至本经》的经文：①

　　□□□□□□□□不灭除，若受□□魔鬼道，无仇阋□□□王，法王善用谦柔，故能摄化万物，普救群生，降伏魔鬼。妙道能包容万物之奥道者，虚通之妙理，群生之正性。奥，深密也，亦丙（百）灵之府也。妙道生成万物，囊括百灵，大无不包，故为〔万〕物灵府也。②善，人之宝，信道善人，达见真性，得善根本，复无极，能宝而贵之；不信善之徒，所不〔可〕保，保，守持也；流俗之人，耽滞物境，性情浮竞，岂能守持丙（百）灵，遥叩妙明。夫美言可以市人，尊行可以加人，不信善之徒，心行浇薄，言多佞美，好为饰辞，犹如市井，更相觅利，又不能柔弱麇谦，后身先物，方自尊高，〔乱〕行加陵于人；不信善之徒，言行如是，真于道也，不亦远乎！神威无等，不弃愚鄙，恒布大慈，如大圣法

---

① 此处所录经文，是转引翁绍军先生著《汉语景教文典诠释》一书的释文，谨此致谢。三联书店 1996 年版。

② 据翁绍军《汉语景教文典诠释》，三联书店 1996 年版，第 163 页。

王。人之不善，奚弃之有。奚何也言。圣道冥通，光威尽察，救物弘普，纵使群生不善，何有可弃心，明慧慈悲，复被接济无遗也。夫信道可以驱除一切魔鬼，长生富贵，永免大江漂迷。所以贵此道者，何耶？只为不经一日，求之则得。此言悟者目击道，有迷〔者〕于黑（累）劫不复也。假使原始以来，生死罪谴，一得还源（原），可以顿免。有此神力，不可思议，故为天下人间所尊也。凡举圣以勖行人，① 明动不乖寂（舛），是依信之方，妙契以源，不失真照妙理，真宗不乖寂（舛），虽沙（涉）事有，而即有体定，内真虽照而无心，外真虽涉而无事也。

大秦景教宣元至本经一卷。

开元五年十月廿六日，法徒张驹传写于沙州大秦寺。

这段经文，共400馀字，除经题外，无一句与敦煌写本与洛阳经幢本相同，显然与上述敦煌本和经幢本不是一回事，名同而实异。再从经文内容来看，林悟殊、荣新江教授说："内容全与景教无关，纯系模拟，甚至赤裸裸地抄袭道家经典。"② 日本羽田亨说该经"酷似《老子道德经》，有些句子直接抄自该经第六十二章"。③ 按《老子》六十二章说："道者万物之奥，善人之宝，不善人之所保。"小岛文书《宣元至本经》说："善，人之宝，信道善人，达见真性……不信善之徒，所不保。"连语句都差不多。又小岛文书《宣元至本经》说："奥，深密也，亦丙（百）灵之府也。妙道生成万物，囊括百灵，大无不包，故为〔万〕物

---

① 据翁绍军《汉语景教文典诠释》，三联书店1996年版，第166页。
② 见荣新江《鸣沙集》第92页。
③ 见荣新江《鸣沙集》所引，第101页。

灵府也。"① 这段话，实际上也是《老子》第一章"玄之又玄，众妙之门"两句话的演绎。再从小岛文书《宣元至本经》经文的语言风格来看，敦煌写本和洛阳经幢本的语言风格显然与小岛文书本的语言风格大不相同，前者语言奥桀难读，后者通畅顺达。据林悟殊教授的考证，认为敦煌写本《宣元本经》即《宣元至本经》，其撰作者为景教徒叙利亚人景净，也即是《大秦景教流行中国碑》碑文的作者，② 以一个叙利亚人用中国语言写经文，自然会语言生拗难读，而小岛文书本语言流畅，与敦煌写本和洛阳经幢本不可同日而语，小岛文书本自然不是外国人用中国语言的撰述。特别是林、荣二教授还注意到"'小岛文书'的作者，实际上对唐代景教教义不甚了然"。③ 这是鞭辟入里的见解。

以上我只是略举其三个主要方面，还有不少具体而关键性的问题，如小岛文书的题记等问题，荣、林两教授都有精到的分析，本文不必重复。所以合以上诸端来看，"小岛文书"实是一件伪经。

2007 年 9 月 14 日于京东且住草堂

---

① 据翁绍军《汉语景教文典诠释》，三联书店 1996 年版，第 163 页。
② 见林悟殊《唐代景教再研究》第 183 页。
③ 见荣新江《鸣沙集》第 91 页。

关于伯夷、叔齐的评论

　　自从伯夷、叔齐在首阳山上饿死以来，在三千年的历史长流中，他们不知受到了多少封建时代的政治家、文学家的齐声赞美。其中，领头歌颂而且对后世影响最大的，自然要数孔老夫子。他对着他的学生们再三再四地歌颂伯夷、叔齐。说他"不念旧恶，怨是用希"，说他"求仁而得仁，又何怨？"说他"饿于首阳之下，民到于今称之"，说他"不降其志，不辱其身"。总而言之，在孔子看来，伯夷、叔齐者，"古之贤人也"！后起的孟子，是孔子的嫡派，自然也对他们赞美备至。伯夷、叔齐的死，离开孔子和孟子的时代已经将近六七百年了，为什么这两位"圣人"老是惦记着他们呢？马克思曾经说过，"使死人复生，是为了赞美新斗争"（《路易·波拿巴政变记》），由此看来，孔子和孟子对伯夷、叔齐的歌颂，是为了斗争，为了发抒自己的政治见解。孔、孟的时代，正是中国历史上由奴隶制过渡到封建制的时代。孔子和孟子都是贵族的后裔而没落为"士"的。他们依附于当时的统治阶级而同时又有一定的矛盾，自然他们与当时的被剥削阶级有着更大的距离。因此，一方面他们对统治阶级有着不满，而另方面他们在经济上和思想上又与统治阶级有着很深的联系。我们又知道，在孔、孟的政治理想中，有着很为明显的复古思想。由此看来，他们那样热烈地赞扬伯夷、叔齐就不为无因了：伯夷、叔齐一方面不满于纣王的暴政，"不立于恶人之朝"，对纣王表示了不合作；另方面又反对人民起来革命，对革命胜利后的新政权，采取不合作态度。这样的行径是颇合于中间阶层的"士"的思想的。显然，孔、孟对于伯夷、叔齐的评论，是与他们的阶级立场、政治观点密切联系的。

孔子和孟子在历史上是"权威"评论家，所以卓越如司马迁，也不能不受到他们的传统观点的束缚。司马迁在他所写的《伯夷列传》中，表现了与孔、孟同样的看法。然而他在这篇评论传中，却在另一方面对孔、孟提出了反驳。司马迁说："孔子曰：'伯夷、叔齐，不念旧恶，怨是用希；求仁得仁，又何怨乎？'余悲伯夷之意，睹轶（逸）诗，可异焉。"孔子说伯夷饿死在首阳山丝毫也没有什么怨气，但我看伯夷的诗句却与孔老夫子所说的不一样。接着司马迁就援引他的诗："登彼西山兮，采其薇兮！以暴易暴兮（这句话是对当时以周武王为领导的奴隶大革命的恶毒的咒骂——庸），不知其非兮！神农虞夏，忽焉没兮，我安适归矣！（这句话是不满现实，想回复到传说中的原始公社制时代——庸）于嗟徂兮，命之衰矣！"然后司马迁质问道："由此观之，怨耶非耶？"这个反驳确实是有力的。不过，太史公揭发伯夷肚子里的那股实质上是反动的"怨气"，并不是无所为而为的，归根到底，仍然是为了"赞美新斗争"，为了好借此发泄他自己的满腹怨气。我们知道，司马迁为了李陵的案件，曾惨遭了统治者加于他的腐刑。因此，他"每念斯耻，汗未尝不发背沾衣"（《报任安书》），可见他对统治者的怨气是多么深啊！宋代的朱熹看出了司马迁在与孔子闹别扭，却没有能理解这是为什么。他说："孔子言伯夷求仁得仁，又何怨？今太史公作伯夷传，满腹是怨，此言殊不公也。"（见《杨升庵全集》卷四十七《伯夷传》引朱熹语）被称为"儒教叛徒"并为统治阶级通缉以至杀害的明代大思想家李卓吾，他一眼就看出了司马迁的心胸。他在他的《李氏焚书》卷五读史栏的《伯夷传》中，针对着朱熹的话说："卓吾子曰：何怨是夫子说，是怨是司马子长说，翻不怨以为怨，文为至精至妙也。何以怨？怨以暴之易暴，怨虞夏之不作，怨适归之无从，怨周土之薇不可食，遂含怨而饿死。此怨曷可少也。今学者唯不敢怨，故不成事。"我们在这里看他大加赞赏司马迁的"翻不怨以为怨"，而且还批评与他同时代的读书人就是因为不敢怨，故成不了气候。这种论调，对封建社会的统治秩序大有奋身挑战之概，是值得肯定的。但是，他同司马迁一样，犯了一个错误。他们为了斗争，"求助于过去的亡灵，借用它们的名字"（马克思），可是找错了对象。他们不了解这一对难兄弟所反对的，是革命胜利后的新政权，而与他们自己所不满或所反对的政权，是有根本的不同的。因此，他们错误地肯定和赞扬了伯夷。然而这一个错误，并不是司马迁和李卓吾偶一不慎，归根到底，还是与他们的地主阶级的立场和封建唯心主义的历史观有着密切的联系的。

现在，该说到韩愈的《伯夷颂》了。如果说孔、孟把夷、齐捧到了圣人的地位，那末韩愈更是把他们捧到了超圣人的至高无上的地位；如果说司马迁记叙并肯定了他叩马而谏的史实，那末韩愈更是极端地歌颂了他这种反对当时周人进步战争的反动行为。韩愈在这篇文章中所歌颂的，扼要点说，就是那种"不顾人之是非"，"举世非之，力行而不惑"的反人民的思想和行动。他一方面承认武王和周公都是圣人，他们所领导的伐纣战争是正义的，是得到人民拥护的，但另方面又认为宁可饿死也不肯投身到人民革命的洪流里来的伯夷、叔齐更是超圣人的圣人，而且他们之所以能够如此伟大，就是因为他们能够坚决到"穷天地亘万世而不顾"地反对武王革命。韩愈在这里使用的纯粹是一种诡辩术，而他思想则是极端反动的。韩愈对伯夷的歌颂，正是他的反动世界观的表露。

　　上面我们检查了从孔子到李卓吾的六位封建时代的"权威"评论家对伯夷、叔齐的评论，结论是：尽管他们的出发点不同，但他们在不同程度上都对伯夷、叔齐作了歌颂。

　　难道就没有一个人彻底否定伯夷、叔齐么？有的，但他们并不是什么"权威"评论家，而是劳动人民。谯周《古史考》中说："伯夷、叔齐……隐于首阳山，采薇而食之。野有妇人谓之曰：'子义不食周粟，此亦周之草木也。'于是饿死。"（见清孙星衍编《平津馆丛书》）在这里我们可以看到，第一个彻底批判伯夷、叔齐的，是这位没有留下名字的劳动人民的代表人物。她指着伯夷、叔齐说：你们不是不屑吃人民的小米么？那末这野菜也是人民的土地上长出来的！这是何等辛辣的讽刺啊！

　　第二个批判伯夷、叔齐的，是元代流传下来的《武王伐纣平话》的作者们。平话在描写了伯夷、叔齐饿于首阳之下以后，就用两首诗对伯夷、叔齐作了评论。其一："让匪巢由义亦乖，不知天命匹夫灾。将图暴虐诚能阻？何是（事）崎岖助纣来。"其二："孤竹齐夷耻战争，望尘遮道请休兵。首阳山倒有平地，应是无人说姓名。"请看，平话的作者竟把伯夷、叔齐这两位被孔、孟推尊为圣贤的人，直截了当地叫作不知天命的匹夫，说他们是助纣为虐，说他们反对伐纣的战争，只有请他们到首阳山去。这又是何等辛辣的讽刺啊！由此可见，人民的眼睛千真万确是雪亮的。

　　我的知识浅陋，对过去批判伯夷、叔齐的，仅仅知道这两者。

　　或曰：宋代的王安石不是写过批判伯夷的文章的么？不是有人说"王安石从根本上否定了孔子、孟子"的看法，"认为他们歌颂伯夷是完全错误的"么？不是据说王安石这篇文章"态度鲜明，观点正确，理由充分，说话响亮，真是掷地作金声的文章"么？（见1961年1月14日《光明日报》曹思彬的《古人怎样评论伯夷》，又见1960年12月27

日《羊城晚报》同一作者的《王安石不颂伯夷》）其实，这纯粹是出于误解。王安石歌颂伯夷则有之，否定伯夷则连影子也没有。王安石评论到伯夷的文章，一共有两篇。一篇是《临川先生文集》卷六十三《论议》部的《伯夷》，另一篇是卷六十四《论议》部的《三圣人》。在《伯夷》一文里，王安石主要是根据孔、孟对伯夷的评论，反驳司马迁和韩愈。他说，关于伯夷、叔齐的事迹，孔子和孟子这两位"圣贤"已经"辩之甚详而明"了。他们都没有提到伯夷反对武王伐纣，叩马而谏，不食周粟，作采薇之歌等事迹，因此司马迁在《伯夷列传》里写的这些事迹，是缺乏根据的。而韩愈不加考查地根据司马迁的《伯夷列传》，大肆颂扬伯夷的叩马而谏和不食周粟，竟说"微（没有）二子，乱臣贼子，接迹于后世"，韩愈的这种看法，是大错而特错的，是"大不然也"！平心而论，王安石针对韩愈的这种谬论加以驳斥，在当时的历史条件下，确乎是一种卓识。按照王安石的看法，伯夷、叔齐是不满于纣王的暴政的，但是当武王伐纣的时候，他们已经不可能活在世上了。另外，王安石还认为伯夷、叔齐既然反对纣王的暴政，那末，伯夷还活着的话，他就决不可能反对武王伐纣而只可能像太公一样赞助武王伐纣，说不定他的功业还不会比太公差。我们且不去考证伯夷、叔齐的寿考，也并不认为王安石的这种推断是符合历史事实的。但是从上述文章的内容来看，无论如何也不能认为"王安石从根本上否定了孔子、孟子"对伯夷的评论，更不能认为王安石"否定伯夷"。事实上，王安石不仅没有否定伯夷，相反他却认为如果伯夷生"当孔子之时，则皆足以为孔子也！"（见《三圣人》）请看，他简直把伯夷看作是早生的孔子哩！哪儿有否定伯夷的影子呢？

当然，王安石之所以要跟司马迁、韩愈打这场笔墨官司，并不是为了舞文弄墨，同样是为了"赞美新斗争"。我们知道，王安石是北宋时代的一位杰出的政治家，他一生致力于改革政治，推行新法。从现实斗

213

争出发，他必须把这尊人们用来作为反对政治改革的偶像，改造成一尊赞成政治改革的偶像。所以，实质上王安石所肯定的伯夷，已经不是那个历史上叩马而谏、不食周粟的伯夷，而是经过他改装过的对政治改革抱积极态度的伯夷了。

王安石和韩愈虽然都赞颂过伯夷，但是他们是从相反的观点来作这种赞颂的。这一点是我们应该注意的。

上面这些事例告诉我们：对历史人物的评价，实际上是阶级斗争的一种曲折的反映。不同阶级的人们，都会从自己的阶级利益和政治斗争出发，利用对历史人物的评价，来进行政治斗争。要科学地正确地评价历史人物，在马克思主义以前的人们，是不可能完全做到的。那些进步的史学家和劳动人民，他们可以在某些方面接近于真理，但是他们却不可能达到马克思主义的理论高度。只有立足在马克思主义的历史唯物主义和阶级分析的观点之上，才可能对历史人物作出正确的评论。现在，时间的长流，穿过雾锁云封的历史崇岭，流到了我们这个东风浩荡的毛泽东时代。从前一切看不清楚的东西，现在都可以看清楚了；而被无数的颂词重重地护封起来的伯夷、叔齐的真面目，也一下就被毛泽东同志彻底揭穿了。毛泽东同志对伯夷、叔齐作出了真正的千秋定评，他说："唐朝的韩愈写过《伯夷颂》，颂的是一个对自己国家的人民不负责任、开小差逃跑，又反对武王领导的当时的人民解放战争、颇有些'民主个人主义思想'的伯夷，那是颂错了。"（《毛泽东选集》第四卷，第1499页）毛泽东同志从当时人民的阶级斗争的角度出发，指出伯夷是站在反对当时革命的立场上的，是历史的逆流。这就使广大人民从此认识了伯夷的真面目，从而使三千年来的争论得到了最后的正确的结论。不仅如此，毛泽东同志还为我们对历史人物的评论，立下了卓越的典范，并对韩愈的《伯夷颂》，也作出了最深刻地批判。当然，毛泽东同志对伯夷的批判，更是为了"新斗争"，为中国人民伟大的解放事业。毛泽东同志通过对伯夷的批判，深刻地揭露和批判了我国第三次国内革命战争时期一部分想走所谓"第三条道路"、即"中间路线"的资产阶级自由主义者或民主个人主义者的思想的不切实际，并为他们指明了正确的出路。毛泽东同志的这个批判，是具有伟大的历史意义和深刻的教育意义的。同时，他又为我们树立了一个"古为今用"的典型范例，使我们可以从这里学习到如何运用历史遗产来为我们的社会主义事业服务。

1961 年 3 月

气壮山河写忠魂

——罗英、丁力《岳飞传》序

　　四十年前，也即是 50 年代后期，罗英、丁力两位曾把他们创作的电影剧本《岳飞》寄给我，要我提意见。我看完后，约他们见面，我当时说：这个剧本写得很好，但从你们的文笔和掌握的史料来看，最好写小说，这样才能充分发挥，才可能把这个题材写得深厚一些。我当时只是从读他们作品的感觉来说，并不敢说我的看法一定正确，更没有希望他们一定接受我的意见。谁知他们回去后，竟决定改写小说，而且到 1958 年，他们干脆调到贺兰山下的银川工作，以便更熟悉当年岳飞抗金的历史生活。

　　从此我与他们一别四十多年，几乎是不通音信，特别是中间隔了一个长达十年的"文化大革命"，我自身是首当其冲地受到了冲击，更不可能与他们有什么联系。谁知他们受到的灾难比我更深更惨，罗英被判二十年徒刑，坐了六年牢。罗英的案子报到中央，被中央彻底否定，宣布无罪释放，这样还是等到宁夏"四人帮"的代理人自身垮台后，才得以落实中央政策。丁力则被关了八年，也是到"四人帮"垮台后才得解放。

气壮山河写忠魂

在浩劫中，罗英的夫人去世了，罗英的亲友受到了牵连，他们的全部手稿和多年积累的资料一扫而空，荡然无存。他们从监狱出来后，两手空空，孑然一身，不知何以为计。痛定思痛，经过反复思考，觉得还是应该拿起笔来从头再写，真正是"待从头收拾旧山河，朝天阙"！这样一来，又是二十年，他们的新稿也反复了多次。今年早些时候，他们托人将稿子带到北京交给我。可惜前后已经四十多年了，我也已经老了，无复当年的精力可以不分白天黑夜地阅读写作了。当这部沉甸甸的四五十万字的稿子（上卷）摆在我的面前时，我真是又惊又喜！特别是惊喜他们两人为了《岳飞》竟百折不回，万死不辞；区区坐牢，没有能摧毁他们的意志；亲人的故去，也没有动摇他们的决心。以这种感天动地的精神，来写惊天动地、可以泣鬼神的民族之魂岳飞，我觉得在精神上是可以相通了。

近来，我经常患头晕，稿子没有能马上看，但心里总是搁着一件事。所以隔不几天，我拿起稿子，想看看试试，没想到一开卷就欲罢不能，不仅是其他工作都搁了下来，有时甚至连寝食俱废。这种情况，我只有在读金庸的小说和二月河的小说时是如此！这样整整几天，我把这部稿子认真地读完了。在阅读的过程中，我不断地被小说的思想和情节所激动，有时为之流泪，有时为之拍案，有时又为之浮一大白！我认为作者所写的历史生活是丰富多彩而深刻的，是有很强的真实感的，让你开卷以后，就感到一股浓厚的历史生活气息扑面而来，让你很快就进入了历史氛围。你只要打开第一章的开头几页，一个活生生的形象萧天星就出现了，接着是另一个英雄豪迈的形象张宪也出现了，到第三章开头，岳飞、周侗的形象也出现了。而且是那样的真实、朴素、自然，没有丝毫的做作，只是平平实实地写来，只要你认真读下去，你就会感到岳飞这个英雄形象是从人民中走来的，是在与敌人的搏斗中成长的，是中华民族的民族精神、民族文化、道德传统所孕育出来的。

当然，现在还只是上卷，是小说的开头，作者原计划只写到岳飞大败金兵为止，不写风波亭冤狱。原因是不忍心、不堪写，写到英雄被残害，情何以堪！但是我认为写小说是再现历史，从历史中吸取教训，对那些卖国的丑类、奸刁滑贼之徒，也应该无情地揭露和鞭挞，以消读者心头之恨。特别是我认为岳飞的一生，是壮烈的一生，是光辉的一生，他的悲剧结局是时代造成的，是历史造成的，没有风波亭的岳飞是不完整的岳飞，而且风波亭的冤狱，更具有深刻的教育意义。作者听了我的这些意见以后，已经决定写一个完整的岳飞，一个在风波亭遇害的岳飞了，所以要论这些艺术形象，必须等待最后一部分的完成。但现在第一卷结束，已是众星灿烂，风云变幻，令人目不暇接、不能释卷了，往下去自然只有更加灿烂辉煌！

我昔年曾研究过全部的岳飞小说、岳飞戏曲和岳飞的历史传记，并写了多篇论文。我认为到目前为止，还没有一部与岳飞这个历史人物相称的历史小说。中华民族是一个伟大的民族，一个历史悠久的民族，也是一个多灾多难的民族，正是在这样的民族灾难中，造就了一系列的民族英雄，造就了一系列顶天立地的民族脊梁骨，民族之魂！岳飞就是其中最突出的一个。

我曾对罗英说，写一个岳飞，是为了要集中发扬中华民族的浩然正气，发扬中华民族的民族精神。千百年来那些为国家、为民族、为人民而建立了彪炳于历史的功勋，建立了气壮山河的事业的英雄们，最后自身却蒙冤遭屈、受尽人间的残酷折磨而死。站在人民的立场，对古往今来的这样的英雄们自然应该万世敬仰，千秋洒泪；而对那些独夫民贼，自当铸以铁人，让万世唾骂！那么，这部长篇小说《岳飞》，就是古往今来历史上含冤蒙屈的烈士们、英雄们的百年祭，就是那些作恶多端的丑类的万年耻辱柱！

然而，作为民族的一分子，当外侮当前，国家垂危，民族沦丧，人民溺于水而焦于火之时，自当跃马横戈，卫我家邦，卫我人民，卫我父老兄弟姐妹，即使强敌攻于前，奸贼诬于后，亦在所不顾，所谓"求仁而得仁，又何怨"也！岳飞就是这样一位顶天立地的巨人，他为了国家和民族，"血荐轩辕"、"求仁得仁"，在他的眼睛里，秦桧、万俟卨之辈的丑类，不屑一顾，更不屑向他们辩"冤"，因为"冤"就是他们秉承了他们主子的意志而造成的，所以，他到头来也只有"天日昭昭，天日昭昭"八个字！事实上岳飞的一生，短暂的三十九年的一生，也就是"天日昭昭"的一生！

历史是曲折而复杂的，多读一点历史可以使人聪明，尤其是多读一些伟人的历史，可以增长人的志气和节操。岳飞的一生，是"气壮山河"的一生，而这部长篇小说《岳飞》也写得"气壮山河"，真是文如其人（岳飞），可以引吭高歌，可以击节快读！

1998 年 12 月 1 日于京东且住草堂

论罗贯中的时代

　　关于《三国志演义》的作者罗贯中的时代，鲁迅在《中国小说史略》里推定他为"元明间人（约1330—1400）"。自从《中国小说史略》问世以来，三十多年中，关于罗贯中的材料，虽曾有所发现，但都未能根本改动这个推论。①他认为罗贯中不是元明间人，而是"肯定为元人"；而且"也有可能是宋元间人，而入元时间且是较短于南宋时的"；接着他又根据田汝成《西湖游览志余》里的"钱塘罗贯中本者，南宋时人，编撰小说数十种，而《水浒传》叙宋江等事，奸盗脱骗，机巧甚详。然变诈百端，坏人心术，其子孙三代皆哑，天道好还之报如此"的叙述以及王圻《续文献通考》与上述田汝成同样的叙述（王圻所述与田汝成所述相比，除少"南宋时人"这句外，其余基本上一样）和王圻《稗史汇编》"院本"条内"罗后三世患哑"等等说法，推论说："这一事实，就罗贯中生存年代来说，却也是一个宋元间人的说明，是南宋时人，倒是更

---

　　① 见《江海学刊》1962年7月号《书元人所见罗贯中〈水浒传〉和王实甫〈西厢记〉》。

有可能，因'三世皆患哑'的'三世'，应是上溯更长一些时代才更合理些。"

周村同志对罗贯中的时代，实际上提出了三种看法：一，"肯定为元人"；二，"也有可能是宋元间人，而入元时间且是较短于南宋时的"；三，"是南宋时人，倒是更有可能"。由于二、三两种论断，自然"肯定为元人"的说法，就显得十分不肯定了。那末，罗贯中究竟是什么时代的人呢？就上述周村同志的推论看来，他是比较倾向于认为罗贯中是南宋人或宋元间人的。

我与周村同志有不同的看法，其理由申述如下：

一、葛可久确是元代人

明王圻《稗史汇编》"院本"条说：

> 文至院本、说书，其变极矣。然非绝世轶材，自不妄作。如宗秀罗贯中，国初葛可久，皆有志图王者；乃遇真主，而葛寄神医工，罗传神稗史。今读罗《水浒传》，从空中放出许多罡煞，又从梦里收拾一场怪诞；其与王实甫《西厢记》始以蒲东遘故，终以草桥扬灵，是二梦语，殆同机局。总之，惟虚故活耳。第入调笑，辄紧处着慢，多多愈善；才征筹绝处逢生，种种易穷，岂真不堪犄角中原，较是更输扶余一着。而志西湖者遂曰罗后三世患哑，谓其导人以贼云。噫！无人非贼，惟贼有人；吾儒中顾安得有是贼子哉！此《水浒》之所为作也。

221

在这段文字里，既然作者把罗贯中与葛可久并提，那末弄清葛可久的时代和生卒年，对了解罗贯中的时代当然是有用的。

据周村同志的研究，认为葛可久是元代人；而上面这段文字，是元人记元事，并未经人删改。我认为说葛可久是元代人这一点是可靠的；但认为这一段元人的旧文未被删改过，则尚可商量（说见本文第三节）。现在先说葛可久是元代人的问题。

关于葛可久，除了上面那条材料，我们还可以从下列这些材料来证实他是元代人：

一、《十药神书》中有葛可久自己写的叙言：

> ……予今渐老，恐此书泯失，重录次序一新，名之曰《劳证十药神书》，① 留遗吾家子孙用之。……时至正乙酉一阳日，可久书于姑苏养道丹房。

又说：

> 余自髫稚，学业医道，考究方脉，三十余年，遍历江湖，多学广博者，不过言语文字形容之耳。……时至正戊子春正月三阳日，可久书于苏之春先堂。②

这段文字是葛可久的自叙，是最可靠的第一手材料。在这段文字里，叙明了是至正乙酉（至正五年、1345 年）和至正戊子（至正八年、1348年），并且说明"予今渐老"，"余自髫稚，学业医道，考究方脉，三十

---

① 据《中国医药考》卷53，人民卫生出版社1956年版，第908页。
② 《十药神书》，我所见的是于燃山房本，此叙又见于《中国医籍考》卷五十三。

余年"等等。三十余年再加上"髫稚"的年岁，则元至正八年的时候，他大约应该是四十余岁了（按至正八年，是元建国以后的第六十九年），据此则他确实应该是元代人。

二、是周村同志已经注意到的元徐显《历代小史》之《稗史集传》中葛可久的小传：

> 葛乾孙，字可久，平江人也。生而负奇气，仪状伟特，膂力绝伦。未冠好为击刺之术，战阵之教，百家众技，靡不精究。及长，遂更折节读书，应进士举，所业出语惊人。……金华黄公潛，① 尤奇其文，劝之仕，不应。世传药书方论，而君之工巧，独自天得，治疾多奇骏（验），自丞相以下诸贵人得奇疾，它医所不能治者，咸以谒君，无不随愈。……至正壬辰，徽寇转掠江淝，吴人震恐。浙西廉访佥事②吴（李）公仲善，③ 请君与图，君劝城之，因守以计贼，仍请身任其事。李公壮其言，然其计，卒城之，而民赖以安。④ 明年癸巳春正月，与予游开元佛舍，私与予言：吾闻中原豪杰方兴，而吾不及预，命也夫！今兹六气淫厉，吾犯司地，殆将死矣，如期必于秋。予曰：何至是？逾月，果疾，予往视之，则犹谈笑无他苦。秋七月，沐浴竟，遂征（偃）然而逝，年四十有九。其诗未及诠次，藏于家，其行于世者，有《医学启蒙》，又《经

----

① 黄历，元代婺州义乌人，有《日损斋稿》、《日损斋笔记》等书。元史卷一八一有传。

② 据景明刻本《历代小史》卷77《稗史集传》（上海涵芬楼影印）。

③ 同治《苏州府志》、《中国医籍考》均作李仲善，《历代小史》作吴仲善，误，此据前书改。

④ 据景明刻本《历代小史》卷77《稗史集传》（上海涵芬楼影印）。

终（络）十二论》。① 君既殁，而朝廷聘君之命适至，已无及
矣。（下略）

根据这段材料，可知葛可久即葛乾孙，平江（苏州）人，是当时有名的
医生，死于元至正十三年（1353 年）癸巳，年四十九岁。上推四十九
年，则当生于元大德九年（1305 年）。这一生卒年，与上述自叙里所记
的年代是一致的，可见葛可久整个生活的时代，完全是在元代。②

　　除上面两条材料外，同治《苏州府志》卷七十八《人物》五，将
葛乾孙明确地列入元代。另外，明弘治元年（1488 年）刊本《霏雪录》
称："葛可久，姑苏人，治方脉术与丹溪朱彦脩齐名。"《明史》本传也
说他的医名"与金华朱丹溪埒"。③ 按朱丹溪，名震亨，字彦脩，生于
元至元十八年（1281 年），卒于元至正十八年（1358 年），比葛可久长
二十五岁，比葛可久晚死五年，他与葛可久是同时代而年较长。

　　根据上面这些材料，可以证明葛可久确是元代人。另外根据《苏州
府志》、《中国医学人名志》等书，我们还可以知道他的父亲叫葛应雷，

──────────

　　① 据景明刻本《历代小史》卷77《稗史集传》（上海涵芬楼影印）。（原文是"终"
字，如改正需加括号以改之。）

　　② 前引《稗史汇编》"院本"条的"宗秀罗贯中、国初葛可久，皆有志图王者；乃
遇真主"。这段话里的"真主"，周村同志认为"不是指朱元璋这个'真命天子'。作者这
样说，应是元统一中国后的口吻"。按周村同志这一分析是不符合历史事实的，根据这里
所引的《稗史集传》"葛乾孙"条，知葛生于元大德九年，上距元统一中国已二十五年。
当然葛乾孙决不可能生下来就"有志图王"，到他能有这种"图王"之志的时候，至少总
得要十八九岁或二十多岁。这样，他可能"有志图王"的最早时间，已经是元统一中国后
四十多年了。这时他还惋惜自己遇到了元统治者这个"真主"，显然是不通的。特别是上
引葛乾孙条的至正癸巳，他说："吾闻中原豪杰方兴，而吾不及预，命也夫！"这些话是自
相矛盾的，所以这个"真主"，绝不是指元统治者，而是指当时（即元末）起来推翻元统
治者的农民起义军中的领袖人物。因为至正癸巳，距元亡只有十五年了，当时各地农民起
义军的反元斗争正在不断高涨，这年张自诚起义自称诚王，朱元璋攻下滁州，方国珍据海
道。这一情况，正是豪杰方兴的形势，所以那"真主"两字，决不可能是指元统治者。

　　③ 《明史》本传没有说他是元代人。看样子是把他当明代人处理，这显然是错误的。

是由宋入元的。

二、罗贯中与葛可久是同时代人

确切地弄清葛可久是元代人,对于弄清罗贯中的时代,是有用处的。葛可久生于元大德九年,这时元统一中国,已经二十五年。我们如果从葛可久的生年来看,自不妨与《稗史汇编》"院本"条的作者一样称葛可久为"国初"(即元初)人;然而我们如果从葛可久的卒年即元至正十三年来看,这时下距元亡已经只有十五年了。如果出生时离元代开国有二十五年之久尚不妨称为"国初",那末,死时离元亡只有十五年,自然就更可以称他为元末人了(我们不能忘记元代一共只有八十九年)。

在上述《稗史汇编》"院本"条中,罗贯中与葛可久是并提的。这种提法,我们以常理来判断,同时也参照前面提到的《霏雪录》和《明史》把葛可久与朱丹溪并提的情况,可以推想,罗贯中大体上也应与葛可久同时,也有可能比葛可久稍长一些。我们姑且假定罗贯中比葛可久长十岁,则罗应生于元元贞元年(1295 年),即元统一中国以后的第十六年;而在葛可久死时,罗贯中应为五十九岁。《录鬼簿续编》的作者说:

> 罗贯中,太原人,号湖海散人。与人寡合。乐府隐语,极为清新。与余为忘年交。遭时多故,各天一方,至正甲辰复会。别后又六十余年,竟不知其所终。

至正甲辰,即元至正二十四年(1364 年),也即是葛可久死后十一年。

这年，按上述办法推算，则罗贯中应为七十岁。《录鬼簿续编》的作者写下上述这段回忆文字的时候究竟是几岁，我们很难确知，但他与罗贯中在至正甲辰分别以来已经六十多年，这是明确的，那末假定至正甲辰他与罗贯中"复会"的时候是二十二三岁，则写这段回忆文字的时候，他应该是八十四五岁了。当他自己在二十二三岁的时候曾与罗贯中"复会"，则在这以前一定还有"初会"，也即是他们开始相交的时期。估计这个时期，应该是《录鬼簿续编》作者二十岁或十八九岁的时候。这样，他们最初订交的时候，年龄的比例应该是：当《录鬼簿续编》作者十八九岁或二十岁的时候，罗贯中是六十五六岁或六十七八岁。以一个二十岁左右的青年，与另一个六十七八岁的老人相交，自然可以称是"忘年交"了。所以根据罗贯中与葛可久是同时代人而年略长，假定他是生在元元贞元年（1295 年）这一个设想，去看《录鬼簿续编》作者的上述回忆文字，在时间上是完全吻合的，在文理上也是贴切的，没有任何牵强附会的地方。相反，如果说《录鬼簿续编》的作者所回忆的罗贯中，一定是另一个罗贯中，也即是说在元代存在着两个罗贯中，那末这样的说法，就觉得太少依据了。

罗贯中究竟活到什么时候？到了明代没有？这也是我们可以思考的问题。按照我上述罗贯中的假定的生年来推算，如果说他活到八十岁，则已经是明代建国以后的第七年即洪武七年（1374 年）了；如果说他活到八十五岁的话，则已经是洪武十二年了。一个人活八十五岁的可能性是并不太少的；因此，上述推论也不能说绝对没有这种可能。那末看来鲁迅推论罗贯中是元明间人，大体上还是可以的，只是他推测的具体年代，即 1330—1400（元至顺元年至明建文二年），比我的推算迟了三十多年，因而入明的时间也多了二十来年而已。

根据上面这些材料，我认为罗贯中大约是生在元元贞元年（1295 年）前后，死于明洪武十二年（1379 年）前后，活了八十五岁左右。

他基本上是元代人。他的生年与大剧作家（也是三国戏的作家）关汉卿的晚年可以相接。他的卒年，可能已经是进入明代以后的十来年了。同时我又认为《稗史汇编》"院本"条所说的罗贯中，与《录鬼簿续编》作者所回忆的罗贯中是一个人。

三、罗贯中不是南宋人，也不是宋元间人

周村同志根据《稗史汇编》、《西湖游览志余》和《续文献通考》等书的记载，认为罗贯中"是南宋时人，倒是更有可能"的这一论断，我认为是不可靠的。

第一，上述这三种材料都不能证明他是南宋时人。

《稗史汇编》"院本"条的原文，从葛可久的时代，从该文作者前半部分称葛可久为"国初"人的语气，以及从《稗史汇编》编者王圻对待这条文字的具体处理上，[①] 都可以证明它原来确有可能是元人记元事，但在王圻编纂的时候或在这以前是否经人删改过是可以考虑的。因为书中明明说本书的编纂是"因宋元旧集，参照代新编"，何况这段文字下面"志西湖者遂曰罗后三世患哑"的语气，显然又是针对田汝成《西湖游览志余》里的那段文字（见本文开头所引）而发的。我们知

---

① 按：《稗史汇编》的编者王圻是明人，因此他在编纂此书时，所用材料，凡遇文中用来指明代的那些用语，如"国初"、"今朝"、"皇明"、"国朝"、"太祖"、"上"等词，他在编排时，都一律空一格或抬头；但同样的"国初"两个字，当作者是用来指元代的，他在编排时便不空格也不抬头。我们细心检视该书一〇三卷"文史门""院本"条前后各条，如卷一〇二"童谣"条、"西江月词"条、卷一〇三"钱谱"条、"作书见黜"条、"书名沿作"条、"声音文字统"条、"南峰著述"条，凡遇上述用语，都是空格或抬头的，因都是指的明代。但"院本"条中"国初"两字，却既不空格也不抬头，可见此段文字确是抄取的元人旧文。

道，田汝成是嘉靖五年（1526 年）进士。他的另一著作《西湖游览志》初刻于嘉靖二十六年（1547 年）。他在此书叙中说："于是绁集见闻，再证履讨，辑撰此书。叙列山川，附以胜迹，揭纲统目，为卷者二十有四，题曰《西湖游览志》。裁荆之遗，兼收并蓄，分门汇种，为卷者二十有六，题曰：《西湖游览志余》。"此叙即作于"嘉靖二十六年冬十一月"，可见《西湖游览志余》已在此时成书。今知《志余》一书尚存嘉靖刻本，另外我们又知道王圻是嘉靖四十四年（1565 年）进士，他编撰《续文献通考》和《稗史汇编》是在晚年，而他的年龄是较高的。《明史》二八六《陆深传》附《王圻传》说他"乞养归，筑室淞江之滨……以著书为事，年逾耄耋，犹篝灯帐中，丙夜不辍，所撰《续文献通考》诸书行世"。今《稗史汇编》第一卷署明"万历岁次丁未孟春朔日上海王圻谨识"。该书周孔教序也说："上海王公元翰，雅意著述，尝续《文献通考》，出入古今，为艺苑随和；杀青甫毕，又氾滥诸家小说，簸扬淘汰，哀其可传者，分门析目，汇为成书，凡可百卷。"蔡增誉的叙文也说："既以其大者续马贵与通考，而兹后复贾其余勇，白首丹铅，以就斯编。"这些材料，都说明王圻《稗史汇编》是继他的《续文献通考》后的著作，刻成于万历丁未年（1607 年）。万历丁未，上距嘉靖末年有四十一年之久，距嘉靖二十六年有六十年之久，也即是说，《稗史汇编》是在田汝成《西湖游览志余》成书六十年后和刊行四十余年后才编纂成书的，这样《稗史汇编》"院本"条所说"而志西湖者遂曰罗三世患哑，谓其导人以贼"云云，就完全有可能是针对《西湖游览志余》说罗贯中"编撰小说数十种，而《水浒传》叙宋江等事，奸盗脱骗，机巧甚详，然变诈百端，坏人心术，其子孙三代皆哑"这一段话而发的，因此"院本"条下面一部分针对《西湖游览志余》的这一段文字，很可能是经人删改进去的，不一定是元人的原文。特别应该注意的是，《稗史汇编》在收集编纂时，有很大部分的材料虽未注明出处，但又有一部分材料注明了出处，也即是说《稗史汇编》的材料来源，一部分是署明的，但很大部分又是不署明的。为什么在编纂的时候，有的材料署明出处，有的材料又不署明出处？当然这些不署出处的文字，不可能是王圻的创作，那末就有一个可能，即这些不明出处的材料，是经过编纂者或别人删改过的，即很可能是"参昭代新编"而得来的。《四库全书总目提要》说："是书搜采说部，分类编次，为纲者二十八，为目者三百二十，所载引用书目凡八百八种，而辗转稗贩，① 虚列其名者居多。……又卷首虽列书名，卷中乃皆不注出处，是直割裂说部诸编，苟盈卷帙耳。"《四库提要》说"卷中皆不注出处"虽然与事实略有出入，但它指出此书编者"辗转稗贩"，"割裂说部诸编，苟盈卷帙"，也即是说编纂工作并不谨严，这一点是符合事实的，因此我们在估计这书的史料价值时，应该审慎。所以根据上述这些情况，认为《稗史汇编》"院本"条曾经后人删改过，并非全是元人旧文这一看法，并不是没有根据的主观猜测。相反，认定"院本"条是元人旧文，未经删改，而其中"志西湖者遂曰罗后三世患哑"云云，不是指田汝成的《西湖游览志余》，乃是指在元代可能存在过的一部"志西湖的旧集"，这一看法，就不免猜测的成分过多了。② 总之，归根到底，我认为《稗史汇编》一书的史料价值，是要审慎地对待的；而其"院本"条的文字，原底子虽为元人旧文，但后面几句话，很可能是后人针对田汝成的《西湖游览志

① 据《四库全书总目》中华书局1965年6月版，第1124页。

② 当然周村同志所以这样设想，是因为王圻在《续文献通考》里又完全照录了《西湖游览志余》里的那段文字，这样就显得王圻在对待《志余》那段话的态度上前后完全不同，但这一情况，我认为是由于王圻在编书时态度并不严谨，辗转稗贩，贪多务得，徒盈卷帙的缘故。他的《续文献通考》，也是一部体例杂乱的书，四库馆臣甚至说那部书"竟以复瓿可也"，可见王圻的这些著作是并不怎么高明的，因此他的前后自相矛盾也并不足为怪。当然《续文献通考》的态度看来是他本人的态度，《稗史汇编》"院本"条的态度，则很可能不是他本人的态度。因为这段文字很可能是他"参昭代新编"得来的。

余》而加上去的。因此，很难根据这"三世患哑"的说法，去上溯罗氏三世，证明他是南宋人。何况这"三世患哑"的说法，本身就是一种无稽之谈，根本不足据为典要。至于正面提出罗贯中是南宋人的说法，则"院本"条并没有这样说。所以我认为"院本"条只能从葛可久转而推论罗贯中是他的同时代人，而不能证明罗贯中是南宋人。

正面提出罗贯中是南宋人的是田汝成的《西湖游览志余》（见本文开头所引），但这书的可靠性是很早就有人提出怀疑的。《四库全书总目提要》说："其志余二十六卷，则撷拾南宋轶闻，分门胪载，大都杭州之事居多……惟所征故实，悉不列其书名，遂使出典无征，莫能考证其真伪。"可见这书所说罗贯中是南宋人的说法，在没有更有力的证据以前，是很难以它为根据的。至于王圻的《续文献通考》，一方面根本没有说罗是南宋人，另方面这段文字明显地是抄取《西湖游览志余》，更不足凭信（两者文句基本上相同）。不过有一点是值得我们注意的，即王圻在抄取《志余》中的这段材料时，别的句子基本上都照抄了，独独把"钱塘罗贯中本者，南宋时人"这句中的"南宋时人"一句删去了，我觉得这不是偶然的脱漏，这是知道罗不是南宋时人而把它删掉的。所以周村同志所据以证明罗是南宋时人或"宋元间人，而入元时间且是较短于南宋时的"这三条材料，实际上都不足为凭的。

第二，把罗贯中假定为南宋时人或宋元间人，有一些文学史上的问题解释不通。

《三国志通俗演义》一书的作者是罗贯中。这是大家承认的，周村同志在文章中也没有对此提出不同意见。如果说罗贯中是南宋人，则自然《三国志通俗演义》一书的成书时代，也应该提前到南宋时代。这样，在宋元时代的一段文学史上，就产生了至少有两个难以解决的问题：一，为什么罗贯中《三国志通俗演义》这样篇幅宏伟的巨著，会产生在南宋（因为在此以前，中国文学史上还没有出现过长篇小说）；而篇幅狭小、描写简陋的《三国志平话》，却要到元代至治年间才能出现？这两者的关系究竟该如何解释？按照罗贯中是南宋人的说法或罗贯中是宋元间人的说法，那末至治本《三国志平话》应该是承继罗贯中的《三国志通俗演义》的。这样，在《三国志通俗演义》一书的发展过程中，就出现了一个奇怪的现象，即这部书的思想内容和艺术成就，不是逐步提高而是逐步降低，而且不是一般的降低，而是在极大程度上的降低。这一情况应该说是不符合这部长篇巨著发展的规律的，因而也是难以令人置信的。另一方面，假使罗贯中是南宋人，那末罗贯中创造《三国志通俗演义》这部七十余万字的长篇巨著，他究竟何所继承？自然，我们知道在宋代的民间，是流行着三国故事和三国戏的。这在苏轼的《志林》和张耒的《明道杂录》以及孟元老的《东京梦华录》等书里确有记载。然而，迄今为止，我们还不能认为在宋代有规模比较宏大的讲述三国故事的话本小说，那末，罗贯中的《三国志通俗演义》的产生，除了陈寿《三国志》和裴松之《三国志注》外，就别无更多的凭借了。这样，也就是说，《三国志通俗演义》这一巨著的产生，与民间三国故事和三国戏的长期流传并无血肉关系。这样的看法，是否符合文学史的实际情况，不能不使人深深置疑。二，设使罗贯中是南宋人或宋元间人，那末，元代流行的许多三国戏，它们的故事情节和人物，应该更多地与罗贯中的《三国志通俗演义》相一致，但是就现有的一些元代三国戏来看，我们却发现无论是故事情节和人物性格，都有许多与《三国志通俗演义》不一致的地方；相反，倒是与至治本《三国志平话》有很多共同之处。可以看出，这些戏剧与平话的故事，是有一个共同的依据的，这就是当时民间流传的三国故事；而有些时代稍后的三国戏（元代后期），则很可能直接受话本的影响。例如无名氏《锦云堂暗定连环计》杂剧，写王允利用貂蝉使美人计除去董卓的故事。剧中写貂蝉向王允自述身世说：

> 您孩儿不是这里人，是忻州木耳村人氏，任昂之女，小字
> 红昌，因汉灵帝刷选宫女，将您孩儿取入宫中，掌貂蝉冠来，
> 因此唤做貂蝉。灵帝将您孩儿赐与丁建阳，当日吕布为丁建阳
> 养子，丁建阳却将您孩儿配与吕布为妻。后来黄巾贼作乱，俺
> 夫妻二人阵上失散，不知吕布去向。您孩儿幸得落在老爷府
> 中，如亲女一般看待，真个重生再养之恩，无能图报。……

这一段情节，并不见于嘉靖本《三国志通俗演义》（这是现存最早、最
接近罗氏原著的书），但是在《三国志平话》里，却有基本上相同的一
段叙述：

> "贱妾本姓任，小字貂蝉，家长是吕布，自临洮府相失，
> 至今不曾见面，因此烧香。"丞相大喜："安汉天下，此妇人
> 也！"丞相归堂，叫貂蝉："吾看你如亲女一般看待。"

显然，这两者之间是有联系的，很可能前者是后者的发展。再如无名氏
《关云长千里独行》杂剧，写关羽辞曹寻兄的故事，剧中写曹操所以赶
上关羽向他赠袍的目的，完全是为了企图杀死关羽。剧本写道：

> 〔曹末云〕似此怎生擒的云长？〔张辽云〕丞相，俺如今
> 则可智取。〔曹末云〕你有何智量？〔张辽云〕我有三条妙计，
> 丞相领兵赶上云长，则推与他送行，丞相若见云长，丞相先下
> 马。关云长见丞相下马，他必然也下马来。若是云长下马来，

叫许褚上前抱住云长，着众将下手。第二计，丞相与云长递一
杯酒，酒里面下上毒药。第三计，丞相把那西川锦征袍，着许
褚托在盘中，丞相赠与云长。云长见了，必然下马来穿这袍，
可叫许褚向前抱住，众将下手，恁的方可擒的云长。

这一段情节，也不见于上述嘉靖本《三国志通俗演义》，但是我们在
《三国志平话》里，却可以发现同样的情节：

曹相共众官商议，有智囊先生张辽曰："先使军兵于霸陵
桥两势埋伏。如关公至，丞相执盏与关公送路；关公但下马，
用九牛许褚将关公执之。如不下马，丞相赠十样锦袍；关公必
下马谢袍，九牛许褚可以执之。"曹操深喜。先于霸陵桥埋伏
军兵。

上述两段情节，显然是有联系的，同样也有可能是前者出于后者。再如
无名氏的《两军师隔江斗智》杂剧，写周瑜为了夺取荆州，设计让孙权
将妹子远嫁荆州刘备，剧本写道：

〔周瑜云〕大夫，我想刘备在曹操阵中，折了甘、糜二夫
人，一向鳏居。有俺主公妹子孙安小姐，可配与刘备为婚。
〔做低语科云〕俺如今要得孙刘结亲，那里是真个结亲，则是
取荆州之计。俺这里暗调人马，等他家不做准备，则说是送亲
来的，乘机就夺了城门。这个是头一计，倘若不中，等刘备拜
罢堂，着小姐暗里刺杀刘备，然后大军直抵荆州，两能取胜。
……

233

〔（孙安小姐）云〕哥哥，因甚么将我许了人也。〔孙权云〕妹子，你不知，听我说与你，如今要将你与刘玄德为夫人，俺那里是与他结亲，正（真）意则要图他荆州，等你过门之日，俺这里暗暗差拨名将，假称护送，乘势夺了城门，俺随后统着大兵，一鼓而下，岂不这桩大事都靠着你妹子身上。你再不要推辞了也。……〔孙权做耳暗科云〕妹子，若此计不成，又有一计，只等刘玄德拜罢堂，回到卧房里面，你平日侍婢们都是佩着刀剑的，你觑个方便，将他刺死，不怕荆州不归我国。

……

〔甘宁云〕可早来到（荆州）南门外了。前哨报复去，说俺吴国众将送孙安小姐到了，快开门者。〔卒子报科云〕喏。报的三将军得知，有吴国众将送亲到了也。〔张飞云〕小校，止放小姐一辆翠驾车，梅香一骑马进来，其余吴国众将，都停住城外，不许放进一个，说我老张亲自在此。〔卒子云〕得令。……〔甘宁云〕不放俺军将进城，我亲自见三将军去。〔做见张飞科云〕三将军，俺们送小姐来，都是要讨喜酒吃的，怎么不放俺进去？〔张飞云〕兀那吴国军将，您非送亲而来，我知您周瑜的计策，故来赚俺的城门，如有一个进来，我一枪一个。

上面这些情节，在嘉靖本《三国志通俗演义》里也是没有的，但是它同样可在《三国志平话》里找到线索：

却说周瑜到于江岸，各下寨，与鲁肃评议："吾有一计。"

> 鲁肃问，周瑜言："讨虏（指孙权）有一妹，远嫁刘备，暗囚卧龙之计，可杀皇叔。"元帅使鲁肃过江见讨虏，言孙夫人嫁刘备，阴杀之。
>
> ……
>
> 鲁肃回至大江见周瑜；过江见孙权。太夫人引幼女离吴地，过大江，远赴荆州五十里。鲁肃日随行，有五千军，暗藏二十员将。倘若荆州城闹了，乘势可取。"言未尽，只见张飞特来远接夫人："军不用一个，去荆州外下寨！"唬吴军皆不敢来。

同样，上面所引两书，显然也是有联系的，而且也很有可能前者是出于后者。当然，这里所引的还只是一部分，其余情节相同的地方，由于篇幅的限止，不可能全部摘引。

除上述这种情况外，还有一些元代三国戏的情节，是既不见于嘉靖本《三国志通俗演义》，也不见于《三国志平话》。例如关汉卿的《关大王独赴单刀会》杂剧里，第一折写乔公谏阻鲁肃招关羽赴宴讨荆州，第二折是写司马德操谏阻鲁肃招关羽赴宴讨荆州。这两折戏的情节，是上述两书都没有的。再如无名氏的《诸葛亮博望烧屯》杂剧里，有张飞在华容道释放夏侯淳，曹操的军师管通来说降诸葛亮等，也是上述两书都没有的。这一类例子，还有很多，这里为了节省篇幅，也不再一一列举。

上述这些情况，为我们说明了两个问题：

一、一部分元代三国戏的情节，是与《三国志平话》有密切关系的。它们两者之间，当话本尚未定型或尚未刊行以前，可能是互相影响，互相吸取的；但当话本刊行以后（话本刊行于元至治年间，1321—

1323，恰为元代中期），则后起的三国戏，较多地受话本的影响。

二、从元代三国戏剧目的丰富情况（据不完全的统计，现存元代三国戏剧目，包括仅有的存目在内，约有四十余种）和情节的复杂情况来看，说明元代是三国故事特别发达的时期；而这一时期三国故事，还未形成一个规模宏大、结构统一完整如《三国志通俗演义》那样的一部长篇巨著。然而，却正是在这样的基础上，伟大的小说家罗贯中生逢其时，因此才能在元末或元末明初（我想这部巨著的完成，也同样需要曹雪芹写《红楼梦》那样的"十年辛苦"的，因此他的写作很可能是在元末或元末到明初的），完成这样一部伟大的著作。

根据上面情况来看，说罗贯中是南宋人或宋元间人，显然很难与这一历史情况相符合。

1962 年 9 月 23 日北京

1963 年 5 月 15 日改毕

彻底批判封建道德

引　言

　　近年来，在学术界和戏剧界，展开了关于封建道德的争论。争论的焦点，主要是以下两个问题：一、封建道德如忠、孝、节、义等有没有人民性；二、封建道德能不能继承。在戏剧界，除了上述两个问题以外，还有围绕着一些具体剧目的争论，如《斩经堂》、《一捧雪》、《四郎探母》、《恶虎村》等等。

　　我觉得在现阶段展开这一争论，是很有意义的。我们知道，中国的封建制度，持续了两千多年。这两千多年的历史的最根本的特征，就是地主阶级对农民和其他劳动人民的阶级压迫，农民和其他劳动人民对地主阶级的反抗。这就是说，历史是在这种阶级斗争的情况下演进的，两千多年的历史长流中所产生的灿烂的中国封建时代的文化，与这一斗争有着直接的或者间接的、明显的或者隐蔽的联系。我们在清理古代文化遗产的时候，如果忘记或者否认这一事实，就会走到历史的迷魂阵里去，就会在浩如烟海的文化堆积的丘山中找不到自己的出路。

　　在我们的古代文化中，确实有许多精华。但是，历史是阶级斗争的

237

历史，历史上的统治阶级，为了巩固他们的统治，总是用一切办法来压迫人民，欺骗人民。他们除了直接运用国家机器——军队、监狱等等以外，他们还从思想上来麻醉人民、毒害人民，对人民实行精神统治，使人民从思想上接受他们的统治，以避免阶级斗争的激化。两千多年来封建社会里所流行的、占统治地位的封建道德，就是封建统治阶级用来对人民进行思想统治、精神压迫的一种工具，其目的是为了强化封建阶级的统治，巩固封建社会的制度。所以当着推翻这一制度的革命起来的时候，必然要对这种封建道德进行斗争。辛亥革命时期的革命党人就曾经对封建道德进行过批判，五四运动时期，更曾大力对封建文化和封建道德进行过批判。"五四"时期对传统文化的批判，一方面表现了他们坚决革命的精神，另方面，也有缺点，所谓坏就是一切都坏，缺乏辩证的观点，因此对传统文化否定得过多。但是，当时对封建道德的批判，却不是否定得过多而是批判得不彻底。原因是：一方面因为当时革命的知识分子还没有掌握马克思列宁主义，他们还不能运用马克思主义的历史唯物主义、阶级斗争的观点和辩证的观点去对古代文化进行具体的分析；另方面，当时封建道德的社会基础——封建阶级还依然存在，当产生这种道德观念的社会经济基础还牢固地存在的时候，要消灭这种观念自然是不可能的，何况延续了两千多年的封建道德，有它更为广泛深刻的社会影响，企图在一个运动中把它全部清除掉，本来是不可能的事。现在我们的革命已经胜利了，社会制度发生了根本的变革，封建地主阶级已经被打垮，已经失去了它的政治的和经济的地位，我们正在建设着社会主义的新文化，人们的道德面貌也焕然一新，不可能设想在社会主义的新文化新道德中间，可以容许封建道德的存在。当然更不能主观地设想在我们的社会生活中，在广大人民的思想中，封建道德已经全部消失。事实上，两千多年的封建道德，是一种历史的惰力，不经过长期的彻底的批判，是不容易把它清除掉的。恩格斯说："传统是一种巨大的阻碍，是历史上的惰力。但是它只是消极的，因而，必定要灭亡。"①
然而，怎样使它灭亡呢？让它象岩石一样经过几万年的风化以后而归于
自然消失呢？还是对它进行斗争以加速它的灭亡呢？我们是革命者，对
于一切阻碍历史前进的腐朽的东西，我们应该用斗争的办法来加以清
除，不与这些腐朽的旧观念决裂，新的社会主义、共产主义的思想阵地
就不能巩固。《共产党宣言》说："共产主义革命就是要最坚决地打破
过去传下来的所有制关系；所以，毫不奇怪，它在自己的发展进程中要
最坚决地打破过去传下来的各种观念。"封建道德，无疑是过去传下来
的腐朽的旧观念，那末我们究竟是坚决地打破这种旧观念呢？还是想法
保护它呢？无疑我们应该打破它。我们现在来批判封建道德（包括批判
封建迷信），我认为是为了完成"五四"以来未曾彻底完成的任务，是
为了建设社会主义和共产主义，是为了彻底解除广大劳动人民心灵上的
锁链，是为了欣欣向荣地建设我们社会主义新文化和新道德。

什么是道德，批判封建道德应该注意哪些问题

为了弄清封建道德有没有人民性，封建道德能不能继承等问题，我
们必须先把什么是道德这个问题弄清楚，否则容易把不是属于道德范畴
的东西也拿来讨论，这样问题就不容易得到解决。

什么是道德呢？道德，是一种意识形态，是一定社会的上层建筑。
它是评价人们的社会行为的善恶、美丑、是非的一种标准。它的产生是
由社会物质生活条件和人们的社会生产关系、社会阶级地位所决定的，
因此它是阶级的根本利益的反映。在阶级社会里，道德总是阶级的道

---

① 《马克思恩格斯文选》（两卷集）第 2 卷，第 115 页。

德，没有超阶级的道德。恩格斯说："人们自觉地或不自觉地，归根到底总是从他们阶级地位所依据的实际关系中——就是说从生产和交换所依以进行的经济关系中，吸取自己的道德观念。"又说："直到现在社会是在阶级对立之中发展，所以道德总是阶级的道德；它或者是为支配阶级的统治和利益辩护，或者是当被压迫阶级足够强大之时，它表现对于这个统治的抗争，而代表被压迫者的将来的利益。"① 可见在阶级社会里道德是有阶级性的。

由于在阶级社会里存在着两种对抗的阶级：奴隶主和奴隶，地主和农民，资产阶级和无产阶级，因此也就存在着两种互相对抗的不同的阶级道德，而不可能有统一的反映全社会的共同利益的真正的全民道德。不过，在阶级社会里，统治阶级占统治地位，因此统治阶级的道德也同样占统治地位。统治阶级为了欺骗人民，为了使人民接受统治阶级的道德，他们总是"把自己的利益说成是社会全体成员的共同利益，抽象地讲，就是赋予自己的思想以普遍性的形式，把它们描绘成唯一合理的、有普遍意义的思想"。② 因此，统治阶级的道德，不仅占有统治地位，而且还具有虚伪的"普遍的形式"；相反，在阶级社会里，劳动人民处在被统治的地位，他们被剥夺了文化，因此他们的道德观念，不可能像统治阶级的道德观念一样，形成一个周密的完整的体系，更不可能充分地全面地用理论的形式表现出来，这是一种历史的限制，如果因此而否认劳动人民的道德，否认在阶级社会里有两种不同的对立的道德，那就不是马克思列宁主义的观点。

阶级社会里的道德，实质上是阶级斗争的一种工具，统治阶级的道德是表现统治阶级的善恶、美丑、是非的一种观念，它用来麻痹毒害劳

① 恩格斯：《反杜林论》，第95—96页。
② 《马克思恩格斯全集》，第3卷，第54页。

动人民，对他们实行精神统治，使他们甘心居于被压迫被统治的地位；同时，它对本阶级的成员，又起着协调的作用，以达到巩固本阶级的团结的目的。而被统治阶级的道德，则是表达被统治阶级对待善恶、美丑、是非的一种观念，当阶级斗争尖锐的时候，它也是反抗统治阶级的压迫，鼓励人们起来斗争的一种武器。当然，我们在理论上可以把这两种道德分得清清楚楚，但在具体的历史生活中，在具体的历史人物身上，这两种道德对人的影响，又是异常复杂的，有一些出身于封建阶级的人，他的基本的道德观念，是封建阶级的道德观念，但在个别问题上，在一定的条件下，也可能接受人民道德的影响；同样，劳动人民在不同程度上，更会普遍地接受封建道德的影响。因此这两种道德就形成一种复杂的存在，而它们的社会作用，也不会如上面所说的那样单纯。所以我们在研究的时候，应该充分注意两种道德相互斗争中的错综复杂的关系，而不能掩盖这种关系，因为掩盖这种关系，就等于掩盖道德领域里的尖锐复杂的阶级斗争。

另外，我们还应该了解，道德不是永恒不变的，无论是剥削阶级和被剥削阶级的道德，都是随着时代和社会的变迁而变动的，奴隶制时代的道德不同于封建制时代的道德，而资产阶级的道德又不同于封建制时代的道德，当然无产阶级的社会主义、共产主义的道德与上述这些道德更有本质的区别，因此从过去到现在，从未出现过一种万世长存、永恒不变的道德。目前，有些人企图把孔子的仁义、忠恕等道德教条说成是同样适合于我们时代的一种道德，换句话说，把封建阶级的某些道德说成是永恒不变的道德，这就根本上离开了马克思列宁主义；这样，他们对道德问题也就不可能指望得出正确的看法。把上面这些问题归纳一下，可以明确下面几点：

一、道德是一种观念形态，是属于思想领域的问题，它与人们的行为有联系也有区别，当我们在讨论道德本身的阶级性，或封建道德有没有人民性，能不能继承等问题的时候，首先应该着重分析封建道德本身的阶级本质，然后再联系历史人物的具体行为，用阶级分析的观点和方法，来检验封建道德的阶级性，而不能把历史人物的一些具体行为离开了历史条件而单纯地把它当作一种道德观念本身来看待；换句话说，不能把历史人物的具体行为（尽管这些行为本身在不同程度上体现了某种道德观念）与意识形态领域里的道德观念完全划成等号。

二、道德是有阶级性的，它是阶级斗争的一种工具，同时它又能起协调本阶级内部矛盾和巩固社会制度、社会秩序的作用。因此，每一个道德项目，都有它具体的内容，尽管这些道德项目的具体内容在长期的社会历史生活中，会有变化，但我们决不能把它抽象化。马克思列宁主义教导我们要具体地分析具体问题，因此，我们就应该用阶级分析的观点和方法对它们进行具体分析，揭示出这些道德项目的具体内容，从而揭示出它的阶级实质。

三、道德在社会生活中所起的作用是异常复杂的，它的因果关系也是很错综的，我们在研究它的时候，应该紧紧把握住历史主义的阶级分析的观点和方法，透过一切纷纭复杂的现象，紧紧抓住它的本质，抓住它的主要之点，而不应该把一些非本质的东西当作本质的东西来看待。

四、道德是一种历史的范畴，它是随着时代的变迁而变迁的，从古以来没有永恒不变的道德，因此我们在进行研究的时候，不应该把它从时代和阶级中分离出来，主观地把它变为一种空洞的可以装进任何内容的永恒真理。

上面这四点，我认为在我们讨论封建道德有没有人民性，可不可继承等问题时，是不应该忽视的。

封建道德有人民性吗

封建道德如忠、孝、节、义等有没有人民性呢？有的同志是主张有人民性的，例如张庚同志说：

> 忠、孝、节、义这类的思想，固然有封建性的一面，但也不是没有人民性的一面。我们必须注意到这样的事实：在封建时代，虽然统治阶级利用这些东西来进行统治，但人民也利用这些来进行反抗。秦香莲在《闯宫》那场戏中骂陈世美，仍是骂他"不忠不孝不仁不义"，《琵琶记》中张太公骂蔡伯喈也是骂他"三不孝"。《三上轿》所以感人的也还是那些有人民性的"节"。至于《杨家将》《精忠记》这类戏的人民性，正是表现在那与"奸"尖锐对比起来的"忠"。①

在这里，张庚同志认为忠、孝、节、义等封建道德是有人民性的，或者说是有人民性的一面的。他作出这个判断时所举的例证是《秦香莲》、《琵琶记》、《三上轿》、《杨家将》、《精忠记》等剧本里的词句。在研究这一问题的时候，我们首先要弄明白什么是人民性，然后再研究在历史上实际存在的封建阶级的道德项目忠、孝、节、义等的具体内容，看看这些道德项目的内容是否具有这种人民性。

什么是文学中的人民性呢？概括地说，就是从作品中反映出来的广

---

① 张庚：《正确地理解传统戏曲剧目的思想意义》，见《文艺报》1956年第13期。这是张庚同志过去的观点，现在张庚同志已经改变了这个看法，这里仍引用这段话，是因为目前这种意见还有相当大的代表性。

大被压迫阶级反抗统治阶级的斗争精神以及他们进步的思想愿望和要求，与此相联系的是他们对统治阶级的尖锐的揭露和讽刺，他们对侵略者的百折不挠的斗争，以及作品对被压迫阶级的痛苦生活充满着同情的深刻描写，对统治阶级荒淫无耻的剥削生活真实而尖锐的刻画，等等。总之，文学中的人民性，是阶级社会里被压迫阶级的情绪的反映，这种反映可以是直接的也可以是间接的，可以从劳动人民自己的作品中反映出来，也可以从出身于剥削阶级但是具有进步的政治思想、同情劳动人民、接近劳动人民的优秀作家的作品中反映出来。当然，文学中的人民性问题，是一个复杂问题，它牵涉到在不同的历史时期"人民"这个词的不同的内涵等等，这里不可能全面涉及这些问题。要之，文学中的人民性，是阶级社会里被压迫阶级的利益在意识领域里的反映，它是为劳动人民的正义斗争，为反抗统治阶级的压迫、剥削而辩护的，它决不是维护统治阶级的统治，反映统治阶级利益的一种东西。换句话说，决不能把那些维护封建统治，散布封建思想毒素的东西说成是有人民性的东西。在道德领域里的人民性问题，我们大致也可以这样来看。

那末，封建道德忠、孝、节、义是什么样的一种意识形态呢？它究竟有没有人民性呢？这里，我们有必要对这些道德的具体内容作一些分析。

我们知道，忠、孝等道德观念早在殷、周时代就产生了，现存甲骨文中，虽然还没有"孝"字，但"考"字和"老"字是有的。按"考"、"老"两字与"孝"字的意义是相同的。[1] 关于殷人重"孝"的事，在《周书·无逸》里说，殷王小乙死了，他的儿子武丁为他守丧三年，不理国事。后来武丁的儿子叫"孝己"，据说也是十分孝顺的人。[2]

---

① 朱芳圃《甲骨学文字编》注云："古老、考、孝本通，金文同。"

② 《战国策·秦策》说："孝己爱其亲，天下欲以为子。"《燕策》说："孝如曾参、孝己。"《庄子·外物》篇说："人亲莫不欲其子之孝，而孝未必爱，故孝己忧而曾参悲。"上面这些材料，都讲到孝己的"孝"。

我们知道在甲骨文中有"教"字，按"教"字是从"攴"从"孝"，"孝"字即"孝"字，这里可知当时教育的中心内容是"孝"。殷代为什么会产生"孝"这种道德观念，它的内容究竟如何？这是我们应该了解的。那末我们应该如何了解呢？马克思说："物质生活的生产方式制约着整个社会生活、政治生活和精神生活的过程。不是人们的意识决定人们的存在，相反，是人们的社会存在决定人们的意识。"他又说："这个意识必须从物质生活的矛盾中，从社会生产力和生产关系之间的现存冲突中去解释。"① 这就是说，我们要了解产生这种道德观念的原因，应该从这个社会的经济基础中去寻求解答。我们知道，殷代和周代是一个宗族、种族奴隶制社会，在这个社会里被征服种族是征服种族的奴隶，而这个社会的统治形式，就是血缘氏族的宗法制度。所谓宗法制度，就是天子自称是上帝的长子，占据着最高的统治地位，这个统治地位由嫡长子（正妻的长子）世袭相传，这就是大宗；嫡长子以外的其余的子，则分封为各国诸侯，分别建立他们自己的宗，这就是小宗。诸侯国的君位，也是嫡长子继承，它又分成比天子低一级的大宗和小宗，即诸侯国国君的嫡长子是大宗，其余的众子是小宗；诸侯国的大宗对天子来说仍然是小宗，对本国来说是大宗，以下依此类推。这样层层分封隶属，由天子、诸侯、卿大夫、士，直到最低一级的庶人。这种宗法制度对于异姓诸侯，则用异姓通婚的办法，即用姻戚的纽带关系与宗法制度联系起来，这样就形成了一个严密的血缘关系的统治网。在这种宗法制度下，宗族长就是天子，他拥有最高的权力，其余各级都必须服从他的统治。这种宗法制度，对被征服种族也同样适用，不过被征服种族的宗族长必须臣服于征服者种族。这种宗法制度，在殷代后期开始实行，到周代而发展得完备。我们可以看到在这种宗法制度下，阶级压迫的实质

---

① 《马克思恩格斯全集》，人民出版社 1962 年版，第 8—9 页。

被血缘关系掩盖着，统治者利用血缘关系的宗法制度来进行阶级压迫；而宗法制的核心则是嫡长子继承制，这样它对于父子间来说，就要求儿子绝对服从父亲，即所谓"孝"，对于兄弟间来说，就要求弟弟服从长兄，即所谓"悌"。马克思说："人们按照自己的物质生产的发展建立相应的社会关系，正是这些人又按照自己的社会关系创造了相应的原理、观念和范畴。"① 我们可以看到"孝"以及"悌"这种道德观念，就是从这种宗法制度下产生的，它是巩固宗法制度的一种意识形态。所以殷、周两代都注重"孝"。前面说过，宗法制度到周代才趋于完备，所以"孝"的观念到周代也就更有所发展，甚至把它作为选拔人才的一种标准。例如《尚书·君陈》说，君陈之参予政事，就是由于他的"孝行"；相反，周人把不孝看作是"元恶大憝"，即首恶。对于这种不孝，就要严加制裁，"刑兹无赦"处以极刑。这种"孝"的道德观念，到了孔子的手里，便得到更大的发展，并且把它与"忠"贯通了起来。他把"孝悌"作为他的"仁"的道德思想的基础。他说："孝弟也者，其为仁之本与！"他又说："其为人也孝弟，而好犯上者鲜矣！不好犯上，而好作乱者，未之有也！"（《论语·学而》）目的就是要人民安于被统治的地位，不要"犯上作乱"。而最后则要人民效忠于统治阶级，所谓："孝慈则忠。"（《论语·为政》）孔子对于"孝"这种道德观念的解释，应该承认是有"权威性"的，这些具体内容是不容抽掉的。比孔子后一些的另一本解释"孝"这种道德观念的经典著作就是《孝经》。这本书为天子、诸侯、卿大夫、士，以至于庶人各级人等都具体规定了"孝"的项目，它规定"士"的"孝"是"以孝事君则忠，以敬事长则顺"；它在《广扬名》章又说："君子之事亲孝，故忠可移于君；事兄悌，故顺可移于长。"它说："夫孝，天之经也，地之义也，民之行也。"

---

① 《马克思恩格斯全集》第4卷，人民出版社1958年版，第144页。

（《三才章》）因此，如果不孝，则是大逆不道。它在《五刑》章说："五刑之属三千而罪莫大于不孝。"总而言之，一部《孝经》，就是反复教训人们要对统治者尽"忠"尽"孝"；如果对统治者有点"不忠"、"不孝"的敢于"犯上作乱"的思想则罪莫大焉。这种"孝"的道德思想，到了后来，更有所发展，汉代的经学大师郑玄说："孝为百行之首。"① 汉代的统治者，更制定了"举孝廉"的制度，使得那些"孝子顺孙"能够得到一条政治上的出路。汉以后，那些宣扬封建孝道的书，更是层出不穷，什么《孝子传》、《二十四孝》、《二十四孝图》等等，真是汗牛充栋，不一而足，而"孝"这种道德观念的内容，也就更加具体，更加形象化了，如《二十四孝图》里的《郭巨埋儿》、《莱子娱亲》、《王祥卧冰》等等，都是"孝"德的具体内容。到了明清时期，则更流行着："君要臣死，臣不死即为不忠；父要子亡，子不亡即为不孝"等等极端反动的思想。这一切事实，都有力地说明"忠孝"这种道德观念，是为统治阶级的利益服务的，是统治阶级用以巩固统治的一种统治思想。这种思想，其所以能够历数千年而愈盛，没有随着奴隶制的瓦解而消灭，反而因为封建制度的产生发展而更加炽烈，它的根本原因，是因为这两种社会制度，有它共同之点：它们都是以家族为生产单位的宗法制的私有制社会，在这两种不同社会制度的社会里，都建立着一种等级制度，在这里，阶级的差别，都"是用居民的等级划分而固定下来的"，都是一种"等级的阶级"，② 同时都有一部分统治阶级统治、压迫、剥削着另一部分在数量上占绝大多数的劳动人民，而这种道德观念，就是奴隶制和封建制的（后者更为重要）经济基础的上层建筑，它是为巩固这种经济基础而服务的，当着这种经济基础还处在上升发展阶

---

① 见唐陆德明《经典释文叙录》，此处引周予同注释清皮锡瑞《经学历史》第41—42 页。

② 《列宁全集》第 6 卷，第 93 页，注文。

段的时期，一方面，它具有历史的积极作用，另方面，对被压迫阶级来说，它又是代表剥削阶级利益而统治劳动人民的一种思想武器，有它的剥削阶级的阶级性，随着这种社会制度本身愈来愈失去它的历史的进步性（奴隶制比原始公社制进步，封建制比奴隶制进步）而走向它的反面的时候，这种道德观念，自然也就完全成为一种反动的思想。马克思、恩格斯说："占统治地位的思想不过是占统治地位的物质关系在观念上的表现，不过是表现为思想的占统治地位的物质关系。"① 所以归根到底，上述"忠"、"孝"等道德观念，实质上是"支配着物质生产资料的阶级"，即奴隶主阶级和封建统治阶级的统治思想的表现。任何掩盖或者否认"忠"、"孝"等道德观念的上述这种阶级实质的说法，显然都是违背马克思主义的观点的。

下面再谈谈"节"、"义"的问题。

"节"，用在男女的关系上，就是片面的要求妻子为丈夫的利益而牺牲自己，就是男子对女子占有绝对的统治地位。这种思想，实质上就是阶级社会里男女社会经济地位不平等的反映。自从人类从母系本位的氏族制社会转变到父系本位的氏族制社会，男子在社会生产、社会经济中占有特殊的地位，随着社会发生了阶级分化、阶级对立以后，这种"节"的观念便逐渐产生了。这种观念的产生，是父权制的确立，按父系确定财产继承权的这种制度的产物，因为血统问题牵涉到财产的继承问题，所以对妇女就要求严守贞节。《韩非子·忠孝篇》里曾说："臣事君、子事父、妻事夫，三者顺则天下治，三者逆则天下乱，此天下之常道也。"这段话里前面两项，是忠、孝这两种道德的内容，后一项，则是"节"这种道德的内容，它同样反映了男子的特权。要求妇女片面地保持贞节的这种伦理道德思想的大力推行，是在宋代以后。宋代的道

---

① 《马克思恩格斯全集》第 3 卷，第 52 页。

学家程颐就说过"饿死事小、失节事大"[1] 这样的话。宋以后的统治阶级，都提倡这种道德，作为与"忠"、"孝"并行的一种德目，成为"君为臣纲、父为子纲、夫为妻纲"[2] 的所谓"三纲"。在这种吃人的封建道德的压迫下，不知逼死了多少封建社会的妇女，例如元末明初吴王张士诚的女婿潘元绍，在兵败以前，竟逼令他的七个姬妾一起自杀，即所谓"殉节"，并且还请了当时的著名文人张羽为她们撰写墓志，赞扬她们说："尝观古之史氏所载贞妃烈妇，能识节义决死生而不顾者，恒旷世而一见，今乃于一家一日而得七人焉。吁，不奇矣！"[3] 同时又请了著名的书法家宋克书写勒石，目的是使这几个妇女惨烈的遭遇，凭借这些人的"法书"、"文章"，永远流传后世，成为妇女们守节的"楷模"。上面这些事实，说明"节"这种道德观念，同样是为统治阶级服务的，它根本不可能有什么人民性。

至于说到"义"，最早大力提倡"义"的是墨子。墨子出身于劳动人民，他穿草履、服粗衣，过着艰苦卓绝的生活。他提倡"义"，是为了对抗孔子所提倡的"仁"。他认为孔子的"仁"是不能实现的，所以必需提倡"义"。墨子认为"义"就是"有力以劳人，有财以分人"。[4] 他认为"为政于国家者"在选拔干部的时候，不应该以富、贵、亲、近者为选拔对象，而应该选拔贤者。贤者的重要标准，就是"可以利人"的"义"。只要他是有能的贤者，那末那怕他是"农与工肆之人，有能则举之，高予之爵，重予之禄，任之以事，断予之令"。他认为"官无常贵，而民无终贱"。因此应该"举公义、辟（除）私怨"。（均见《尚贤》上）显然墨子的提倡"义"，是为了使当时的"农与工肆之人"能

---

① 见《河南程氏遗书》卷二十二。
② 见《礼记·乐记正义》引《礼纬·含文嘉》语。
③ 见《七姬权厝志》，1934 年上海昌艺社影印拓本。
④ 见《墨子·鲁问》。

够得到参与政治的权利，从而以便打破当时的贵族政治（这在理论上和实践上当然都只是改良主义）。可见墨子提倡"义"是从劳动人民的利益出发的。然而，墨子的这种思想，在阶级社会里，除了在下层群众中有较为广泛的影响外，它并没有成为统治的思想，比他稍后的孟子，就提出了另一种内容的"义"。他说："义，人之正路也。"（义，是人人应该走的正路）（《离娄》上）又说："未有仁而遗其亲者也，未有义而后其君者也。"（没有讲"仁"的人却抛弃他的父母的，没有讲"义"的人而怠慢——不敬重——他的君主的）（《梁惠王》上）又说："无礼义，则上下乱。"（《尽心》下）所以孟子所倡导的"义"，就是要求被统治阶级定服从统治阶级的统治的"正路"，防止统治秩序的混乱。所以他又说："仁之实，事亲（即亲亲）是也；义之实，从兄（即敬长）是也。"（《离娄》上）又说："亲亲，仁也。敬长，义也。"（《尽心》上）总而言之，孟子所讲的"义"，是从统治阶级利益出发，巩固统治秩序的"义"，与墨子"有力以劳人，有财以分人"，"可以利人"的"义"，内容完全不同。而在我国两千多年的封建社会里，统治阶级所大力提倡的，也正是孟子的这种"义"，所以孔孟之学，在两千多年的封建社会里，一直是"显学"。

从上面的分析里，我们可以看到，封建统治阶级所提倡的忠、孝、节、义，根本是为统治阶级利益服务的一种意识形态，它的作用就是帮助封建统治阶级巩固封建制度，消除人民的反抗意识，所以它是封建统治阶级用来对付人民的一种精神毒药，它在今天，与人民的共产主义思想和共产主义道德是根本对立的，不能设想充满着封建思想和封建道德的人的头脑里，还可以同时充满着共产主义思想和共产主义道德。所以把封建道德说成有人民性或有人民性的一面，是根本错误的。

在阶级社会里，不同阶级有没有共同的道德

在阶级社会里，不同的阶级究竟有没有共同的道德？

这个问题本身还需要进一步明确。如果是问在阶级社会里究竟有没有一种超阶级的道德？那末我们在上面已经回答了，而且马克思主义早就回答了这个问题。恩格斯在《反杜林论》里早就批判了把道德当作一种超阶级的永恒真理的谬论，他说：所有以往的道德论，归根到底都是社会当时经济状况的产物。而因为直到现在社会是在阶级对立之中发展，所以道德总是阶级的道德。"他又说："我们就是现在也还没有越出阶级道德的范围之外。只有在不仅消灭了阶级对立，而且甚至在实际生活中这种对立已被遗忘了的社会发展阶段上，超越阶级对立及对这种对立的回忆之上的、真正人类的道德方才成为可能。"① 所以在阶级社会里有没有超阶级的道德的问题，是马克思列宁主义早已解决了的问题。

如果问题是说在阶级社会里，统治阶级的道德会不会影响被统治阶级？被统治阶级的道德会不会影响统治阶级中个别人物的道德？或者在历史上，会不会有一种从根本上来说是为统治阶级利益服务的，但相对地来说，在一定的历史条件下对劳动人民也有一定的好处的道德？如果问题是指这些方面的话，那末，这正是接触到了道德领域里阶级斗争的复杂的一面，我们应该认真地分析。

阶级斗争在道德领域里的反映，是一个极其错综复杂的现象，为了叙述的条理，我们姑且把它分成三种情况：

一、在阶级社会里，统治阶级的道德对被统治阶级的影响。

这种情况是普遍存在的，我们知道在阶级社会里统治阶级的思想就

---

① 恩格斯：《反杜林论》，第96页。

是统治的思想，统治阶级的道德也就是占统治地位的道德。统治阶级为了巩固他们的统治，他们不仅制订了许多道德教条，而且还用各种方式来宣扬这种道德。他们一方面用功名利禄来教忠教孝，另方面又用精神鼓励的办法来麻痹、毒害人们的思想。他们为这些道德的实践者造牌坊、立祠庙，在正统的史书里写忠臣传、列女传。他们为了使这种道德更能深入人心，还鼓励人们把它编成唱本，绘成画册。总之，他们尽量运用各种方法，以便使这种封建道德达到向劳动人民"大普及"，从而在劳动人民的心灵上套上一条牢固的锁链，企图从根本上消除劳动人民的反抗意识，并使他们进而成为封建统治阶级的顺民。在统治阶级这种思想长期的统治之下，广大劳动人民在一般情况下普遍地在不同程度上接受这种道德，把它作为自己行为的标准，那是很自然的。当然，这种道德对统治阶级内部的人来说，也同样需要遵奉，因为统治阶级内部的人遵奉这些道德教条，对巩固封建统治同样具有积极作用，因此统治阶级的当权人物在理论上也不允许他们同一阶级的人物违反这种道德。然而，在实际上，他们又常常违反这些道德，后汉桓灵时的一首民歌说："举秀才，不知书，举孝廉，父别居。"就十分生动地揭露出这种封建道德的虚伪性。总而言之，在阶级社会里，封建道德一方面普遍地影响着劳动人民，另方面，统治阶级的人们也同样要遵奉它（尽管他们的遵奉有很大的虚伪性，而且有些人还在实际上破坏它）。那末，在这种情况下，即在统治阶级和广大劳动人民共同接受这种道德的情况下，能不能说在阶级社会里，不同的阶级可以有共同的道德呢？能不能说道德终究是超阶级的呢？当然不能，因为劳动人民接受这种道德，是受统治阶级道德毒害的结果，这种道德本身，并不因此而改变它的阶级内容，这种道德并不因此而变成维护被剥削阶级的阶级利益的道德。所以上述这一情况，只能说明道德领域里的阶级斗争是很尖锐、很复杂的，封建道德对人民思想的毒害是根深蒂固的，我们要彻底清除封建道德的余毒是需要作很大的努力的，它决不能说明在阶级社会里剥削阶级与被剥削阶级可以有共同的道德。

二、在阶级社会里，被统治阶级的道德，对统治阶级中某些人物的影响。

既然在阶级社会里两种对抗的阶级的道德在进行斗争，那末被统治阶级的道德，自然对统治阶级中的某些人物，也会发生影响。这在历史上也是不难看到的。例如：古代优秀的诗人陶渊明、杜甫、白居易等，他们都是出身于封建官僚地主的家庭，他们都曾做过官，杜甫和白居易还都做过朝廷的内臣，但是他们对劳动人民却有比较深切的同情，他们曾尖锐地揭露统治阶级的荒淫无耻，他们对劳动本身也并不像一般的封建官僚和文人那样鄙视。按儒家的传统是看不起劳动的，孔夫子曾批评他的弟子樊迟想学农，说他是没有出息的小人，说"小人哉，樊须（即樊迟）也！"（《论语·子路》）但是上述这几位诗人，却不这样看待劳动，他们对劳动和劳动人民都比较重视。促使他们这样，当然还有其他原因，但是他们的生活接近了劳动人民，在不同程度上受到劳动人民思想、道德和生活的影响，这是可以肯定的。这种情况，我们还可以从司马迁对游侠道德的热烈赞扬得到证明。他在《游侠列传》里赞扬那些封建社会里专门反抗统治阶级，破坏统治秩序的"游侠"人物说："今游侠其行虽不轨于正义（不符合统治阶级所提倡的'义'），然其言必信，其行必果，已诺必诚，不爱其躯，赴士之厄困（热心地帮助别人的困难），既已存亡死生矣（使危亡者存，将死者生），而不矜其能（不夸耀自己的功劳），羞伐其德（以为向别人称道自己对别人的好处是羞耻的事），盖亦有足多者焉（这种品德是值得赞美的）。"他又说他们的行为"虽时扞当世之文罔（虽然时时触犯封建法律），[1] 然其私义廉洁退

① 据《史记·游侠列传》中华书局 1982 年 11 月版，第 3183 页。

让，有足称者"。他称赞游侠朱家的品德说："振人不赡，先从贫贱始，家无余财，衣不完采，食不重味，乘不过牸牛，专趋人之急，甚己之私。"这里，一方面，我们清楚地看到了当时流行于被压迫人民群众中的与统治阶级的道德相对抗的劳动人民的道德（这种道德，也就是前面提到的墨子所提倡的"义"这种道德的继承和发展）；另方面，我们也看到了司马迁对这种道德的热烈赞扬和肯定。我们知道，司马迁也是出身于官僚地主家庭，他之所以能够赞美劳动人民反抗统治阶级的道德，除了他本身与当时统治者的矛盾外，也不能否认他受到了劳动人民的道德的影响。上面这种情况还可以举出一些例子，我们无需加以一一列举。总之，在复杂的阶级斗争中，不同阶级的道德对于人们的影响是极其复杂的。但是我们应该看到，这两种道德对人们的影响，并不是对等的，统治阶级的道德始终占据着统治地位，起着普遍影响的作用，而劳动人民的道德，只能对统治阶级中的某些人发生影响，却不可能普遍影响，甚至于劳动人民的道德还不可能普遍地抗拒统治阶级的道德对本阶级成员的广泛影响。这种情况，是由于劳动人民当时处在被压迫阶级的地位而决定的，因此我们不能离开具体的历史条件而夸大劳动人民道德的作用。而且，不论怎样，道德的作用，总是从属于政治的，即使是统治阶级的道德也不例外，所以我们不能把道德的斗争与根本的阶级斗争、政治斗争割裂开来。更不能把这种情况，看作是剥削阶级的道德和被剥削阶级的道德这两种阶级道德的相互影响，相互渗透。如果这样，就会得出剥削阶级的道德里包含被剥削阶级的道德，被剥削阶级的道德里包含剥削阶级的道德的错误结论，这样也就等于取消了道德的阶级性。这是完全违背马克思主义的阶级分析的观点的。

　　三、除了上述两种情况外，在阶级社会里，还有一种情况，即统治阶级为了巩固统治，维持社会的统治秩序，也提倡一种从根本上来说是为统治阶级的政治利益服务的，但相对地来说，对劳动人民又有好处的那种道德，例如廉洁。统治阶级常常向封建官吏提倡廉洁这种道德品质，对于清廉的官吏，常常加以表彰，而劳动人民对于廉洁的官吏，同样也加以肯定，而对于那些贪官赃官，则深恶而痛绝。这样说来，似乎应该承认廉洁这种道德是既合乎统治阶级利益又合乎劳动人民利益的道德了，于是道德的超阶级论者在这里发出了窃窃私语和得意的笑声，他们以为终究发现了超阶级的道德。然而且慢，我们应该知道产生廉洁这种道德首先是由于有了不廉洁的事实，那末，是谁不廉洁呢？是被剥夺了劳动果实和生活资料的劳动人民吗？当然不可能。那末，只有剥削阶级。剥削阶级的官僚，他们常常瞒上欺下，向劳动人民加倍剥削，向封建的政府则又虚报冒领，这样他们就损害了最高统治阶级的利益。把劳动人民压榨干了当然不利于他们的统治，把封建统治阶级向劳动人民剥削来的物质财富尽数纳入那些贪官污吏的私囊，当然也不利于封建统治。于是，最高的封建统治阶级就要反对下级官僚的贪污，因此，他们提倡廉洁，表彰那些所谓"两袖清风"的廉吏，而且他们这种措施，自然又会得到被压迫群众的欢迎，收到政治上的效果。从这里我们难道还不能看清楚封建社会里廉洁这种道德的实质吗？在阶级社会里，廉洁这种道德，从根本上说，是服从于封建统治的政治利益的，它是从巩固封建统治的需要而被提出来的，因此它又具有一定的虚伪性和欺骗性，我们不能否认这一事实，因此我们也就不能把这种道德看作是一种超阶级的道德。

那末，这种道德在一定的历史条件下，是否对人民有好处呢？当然我们毫不否认这一点。因此也不主张把历史上的清官廉吏都一笔抹倒，因为社会的发展是一个漫长的历史过程，当一种社会经济形态还没有丧失它的生命力的时候，也即是说在阶级社会里，当在一定社会制度下的生产力与生产关系的矛盾还没达到足以爆发革命，足以否定这一社会制度本身的时候，人们是无法根本摆脱这种社会制度所加于劳动人民的桎桔的，从这一观点来看，我们没有必要否定封建社会里的清官。但是承认廉洁这种道德对人民有一定的好处是一回事，说廉洁这种道德是超阶级的道德则又是另外一回事，难道能因为前者而肯定后者么？难道前者可以成为后者的论据么？由此看来，认为廉洁这种道德是阶级社会里不同阶级的共同道德，是一种超阶级的说法，是错误的，不能成立的。

那末，秦香莲骂陈世美"不忠、不孝、不仁、不义"，这里的"忠孝仁义"如何解释呢？这个问题，我过去作过分析，现在还没有新的看法。我认为这是因为秦香莲本人受封建道德的影响，并不是封建道德忠、孝、仁、义改变了阶级内容。但是，这个问题牵涉到封建社会里道德领域的另一个复杂问题，即在封建社会里，劳动人民对忠、孝、节、义等道德，确实有自己的解释，确实赋予了它符合于被剥削阶级的利益的内容。这就是说忠、孝、节、义等道德概念，除了曾经普遍地以它的封建内容影响了劳动人民以外；在另一种情况下，这种道德概念，它又被劳动人民根据自己的阶级利益赋予了它另一种内容。也就是说在封建社会里，两种不同阶级的某些道德概念在名词上有其共同性，而在内容上，又有其对抗性。也就是说它们所用的某些道德名词是相同的，但它们的具体内容，它们的阶级实质又是根本对立的。我们可以看到在一部歌颂农民起义的小说《水浒》里，它特别标榜"忠"、"义"这种道德概念，但是这里的"忠"、"义"，根本不是号召人们去尽忠尽义于当时的统治阶级，恰恰相反，它是号召人们起来反抗统治阶级。当然《水浒》里的"忠"、"义"，并没有超越封建时代的历史范畴，其中有一些人的头脑里的"忠"，也仍然有忠于统治阶级的幻想，但是这不是《水浒》"忠"、"义"的根本方面，它的根本方面，是以"忠"、"义"相号召来反抗统治阶级。因此它的"忠"、"义"的具体内容和具体对象是"忠义"于梁山泊的革命组织和革命事业。

特别是关于"义"这种道德概念，我们可以清楚地看到，本文前面提到的墨子的"义"与孟子的"义",就是两种不同含义的"义",所以墨子的"义"就成为后来封建社会里下层群众反抗统治阶级、互相团结互助的"义",这也就是后来发展成为《水浒》里的"义",而孟子的"义"就成为统治阶级所提倡的"义"。这种情况,从司马迁的《游侠列传》里,可以看得更为清楚。在本文所引的那段文字里,他明确地指出了有两种"义"的存在,一种是统治阶级提倡的处在正统地位的所谓"正义",另一种是游侠们所遵奉的与这种"正义"相对抗的"私义",而司马迁对这种"私义"却给予了热烈的赞扬。这种情况,我们从《庄子》的《盗跖》篇和《胠箧》篇里也可以看到,根据目前史学家们的研究,我们知道盗跖是中国奴隶社会里奴隶革命的一个领袖人物,他曾团结了很多起义的奴隶,《胠箧》篇里记"盗跖之徒"问盗跖说:"盗亦有道乎?"他回答道:"何适而无道邪!夫妄意室中之藏,圣也(能够起意劫夺室中的财物的就是圣人);入先,勇也;出后,义也;知可否,知(智)也;分均,仁也。五者不备而能成大盗者,天下未之有也。"《胠箧》篇的作者并不是在表彰盗跖,所以仍把他称为"盗",但是上面这段文字,却为我们说明,在当时奴隶革命者的领袖人物的观念里,所谓"仁义智勇"原来是另外一种内容。关于盗跖的"义",还可以证之以《史记·游侠列传》里的说法,它在提到这个人时说:"跖、蹻暴戾,其徒诵义无穷。"这里的"跖"就是盗跖,"蹻"是与跖齐名的另一个反抗性人物。这里的所谓"暴戾",自然是指他们疾风暴雨式的反抗行动。在当时统治者的眼光里,他们的行为"暴戾",但是在起义的奴隶群众中间,却一直在赞美他们的"义"气,至于传之无穷。上面这些事实,清楚地说明"忠"、"义"这类道德概念,在被压迫的人民群众中,它具有了另一种内容,被压迫群众赋予了它以符合于本阶级利益的具体内容。至于"孝",也是这样,除了受统治阶级道德的影响这种情况外,一般地说,劳动人民并不以"父要子亡,子不亡即为不孝"这种内容作为自己的"孝"的内容。在他们意识里的"孝"，不过是子女应该尊敬父母、养赡父母，至于统治阶级提倡的"郭巨埋儿"式的或者"王祥卧冰"式的"孝"，在劳动人民的"孝"的概念里，在作为被压迫阶级的一种阶级道德的"孝"的概念里，是不可能包含这些内容的。

上面这些情况，为我们揭开了阶级社会里道德领域的复杂的一面，这是由于长期的复杂尖锐的阶级斗争所形成的。归根到底，还是说明不同阶级地位的人们的观念是具有不同的阶级内容的，虽然他们运用着同样的道德的名词，但它的实际内容是根本不同的。因此从它的阶级实质来看，是两种不同的道德。

那末，同一个"词"，或者同一个概念，它在不同的历史时期或者在同一历史时期的不同阶级的人们中间，它可以具有不同的内容，这是什么原因呢？这是由于社会历史的变迁和阶级斗争所形成的，这是社会历史变迁和阶级斗争在意识领域里的反映。斯大林曾指出不同的阶级"有时把同一的词和语理解得各不相同"。他说："这是不用怀疑的。"① 这种情况，不仅反映在道德领域里，在其他方面也有所反映，毛主席就指出："人民这个概念在不同的国家和各个国家的不同的历史时期，有着不同的内容。"② 此外我们也可以看到，例如"百姓"这个词，在商代是指奴隶主贵族，而后来却是指普通的劳动人民，如果单从这个"词"来看，那末就会得出剥削阶级和被剥削阶级原来是没有区别的这样错误的结论；又如"朕"这个词，在秦始皇以前，是第一人称的代名词，相当于现代的"我"，当时是任何人都可以用的，但从秦始皇开始，这个词便规定只能由皇帝用，皇帝可以自称"朕"，别人都不许自称是

---

① 斯大林：《马克思主义与语言学问题》，第 40 页。
② 毛泽东：《关于正确处理人民内部矛盾的问题》，第 1 页。

"朕"，这也是历史变迁的反映；再如中国哲学史上的"气"这个词，唯物主义哲学家所说的"气"一般是指物质，而唯心主义哲学家所说的"气"是指精神，显然这又是具有根本不同的内容的。至于某些道德名词，在同一时代不同的阶级会赋予它不同的内容，我们在上面已经举了许多例子，这里不必再举。

关于道德领域里的阶级斗争的复杂情况，我们在上面分了几个方面来叙述，但是这些现象，都是交互错综地、复杂地存在于历史生活的长流中的。我们要紧紧地掌握住阶级分析的方法，去具体地分析具体问题，揭示事物的本质，而决不能把具体的事物抽象化，让它从阶级斗争的实际中游离出来，使它成为一种超然的孤立存在的东西，所谓封建道德有人民性或阶级社会里不同阶级有共同道德等等的说法，就是用这种形而上学的观点和方法研究的必然结果。

我们能不能继承封建道德

根据上面这些分析，我们认为封建道德忠、孝、节、义，是封建统治阶级用以麻醉人民、毒害人民的一种工具，它是为封建统治阶级利益服务的。毛主席教导我们说："中国的长期封建社会中，创造了灿烂的古代文化。清理古代文化的发展过程，剔除其封建性的糟粕，吸收其民主性的精华，是发展民族新文化提高民族自信心的必要条件；但是决不能无批判地兼收并蓄。必须将古代封建统治阶级的一切腐朽的东西和古代优秀的人民文化即多少带有民主性和革命性的东西区别开来。"又说："我们必须尊重自己的历史，决不能割断历史。但是这种尊重，是给历史以一定的科学的地位，是尊重历史的辩证法的发展，而不是颂古非今，不是赞扬任何封建的毒素。"① 忠、孝、节、义等封建道德，就是古代文化中的糟粕，它充满着封建毒素，对于这种东西，我们根本的态度是应该将它剔除，而决不能把糟粕当作精华，硬给它制造一些"抽象继承"等等的"理由"，加以掩盖保护，让它继续毒害人民。

关于封建道德忠、孝、节、义能不能继承的问题，有一种意见说："就统治阶级的道德论来说，其中有些人表现为忠，为义，为节，为勇敢，为勤劳，为朴素等等，尽管他们都是封建统治阶级的一员，有其剥削、压迫人民的一面，但就他们所表现的某一方面的道德面貌来说，看来还是不可以一笔抹煞的，是可以批判地继承的。尽管岳飞、文天祥、史可法之忠有其糟粕的一面，而且，即使其精华的一面也不可以和今天的爱国主义相提并论，但是毕竟还可以联系起来，把他们的忠完全等同于今天的爱国主义是错误的，相反，把他们的忠和今天的爱国主义说成是毫无历史继承关系，是两码子事，也不一定是正确的。"② 这里提出的问题，是认为具体的历史人物所表现的忠、孝、节、义等封建道德有"精华的一面"，可以批判地继承。

关于这个问题，我们认为封建道德忠、孝、节、义这些观念本身与历史人物的具体行动是既有联系而又有区别的，尽管历史人物的具体行动中包含着他们的道德观念，但行动本身不等于道德观念本身。因为决定历史人物行动的因素，在很多情况下，常常是多方面的，特别是像岳飞、文天祥、史可法等人抵抗侵略者的斗争，不能把它简单地归结为只是某种道德观念的推动。因此，当着我们讨论封建道德忠、孝、节、义这些观念本身有没有阶级性，可不可继承的时候，我们应该着重分析这些道德观念本身的内涵，揭示出它的阶级实质，然后判断这些道德观念

---

① 《毛泽东选集》第 2 卷，第 700—701 页。
② 吴晗《三说道德》，《光明日报》1963 年 8 月 19 日。

今天能不能继承。在这种情况下，不宜把历史人物的具体行动与这些道德观念本身完全混为一谈。另方面，你可以举出岳飞等人的行为来说明"忠"这种道德观念可以批判继承，我也可以举出周遇吉、曾国藩、左宗棠等人的行为来说明"忠"这种道德观念的不可继承；甚至还可以举岳飞平杨么，岳飞奉召班师停止抗金等行为来说明即使是岳飞的"忠"也不可继承。这样，问题就不可能得到一致的结论，就可以无休止地争论下去。所以必须对封建道德观念本身作具体的分析，因为这些道德观念本身，是有其具体内容的，是不以历史上封建阶级人物的行为而改变其阶级内容的。如果我们严格地按照这些道德观念本身的内容来分析，则我们在前面已经指出，它没有可以继承的东西。

那末，我们应该如何看待岳飞等人的"忠"呢？我认为岳飞的"忠"并没有超越封建忠君的道德范畴，这就是说岳飞头脑里的"忠"与封建统治阶级提倡的"忠"，并没有本质的区别，这是事物的根本的方面。当然岳飞在抵抗侵略者，捍卫民族利益这一点上是有贡献的，而这一贡献与他的忠君思想也是有密切的联系的，然而，这种忠君思想对于他的抗金事业又起了严重的局限作用，这一点我们也应该看到。特别是我们在评价岳飞的忠君思想的时候，不能把他的这种思想从他所处的历史条件下游离出来。岳飞的忠君思想之所以能够起到历史的积极作用，是因为他处在当时尖锐的民族矛盾之中，在这特定的历史条件下，被压迫阶级与统治阶级在抵抗侵略这一点上有一致性，因此，当岳飞忠于封建统治者而坚决抗金的时候，他的行动才有积极意义。自然我们讨论这一问题，不应该局限于岳飞一个人身上，历史上也有忠于某一封建王朝而坚决抵抗侵略者，最后并没有遭到像岳飞一样的悲剧结局的人物；然而，不论是岳飞也罢，其他的人也罢，他们的行为毕竟不能根本改变忠、孝、节、义这些封建道德原来的阶级实质；更何况我们还应该注意到在历史上，"忠"这种道德观念的最根本最普遍的作用是"忠"

于封建统治阶级以对付被压迫的人民，只有在特殊情况下，统治阶级中的某些人物才能表现为忠于封建君主而坚决抵抗侵略者。考虑到上面这些历史情况，我们觉得对岳飞这一历史人物的抗金事业，我们应该加以历史的肯定的评价，而对他的封建忠君思想，则应该分析和批判，指出这种忠君思想在岳飞的身上（不是在一切人身上，这是很重要的一点），在特定的历史条件下所具有的一定的积极作用和它的消极作用，指出这种思想和道德本身随着历史的进展早已成为消极的东西，指出在历史人物身上曾经起过某种积极作用的东西对我们今天的人未必能起同样的积极作用，如果不注意批判，相反却能够起消极作用。

总之，我们不能因为肯定岳飞的历史功绩，因而也就肯定他的封建道德的"忠"，更不能因此得出结论说封建道德"忠"有精华的一面，可以继承。我们这样对待这一问题，是否会"等于说历史上封建统治阶级中没有一个好人"，我们觉得决不会如此。因为我们把作为一种观念形态的封建道德，与历史人物的行动既联系起来看，又作了必要的区别；这样，当我们批判这种封建道德的时候，就不等于否定这个历史人物。

如此说来，我们是否就可以不要学习历史，不要肯定这些历史人物，或者只是为肯定历史人物而肯定历史人物呢？当然不是，学习我们伟大祖国的历史，始终是我们的一个重大任务。历史上的许多英雄人物和被压迫人民的斗争，对我们始终有着激励借鉴的作用；然而，从历史上的英雄人物的积极行动中得到激励是一回事，具体地批判继承他们的封建道德则又是一回事，难道能把这两者混为一谈么？

那末，前面所说的"廉洁"这种道德，我们可不可以批判继承呢？无产阶级的干部必须要忠心耿耿地为人民服务，对于国家的财产，人民的财产，必须加倍爱护，而决不能损公肥私，因此，无产阶级的干部，必须廉洁自守，解放军的纪律"不拿群众一针一线"便是最好的说明。

然而，无产阶级爱护公共财产的道德，是建立在拥护生产资料公有制的基础上的，是从推翻生产资料私有制的斗争中培养出来的，而不是从历史上封建官吏的"廉洁"行为中批判继承来的，因为历史上的清官廉吏的廉洁，其根本作用，是在于巩固私有制，所以从根本意义上来说，它恰恰是与无产阶级的廉洁背道而驰的。自然，历史上有一些廉洁的官吏，他们颇有一些动人的事迹，他们的行为对人民也有一定的好处，我们不应该抹煞，我们同样可以从中得到激励。但是这与批判继承他们的封建道德又是另外一回事，不应该等同起来。

我们还应该注意到，在道德问题上的因果关系也是很复杂的，封建道德忠、孝、节、义，在普遍的情况下，在漫长的历史过程中，它所起的作用，是为巩固封建统治阶级的统治而服务的，是为束缚被压迫阶级的反抗思想而服务的；然而，在特殊情况下，它有时也能起某种程度的相反的作用，起不利于某些个别封建阶级的人物（不是整个封建阶级）的作用。例如：当历史上改朝换代的时候，常常有一些所谓"忠臣"，坚决反对新的封建统治集团，他们声称"忠臣不事二主"，他们的所谓"忠"，当然仍旧不过是封建道德的"忠"，然而，这里的封建道德"忠"，恰恰不利于新的封建统治者（例如方孝孺之反对明成祖朱棣）。再如封建统治阶级对妇女提倡节，提倡所谓"烈女不嫁二夫"，但是当封建统治阶级中的某些人荒淫无耻到强占别人的妻子的时候，有些妇女，也会坚守贞节，坚决反抗，宁死不辱。这时，这种贞节观念，转过来又成了抵抗强暴的思想力量。类似这样的情况，在历史上确实是存在的。这就是事物在一定条件下的两重性。对于这些人物的行动和他们的道德观念，我们应该进行具体的分析，在分析的时候，我们仍然应该坚持阶级分析的观点，而不应该抛弃阶级分析的观点，抓住这种个别事例的表面现象就得出封建道德有人民性的一面、可以批判继承的结论来。

总而言之，作为一种意识形态的封建道德忠孝节义，有它自己的特定的内容，我们既不能随意地把它抽象化，也不能把它与历史人物的行动混为一谈；因此，我们既不能把它抽象继承，也不能把它具体继承。一句话，糟粕终究是糟粕，没有办法把它说成精华。

我国有两句成语，叫"不破不立"、"不塞不流"。的确，如果不把封建思想、封建道德彻底打破，社会主义的新思想、新道德就不能更好更快地树立起来；如果不把一切腐朽的东西堵塞住，社会主义的新思想、新道德就不能畅流。我们应该用马克思列宁主义彻底批判封建思想、封建道德，为完成我们的历史任务，为建设我们社会主义的新文化而战斗！

1963 年 8 月 20 日初稿

10 月 12 日修改

封建道德不能批判继承

关于封建道德的问题，学术界已经进行了长时期的讨论，目前争论的焦点，是封建道德可不可以批判继承的问题。江峰同志认为："历史上统治阶级道德的基本原则、主要的道德规范，其根本观点，是不能够继承的，应当全盘否定。但是，除此而外，在某一特定的历史条件下，统治阶级中某些思想家、历史人物所留下的个别思想材料中，① 有些东西，我们还可以借鉴，可以批判地吸取。""对于历史上某些封建阶级的思想家、历史人物在特定的历史时期所提出的个别道德思想，凡属在当时起过进步作用、具有人民性，今天又仍有其积极意义的东西，我们也可以借鉴，批判地吸取。"江峰同志还认为他这种批判继承"个别"封建道德的观点，"对其他统治阶级的道德也是这样"。② 这就是说，历史

---

① 江峰同志的文章是在说明历史上一切统治阶级的"个别道德原则"可以批判继承，但文章中却常常用"个别思想材料"、"思想"等词。按历史人物的思想或他们遗留下来的思想材料与统治阶级的"个别道德原则"，是两种不同的东西，不能加以混淆的。这里为了讨论江峰同志的论点，我们仍旧只能按照江峰同志的用法，把它作为"个别道德原则"的同义语来看。

② 江峰：《也谈道德的继承问题》，见《光明日报》1963年10月6、7日。下同。本文所有的着重点都是引者所加。

上一切统治阶级的所谓"个别道德原则"，都可以批判地继承。

我认为江峰同志的这个论点，是值得进一步讨论的。

个别的封建道德可以批判继承吗

江峰同志为自己的历史上一切统治阶级的"个别道德原则"都可以批判继承的论点提出了三条理由：

第一条理由是："当统治阶级尚处于上升时期，在它活动于历史舞台的整个时期中占统治地位的道德论还没有比较完整的最后形成的时候，由于他与人民群众的根本矛盾还没有充分地暴露出来，在反对旧统治阶级这一点上他们还有共同利益，这样，当时新兴统治阶级的某些思想家的道德论中，有些个别道德原则，在当时曾经起过进步作用，后来这一部分就被统治阶级抛弃了（这正是统治阶级道德虚伪性的表现）；但这其中有些东西对我们现在还有一定的积极意义，我们是可以批判地吸取的。如吴晗同志《再说道德》一文中所举孟子的'富贵不能淫，贫贱不能移，威武不能屈'的'大丈夫'应有的气节，就是如此。再如《荀子·劝学》篇中谈到进行修养的人应有的操守是：'……权利不能倾也，群众不能移也，天下不能荡也。生乎由是，死乎由是，夫是之谓德操。'……这种坚定不移的'德操'，也是我们可以批判地继承的。"

上述这段话的根本意思是什么呢？就是认为当统治阶级处在上升时期，"由于它与人民群众的根本矛盾还没有充分地暴露出来，在反对旧统治阶级这一点上他们还有共同的利益"，他们的"有些个别道德原则，在当时曾经起过进步作用"，因而这些"个别道德原则"可以批判地继承。这实质上就是把封建统治阶级在历史上的进步性，它在特定的历史条件下同其余一切非统治阶级的共同利益在客观上存在的某种程度的联系，作为剥削阶级道德可以为我们批判继承，可以吸收到共产主义道德里面来的一种根据。我们认为这样的看法是不妥当的。

我们知道，道德是阶级斗争的工具，是阶级利益的集中反映。统治阶级的道德则是统治阶级的政治利益，统治阶级的意志的反映。我们又知道，任何阶级的道德，都是对人们提出的行为规范，都是希望人们按照这种道德来指导自己的行动的。因此剥削阶级的道德，其目的就是要求人们按照剥削阶级的利益来行动，为剥削阶级的利益而牺牲自己。被剥削阶级的道德，则是要求人们按照被剥削阶级的利益来行动；在阶级斗争尖锐的时候，则要求被剥削阶级的人们为本阶级的利益而坚决反抗剥削阶级。当着封建阶级和资产阶级尚处在被统治的地位而要求起来推翻统治它们的统治阶级的时候，这两个阶级具有自己的历史的进步作用，因而这两个阶级的道德对自己的阶级的事业也具有历史的积极作用。然而，如前所说，统治阶级的道德是为统治阶级的利益而服务的，所以它又有自己的鲜明的阶级性，它不可能同时具有被压迫阶级的阶级性。这就是说这些统治阶级的道德，对当时的劳动人民来说，在本质上并不代表他们的利益，并不是他们的阶级意识的反映，相反却是要劳动人民牺牲自己的利益为当时正在夺取统治地位的封建阶级和资产阶级的利益服务，服从封建阶级和资产阶级的利益。因此我们决不能因为这些道德在历史上起过进步作用，从而模糊了它们的阶级性质。因为道德毕竟只有阶级的道德而没有超阶级的道德。

承认了上面这一点，那末就必须承认，当着这个阶级本身的历史进步性已经由于历史条件的改变而消失的时候，甚至已转化为它自身的反面，成为历史的阻力，对历史的发展起反动作用的时候，那末为巩固这个阶级的利益而服务的道德，自然也就同样转化为它的反面，成为反动的东西了。例如封建阶级的道德忠、孝、仁、义，资产阶级的道德自由、平等、博爱、人道主义等等，难道在今天不正是在起着欺骗人民，掩盖资产阶级的反动面目的反动作用吗？难道我们能够因为这些道德在历史上随着它的阶级起过历史的进步作用从而否认它今天的反动作用，从而又认为这些道德可以批判继承吗？由此可见，把统治阶级及其道德在历史上的进步性作为统治阶级的所谓"个别道德原则"可以批判继承的根据，是站不住脚的。

当然江峰同志所指的据说不是忠、孝、仁、义等封建道德，而是孟子所说的"大丈夫"的气节，荀子所说的"德操"等等。然而我们认为无论是孟子所说的"大丈夫"的"气节"也好，无论是荀子所说的"德操"也好，它总不能是超阶级的抽象的道德，它总有自己的阶级内容的，它总是由于本阶级的利益的需要而被提出来的，因此我们不能抽象地来谈论这些道德。我们知道，孟子的那段话，见《孟子·滕文公章句下》，孟子说这几句话，是回答景春向他提出的问题。景春说："公孙衍、张仪岂不诚大丈夫哉？一怒而诸侯惧，安居而天下熄。"（安静的时候，天下平安无事，没有战争）孟子回答道："是焉得为大丈夫乎？……居天下之广居，立天下之正位，行天下之大道；得志，与民由之；不得志，独行其道。富贵不能淫，贫贱不能移，威武不能屈，此之谓大丈夫。"（这个怎能叫做大丈夫呢？……〔大丈夫〕应住在天下最宽广的住宅——仁——里，站在天下最正确的位置——礼——上，走着天下最光明的大路——义；得志的时候，偕同百姓循着大道前进；不得志的时候，也独自坚持自己的原则，富贵不能乱我之心，贫贱不能变我之志，威武不能屈我之节，这样才叫做大丈夫。）① 显然，这里孟子所

---

① 这段译文移用杨伯峻编著《孟子译注》。对于孟子这段话里的"广居、正位、大道"三个词，杨注云："朱熹《集注》云：'广居，仁也；正位，礼也；大道，义也。'按之《论语》'立于礼'，《孟子》'居仁由义'、'仁，人之安宅也'、'义，人之正路也'，诸语，《集注》所释，最能探得孟子本旨。"我认为杨注的看法是对的。

谈论的"大丈夫"的"气节",是以封建道德"仁"、"义"、"礼"等等为其内容的,所谓"富贵不能淫,贫贱不能移,威武不能屈",孟子所赞许的这种"不淫"、"不移"、"不屈"的"气节"的实质其实并不是别的什么东西,恰好就是"仁"、"义"、"礼"等等的封建道德。孟子认为不论在最得意的时候或最艰难的时候,都应该坚持"仁"、"义"、"礼"等封建道德,这样才能算作是"大丈夫"。可见孟子所说的"大丈夫"的"气节",根本不是什么不可捉摸的抽象的东西,而恰恰就是"仁"、"义"、"礼"等等封建道德的另一种说法,是根据这些封建道德进行修养的最后结果。江峰同志既然认为孟子所说的"大丈夫"的"气节"这种封建道德可以批判继承,那末自然不会不清楚这个所谓"大丈夫"的"气节"的上述具体内容,这样就无异等于说"仁"、"义"、"礼"等封建道德只要换一种说法,只要字面上避开"仁"、"义"、"礼"等封建道德的名词,那末它就可以批判地继承。我们认为这种观点是不能同意的。至于荀子的那几句话,见于《荀子·劝学》。《劝学》篇的主旨是在勉励人们学习,强调学习的重要性。荀子是战国后期的大哲学家,他出身于儒家,是新兴地主阶级的思想家。《劝学》篇中劝人们学的东西,就是"始乎诵经,终乎读礼"。学习的目的就是"始学为士,终乎为圣人"。他认为经过艰苦的学习,人们可以"知(智)明而行无过",最后可以达到"权利不能倾也,群众不能移也,天下不能荡也,生乎由是,死乎由是"的坚定不移的境界。究竟为谁而坚定不移呢?当然是为当时新兴的封建地主阶级的事业,究竟凭借了什么而能坚定不移呢?当然就是《劝学》中所劝人们学的"先王之遗言",以及书、诗、礼、乐、春秋等儒家的经典著作和封建道德。所以他说:"故《书》者,政事之纪也;《诗》者,中声之所止也;《礼》者,法之大分,类之纲纪也。故学至乎《礼》而止矣。夫是之谓道德之极。"又说:"百发失一,不足谓善射;千里跬步不至,不足谓善

269

御；伦类不通，仁义不一，不足谓善学。"① 荀子劝人们学的内容虽然
比较广泛，但终不离儒家的经典著作，而且他明确指出《礼》是"法
之大分，类之纲纪"，是"道德之极"，又说"伦类不通，仁义不一，
不足谓善学"。可见儒家的封建道德"仁"、"义"、"礼"等等是他劝人
们学的中心内容。因此他所说的"权利不能倾也，群众不能移也，天下
不能荡也。生乎由是，死乎由是。夫是之谓德操"的"德操"，并不是
一个抽象的空洞的东西，相反，恰恰是以儒家的经典著作特别是封建阶
级的道德为其内容的。他认为这种道德修养愈高，就愈能够做到他所说
的："不倾"、"不移"、"不荡"。所以，归根结蒂，这里的所谓"德
操"，仍不过是封建道德"仁"、"义"、"礼"等等的换一种说法，是根
据这种封建道德进行修养的结果。荀子的所谓"德操"，是以封建道德
"仁"、"义"、"礼"为其内容的，江峰同志认为这种"德操"可以批判
地继承，这就等于说封建道德"仁"、"义"、"礼"可以批判继承，这
样的观点，我们怎么能够同意呢？

　　由此可见，认为统治阶级上升时期的"个别道德原则，在当时曾经
起过进步作用"，因而可以批判继承的这种论点是不能成立的，而其论
据也是不足恃的。

　　那末，"当统治阶级尚处于上升时期"，"他与人民群众的根本矛盾
还没有充分地暴露出来，在反对旧统治阶级这一点上他们还有共同利
益"，这种情况，能不能作为历史上一切统治阶级的"个别道德原则"
可以批判继承的根据呢？我们认为同样不能。不过，在说明这个问题之
前，有必要订正一个用语，这就是江峰同志所使用的"共同利益"这个
词。按照江峰同志的意思，是指上升时期的统治阶级与人民群众（即被
统治阶级）在反对旧统治阶级这一点上有"共同利益"这个问题，正

---

　　① 均见《劝学》篇。

是目前哲学界关于"普遍性形式"的争论中涉及到的问题，冯友兰先生正是这样来理解这个问题的。他说：

> 这思想（按：指孔子的"仁"这类思想）的进步意义是甚么呢？是反抗旧统治阶级的统治。在当时不仅企图代替旧统治阶级的阶级反对旧统治阶级的统治，其它非统治阶级的阶级也反对旧统治阶级的统治。这就是它们的共同利益之所在。①

可以看出，江峰同志的意见与冯友兰先生的意见是一致的，他们都是认为"当统治阶级尚处于上升时期"（江峰）或"企图代替旧统治阶级的阶级"（冯友兰）在反对旧统治阶级这一点上，与"人民群众"（江峰）或与"其它非统治阶级的阶级"（冯友兰）有"共同利益"。简言之，就是认为上升时期的统治阶级或"企图代替旧统治阶级的阶级"与被统治阶级有超阶级的"共同利益"。冯先生说明他的见解是根据经典著作《德意志意识形态》里的下面这段话：

> 事情是这样的，每一个企图代替旧统治阶级的地位的新阶级，就是为了达到自己的目的而不得不把自己的利益说成是社会全体成员的共同利益，抽象地讲，就是赋予自己的思想以普遍性的形式，把它们描绘成唯一合理的、有普遍意义的思想。进行革命的阶级，仅就它对抗另一个阶级这一点来说，从一开始就不是作为一个阶级，而是作为全社会的代表出现的；它俨然以社会全体群众的姿态反对唯一的统治阶级。它之所以能这样做，是因为它的利益在开始时的确同其余一切非统治阶级的

---

① 见《关于一个理论问题的质疑与请教》，《教学与研究》，1963 年第 4 期。

共同利益还多少有一些联系，在当时存在的那些关系的压力下还来不及发展为特殊阶级的特殊利益。因此，这一阶级的胜利对于其他未能争得统治的阶级中的许多个人说来也是有利的，但这只是就这种胜利使这些个人有可能上升到统治阶级行列这一点讲的。①

我们对照这段原文，可以看到冯先生的理解是不符合经典著作的原意的。很明显，经典著作的原意是说"每一个企图代替旧统治阶级的地位的新阶级，就是为了达到自己的目的而不得不把自己的利益说成是社会全体成员的共同利益"，"把它描绘成唯一合理的、有普遍意义的思想"。"它之所以能这样做，是因为它的利益在开始时的确同其余一切非统治阶级的共同利益还多少有一些联系"，显然，这里下面的一个"共同利益"是指"其余一切非统治阶级"之间的"共同利益"，而不是指上升时期的统治阶级或企图代替旧统治阶级的阶级与被统治阶级有"共同利益"。而第一个"共同利益"，则更明确地表明是"每一个企图代替旧统治阶级的地位的新阶级""把自己的利益说成是社会全体成员的共同利益"，即其实不是社会全体成员的共同利益。所以根据经典著作的原意，怎么也不能找到"当统治阶级尚处于上升时期"或"企图代替旧统治阶级的阶级"与当时的被统治阶级存在着超阶级的"共同利益"的根据来。如果说江峰同志的见解是以冯友兰先生的意见为根据的，那末，我认为冯先生的意见本身就是值得商讨的。如果说江峰同志与冯先生一样是以经典著作《德意志意识形态》里的那段话为根据的，那末，我认为经典著作根本不能作为他们的见解的根据。由此可见，认为"统治阶级尚处于上升时期"，"他与人民群众的根本矛盾还没有充

---

① 《马克思恩格斯全集》第3卷，第54页。

分地暴露出来，在反对旧统治阶级这一点上他们还有共同利益"，这个说法本身就是不能成立的，因而，以此为"根据"，认为封建统治阶级的"个别道德原则"可以批判继承的论点就同样不能成立。

退一步说，即使认为"企图代替旧统治阶级的地位的新阶级"，"在反对旧统治阶级这一点上"，与当时的"其余一切非统治阶级的共同利益还多少有一些联系"，因而，它们的"个别道德原则"可以批判继承。这样的说法，也仍然是不能成立的。因为在特定的历史条件下，"企图代替旧统治阶级的地位的新阶级"的利益"同其余一切非统治阶级的共同利益还多少有一些联系"是一回事，批判地继承封建统治阶级的"个别道德原则"则又是一回事，这两者有什么必然的联系呢？前者怎么能作为后者的根据呢？

当然，江峰同志的原意并不如此，他是认为当统治阶级上升时期，在反抗旧统治阶级这一点上，与被统治阶级有"共同利益"，"这样，当时新兴统治阶级的某些思想家的道德论中，有个别道德原则，在当时曾经起过进步作用，后来这一部分就被统治阶级抛弃了（这正是统治阶级道德虚伪性的表现）；但是其中有些东西对我们现在还有一定的积极意义，我们是可以批判吸取的"。这实质上就是说上升时期的统治阶级与被统治阶级存在着一种超阶级的"共同利益"，因而新兴统治阶级的某些思想家的道德论中，也存在着这种既反映统治阶级利益，又反映被统治阶级的利益，即包含着统治阶级与被统治阶级的"共同利益"的超阶级的道德。而这种反映统治阶级与被统治阶级的"共同利益"的超阶级的道德，在当时曾起过进步作用，后来则被统治阶级抛弃了，现在我们可以批判地继承。我们认为这种超阶级的道德在历史上是根本不存在的。就拿江峰同志所举的孟子的"大丈夫"的"气节"、荀子的"德操"这两种道德来说，难道它是什么反映统治阶级与被统治阶级的"共同利益"的超阶级的道德么？难道它不是具有鲜明的封建阶级的阶级性的道德么？所以，说了半天，江峰同志并没有能够真正举出这种超阶级的道德来。

由此可见，说"当统治阶级尚处于上升时期"，"由于它与人民群众的根本矛盾还没有充分地暴露出来，在反对旧统治阶级这一点上他们还有共同的利益"，因而封建统治阶级的"个别道德原则"可以批判继承的这种论点，是一种超阶级的论点，是根本不能成立的。

江峰同志的第二条理由是："历史上的民族斗争与阶级斗争，有时呈现着极为复杂的现象。在面临着外族入侵、民族斗争十分尖锐的年代里，由于民族矛盾上升为主要矛盾，由于反抗侵略在一定程度上也是统治阶级利益的要求，封建地主阶级中的个别政治家或代表人物，就可能或者从地主阶级的长远利益出发，或者从同情与关心民众的疾苦出发，做出客观上有利于人民的事情来，表现出勇敢抵御外侮决不投降叛变的爱国主义精神与民族气节。这些思想有人民性的一面，是我们可以批判地继承的。譬如大家公认的可以继承的岳飞、文天祥等人的爱国主义，就属于这种情形。"

在上述这一段话里，有两个问题需要讨论：

第一，是在民族矛盾尖锐的时期，封建统治阶级和劳动人民在抵抗侵略者这一点上有暂时的一致性，这样是否封建统治阶级的"个别道德原则"就可以批判地继承。我们认为不能这样看问题。我们认为民族矛盾不可能改变封建道德的阶级性。强调了民族矛盾，强调了在民族矛盾时期统治阶级与被统治阶级在抵抗侵略这一点上的暂时的一致性，因而模糊统治阶级与被统治阶级的道德的阶级界线，这是一种超阶级观点的表现。诚然，历史上当民族矛盾尖锐的时期，当时的一些统治阶级人物，是会起来抵抗侵略者的（当然也会有主张向敌人屈膝投降的人），他们也会用忠君或爱国等道德观念来鼓励自己或鼓励人民抗敌。但应该弄清楚他们的基本出发点，总是为他们本阶级的利益，为巩固他们的阶级统治。他们对于劳动人民仍然是统治者。对于他们的抗敌行动，我们当然没有必要加以否定，但如果因为肯定他们的抗敌行动从而就认为可以批判继承他们的封建道德，这就完全不对了。我们之所以历史地肯定他们的抗敌行动，是因为这种行动对历史起过积极作用，客观上有利于当时的劳动人民；我们之所以不能批判地继承他们的封建道德，是因为这种道德，是封建统治阶级利益的反映，有它自己鲜明的阶级性和具体的阶级内容的，它的根本作用是在欺骗和毒害劳动人民的思想以巩固封建阶级的阶级统治。我们怎么能够把这样两个性质不同的问题不加区分地混为一谈呢？那末，难道连封建统治阶级的爱国这种道德也不可能批判继承吗？一点不错，在无产阶级国际主义的爱国主义里，是不能掺进封建统治阶级的爱国道德的，因为这两种道德具有根本不同的性质而又属于根本不同的两个体系，前者是被压迫阶级爱国道德的发展，是属于共产主义思想体系的，后者是剥削阶级的道德，是属于封建主义的思想体系的。那末历史上出身于封建阶级的一些民族英雄，他们的斗争史迹，他们的斗争精神，难道对我们就不能起鼓舞作用了吗？当然不是这样，凡是对我们伟大祖国的历史发展起过积极作用的历史人物，他们对敌斗争的英雄史迹，对我们永远会有激励和鼓舞作用，我们不应该否定他们；相反，我们应该有批判地肯定他们的历史功绩。然而批判地肯定他们的历史功绩，从他们的斗争史迹中得到激励和鼓舞与继承他们的封建道德，这完全是两回事，同样不能加以混淆。所以从这里我们可以认识到，历史上可以被批判地肯定的东西并不一定都是我们今天可以批判地继承的东西。可以批判继承的东西，只有是对我们的社会主义、共产主义事业有益的东西；对我们今天有害的东西，不论在历史上起过多大的进步作用，不论我们在作历史评价的时候应该怎样地肯定它，我们总不能去继承它。

第二，是岳飞等人的封建道德可不可以批判地继承。根据上面的分析，我们认为岳飞的封建道德同样不能批判地继承。有人说，难道岳飞的爱国主义道德也不能批判继承吗？这里应该指出，爱国主义是一个近代的道德名词，它是从历史上的爱国思想发展而来的。这个名词，所包含的不是单一的内容，这是由多种与爱国观念相联系的内容集合起来的一个概括的名词。大体说来，它包括国家观念，民族观念，忠君思想，爱护人民等思想。因此当我们在研究历史人物，对他们的上述这些思想作概括的说明时，当然可以运用这个名词；但当我们在研究这些历史人物本身的封建道德观念能不能批判继承的时候，就不宜把这种概括了多种内容的我们时代的道德名词作为历史人物自己的一种封建道德观念来看待，因为它与忠、孝、节、义等道德观念不一样。一方面，在历史人物岳飞的头脑里他可以有忠、孝、节、义等道德观念，或者可以有忠于国家、忠于君王、忠于民族等等的道德观念，但却不会有"爱国主义"这样的道德观念；另方面，在我们运用这个名词来分析历史人物的道德和思想时，它所包含的具体内容，常常显得非常复杂，既有属于道德范畴的东西，也有不是属于道德范畴的东西，甚至既有属于来源于劳动人民的道德和思想，也有属于来源于封建统治阶级的道德或思想。这里即以岳飞来说，岳飞出身于劳动人民，当过雇农，当过小兵，对劳动人民的生活很熟悉。自己的贫困的生活和在抗金斗争中广大人民的英勇斗争的爱国主义精神，对于他的思想和道德观念当然有过深刻的影响。所以他治军严肃，他的军队以爱民著称。在抗金斗争中对人民的力量颇能重视，对沦陷区的人民关怀很深，在抵抗侵略者这一点上显得特别坚决，民族思想和国家疆土观念也特别鲜明。上述这些思想，都与他前期的贫困生活和后来的战斗经历有密切的关系，而这些思想，自然也是属于我们所说的他的爱国主义的一部分。但另方面，他又不断地以军功擢升，最后成为封建政权中的一个举足轻重的人物。他的这种经历，自然对他的思想和道德都会起深刻的影响，因此他的封建道德忠君思想表现得十分突出，成为他的道德观念中的一个决定性的因素。这种忠君思想既表现在坚决抗金这方面，后来则又表现在被迫服从宋高宗的投降路线而放弃抗金这方面。而这种忠君思想（指与积极抗金相结合的那种忠君思想），当然也是我们所说的他的爱国主义的一个突出的内容。由此可见，用"爱国主义"这个我们时代的道德名词来作为历史人物岳飞的一种单一的封建道德观念，然后说明这种封建道德有精华的部分，可以批判继承，这种"理论"是站不住脚的，因为这是把特定的历史人物头脑里的道德的复杂性加以简单化的作法。

江峰同志的第三个理由是："封建地主阶级内部又有着不同的阶层，有着复杂的矛盾斗争与派别倾轧。特别是当这个阶级面临着外部矛盾与内部矛盾的剧烈斗争中所提出的许多复杂问题时，它的不同阶层的人们就会有各种各样的主张。某些个别代表中小地主阶层的政治家，有可能提出一些改良主张，以便缓和阶级矛盾，有利于封建地主阶级长期统治下去。这类地主阶级内有远见的政治家中，有人可能提出个别有见解的道德思想。如北宋著名的政治家和文学家范仲淹就提出过'先天下之忧而忧，后天下之乐而乐'的人生态度。"江峰同志认为"这个道德命题是有人民性的一面的"，"批判地继承像'先天下之忧而忧，后天下之乐而乐'这样的道德命题，就可以使我们在表达集体主义、国际主义的思想时，显得内容更丰富"。

江峰同志这段话的意思概括说来，就是认为当封建地主阶级内部矛盾尖锐的时期，有些地主阶级改良主义的政治家提出的个别封建道德可以批判继承。

我认为这个观点同样不能成立。因为地主阶级改良主义的政治家，终究只是地主阶级的政治家，他们的改良主义的实质，正如江峰同志所说的，是为了"缓和阶级矛盾，有利于封建地主阶级长期统治下去"。他们提出的某些道德，只要是为上述这个政治目的服务的，是代表封建统治阶级利益的，是属于封建阶级的道德的范畴，那末，即使它在一定的历史时期客观上对劳动人民有某些益处，但对于我们今天无产阶级的共产主义道德来说，就没有可以继承的东西。因为共产主义道德与历史上一切剥削阶级的道德是根本对立的，共产主义道德是为共产主义的伟大事业服务的，而共产主义事业本身就是为了推翻人剥削人、人压迫人的私有制，建立没有阶级压迫和阶级剥削的生产资料公有制的共产主义社会，而历史上的一切剥削阶级的道德，其最终目的，都是为了巩固私有制，巩固人剥削人、人压迫人的阶级社会，巩固统治阶级的统治。试问这两种根本对立的道德，怎么能找到共同因素呢？怎么能让后者去继承前者呢？即以江峰同志所举的范仲淹的"先天下之忧而忧，后天下之乐而乐"来说，这里面的天下，难道不是封建统治者的天下，这里面的忧乐，难道不是有关封建统治安危的忧乐么？范仲淹的这种思想，在一定的历史条件下曾起过积极作用，我们没有必要否定它；因为历史是一个漫长的发展过程，当这个社会的生产力和生产关系的矛盾还没有发展到足以爆发革命，足以否定这个社会制度的时候，劳动人民是没有办法可以摆脱这种社会制度所给予他们的压迫和剥削的。从这一角度来说，历史上的有些改良主义者，如北宋初期的范仲淹，中期的王安石等等，就没有必要否定他们，而他们从改良主义的政治要求提出来的一些道德命题，也可以历史地予以恰当的肯定。然而，予以历史地肯定是一回事，批判地继承他们的道德则又是另外一回事，这两者难道能混为一谈么？

根据上面这些分析，我们可以看到江峰同志的第三条理由及其论据，也是不能成立的。

归根结蒂，我们认为封建道德（即使是个别的封建道德）对于我们无产阶级的共产主义道德来说，是不可能继承的。

是马克思主义的批判继承
还是唯心主义的抽象继承

江峰同志再三说明他所主张的是马克思主义的批判继承。然而究竟是马克思主义的批判继承呢，还是唯心主义的抽象继承呢？我们应该进行一些具体的分析。

江峰同志说："我们这里所说的继承是批判地继承。凡属可继承的东西，都是经过我们从无产阶级立场出发而进行了根本改造的。换言之，这可继承的个别道德因素（原则），本来就与我们的道德论有着质的差异，又是经过批判与改造，将立场颠倒过来，加进了新的内容，然后才变成了我们自己的东西。这样，经过了改造的东西，与原来统治阶级的东西，就有了质的不同了，两者决不是一回事。"这就是说，江峰同志认为可以批判地继承的那些所谓"个别道德原则"，如孟子的"大丈夫"的"气节"、荀子的"德操"、范仲淹的"先天下之忧而忧，后天下之乐而乐"等等的具体内容是不能继承的，是必需"经过批判与改造，将立场颠倒过来，加进了新的内容"的。既然原来的那些旧内容不能继承，那末江峰同志反复强调的批判地继承封建统治阶级的"个别道德原则"究竟是继承它的什么呢？当然，只有它的语言形式了。然而，江峰同志又说不是。他说："还有人说，上述事例只是名词概念的沿用，不是伦理学上的继承。这我也想不通。'先天下之忧而忧，后天下之乐而乐'，这是一个道德命题，它不是一两个字，也不是单个的词，怎么能说只是名词的沿用呢？"这样，江峰同志所主张的封建道德的批判继承，既不是具体内容的批判继承，也不是道德命题的语言形式的继承。这又不是，那又不是，这就真正连"我也想不通"了。幸好，紧接着上

279

引的那段话，下面还有几句："对于个人与社会集体的关系，应该先集体、后个人，范仲淹在一定程度上是表述了这一思想的，我们继承的就是这个东西，怎么能说仅仅是名词沿用，而毫无思想内容呢?"原来他所主张批判继承的，就是这个所谓"对于个人与社会集体的关系，应该是先集体，后个人"的"思想"。然而，这究竟又是个什么样的"思想"呢? 是继承封建社会里的个人和"集体"的关系吗? 那实质上就是个人服从封建统治阶级的意志、利益，这就是"忠"。当然江峰同志是反对说封建道德"忠"可以继承的。那末是社会主义社会里的个人和集体的关系吗? 然而又不可能，因为江峰同志说过"集体主义、国际主义，这是无产阶级的思想体系，是历史上任何阶级都不可能具有的"。由此可见，这个"个人与社会集体的关系"，仍旧只是一个抽象的"个人与社会集体的关系"，是江峰同志把范仲淹提出的这个道德命题加以抽象化的结果。归根到底，仍然是个"抽象继承法"。这就是说，在江峰同志看来，在历史上统治阶级的"个别道德原则"里，包含有两种内容，一种是具体的有阶级性的内容，这种内容是不能继承的，必须批判的，所以他一再说明范仲淹的"先天下之忧而忧，后天下之乐而乐""是从地主阶级利益出发，为地主阶级着想"的。孟子的"大丈夫"的"气节"，荀子的"德操"，"都是有着鲜明的阶级性的。这是他们站在封建地主阶级的立场上，对当时的封建阶级代表人物所提出的要求，其目的当然还是为了成就地主阶级的事业，为了取得并进一步巩固地主阶级的统治地位"，因而这些内容都不能继承。但除此而外，他又认为在封建统治阶级的"个别道德原则"里，还存在着另一种抽象的没有阶级性的内容。这就是存在于范仲淹的"先天下之忧而忧，后天下之乐而乐"的道德命题里的"对于个人与社会集体的关系，应当是先集体、后个人"的"正确原则"，存在于孟子的"大丈夫"的气节、荀子的"德操"里的"如何对待反动势力和困难的一种正确原则"等等。在他看来，这些抽象的没有阶级性的内容是永恒的，始终不变的，万古长存的，而且又是可以为一切阶级服务的，因此是我们可以继承的。大家知道，哲学上的"抽象继承法"是冯友兰先生首先提出来的，他认为"在中国哲学史中有些哲学命题，如果作全面了解，应该注意到这些命题的两方面的意义：一是抽象的意义，一是具体的意义"。他认为"它底抽象意义是可以继承的，具体意义是不可继承的"。① 他所指的具体意义，就是指具体的为封建阶级服务的内容，他所指的抽象意义，就是指那些抽象的超阶级的"可以为一切阶级服务底成分"。上述江峰同志的观点，不正是这种"抽象继承法"的翻版么？所不同的不过是把范仲淹等人的上述道德命题加以抽象化以后，又加以现代化而已。② 大家知道，从马克思主义的观点来看，抽象只能存在于具体之中，一般只能寓于个别之中。离开了具体就无所谓抽象，离开了个别也就无所谓一般，现在江峰同志对于历史上统治阶级的所谓"个别道德原则"，一方面要抛弃它的具体内容，另方面却又要救出它的抽象的"正确原则"或

① 冯友兰：《中国哲学史论文集》，上海人民出版社，1958年版，第87、113页。
② 按范仲淹是北宋前期的改良主义政治家，这两句话，见于他的名作《岳阳楼记》。这篇文章是他应他的朋友滕子京的请求而写的。这时滕因事贬官至岳州，政治上很不得意。范仲淹这时也因庆历党争的失败而被贬至河南邓州，政治上也很不得意。宋代范公称的《过庭录》中有一段话：
　　滕子京负大才，为众忌嫉。自庆帅谪巴陵，愤郁颇见辞色。文正（范仲淹）与之同年友善，爱其才，恐后贻祸；然滕豪迈自负，罕受人言。正患无隙以规之，子京忽以书抵文正，求岳阳楼记，故记中云："不以物喜，不以己悲"；"先天下之忧而忧，后天下之乐而乐"。其意盖有在矣。
可见"先天下之忧而忧"那句话，是他对滕子京的婉曲规劝，也是他自己的政治抱负的表露。这两句话里的"天下"和"忧乐"，都是指封建统治阶级的天下和有关封建统治安危的忧乐。如果要说到这两句话里所包含的人与人的关系，那实质上就是封建社会里的个人与封建统治者的关系，因此就根本不是什么"个人与社会集体的关系"。事实上封建统治者从来就没有把自己当作是什么"集体"，封建皇帝从来就是把自己叫做"孤家"、"寡人"的，我们怎么能把封建社会里封建官吏与皇帝的关系，看作是什么"个人与社会集体"的关系呢？这样的看法实质上是把古人加以现代化，或把现代人的思想挂在古人名下。

"思想"，这就是说要使抽象离开了具体而独立存在，要使这种抽象的"正确原则"不着于"物"而上下千古，独往独来。实质上是要抽掉封建道德的阶级性，而使它成为超阶级、超时代的永恒道德。

我们认为，马克思主义对待古代文化遗产，是一贯主张用无产阶级的观点加以批判继承的，这里批判的东西是具体的，经过批判以后继承的东西也是具体的，因此，马克思主义所讲的批判继承，是具体的批判继承，而决不是抽象的批判继承。

不错，我们今天，无论是上述范仲淹的话或者孟子的话，都仍然在运用，对于这种情况，究竟如何解释呢？第一，这些话都不是作为封建道德来运用的；第二，我们今天运用这些话的时候，仅仅是运用这些"话"，即运用它的语言形式，而我们运用这些话所表述的具体内容，与它原来的内容是根本不同的，因此在思想内容上，根本就没有继承；相反地，倒是把原来的内容全部批判扬弃了。所以就根本不是思想内容上的批判继承而只是语言的运用。我们怎么能够把这种语言方面的运用，当作批判继承历史上一切剥削阶级的"个别道德原则"的思想内容来看待，从而又以此为根据，认为历史上一切剥削阶级的"个别道德原则"可以为我们批判继承，可以与无产阶级的共产主义道德"发生某种联系"，发生"统一性"呢？我们不禁要问，无产阶级道德与历史上一切剥削阶级的所谓"个别道德原则"发生了"某种联系"，发生了"统一性"以后，究竟还能不能保持无产阶级道德的纯洁性、革命性，它将成为一种什么样的道德呢？这难道不值得引人深思么？

问题的实质

江峰同志提出来的历史上一切剥削阶级的"个别道德原则"可以批

判继承的论点的实质是什么呢？我认为就是超阶级的道德论，就是认为剥削阶级与被剥削阶级有共同的道德因素，就是认为在剥削阶级的"个别道德原则"里，包含有一种超越各个不同阶级和各个不同时代的"永恒真理"。对于这个意见，江峰同志自然是不能同意的，因为他是反复地强调道德的阶级性，反复地申明他所主张的是"批判继承"的。然而，反复地强调道德的阶级性是一回事，反复地强调剥削阶级与被剥削阶级有共同的道德因素则又是一回事。而这两种按其性质来说本来是矛盾对立的观点，恰好同时被"统一"在江峰同志的文章里。关于江峰同志反复强调道德的阶级性的文字，在他的文章里，确乎是很多的，我们并不否认这一点，同时这也不是我们争论之点，因此这里不再引证。至于剥削阶级的道德与被剥削阶级的道德有共同的因素这一点，正是江峰同志事先就在文章里否认而实际上又在反复宣传的，我们有必要加以引证，进行商讨。江峰同志一则说：

1. 像孟子所说的"富贵不能淫，贫贱不能移，威武不能屈"，与荀子所讲的德操，提出了如何对待反动势力和困难的一种正确原则，我们批判地吸取过来，就有这个作用。

再则说：

2. "先天下之忧而忧，后天下之乐而乐"这个命题，提出了一个处理个人与社会集体的关系的正确原则。

3. 批判地继承像"先天下之忧而忧，后天下之乐而乐"这样的道德命题，就可以使我们在表达集体主义、国际主义的思想时，显得内容更丰富。

4. 对于个人与社会集体的关系，应当是先集体、后个人，范仲淹在一定程度上是表述了这一思想的，我们继承的就是这个东西，怎么能说仅仅是名词沿用，而毫无思想内容呢？

5. 我说的可以批判地借鉴与吸取的少量的个别道德（按指个别封建道德——庸）因素（原则），那原是特定历史条件下的产物，是在特定的历史时期和地点，特定的历史人物身上表现出来的，又是不久就被统治阶级抛弃掉了、在统治阶级正统思想中不占地位的。我们批判地继承这些东西，从而使无产阶级道德与历史上统治阶级的个别道德论之间，发生了某种联系，即统一性。

在上面这些话里，江峰同志所反复强调的，第一，是这些道德命题的思想内容，认为我们可以批判地继承的就是它的思想内容，而不是它的语言形式；第二，他认为我们经过批判以后可以继承的这些道德命题的思想内容，是孟子、荀子、范仲淹等人提出来的，不是我们给它加进去的（见上面所引1、2、4各条）；第三，他认为无产阶级道德与历史上统治阶级的个别道德之间，应该发生某种联系，即统一性；使无产阶级道德与剥削阶级的个别道德发生统一性的具体办法就是批判地吸取剥削阶级的"个别道德原则"或"个别道德因素"。

既然江峰同志明确地表明他所主张批判地吸取的统治阶级的个别道德原则是指它的思想内容，既然这些思想内容又是孟子、荀子、范仲淹等人所"提出"或"在一定程度上""表述了"的，既然"我们继承的就是这个东西"，而我们继承了"这个东西""就可以使我们在表达集体主义、国际主义的思想时，显得内容更丰富"，那末怎么能说江峰同志不是认为剥削阶级道德与被剥削阶级的道德之间，存在着一种超阶级的共同因素呢？既然认为"无产阶级道德与历史上统治阶级的个别道德论之间"可以发生"统一性"，即在历史上统治阶级的个别道德原则里包含了未来的无产阶级道德因素，而在今天无产阶级的共产主义道德里又批判地吸进了历史上统治阶级的个别道德原则或道德因素，那末怎么不是认为世界上存在着一种超阶级的超时代的永恒的道德因素呢？不错，江峰同志是说过从他阐述的批判地继承历史上一切剥削阶级的"个别道德原则"的"理论"里，"是得不出两种对立阶级的道德有'共同因素'这样一个抹煞道德阶级性的结论的"，然而仅仅依靠这样的"声明"有什么用处呢？这样的"声明"，怎么能掩盖得住他所提出来的问题的实质呢？

我们认为江峰同志尽管一方面真诚地相信自己不同意说剥削阶级道德与被剥削阶级道德之间有共同的道德因素，但实际上，在他的具体论述里，却在反复地宣传这种剥削阶级道德与被剥削阶级道德之间有"共同因素"的超阶级的道德论。这就是我们与江峰同志的原则分歧。

无产阶级的道德是在自己的阶级生活和阶级斗争中成长发展起来的

我们不同意江峰同志批判地继承一切剥削阶级的所谓"个别道德原则"，并不等于我们否认道德的继承性。马克思主义并不一般地否认道德的继承性，它只是反对被剥削阶级去继承剥削阶级的道德，反对提倡无产阶级去继承（纵然是批判继承）资产阶级、封建阶级的道德。马克思主义的导师们一贯教导我们要反对盲目崇拜旧事物、旧传统，要敢于同一切腐朽的旧传统、旧观念决裂，要有"冲决罗网"的革命精神，所以《共产党宣言》说："共产主义革命就是要最坚决地打破过去传下来的所有制关系；所以，毫不奇怪，它在自己的发展进程中要最坚决地打破过去传下来的各种观念。"① 我们应该了解，在道德问题上，过去所有的统治阶级，已经充分利用了他们的有利条件，为他们的旨在统治劳动人民、毒害劳动人民，以巩固他们的阶级统治的统治道德，说了不知多少的甜言蜜语，作了不知多少的宣扬鼓吹的工作。由于这样，因此使得历史上的被压迫阶级的道德，一直处在被统治的地位，得不到充分的发扬，更不能在道德领域里占据统治的地位。这一情况，竟使有的同志直到今天，还认为"所谓阶级的道德，在一般的情况下，也就是统治阶级的道德"，甚而至于，有一些人还在直接为孔子的"仁"、"忠恕"等等辩护。这些情况说明，历史上统治阶级的道德，由于历史上各个统治阶级几千年来一直交替着统治人民，持续地做了几千年的宣扬鼓吹的工作，因此它深刻地毒害和束缚着人们的思想和心灵。应该充分估计到，目前在我国广大的农村和城市中，这种封建道德，同资产阶级思想一样，还在深刻地影响着人们，在我们的社会主义建设中起着"历史的惰力"的作用。面对着这种情况，当着我们已经"最坚决地打破"了"过去传下来的所有制关系"的时候，当着我们正在轰轰烈烈地建设社会主义事业的时候，我们无论如何也不应该再为这些封建道德辩护了。列宁说："当人们还不会从任何一种有关道德、宗教、政治和社会的言论、声明和诺言中揭示出这些或那些阶级的利益时，他们无论是过去或将来总是在政治上作受人欺骗和自己欺骗自己的愚蠢的牺牲品的。"又说："只有马克思的哲学唯物主义，才给无产阶级指明了摆脱精神奴役的出路，一切被压迫阶级一直受着这种精神奴役的痛苦。"② 然而，我们有些同志，在对封建道德"揭示出这些或那些阶级的利益"的时候，

---

① 《马克思恩格斯全集》第 4 卷，第 489 页。
② 《列宁全集》第 19 卷，第 8 页。

却又在这些所谓"个别道德原则"里，在范仲淹的"先天下之忧而忧，后天下之乐而乐"的这个所谓"道德命题"里，发现了超然存在的抽象的"对于个人与社会集体的关系，应当是先集体、后个人"的思想，宣布"我们继承的就是这个东西"，也就是说，仍旧要求我们继承这些封建统治阶级的所谓"个别道德原则"。如果按照这些同志的"理论"去对待封建道德，那末，不管他们的主观意图是怎样好，它的客观效果，只能是让人们继续在道德问题上作受封建道德的"欺骗和自己欺骗自己的愚蠢的牺牲品"，继续受着"这种精神奴役的痛苦"。

我们主张对一切剥削阶级的道德，不管它说得多么漂亮，都应该坚决排斥，应该与无产阶级的共产主义道德划清界线；但是，我们对历史上劳动人民的道德，却主张应该批判地继承。劳动人民在长期的劳动中，在长期的阶级斗争中，形成了他们与剥削阶级根本对立的道德。他们在与统治阶级斗争中的团结互助，阶级友爱，他们对不劳而获的剥削阶级道德的憎恶，他们的勤劳刻苦，他们对于自己的革命组织的忠心耿耿，他们的大公无私的精神，等等，这一切劳动人民的美德，我们都应该批判地继承，而事实上，我们在阶级斗争中，在反对帝国主义和修正主义的斗争中，在社会主义建设的斗争中，也正是批判地继承并发展了我国劳动人民的多种美德。

但是，应该明确，无产阶级的共产主义道德的形成，主要不是靠继承历史上被剥削阶级的道德（虽然这种继承是很自然的），而主要是从无产阶级自身的阶级生活和阶级斗争中逐渐形成起来的，在这个形成过程中，马克思主义的革命理论，起着十分重要的不可缺少的作用。关于这一点，马克思主义的经典作家，曾经不止一次地讲过。恩格斯说："我们只能得出这样的结论，即人们自觉地或不自觉地，归根到底总是从他们的阶级地位所依据的实际关系中——就是说从生产和交换所依以进行的经济关系中，吸取自己的道德观念。"① 列宁在《青年团的任务》一文中，一方面十分明确地说明了无产阶级必须摈弃资产阶级、地主阶级的道德，另方面，又明确地说："我们的道德完全服从无产阶级阶级斗争的利益。我们的道德是从无产阶级阶级斗争的利益中引伸出来的。"② 从这里，我们可以看到，马克思列宁主义的经典作家，用多么清晰的语言，说明了无产阶级必须抛弃一切剥削阶级道德，说明了无产阶级的道德，只能从"无产阶级阶级斗争的利益中引伸出来"的道理。奇怪的是我们有一些主张封建道德可以批判继承的同志，说了许多封建道德可以批判继承的"理由"，却不愿重温一下列宁的这一段话。

应该提到，有些同志在论述某些封建道德可以批判继承的看法的时候，常常引用加里宁《论我国人民底道德面貌》这篇文章里的一些实际上与道德的继承问题毫不相干的话，而却偏偏不去注意下面这一段不应该忽视的话。他说："'批评资产阶级，发展群众对资产阶级的仇恨心，提高阶级觉悟，善于团结本阶级的力量'这就是十月革命前马克思主义道德的基本内容。新道德好像是由两个相反方向在工人阶级和劳动群众中培植起来了，一方面是马克思主义知识分子所进行的宣传，另方面是当时发展着的资本主义以其残酷剥削手段推动着工人去实行反抗，因此，劳动者利益一致的了解以及对国际团结的号召，就容易为工人所接受。无产阶级的道德，乃是在工人日常生活中，即在工厂和作坊中形成起来的。"③ 正是在这里，加里宁十分清楚地说明了无产阶级的道德是在自己的阶级斗争中成长起来的这个马克思主义的根本观点。加里宁的这篇文章，通过俄国革命的历史过程，也正是详细地论述了这一观点。

---

① 恩格斯：《反杜林论》，人民出版社 1962 年版，第 95 页。

② 《列宁全集》第 31 卷，第 258 页。

③ 加里宁：《论共产主义教育》，莫斯科外国文书籍出版社 1950 年版，第 269—270 页。

可是我们有些同志光顾摘引他这篇文章里的某些词句，而却抛弃了这篇文章的上述观点，这实在不能不令人觉得惊奇！

也许有的同志会说：上面引用的这些马克思列宁主义的经典作家和马克思主义者的话，不过是说明了无产阶级道德的产生，至于它的发展、它的提高，则必须批判地继承历史上统治阶级的所谓"个别道德原则"，否则就要犯割断历史，"否定一切"的错误。例如江峰同志就是这样认为的，他说："这种批判地继承遗产的工作（指批判地继承历史上统治阶级的'个别道德原则'——庸）比起前几项工作来（指他在上文提到的'把现实斗争中产生的共产主义道德萌芽，加以概括与总结'等等——庸）自然居于次要地位，但也不可没有。"他还引用了毛主席在谈到文学艺术遗产的继承问题时所说的，"有这个借鉴和没有这个借鉴是不同的，这里有文野之分，粗细之分，高低之分，快慢之分。所以我们决不可拒绝继承和借鉴古人和外国人，那怕是封建阶级和资产阶级的东西"，来为自己的论点作证明。按照江峰同志的意思，无产阶级如果不批判地继承历史上统治阶级的所谓"个别道德原则"，那末，无产阶级的道德就只能"野"，只能"粗"，只能"低"，成长得只能"慢"。只有批判继承了历史上统治阶级的所谓"个别道德原则"，无产阶级道德才能"文"，才能"细"，才能"高"，才能成长得"快"。对于这样的意见，我实在不敢苟同。第一，毛主席的这一段话，分明是指文学艺术而说的，而且当然是说要借鉴封建阶级和资产阶级文学艺术中的精华，而不是去借鉴它的糟粕。对文化遗产，毛主席是一再强调要去其糟粕，取其精华的，怎么能把毛主席明明是针对文学艺术而说的话，随便引用到对待剥削阶级的道德的问题上来呢？我们应该了解道德只是人类文化的一个组成部分，在道德领域里，则还有剥削阶级道德和被剥削阶级的道德之分。其中剥削阶级的道德，则是糟粕。因此我们决不能把对待整个文化遗产的批判继承的方针，或把对待文学艺术遗产的批判继承的方针，拿来对待剥削阶级的道德。这样做，无异就是认为糟粕里面有精华，这样的"道理"，怎么能成立呢？这种违背了主席的原意而随意引用主席的话来为自己的错误论点辩护的做法，我认为是一种极不严肃的作风，我们应该努力避免。第二，我们不妨再从实际情况来看看，研究一下我们比较熟悉一些的共产主义者的共产主义道德的成长过程，看看他们在形成自己的共产主义道德的过程中，究竟是批判地继承了历史上剥削阶级的所谓"个别道德原则"呢？还是彻底抛弃了一切剥削阶级的道德？目前，大家比较熟悉的共产主义者之一，就是毛主席号召我们向他学习的雷锋同志。学习了雷锋同志的日记以后，我们大致可以这样说，他的共产主义世界观的形成，他的共产主义道德的形成和提高，是由于：一、他出生在一个极其贫苦的贫农家庭里，从小就受过残酷的阶级压迫和阶级剥削，受尽了旧社会地主阶级给予他的种种折磨，使他刻骨地仇恨地主阶级，使他具有强烈的被压迫阶级的阶级感情，这是他的共产主义世界观和共产主义道德形成的一个深厚的阶级基础。二、他受到了党的深刻的教育。雷锋从小受压迫，过着孤苦伶仃的孤儿生活，九岁那年家乡解放，他从此受到了党的教育培养，他上小学读书，高小毕业后参加了工作，他曾被评为农业战线上的劳动模范，在工业战线上，曾三次被评为先进生产者，十八次被评为标兵，五次被评为红旗手，同时又是模范共青团员，后来他又光荣地参加了中国共产党，在入党的那一天，他写下了这样一页日记：

> 1960 年 11 月 8 日是我永远不能忘记的日子，今天我光荣的加入了伟大的中国共产党，实现了自己最崇高的理想。
>
> 我激动的心啊！一时一刻都没有平静。伟大的党啊！英明的毛主席！有了您，才有我的新生命。我在九死一生的火坑中挣扎和盼望光明的时刻，您把我拯救出来，给我吃的，穿的，

还送我上学念书。我念完了高小，戴上了红领巾，加入了光荣的共青团，参加了祖国的工业建设，又走上了保卫祖国的战斗岗位。在您的不断培养和教育下，使我从一个孤苦伶仃的穷孩子，成长为一个有一定知识和觉悟的共产党员。……

今天我入了党，使我变得更加坚强，思想和眼界变得更加开阔和远大。我是一个共产党员，人民的勤务员。为了全人类的自由、解放、幸福，哪怕高山、大海、巨川，为了党和人民的事业，就是入火海进刀山，我甘心情愿，头断骨粉，身红心赤，永远不变。①

这一页日记，我认为是一篇雷锋同志的很好的自述，同时也是他的很好的一个总结。从雷锋的全部事迹里，从雷锋的日记里，我们可以清楚地看到雷锋同志完全是在党的一手培养下成长起来的，离开了党的这种教育和培养，就不可能有共产主义战士雷锋。三、顽强的学习精神。从雷锋的事迹中，从雷锋的日记里，我们可以看到，雷锋的学习精神是十分顽强的，尤其是对毛主席的著作，学习得更加勤苦，他经常随身带着毛主席的著作，他把自己装书的背包叫"活动图书馆"。他孜孜不倦地学习革命理论，这种顽强的学习精神，正是他的阶级觉悟的表现，而学习革命理论，又进一步提高了他的阶级觉悟，提高了他的革命的自觉性。除了学习主席的著作以外，他还向革命先烈学习，向英雄模范学习，向劳动人民、阶级弟兄学习，向报纸、书本学习，向文艺作品、电影学习，向工作学习。总之，我们读雷锋日记的一个特别深刻的印象，是他无时无刻不在学习，而且他的学习总是为了革命事业，为了做好革命工作。这种顽强的学习精神，我认为是雷锋同志的共产主义世界观和共产

---

① 《雷锋日记》，解放军文艺社 1963 年 4 月第 1 版，第 16—17 页。

主义道德形成的一个重要条件。四、自觉的革命精神。从雷锋同志的事迹和日记中，我们可以看到雷锋对于自己的要求是严格的，尽管他多次受到表扬，被评为模范、标兵、红旗手、社会主义建设积极分子等等，但是他总是牢记着主席"骄傲使人落后，谦虚使人进步"的教导，他把自己的一切成绩都归功于党，归功于主席思想的教导，他对自己哪怕是一些细小的缺点都不放松批评。他这种不断地自我改造，严格地要求自己的自觉的革命精神，真是他的共产主义世界观、共产主义道德不断提高的一个重要因素。

从雷锋的事迹中，从他的日记中，我们大致可以看到，他的共产主义世界观、共产主义道德形成、提高的这几个主要原因。这些原因，都说明了一个道理，雷锋的共产主义道德的成长和提高，是在阶级斗争中成长和提高的，是在党的培养，在毛主席著作的教养下成长和提高的，而不是批判继承了历史上统治阶级的"个别道德原则"而成长或提高的。

也许有的同志会说，雷锋是工农出身，没有受过传统文化的教养，他主要是接受党的教育，所以雷锋没有批判继承历史上统治阶级的"个别道德原则"是可以理解的。那末，我们再来看一看另一位共产主义者的道德吧。我们大家知道，鲁迅是一个共产主义者，而他又是受过传统文化的深刻教养的。应该承认，鲁迅的共产主义道德是崇高的。然而，鲁迅成为一个共产主义者，是经过了一个艰苦的自我改造过程的，是经过了一个从革命民主主义者到共产主义者的转变过程的。那末，这个过程从道德方面来说，是不是一个批判地继承历史上统治阶级的"个别道德原则"的过程呢？当然不是，恰恰相反，在中国的新文化运动史上，当鲁迅还是一位革命民主主义者的时候，他就是一位反封建文化、反封建道德的旗手。中国新文学运动的第一篇杰作，就是鲁迅的《狂人日记》。在这篇作品里，鲁迅借用一个"狂人"的嘴对几千年来吃人的封建宗法制度和封建礼教作了强烈的控诉，这个"狂人"说：

> 古来时常吃人，我也还记得，可是不甚清楚。我翻开历史
> 一查，这历史没有年代，歪歪斜斜的每叶上都写着"仁义道
> 德"几个字。我横竖睡不着，仔细看了半夜，才从字缝里看出
> 字来，满本都写着两个字是"吃人"！

封建道德，就是"吃人"的恶魔，这就是鲁迅对封建道德所下的结论。我们知道，对于阻碍历史前进的一切腐朽的旧传统，包括封建统治阶级的道德传统在内，鲁迅是一直主张彻底否定的，他说："苟有阻碍这前途者（按：指上文所说的'生存、温饱、发展'），无论是古是今，是人是鬼，是《三坟》、《五典》，百宋千元，天球河图，金人玉佛，祖传丸散，秘制膏丹，全都踏倒他。"① 我们知道，五四运动是"彻底地不妥协地反帝国主义和彻底地不妥协地反封建主义"的革命运动，"而鲁迅，就是这个文化新军的最伟大和最英勇的旗手"。② 我们又知道，鲁迅的爱国主义思想，鲁迅的彻底地反帝反封建的思想是一贯的，在他的思想历程中，在他从一个革命民主主义者飞跃到一个共产主义者的过程中，他的这种革命精神，不仅没有任何丝毫的减弱，而是更加坚定，更加彻底。因此，企图从鲁迅的共产主义世界观、共产主义道德中寻找与封建道德相调和的东西，那怕是"个别道德原则"，那是徒劳的。

由此可见，无论是雷锋式的共产主义者也好，无论是鲁迅式的共产主义者也好，他们的共产主义世界观的形成，他们的共产主义道德的形成和提高，都不是批判地继承了历史上统治阶级的所谓"个别道德原

---

① 《鲁迅全集》第3卷，人民文学出版社1956年版，第36页。
② 《毛泽东选集》第2卷，人民出版社1952年第2版，第691—692页。

则"。恰恰相反，而是彻底地肃清了一切剥削阶级道德的影响，用马克思主义完成了彻底的自我改造，正是在这个深刻的自我改造过程中，才确立了他们的共产主义世界观和共产主义道德。

由此可见，我们对于历史上一切剥削阶级的道德，必须坚决彻底批判，彻底抛弃，而不能继承。这个批判的过程，也就是自我思想改造的过程。

然而，江峰同志说，你这是"否定一切"。诚然，对于封建统治阶级的道德，乃至于历史上一切剥削阶级的道德，我们是坚决采取"否定一切"的态度的，因为这里的"一切"，是指剥削阶级用来毒害人民的精神武器——剥削阶级的道德，是指道德遗产中的糟粕，而不是一切的"一切"。

1964 年 3 月

关于传统文化中的道德观念

——从电视剧《三国演义》谈起

　　长篇电视连续剧《三国演义》已经播放完了。在连续播放的过程中，全国上下掀起了一阵持久的"三国热"。一时之间，书店里的《三国演义》到处脱销，有关三国的种种著作，也同时销售一空，这是一个非常值得欢迎的文化现象。与此同时，自然街谈巷议，到处都是"三国"的话题。从电视片一直到"三国史"、"三国戏"、"三国人物"、"三国演义"小说本身，乃至"三国文物"、"三国古战场"，无一不是大家乐于谈论的话题。其中，关于"三国演义"以及电视剧里所反映的忠、孝、节、义等道德观念的问题，也是热门话题之一。

　　《三国演义》里所反映的道德现象是古代文化中带有普遍性的问题，为此弄清楚这个问题，对我们正确理解古典作品，包括理解电视剧《三国演义》是很有用处的。

　　电视剧《三国演义》的第一集就是《桃园结义》，这里就突出一个"义"字。而且"桃园结义"的故事，是自有《三国演义》小说以来就家喻户晓的，社会影响非常之大。接着下来的就是《十常侍乱政》。这个故事里包含着忠于汉室和背叛汉室的问题，这就是封建社会里最主要的一个政治问题，"忠"也就是封建道德中的最主要的德目。

封建道德的德目很多，并且内涵很复杂，如果要全面展开来谈，决不是现在的篇幅所许可的，所以本文就只谈"忠"、"义"两个德目。

大家知道，阶级社会里的道德都是有阶级性的，超阶级的道德是不存在的。而且道德的存在，是具体的存在，行为性的存在，而不仅仅是书面文字的存在，因为道德本身就是一种社会行为的规范。正因为如此，所以统治阶级就非常重视道德的宣传和教育，通过这种手段，使被压迫者接受他们的道德要求，把维护统治阶级利益的道德作为普遍的自己应该实现和服从的道德。所以在封建社会里，普遍地接受统治阶级的忠孝节义的宣传，产生了一批批的忠臣孝子义夫节妇。

大家还知道，阶级社会是阶级对立和对抗的社会，农民起义就是这种对抗的激化。但是封建社会并非经常处于阶级对抗激化的状态，相反却是经常处于稳定或半稳定状态，这里除了统治阶级的政策调剂、政治压力的作用外，道德教育也起了相当的作用。所以阶级社会里的道德，还有它的中间性和模糊性。例如封建社会里统治阶级所提倡的廉洁这种道德，就带有中间性和模糊性。封建官吏如果廉洁，尽量少贪污，少剥削人民，则有利于社会的稳定，也就有利于封建统治的稳定，所以统治阶级既表彰这种道德，老百姓也欢迎这种道德。所以它就具有一定的中间性和模糊性。但就其阶级实质来说，仍然是有利于统治阶级的稳定和长久统治的，所以它的根本利益，还是服务于统治阶级的。

另外，道德还具有继承性和不可继承性两种性质。封建社会里劳动人民的美德，如勤劳勇敢、孝养父母，对待朋友讲究信义，见义勇为，舍己为人等等，当然是可以而且应该继承的；但对于统治阶级提倡的完全为统治阶级利益而牺牲的道德，如"君要臣死，臣不死即为不忠；父要子亡，子不亡即为不孝"等等，对劳动人民来说，是完全不可继承的。但历代的统治阶级却一直继承并宣传这种道德。所以道德的继承性和不可继承性，是以它的阶级内涵为依据的，并不是都可继承和都不可继承的。

明白了以上这些道德领域里的复杂情况，就可以进一步地谈具体的道德了。

这里先说"义"，先秦时代的墨子曾说"义"就是"有力以劳人，有财以分人"（《墨子·鲁问》），用现在的话来说，就有点"济困扶危，仗义疏财"的意思。墨子还主张推举农、工出来任事，而且应该"高予之爵，重予之禄，任之以事，断予之令"，"举公义，辟（除）私怨"（《尚贤》上）。墨子出身于劳动人民，他所提出的"义"的内涵是维护劳动人民的利益的，所以他的"义"是属于民间的。孟子的解释，是说"义，人之正路也"（《离娄》上），又说"未有义而后其君者也"（没有讲义的人而不尊重君主的）。很明显孟子所说的"义"，就是要服从君主，这就是他所说的"正路"，由此也可见孟子的"义"，是属于当时的统治阶级的。也由此可见同一个"义"字，墨、孟两家的说法就截然相反。而"桃园结义"的义，显然较多的是民间色彩的"义"，后来在民间的影响也较大。那末我们如何来评价这种"义"呢？我认为应该对它作历史的肯定，尽管在《三国演义》里他们是作为黄巾的对立面出现的，但在《演义》里黄巾只是陪衬的一笔，它主要描写的还是朝政的腐败所引起的军伐割据，民不聊生，然后把"桃园结义"作为他们慷慨救世，建功立业，安邦定国的起点，而最后的结束也是以三个人的各自尽"义"而结束。"桃园结义"的"义"，还只是"义"的一种类型，在历史上"义"的表现是多种多样的，更多的是流行于民间的与"恶"相对抗的、牺牲自己以帮助别人的"侠义"行为。因此，"义"的内涵与自私自利，损人利己是完全不相容的。这种道德行为，直至今天也还是为人民所肯定并不断在加以充实和发展。

至于"忠"，大家都很清楚，封建时代统治阶级提倡"忠"，是要大家"忠"于统治阶级，为统治阶级的利益自觉牺牲。而被压迫人民则相反，"忠"就是要"忠"于人民的事业，例如《水浒》里的英雄，就是要求全体水浒的英雄豪杰都"忠"于梁山的起义事业。《三国演义》里的"忠"情况更为复杂，对于汉室的政权来说，是要求大家"忠"于这个皇权。但对于魏、蜀、吴来说，是要求各自的臣民都"忠"于自己的分割政权，"忠"于自己。很显然，这两种"忠"都是属于统治阶级的"忠"。

但是这里又有特殊情况，例如诸葛亮的"鞠躬尽瘁，死而后已"的精神，具体来说，他是"忠"于先帝的托孤，"忠"于蜀汉的皇权，但他对待事业的精神，对待刘备（是君臣，又是知己）托孤的竭尽心力，也就是说他的道德的行为，又极大地感化着后来的群众，使这种精神在新的条件下用到新的人民的事业上。

前面说过，道德的存在是复杂的存在，从整体来说，在阶级社会里统治阶级的道德与被统治阶级的道德，其内涵是完全对立的。但在每个具体的个人身上，却又显得特别复杂，有的出身于劳动人民的人却沾染了统治阶级的恶德。而有些官僚地主阶级的人物，身上却又存在着劳动人民道德的影响。所以在分析传统文化中的道德现象时，既要注意到道德的阶级属性，而又不能用简单的划阶级成分的办法。

电视连续剧《三国演义》的播出，其积极意义是多方面的。第一，它对当前流行于社会的一股"戏说"热，无异是一服清凉剂。我国历史上的秦皇汉武、唐宗宋祖以及康熙乾隆，是中国历史的光辉阶段，他们是中国历史和文化发展的代表性人物，把一位在历史评价上应该肯定的皇帝，写得如同儿戏，对中国历史和中国人民有什么光彩呢？对爱国主义教育有什么积极意义呢？电视剧《三国演义》所反映的并不是中国历史的光辉阶段，而是中国历史的变乱时期，但是剧作家、导演、演员却都以谨严的笔墨，依据《三国演义》小说，认真地完成了这一巨著，令人耳目一正。第二，长期以来，特别是自"文革"以来，我们的传统文化的宣传教育都受到了很大的削弱，文化在下降，学术在沉沦，社会的读书空气已经愈来愈淡薄了，《三国演义》电视剧的播出，使久已淡薄的社会文化气息，增加了浓度，但愿这种风气能持久发展。第三，《三国演义》电视剧展现的古人的道德风貌，其中也颇有可以借鉴的，对当前的社会也不无补益。

仅从以上三点来说，我认为电视剧《三国演义》是一部适时的，思想和艺术都是高层次的作品。至于有的观众希望这部片子的艺术性再高一些，人物塑造得更好一些，战争和武打场面处理得更精彩一些等等，这是完全可以理解的，"艺无止境"，艺术是没有顶峰的！

1995 年 3 月 18 日于瓜饭楼

解剖一部封建道德教科书——

《伍伦全备忠孝记》

——驳封建道德可以批判继承论

在关于封建道德可不可以批判继承的争论中，有的同志认为不论是忠、孝、节、义，或者"大丈夫"的气节，都是可以批判继承的，并且还说明这种封建道德可以批判继承的"理论"，是指"继承其中好的部分"，是指批判地继承岳飞、文天祥等人的"忠"这类的道德。

我们认为，作为一种观念形态的封建道德，无论是岳飞、文天祥的忠也好，或者是别的封建人物的忠也好，它的阶级实质总是一样的，① 它总是要求人们忠于封建统治阶级而不是要求人们去忠于被统治阶级。封建道德可以批判继承论者强调"继承其中好的部分"，这不过是一种手法。实质上是企图主观地把封建道德忠、孝、节、义等观念本身，说成它们各自还有好坏两个部分，然后好让人们去接受"好"的部分。因此，封建道德的实质究竟是什么？看来，仍旧有进一步弄清楚的必要。

---

① 这个问题，我在《彻底批判封建道德》一文里已作了论述，此处不再赘述。

解剖一部封建道德教科书——《伍伦全备忠孝记》

我们知道，封建道德存在于过去的社会生活中，并不是抽象的存在，它是贯串在人们的生活和行动中的；而且，各项封建道德也不是各不相关地孤立地存在，它们是互相贯通，相互为用，联成一体的。因此，我们有必要通过对一些具体地反映封建道德的作品的分析，来看一看封建道德的阶级实质，以及各项封建道德之间的关系。只有既弄清楚封建道德的阶级实质，又弄清楚各项封建道德的具体作用和它们之间的相互关系，这样我们才能全面地透彻地认识它。本文就是想通过对一本封建道德的"教科书"——《伍伦全备忠孝记》的分析，来揭示封建道德的阶级实质和各项封建道德之间的关系。在这本书里，各种封建道德如忠、孝、节、义以及"大丈夫"的气节等等，可以说是色色俱全的。

因为是解剖这本封建道德的"教科书"，而书中对有些问题又是说得很明白的，因此本文不得不多所征引。

一、这是一部封建道德的"教科书"

《伍伦全备忠孝记》（见《古本戏曲丛刊初集》），是明邱浚所作。邱浚是明景泰五年进士，入翰林院为庶吉士编修，后来又任国子监祭酒、礼部尚书、太子太保兼文渊阁大学士，死后谥文庄。他是一个标准的封建统治阶级的文人。他写这个戏的目的，在第一出《副末开场》里讲得十分清楚：

> 伏以天生万物，人为最灵。人有五伦，道其最大。五伦者何？父子有亲，君臣有义，夫妇有别，长幼有序，朋友有信。这五伦中，三纲为大。何谓三纲？父为子纲，君为臣纲，夫为

妻纲。兄弟便是长幼之序，师生便是朋友之伦，官长于民，有君臣之分，妻妾于民，有夫妇之义。这三纲五伦，人人皆有，家家都备。只是人在世间，被那物欲牵引，私意遮蔽了，所以为子有不孝的，为臣有不忠的，父母有不慈的，兄弟有不和的，夫妻有不相得的，朋友有不相信的。是以圣贤出来，做出经书，教人习读；做出诗章，教人歌诵。无非劝化世人，使他个个都尽五伦的道理。

然经书却是论说道理，不如诗歌吟咏性情，容易感动人心。曾见古时老先生，每说古人之诗，如今人之歌曲。古人歌诗，而今见在，虽然读书秀才说与他也不晓得，况其余人？不读（独）是古诗，今人做的律绝选诗，说与小人妇女，也不知他说个甚的。

若是今世南北歌曲，虽是街市子弟，田里农夫，人人都晓得唱念，其在今日亦如古诗之在古时，其言语既易知，其感人尤易入。近世以来做成南北戏文，用人搬演，虽非古礼，然人人观看，皆能通晓，尤易感动人心，使人手舞足蹈，亦不自觉。但他做的，多是淫词艳曲，专说风情闺怨，非惟不足以感化人心，到反被他败坏了风俗。间或有一两件关系风化，亦只是专说一件事，其间不免驳杂不纯。近日才子新编出这场戏文，叫做《伍伦全备》。发乎性情，生乎义理。盖因人所易晓者以感动之，搬演出来，使世上为子的看了便孝，为臣的看了便忠，为弟的看了敬其兄，为兄的看了友其弟，为夫妇的看了相和顺，为朋友的看了相敬信，为继母的看了不管前子，为徒弟的看了必念其师，妻妾看了不相嫉妒，奴婢看了不相忌害。善者可以感发人之善心，恶者可以惩创人之逸志。劝化世人，使他有则改之，无则加勉。自古以来，转看都□这个样子，虽是一场假托之言，实万世纲常之理。①

这一大段《开场白》，明确地说明了下面三个问题：

第一，他写这个戏是为了宣扬封建道德，而且，他不是宣扬一般的抽象的封建道德，宣扬抽象的"道理"，而是通过具体的人、具体的事来宣扬这种封建道德的，因而他着重讲明如何按照封建道德来处理一系列的关系，即君臣、父子、夫妇、兄弟、朋友等等的关系，因为封建道德的作用，正是在于"协调"这些关系，从而达到安定封建社会的秩序，巩固封建统治阶级的阶级统治；当然，在这些"关系"掩盖下的是阶级压迫的实质。

第二，他说明了他所以采用戏曲的形式来宣扬封建道德，是因为他看到古时"圣贤"做出来的"经书"只是"论说道理"，"不如诗歌吟咏性情，容易感动人心"，更不如"近世以来"的"南北戏文，用人搬演，虽非古礼，然人人观看，皆能通晓，尤易感动人心，使人手舞足蹈，亦不自觉"。这就是说，他认识到戏曲是一种有力的阶级斗争的工具，他利用了这种工具，为本阶级的事业而服务。

第三，他说明了他写这个戏是为了抵制那些破坏封建社会的统治秩序的所谓"淫词艳曲"、"风情闺怨"的戏曲，禁锢和毒害人们的思想，以达到"使世上为子的看了便孝，为臣的看了便忠，为弟的看了敬其兄"，一句话，巩固封建统治阶级的阶级统治。

根据这一段开场白，再仔细读一读这个剧本，我们可以毫不夸张地说，这是一部封建道德的"教科书"，对于我们来说，是一部研究封建道德的很好的反面教材。

这个戏串演着这样一段故事：

---

① 本文着重点均是引者所加。

　　北宋末年，太平郡太守伍典之妻病故，遗子伦全。伍典继娶范氏，生子伦备。伍典的朋友安某因贬官，将妻、子托伍典照管，不久伍典也病故，范氏守节，独力抚养两子及安某之子安克和。三人逐渐长大，范氏为请师教读，教师名施善教。善教有女名淑清，其表妹叔秀因父母俱亡，为施善教收养，善教将他作为义女。后来淑清即嫁伦全，叔秀则嫁给伦备。时江南采访使巡察至太平府，有一醉汉被人打死，其妻诬告伍氏三兄弟，三人始则不承认，后因巡察使要用刑，三人即争相承认，互相争死。最后范氏亲自上堂，坚持要让自己的亲生儿子伦备抵"罪"。巡察使为他们的道德行为所感动，终于释放他们，并为范氏表彰贞节。不久，朝廷开科取士，范氏欲三子应试，三子则愿在家尽孝，范氏即训以移孝作忠的道理，三人乃上京应试。殿试结果，伍伦全中第一名状元，伍伦备中第二名探花。衣锦游街时，相府派人前来说亲，二人坚决拒绝，不久即回乡完婚。这时施善教的第二女叔秀因哭母致双目失明，媒人劝伍家另行择配，伍家仍坚持原约。淑清、叔秀嫁至伍家后，以姊妹而为姻娌，关系格外亲密。时值范氏生日，淑清二更即起身整顿寿筵，并为叔秀祷告，愿她双目复明，叔秀果然梦一神人为她医治双目，双目即霍然而愈。后来，伦全起用为谏议大夫，伦备为郡守。伦全入朝后屡上奏章谏诤国事，得罪权贵，又因上疏举其师施善教，权贵即借故将他贬为府州团练使守备神木寨。其弟伍伦备至东阳郡理事，判理三桩讼事：一是兄弟争产，伦备即训以兄友弟恭之道，二人即受感化而去；二是妻妾争夫，伦备即训以妻妾之道，妻妾即归于和睦；三是僧道争恋一尼姑，亦由伦备训导后息讼。伦备又下乡劝农，农民皆感其"德政"。伍伦全于赴神木寨途中，遇友人张打牛，打牛家连遭三丧，无力安葬，伦全即以千金宝剑相赠。伦全至神木寨后，其妻淑清在家恐伦全无后，为买一妾，命人送往神木寨，途经清风岭遇盗，欲劫以为压寨夫人，此女即题诗一首，殉节而死。不久，神木寨遭胡人袭击，伍伦全被俘。胡人欲请伍伦全为军师，伦全宁死不从。消息传到伍伦全家中，其妻淑清深望伦全能尽忠而死，自己则愿意守节终生，其母闻信后，因念伦全致病。淑清即祷告上帝，割肝救姑，叔秀则割下股肉，煎汤为药。其时，伍伦备在东阳郡闻信后，一方面上章朝廷请求救兄，另方面，立即与义弟安克和及仆人赶赴神木寨，愿与伦全同死，以全兄弟主仆之义。这时伦全之友张打牛已先降于胡，感念伦全兄弟的忠义，即劝说胡人降宋，胡人因即归降。伦全兄弟入朝，金殿受封。时范氏因病重身故，伦全兄弟回家奔丧。丧毕伦备入朝为相，伦全为将。后来兄弟一同告老回乡，享受团聚之乐。这时，施善教已得道为"神"，张打牛亦已入仙箓，伦全之母范氏及伦全之妾，亦均已为"神"，以上诸"神"同至伍家度伍氏兄弟，终于全家超凡入"神"。

二、几个体现封建道德的"理想人物"

上面是这个戏的情节的简单概括，它的具体描写，当然比这要丰富而"生动"得多，但是即使从这个简单概括里，我们也可以看出这是一个十足为封建道德说教的戏。

在这个戏里，剧作者按照封建道德的标准，即按照封建统治阶级的政治要求，"塑造"了几个封建统治阶级的"理想人物"，作为封建社会里人们行为的"规范"，人们立身处世，对上对下的行动的"楷模"，用以"劝化"世人，也就是用以毒害人们的心灵，束缚人们的思想。剧作者宣称这些人们的行动和道德，都是"万世纲常之理"。这就是说，这些人所体现的封建道德都是永恒不变的道德。间接地，也就是说封建社会的封建剥削制度，是万世不变的制度，而劳动人民受剥削受压迫的命运，也是万世不变的命运，因此人们唯一的出路，就是按照这些"理想人物"的道德和行为来生活。

那末，封建统治阶级的"理想人物"，封建道德的"理想人物"究竟是怎样的一种人物呢？下面我们就选择这个戏里的几个主要人物作一些扼要的介绍和分析：

第一，伍伦备的母亲范氏。

范氏是这个戏里的"理想人物"之一，她是全剧中地位最高的人物，她是封建家庭的家长，同时又是继母和节妇。剧作者把这三重身份集中在她一个人身上，从而企图塑造一个符合封建统治阶级利益的母亲的形象。她自己介绍身世道："老身是伍太守的继室。年一十七岁归祖氏，二十四岁夫亡。守寡养育夫前妻子伍伦全，年二十岁。我亲生的子年十七岁，又有义子安克和年十六岁。这三个孩儿，我做一般看待。"剧作者在这个戏里着重描写她的是为夫守节和为夫教子。封建社会，是一个以家庭为生产单位的等级制的私有制社会，所以巩固封建家庭，是巩固这种社会制度的必要条件，如果封建的家庭遭到破坏，那末这个社会的基础就遭到破坏。同时封建社会又是一个等级制的社会，这种等级制度反映在封建的家庭里，就是封建的家长制，家长（父亲）是这一家之主，一切人都须服从家长的意志。这种封建的家长制与整个封建社会的等级制是互相依存、互为表里的。为了维持封建社会的秩序，就必须巩固封建的家庭和封建家庭内的家长制。所以当着一个封建家庭的家长死去以后，就要求这个家长的妻子无条件的守节，担负起家长的责任以教育子女，这样这个封建家庭才不致破坏。因此为夫守节和为夫教子，便成为封建社会里封建阶级对妇女的一种最根本的要求。剧作者正是从这个角度出发，极力歌颂范氏的守节和教子。剧作者对范氏的守节，一方面写了她四十余年守节的痛苦生活，另方面更强调了她对这种痛苦生活的自觉的坚守，从而达到对范氏的歌颂和对人们的"教化"。剧作者通过范氏的自述，描写她守节的意志和守节的痛苦生活说：

自从夫死四十余年，虽是身存，心已先死，生事不堪提
起。秋霜两鬓丝丝，凉风四壁凄凄，此去死期不远，良人又得
相随。老身自从夫君死别，经今四十余年，苦持门户立家业，
教育三个孩儿，今稍长成，不免从头历数一遍则可。【北双调
新水令】古云夫者妇之天，我□着天，寻天不见。心许既死
后，身在未亡前，道理当然。非是我图名显。【驻马听】心上
旌悬，但道夫存人去远。眼中花眩，番能身死鬼能言。鸾胶难
续继肠弦，菱花不照啼痕面，未了姻缘。今生拟结来生愿。
【雁儿落】谁不爱团圆到百年？苦无奈遭着人伦变。三百篇爱
诵的是柏舟诗，十八史爱看的是贞烈传。【得胜令】不羡他秦
女登仙。不羡他秦女为蝉。只羡那汉陈妇心偏苦，魏曹妻志独
坚。一念儿精专。心匪石、应难转。一点儿诚虔志，如今从渠
炼。【水仙子】我心似沉沉古井水常清，寂寂寒灰火不燃。萧
萧枯木心难展，伤情也有万千。心中苦有口难宣。……【白】
昨日为孩儿惹出一场官事，幸得采访相公广行方便，孩儿三个
都得解脱。他又把我做贞节妇奏保旌表，他的雅意固好，但夫
死不嫁，此是妇人当（常）理，非是奇异难为之事，不必如
此干冒天恩。……

在这一大段话里，剧作者让她诉许多苦，当然不是为了揭露封建礼
教的罪恶，而是为了更加有力地突出范氏守节的坚定意志，使得当世以
及后世死去丈夫的妇女，可以以她为"榜样"。所以作者在描写她凄苦
的守节生活的同时，着力强调她："三百篇爱诵的是柏舟诗，十八史爱
看的是贞烈传"；"一念儿精专，心匪石、应难转。一点儿诚虔志，如今
从渠炼"；"夫死不嫁，此是妇人常理，非是奇异难为之事"；等等。

关于范氏的教子，剧作者写得更多，她对三子一视同仁地抚养，为他们延请教师，她对教师施善教说："先生肯如此用心，非但小儿有幸，实伍氏祖宗有幸。老身每见人家延待师儒，训导其子，俱是虚应故事而已。茶不茶，饭不饭，束修礼节，不以时进，为师的见其如此，往往不肯用心。他殊不思量人家父母平日积攒家私，置立产业，都只是为儿子，若儿子不成器，都是别人的，非止误儿子一身，并与一家人误了。"这些话，说明她教子的目的，是为着巩固这个封建家庭。这种思想，当然是与封建统治阶级的利益一致的，何况其教育的内容，就是儒家的经书，而其教育以后的出路，又是为统治阶级服务。

范氏不仅按照封建统治阶级的要求延师教子，而且还积极地送子赴考。在封建社会里，封建地主阶级的人们让自己的子弟苦读经书然后求取功名，本来是很普通的事情，但是剧作者却偏偏让伍氏三子不愿离开母亲，而愿意在家尽孝道，然后再让范氏讲出一篇"大道理"，用以"教化"世人：

范　氏：古人说有孝子始终，你说我听。

伍伦全：身体发肤，受之父母，不敢毁伤，孝之始也。立身行道，扬名于后世，以显父母，孝之终也。

范　氏：你也知道。又问你如何是大小孝？

伍伦全：养口体是小孝，养心志是大孝。

范　氏：你也知道。

　　　　……

范　氏：你只管去得（让他去赴考），你兄弟成名，我早间见了，晚便死也罢。你不见古人说，子在面前虽无离忧，亲心不乐；子在京师，虽有离忧，亲心快乐。

在这里，剧作者通过范氏与伍伦全的对话，宣扬了一套封建的孝道，强调了"立身行道，扬名于后世，以显父母"的"道理"，这也就是劝人们将封建家庭的利益即所谓"小孝"，去服从封建统治阶级的利益即所谓"大孝"的"道理"。把这种孝道发挥得更加具体详尽的是下面《兄弟赴任》这一出。伍伦全、伦备兄弟取得功名以后，按照统治阶级的要求便要上任做官，剧作者为了要强调范氏的明"大义"，他先让伍氏兄弟不愿做官，以强调他们兄弟的孝道，然后又让范氏迫着他们去赴任，以便更加有力地突出范氏的"识大体"、"明大义"，从而好让她再讲出一篇"大道理"来以"劝化"世人：

范　氏：我儿休哭，古人云无私恩非孝子，无公义非忠臣。自我送你读书时，已舍了你，不是今日才舍你，你休哭。

伍伦全：娘！忠孝不能两全，如何是好？

范　氏：我儿误矣，忠孝只是一理，未有忠的人不孝，亦未有孝的人不忠，若是不忠，便是不孝；不孝便是不忠。古者求忠臣于孝子之门，全忠便是尽孝，难道说忠孝不能两全？

……

范　氏：【品令】男子生来门上悬弧矢，幼时所学，壮岁必行之。世上人生有个君臣义。【合】忠君的理，便是孝心，忠是孝推。

剧作者通过范氏这个"理想人物"，又把忠、孝的关系，"孝"最终要服从"忠"的道理，大力宣扬了一番，从剧情来说，也是范氏进一步地尽了教子之责。然而，范氏的教子还不止于此，对于两个儿子应该如何做官，她也谆谆地加以教导：

> 范　氏：伦全，我有几句话嘱咐你，你这是谏议大夫，官以谏
> 　　　　议为名，我儿你曾晓得其故否？
>
> 伍伦全：谏者，谏诤也；议者，议论也。
>
> 范　氏：官以谏诤为名，却乃畏缩怯懦，惴惴焉不敢出一言半
> 　　　　语，将何面目见天下士大夫？须要明白张贴，烈烈轰
> 　　　　轰做一场，有言责者不得其言则去。汝能尽职事君，
> 　　　　虽以言得罪，你娘含笑入地下见汝父亲矣。莫要顾看
> 　　　　老娘，汝能为范滂一人，怕你老娘做不得范滂母？
>
> 伍伦全：谨受教。
>
> 范　氏：伍伦备，你过来。你是太守，是一郡之师帅，万民之
> 　　　　父母，你晓得师父母是如何说？
>
> 伍伦备：师帅所以教之，父母所以养之。
>
> 范　氏：为民师帅，民之愚蠢，不思所以教之，更加其棰楚；
> 　　　　为民之父母，民之贫穷，不思所以养之，反夺其衣
> 　　　　食。你去郡中教那百姓，亦如先生之教你；养那百
> 　　　　姓，亦如我之养你。我养你为你母，曾毒害你索落你
> 　　　　不曾？你推我此心以为民父母，则古时循吏不过是
> 　　　　矣！你千万莫学严延年，使我为严延年之母乎！
>
> 伍伦备：谨受教。

在上面这一段对话里，我们可以看到封建统治阶级为了巩固自己的统治，防止政治上的各种错失，他们也需要那种敢于为本阶级的利益而直言敢谏的人，所谓"武死战，文死谏"。剧作者笔下的范氏，就是懂得这个"道理"的人物，她并且以这个"道理"来教育她的儿子，使

他真正成为能够尽忠于统治阶级的人物。剧作者通过范氏的嘴对伍伦备所讲的一套做太守的"道理",一方面是封建统治阶级经常宣扬的所谓"爱民如子"的官德,而实质上不过是对封建政治、封建官吏的一种美化歌颂,对劳动人民的一种欺骗而已。

我们还可以看到剧作者笔下的范氏,不仅能够艰苦守节,能够为国教子,而且还能够不贪富贵,不慕权势,这主要表现在选择媳妇上,下面便是她与媒婆的一段对话:

媒　婆:这人家田连阡陌,金玉满堂,吃的是肥羊美酒,穿的
　　　　是锦绣绫罗。那大姐嫁时有金头面八副,宝石头面□
　　　　副,银头面二十副。金银都全纻丝衣服一百套,二十
　　　　副铺盖,床头置用都全,小厮丫头都有,这个好。

范　氏:妈妈,古人道,婚娶论财,夷虏之道,我儿子不食这
　　　　裙带上衣食。

媒　婆:有个大人家,官居一品,位列三台。扶人便要上青
　　　　天,推人便至填沟壑,他那小姐嫁与秀才,十字也不
　　　　识,着他抬举,夫便做五马诸侯,妻便受了五花官
　　　　诰,这个好无嫌了。

范　氏:这个越不好,古人说道是世人若假裙钗力,处世何由
　　　　得出头。不要这等的。

范氏不仅不愿意攀高亲,慕富贵,而且也能不嫌贫困,她的亲翁施善教就是一个贫困的读书人,她也照样与他结为姻戚,特别是施善教的二女儿因为哭亲哭瞎了眼睛,她也仍旧不变原约,把她娶了回来,用她自己的话来说,就是"结亲即结义,寸丝已定,千金难移"。剧作者所以要这样来描写她,就是要突出她的尊重封建礼教和封建道德,作为人

们的"榜样",以维护封建社会的秩序。

总之,我们可以看到剧作者笔下的范氏,完全是一个封建道德的传声筒,是一个按照封建统治阶级的政治利益和道德要求而塑造出来的"理想人物",这个人物身上所表现出来的一切,都是从统治阶级利益出发的,尽管他有那些不贪富贵,不嫌贫困的道德,但这一些在她的身上,都不是孤立的存在,都是为她总的思想倾向、阶级立场所决定的。

第二,伍伦全的妻子淑清和伍伦备的妻子叔秀。

范氏在这个戏里,只是代表了封建的妇女道德的一个方面,即守节和教子,至于如何做一个符合封建道德要求的媳妇,即如何对待自己的活着的丈夫和婆婆,则在范氏的身上,没有写到,所以剧作者另外写了淑清和叔秀这两个"理想"的媳妇。这两个人的道德行为加上范氏的道德行为,大致可以把封建道德对妇女的要求,概括得差不多了。这两个人是在施善教的一手教养下教养出来的,我们且听听施善教对她们所"施"的"教育":

施善教:我说你听,妇人四德:一曰妇德,二曰妇言,三曰妇容,四曰妇工。

淑　清:如何见得是妇德?

施善教:女子在家孝事父母,出家孝事公姑和顺夫子,慈爱婢女,不贪钱财,不生嫉妒,以敬恕存心,以柔顺为德,以勤俭持家,不得出头露面,不得倚门看街,这便是妇德。

叔　秀:爹爹如何见得是妇言?

施善教:妇女言语不轻易发,当言则言,不当言则不言;好话便说,不好话莫说。不说人长短,不说人是非,不作两面刀,不说粗糙之言,不道不正之语。这便是妇言。

淑　清：如何见得是妇容？

施善教：为妇者，务要整饰容颜，收拾身体，光梳头，净洗面，务要鲜洁身体，不要垢秽，在家不蓬头燥恼，神眉鬼脸；出外不要妖态冶容，娇样打扮，这便是妇容。

叔　秀：爹爹如何见得是妇工？

施善教：妇人工夫惟在绩麻纺纱，缝衣裳做针指，上锅灶，客来整茶饭，祭祀供品物，务要精致洁净，不得粗糙，这便是女工。

淑　清：四德如此，三从如何？

施善教：在家从父，出嫁从夫，夫死从子，这便是三从。

叔　秀：如何是在家从父？

施善教：女子在家时，凡事不得干预，——从父母所为。

淑　清：如何是出嫁从夫？

施善教：既嫁夫家，一应大小事务，不得擅专，都要从夫所为。

叔　秀：如何是夫死从子？

施善教：不幸夫死，不许再嫁。嫁则失节，与禽兽无异。凡有事务，都从儿子所为，不要自去整理。世上为妇女者若都依得这四德三从，便是贤德妇道。

淑　清：
叔　秀：多谢爹爹教训。

上面所说的"三从四德"，就是封建地主阶级为妇女所规定的道德标准，剧作者通过这个"善于"为封建道德说教的施善教，向读者大力地宣教了一番，他的两个女儿，就是这种封建妇女道德的化身。叔秀在未出嫁之前，就因为哭母哭瞎了双目，表现了强烈的孝道。她们出嫁以后，第一是善事其姑。当两人的丈夫要赴任做官时，她们都争着留下来侍奉婆婆，当婆婆病重时，淑清竟割肝救姑，叔秀则割下了股肉。这里，当剧作者把这种封建道德强调到至高无上的时候，同时，也就使我们更加清楚地看到了封建道德吃人的本质。第二是善事其夫。淑清因怕丈夫无后，而自己又要孝姑，所以就为丈夫买了一个妾派人送去。第三是深明"大义"。当伍伦全被俘的消息传到家中的时候，淑清说："儿夫，虽是你命运如此遭逢，也是你职分当为。既受君恩，当全臣义。切莫起偷生计。……儿夫，你既做王臣，岂得怀私？值立纲常，扶持伦纪，这责任在乎你。……儿夫才娶奴家三个月，即便之任，不幸今日有此事，若无罢了，万一有此事，撇了七旬老母，又无子息。虽然人生天地间，止于百年，声名流传，乃至千万年。以数十年之身，换千万年之名，那个多那个少？我只愿得儿夫讨这个便宜。奴家伏事婆婆百年之后，也随后来，决不肯落了这便宜。……夫，你肯为国捐躯，莫愁我不为夫争气。夫全臣子义，妻成夫子志。把牙根咬定，刚刚决决，不须顾忌。"这里，可见她对封建道德的尊重和维护，远远超过她对丈夫的私爱，当她刚刚得到丈夫被俘的消息，还没有来得及弄明白全部情况的时候，她就一个劲的盼望丈夫赶快尽忠而死，不要"落了这便宜"，剧作者对封建道德的强调，虽然达到了无以复加的地步，却为我们说明了封建阶级的道德，实质上就是要人们无条件地绝对地为统治阶级的利益而牺牲自己，而剧作者笔下的淑清，就是深明这种"大义"的一个妇女。第四是妯娌和睦。在封建家庭里，妯娌之间，是常常容易引起矛盾的；而妯娌之间的矛盾，当然会造成封建家庭的不安宁，甚至于容易引起封建家庭内兄弟之间、父子之间、婆媳之间的矛盾。所以封建家庭内妯娌之间的和睦，对封建家庭的安定有着积极意义。剧作者笔下的淑清和叔秀，以表姐妹而为义姐妹，又以义姐妹而为妯娌，这就是说她们妯娌之间的感情，亲如姐妹，所以当伍伦全、伍伦备要出仕的时候，她们争着留下来服侍范氏，叔秀哭瞎了眼睛以后，淑清为她祷告上帝。总之，一般封建家庭里妯娌之间的矛盾没有了，代替它的是从封建礼教出发的相互的体贴照顾，特别是叔秀对淑清的依顺尊重。按照封建伦理，淑清比叔秀为长，犹之是伍伦全之于伍伦备，因此叔秀尊重依顺淑清，同样体现了封建伦理的尊卑等级观念。当然，淑清和叔秀，出嫁以后，是一对"标准"的媳妇，在家的时候，则同样是一对"标准"的孝女。总之，剧作者通过淑清和叔秀，又为封建社会的妇女，树立了一个怎样按照封建道德做女儿和做媳妇的"标准"。这两个人，同样是封建统治阶级的"理想"的妇女"范本"。

第三，伍伦全和伍伦备。

上面分析的范氏和淑清、叔秀，是封建阶级的理想的妇女范本；伍伦全和伍伦备，则是理想的男子的范本，他们在家的时候是孝子，出仕以后则是忠臣。从这两个人的思想和行为中，第一，他们体现了"兄友弟恭"的封建道德。这种道德，突出地表现在"兄弟争死"，"弟赴兄难"等情节中。剧作者为了渲染这种封建道德，让一个妇女去诬告他们兄弟三人打死她的丈夫，然后又让法官判处他们之中的一人死刑，然后再让他们兄弟三人互相争死。他们的争死，根本不是为了什么正义，而是为了表现那怕在生死关头他们也能自觉地去维护封建的伦理道德，所以哥哥要坚持代替弟弟去死，因为弟弟是母亲范氏的亲子，而弟弟则坚持要代替哥哥去死，因为哥哥是长兄，是封建家庭里的重要人物。突出地表现这种伦理道德的另一个情节，就是伍伦全被俘后，伍伦备、安克和和他们的仆人一齐赶赴伍伦全处，请求敌人让他们兄弟主仆一起同死，以全兄弟之道和主仆之义。这里剧作者一方面大力地宣扬了"从兄"、"敬长"的封建道德，也即是"悌"这种封建道德，另方面又大力宣扬了为主人牺牲自己的奴才道德。安克和的赴死，则是体现了封建阶级所提倡的"义气"（安克和本来是他们的义弟，剧作者在这里主要是从朋友的角度强调他的"义气"）。结果在这种封建伦理道德的感召之下，敌人也被"感动"了，因而归降了宋朝。这样剧作者又大力宣扬了封建道德的另一个"作用"，即"感化"敌人，化敌为"友"。第二，他们体现了封建统治阶级的忠君和"爱民"的道德。伍伦全在做了谏官以后，曾不顾个人利害上章弹劾权贵，在被俘以后，坚决不肯降敌。抽象地看，这两件事都不能简单地否定，但实质上剧作者在这里强调的，并不是要揭露统治阶级内部矛盾和封建政治的黑暗（在这方面剧作者只是说了一些不着边际的空话），而是为了说明"忠君理，是把孝来推。臣忠子孝原无二，视殿廷如在庭闱"。"古人云事君不忠非孝也，古者求忠臣于孝子之门，若是贪位不言，则是不忠，岂得为孝。不幸而受敢言之罪，这便是扬名于后世，以显父母，岂不是大孝！"一句话，还是强调封建道德"忠孝"。伍伦备在做了东阳郡守以后，勤于政事，曾下乡劝农，宣扬了一大套封建阶级的"爱民"的"道理"，同时对于前任官员的贪污也进行了"批评"，总之，表现了他"勤政、廉洁、爱民"的官德。而这一切，当然都是为统治阶级的政治利益服务的。第三，他们兄弟俩在家时都是孝子，出仕以后的一切行动，都是与孝联系着的，所以在他们的身上，体现着"忠即是孝"，"移孝作忠"的道理。总而言之，伍伦全、伍伦备这两个人物，同样是剧作者借以传布封建道德的传声筒。

上面这几个人物形象地说明了封建道德忠、孝、节、义是为封建统治阶级的政治利益服务的，它不仅仅是一种抽象的观念，这种道德观念存在人们的头脑里，就必然会转化为具体的行动，封建统治阶级宣传封建道德的目的，也就是为了要使它能转化为人们的具体行动。剧作者所以捏造这个故事和这几个人物，目的也是为了更加通俗具体地来宣传封建道德，扩大和加深封建道德对人们的毒害作用。

三、从剧中人物的关系看各项
封建道德之间的关系

我们知道，剧作者写作这部传奇，目的是为了宣扬封建道德。因此这里面的主要人物，都是封建道德的化身。他们的行为，都是符合封建道德标准的行为，因此我们从剧中人物的具体行动中，可以看到各项封建道德的具体内容，看到它的实质。同时我们从剧中人物的关系中，也可看到各项封建道德之间的关系，这些关系，主要表现在以下几个方面：

第一，"孝"与"忠"的关系。

"孝"与"忠"的关系，实质上就是封建家庭与封建政权，封建统治者的关系。我们知道，封建道德是特别强调"孝"的，《孝经》上把"孝"看作是"德之本"，看作是"以顺天下，民用和睦，上下无怨"的"至德要道"；看作是"天之经也，地之义也，民之行也"。所以又说"人之行，莫大于孝"。然而，封建统治者在强调"孝"的时候，又常常把"孝"与"忠"联系起来讲的，没有把它绝对化，把它与"忠"对立起来。因此《孝经》又说："夫孝，始于事亲，中于事君，终于立身"，"以孝事君则忠"等等。在这个戏里表现这种关系的，主要是通过伍伦全和伍伦备，他们在家里是"孝子"，居官以后，则又是"忠臣"，一个是敢于谏净，临危不苟，一个是勤于吏治，问民疾苦。他们的这种行为，对于封建统治者来说是"忠"，对于封建的家长来说，也就是"孝"，因为"忠"于君主，便可以扬名于后世，这样也就符合了"孝"道。这里说明"孝"这种道德，是从属于"忠"的，因此"孝"

可以转化为"忠"，"孝"于父母便可以转化为"忠"于君主。所以《忠经》上又说："夫惟孝者必贵于忠"，"故君子行其孝必先以忠"。当一旦"孝"与"忠"发生了矛盾的时候，统治者总是强调"孝"服从"忠"，"忠"可以包括"孝"，即尽了忠，为封建统治者牺牲以后，虽然实际上已不能再尽"孝"了，但封建道德也承认它就是尽了"孝"了，因为这符合于"扬名于后世，以显父母"这个"孝"的最终目的，但是反过来"孝"却不能代替"忠"，不能把单纯地在家对父母尽"孝"看作就是对统治者尽"忠"，所以当伍伦全、伍伦备考取功名，不愿出仕的时候，范氏就责备他们，不让他们在家尽"孝"，教训他们"全忠便是尽孝"的"道理"。这实质上就是说封建家庭的利益，必须服从最高的封建统治者的利益。由此可见，"孝"这种道德实际上是统治阶级意志的反映，是为统治阶级的政治服务的，它与"忠"是互相贯通，相互为用，而又是从属于"忠"的。

第二，"节"与"忠"的关系。

"节"这种道德，单纯地看，只是表现在夫妇关系上，只是表现了妻子要绝对服从丈夫的利益，表现了封建社会里男子的特权，但实质上却是封建社会里君臣关系转化在夫妇关系上的一种表现。在封建社会里，皇帝是"天子"，是代表"天"的"意志"的，所以臣子朝见皇帝叫"朝天"，皇帝的容貌叫"天颜"，总而言之，皇帝就是"天"的象征。同样，在封建社会里，丈夫对于妻子来说，也是以"天"自居的，所以妻子称自己的丈夫叫"所天"或"天"。例如这个戏的第六出《央媒议亲》里范氏自述说："古云夫者妇之天，我□着天，寻天不见。"因此，妻子对丈夫守"节"，实质上也就是妻子对丈夫尽"忠"，犹之乎臣子对君主尽"忠"一样。所以这个戏里的伍伦全说："臣之事君，如女之事夫。"由此可见，封建统治者鼓励女子尽"节"，实际上就是为了鼓励男子尽"忠"。换句话说，"节"与"忠"也是相通的，相互为用的。因此封建时代的臣子为国"尽忠",也叫做"尽节"。所以"节"这种道德,一方面是封建社会里夫权主义的反映;另方面,又是封建社会里皇权主义的反映。归根结蒂,这种道德的最终目的,仍然是服从统治阶级的政治利益。我们从这个剧本里范氏守节的情节来看,也可以清楚地看到这一点。

第三,"义"与"忠"的关系。

《孟子》说"义,人之正路也"(《离娄章句上》),韩愈说"行而宜之之谓义"(正当的行为叫做义)(《原道》),这里无论是孟子所说的"正路"或者韩愈所说的"正当的行为",都是从维护封建统治者的利益的立场出发的。即是说,他们所说的"义"的内容,是统治阶级政治利益的反映,它与封建社会里被压迫群众因为反抗统治阶级而提倡的"义"在实质上是不同的。在封建社会里,封建统治阶级把"义"这种封建道德解释得十分广泛,有时拿来指君臣关系,所以这个剧本的开头说"君臣有义",这里的"义"实质上就是"忠"。有时又拿来指朋友的关系,所以这个剧本里写到伍典的朋友安某因贬官后将妻、子托伍典照管,伍典死后,范氏又担负起抚养安某之子安克和的责任,把他收为义子。而后来伍伦全被俘后,安克和又赶赴伍伦全处自愿同死,这里无论是伍家对安家或安克和对伍伦全,在封建统治者看来,都是一种"义"的表现。这种"义",与封建道德所提倡的"信"又是互相贯通的,所以封建社会里"信义"两个字也常常联在一起运用,而在这个剧本的开头也说"朋友有信"。封建道德"义"的另一种表现就是主仆关系,仆人为主人牺牲自己,这个剧本里,伍伦全被俘时,伍家的仆人跟随伍伦备、安克和一起赶赴伍伦全处愿意同归于尽,就是这种奴才道德的表现。在封建社会里封建道德"义"最主要的表现就是上面所说的朋友关系和主仆关系这二个方面。在这个剧本里,这二方面都突出地写到了。朋友关系上的"义",间接地也是封建统治阶级利益的反映,因为有了这种"义"，便可以从横的方面来维护封建社会的秩序，而且这种"义"同样可以转化为"忠"，有利于统治阶级。至于主仆关系上的"义"，实质上也就是君臣关系上的"忠"这种道德的转化。这就是说，仆人为主人牺牲自己，等于臣子为皇帝牺牲自己一样，所以封建道德特别注意表彰所谓"义仆"，表彰奴才替死等等的奴才道德。归根结蒂，"义"这种道德也是与"忠"互相贯通，为"忠"服务的。

第四，关于"大丈夫"的道德。

在这个剧本里，除了大力宣扬了封建道德忠、孝、节、义，宣扬了君臣、父子、夫妇、兄弟、朋友之间的各项封建道德以外，也写到了其他一些封建道德，如范氏的不贪富贵，不慕权势，伍氏二子在未得功名以前的刻苦勤学，在已得功名以后又能不以施家贫寒为嫌，仍旧与施氏之女结亲。伍伦备能够勤于吏治，伍伦全能够临敌不屈等等。总起来看，剧作者也就是描写了他们的"富贵不能淫，贫贱不能移，威武不能屈"的"大丈夫"道德。而这种道德的实质是很明显的，是为统治阶级的利益服务的。当然对于临敌不屈的人，我们不能笼统地否定，尤其对于历史上在民族矛盾中坚持民族气节的人，我们应该在进行了具体的实事求是的分析以后，对他们有所肯定，也有所批判。但是在这个剧里，剧作者所描写的伍伦全的临敌不屈，其目的是为了突出伍伦备、安克和以及伍家的仆人同时赴死的这种封建道德，强调这种封建道德对敌人的"感化"作用，因此，这就有很大的毒害作用。总之，从这个剧本里所描写的各种封建道德以及这些封建道德之间的关系来看，我们可以清楚地看到，封建道德是统治阶级毒害人民思想的一种工具，是维护封建统治政权的一种思想武器，各项封建道德之间是互相贯通，互相依存，相互为用的。一切封建道德，归根结蒂，都不能违反"忠"，如百川之归大海一样，都会直接地或间接地汇合到封建道德"忠"这一点来。这实质上就是封建统治阶级的政治利益高于一切的表现。

《伍伦全备忠孝记》，是一部典型的为封建道德说教的戏，是一部研究封建道德的很好的反面教材，是应该彻底批判的毒草，这是毫无疑问的。

我们知道，马克思主义是在与对立面的斗争中成长和发展起来的，马克思主义每战胜一种敌对思想都必须作艰苦的战斗，希望敌对思想自动地缴械，自动地交出阵地，自动地退出历史舞台，但这是不可能的。因此，为了很好地克服敌对思想，首先需要真正了解敌对思想。所以我们必须重视反面教材的作用，任何轻视反面教材的作用的观点，都不是彻底的辩证唯物主义的观点。现在，三十岁以下的青年人，对于封建道德，什么忠、孝、节、义之类等等的阶级实质，确乎是不甚清楚了。为此，本文比较详细地介绍和分析了这部封建道德教科书，请这位五百年前的封建卫道者出来给我们当一次反面教员。

> 1964 年 1 月 30 日初稿
> 1965 年 12 月 10 日改定

战斗的思想家——李贽

　　16 世纪思想家的杰出代表人物李贽的一生，是在与封建正统势力和反动道学家们的斗争中度过的。列宁曾经指出："历史必然性的思想也丝毫不损害个人在历史上的作用。"① 李贽的斗争，具有自己时代的特点和新的内容，了解李贽战斗的一生，对于我们了解明代后期意识形态领域斗争的历史和状况是有用处的。

　　李贽，号卓吾，又号宏甫，福建泉州晋江县人，生于明嘉靖六年（1527 年），死于明万历三十年（1602 年），享年七十六岁。

　　李贽七十岁那年在给朋友的信中说：

　　　我性本柔顺，学贵忍辱，故欲杀则走就刀，欲打则走就拳，欲骂则走而就嘴，只知进就，不知退去……以堂堂之阵，正正之旗，日与世交战而不败者，正兵在我故也。正兵法度森严，无隙可乘，谁敢邀堂堂而击正正，以取灭亡之祸欤！②

---

　　① 列宁：《什么是'人民之友'以及他们如何攻击社会主义者?》，《列宁选集》第 1 卷，第 26 页。

　　② 按：李贽常常喜欢用文学的笔调，以正话反说的方式来表达他对当时封建正统势力的愤懑情绪，这里所说的"性本柔顺，学贵忍辱"两句，就是说的反话，意在讽刺封建正统势力及孔孟之道以"柔顺"、"忍辱"教人。下文"欲杀则走就刀"几句，也是这种表现方式，它的真正的意思，还是说他不怕死，不怕反动势力的压迫。

李贽的这段话，可以看作是他一生与封建正统势力和反动道学家们作坚决斗争的一个总结，不仅表明了他在反动封建势力面前勇敢战斗的精神，而且也反映了他对自己所进行的这场斗争中处于"不败"的地位，谁如果敢"邀堂堂而击正正"，就必然要自取"灭亡之祸"。

李贽的家乡泉州，自宋元以来就是对外贸易的港口。李贽的先世几代都从事航海活动，做过"通事官"（翻译官）。他的父亲是教书的，他的家庭大概是个小地主家庭。他的父、祖都是回教徒，李贽本人也可能信过回教，后来又相信佛教和道教。他的信仰并不专一，从他思想的实质来说，也可以说他并没有什么真正的宗教信仰。

李贽自己说他"自弱冠糊口四方，靡日不逐时事奔走"。① 这个"糊口四方"到底是干什么不能确指，也有可能是从事商业活动。李贽的小地主家庭和商人家世，以及泉州地区资本主义萌芽的社会环境，这一切，显然对李贽的思想影响是很深的。关于他早年的思想，他曾说：

> 余自幼倔强难化，不信学，不信道，不信仙、释，故见道人则恶，见僧则恶，见道学先生则尤恶。②

这里显然就已经包含着他的反传统的自由思想。他在十二岁那年写的《老农老圃论》里，表示了他对孔丘批判樊迟要求学农的不满，后来"稍长，复愦愦，读传注不省，不能契朱夫子深心"。③ 可见他和朱熹的思想也是格格不入的。

二十六岁（嘉靖三十一年），李贽考中了福建省乡试举人，通过这次考试，他看出了科举制度的虚伪，他说：

---

① 《续焚书》卷一，页四二，《与焦弱侯》。
② 李贽《王阳明先生道学钞》附《阳明先生年谱后语》。
③ 《焚书》卷三：《卓吾论略》。

此直戏耳！但剽窃得滥目足矣，主司岂一一能通孔圣精蕴者耶？因取时文尖新可爱玩者，日诵数篇，临场，得五百。题旨下，但作缮写誊录生，即高中矣！①

三十岁，开始做官，任河南辉县教谕，共五年。三十四岁，升任南京国子监博士，不数月，就遇上父亲去世，回家守孝，这时恰值倭寇骚扰我国东南沿海，泉州受到了倭寇的包围，他回到家里，顾不上守孝，就参加了保卫泉州的战斗。自述说：

抵家，又不暇试孝子事，墨衰率其弟若侄，昼夜登陴击柝，为城守备。城下矢石交，米斗斛十千，无籴处。居士家口零三十，几无以自活。②

他在家三年，守孝满后，就携眷到北京，补北京国子监博士。不久又遇上他的祖父死，他把家又移至河南共城，然后请假回籍，前后又是三年。他离共城时，买了几亩地让他的妻女耕种度日，谁知却遇到当地的贪官诈赫富人钱财不得，就制造旱灾，"假借河漕名色，尽撤泉源入漕，不许留半滴沟洫间"，结果，造成了共城的大荒，李贽买的几亩地，只收到几斛稗子，他的两个女儿相继饿死，幸亏他的朋友邓石阳来赈济，拿出自己的俸银二两并写信给朋友募得四两，一起给了李贽的妻子，李贽的妻子黄宜人就用一半买米，一半买棉花，纺纱织布，度过了三年的灾荒。后来李贽回忆这一段生活说：

---

① 《焚书》卷三：《卓吾论略》。
② 《焚书》卷三：《卓吾论略》。

> 吾时过家葬毕，幸了三世业缘，无宦意矣。回首天涯，不胜万里妻孥之想，乃复抵共城。入门，见室家欢甚。问二女，又知归未数月，俱不育矣！此时黄宜人泪相随在眉睫间，见居士色变，乃作礼，问葬事及其母安乐。居士曰："是夕也，吾与室人秉烛相对，真如梦寐矣！乃知妇人势逼情真，吾故矫情镇之，到此方觉屐齿之折也。"①

李贽三年守孝满后，就把共城的家迁回北京，补了个礼部司务官，这是一个穷官，所谓"司务之穷，穷于国子"。但李贽认为"穷莫穷于不闻道"，"吾闻京师人士所都，盖将访而学焉。"② 他抱着一个求学的目的，在北京住了下来，一直到隆庆四年（1570 年），李贽四十岁，前后共五年。"五载春官，潜心道妙"，在这段时间内，他接触了王阳明学派。他说：

> 年甫四十，为友人李逢阳、徐用检所诱，告我龙溪先生（王畿）语，示我王阳明先生书，乃知得道真人不死，实与真佛、真仙同，虽倔强，不得不信之矣。

他推崇王阳明、王畿为"得道真人不死"，说他们与"真佛、真仙同"，可见他是受过二王的学说的影响的。这时候张居正已经是礼部尚书，兼武英殿大学士，为当时的三内阁之一（其余二人是徐阶和高拱）。李贽对张居正也很推崇，他曾说：

---

① 《焚书》卷三：《卓吾论略》。
② 《焚书》卷三：《卓吾论略》。

　　何公（指何心隐）布衣之杰也！故有杀身之祸；江陵（指张居正）宰相之杰也，故有身后之辱。……二老者皆吾师也。①

隆庆四年李贽改任南京刑部员外郎，直到万历五年，共七年。李贽在南都的时期，与南京的学者焦竑朝夕过从，还与泰州学派的赵贞吉（大洲）、罗汝芳（近溪）、耿定理等相往来。这时他还认识了王畿，后来又拜王艮的儿子王襞为师，从他与这些人物的交往中，我们可以看到李贽的思想是与泰州学派有很深的关系的，他自己的思想体系也在这一时期趋于成熟，后来成为泰州学派的一个杰出代表。

　　这一时期，他还认识了后来成为反动理学的代表人物的耿定向。耿定向是耿定理的哥哥，焦竑的老师，但定理和焦竑，一直是李贽的终生好友，思想倾向也是一致的，而耿定向却是后来李贽进行长期反孔孟之道、反封建理学斗争的主要对象之一。

　　李贽研究佛学也开始于这一时期，他自己说：

　　五十以后，大衰欲死，因得友朋劝诲，翻阅贝经，幸于生死之原，窥见斑点。②

佛教的唯心主义哲学对李贽的思想产生了较深的影响。

　　万历五年（1577年），李贽五十一岁，出任云南姚安府知府。在任三年，法令清简，很得到人民的好评。三年期满，他坚决辞官，从此结

---

① 《焚书》卷一：《答邓明府》。
② 《续焚书》卷二：《圣教小引》。

束了他二十多年的官场生活。他后来总结这一段生活说：

> 余唯以不受管束之故，受此磨难，一生坎坷，将大地为墨，
> 难尽写也。为县博士，即与县令、提学触；为太学博士，即与祭
> 酒、司业触，如秦、如陈、如潘、如吕，不一而足矣。司礼曹
> 务，即与高尚书、殷尚书、王侍郎、万侍郎尽触也。……最苦
> 者，为员外郎，不得尚书谢、大理卿董并汪意。……又最苦而遇
> 尚书赵。赵于道学有名，熟知道学益有名而我之触益又甚也。最
> 后为郡守，即与巡抚王触，与守道骆触。……此予平生之大
> 略也。①

李贽二十多年来处处与上司抵触的事实，反映了他一贯与封建正统势力和反动道学家们斗争的情况，在斗争中，他体会到："大概读书食禄之家，意见皆同，以余所见质之，不以为狂，则以为可杀也。"② 李贽与封建正统势力和反动道学家的这种斗争，愈到后来愈加激烈。

李贽在云南辞官后，并没有回泉州，先是住在黄安耿定理家。这时，就开始了与耿定向的思想冲突，李贽也逐步认清了耿定向的封建卫道者的反动面目。万历十三年耿定理死，李贽在耿家无法再呆下去了，就于第二年，移居于麻城龙潭湖上的芝佛院，并将他的妻女送回福建。

龙潭湖是一个十分幽僻的地方，平时除了李贽的几位至交以外，很少有人来往。关于龙潭湖，袁宗道有一篇生动的记载：

> 龙湖，一云龙潭，去麻城三十里，万山瀑流，雷奔而下，

---

① 《焚书》卷四：《豫约·感慨平生》。
② 《焚书》卷五：《蜻蛉谣》。

与溪中石骨相融，水力不胜石，激而为潭，潭深十余丈，望之深青，如有龙眠。而土之附石者，因而夤缘得存，突兀一掌，中央峙立，青树红阁，隐见其上，亦奇观也。潭右为李宏甫精舍，佛殿始落成，依山临水，每一纵目，则光、黄诸山森然屏列，不知几万重。……①

麻城人刘侗在《帝京景物略》里也说龙潭这个地方：

至必以舟，而河流沙浅，外舟莫至，以是远隔缁素。日独与僧深有、周司空思敬语。然对之竟日，读书已，复危坐，不甚交语也。

李贽在这里一直住了二十多年，他自己说这段生活：

日夕唯僧，安饱唯僧，不觉遂二十年，全忘其地之为楚，身之为孤，人之为老，须尽白而发尽秃也。②

李贽从五十四岁辞官到七十六岁被迫害而死，这二十多年，是他的反封建正统势力和反封建道学的斗争达到高潮的时期。

李贽既辞官而又不回家乡的行动，也贯穿着他的反封建正统势力的斗争内容。关于这一点，他自己说得十分清楚：

缘我平生不爱属人管。夫人生出世，此身便属人管了。幼

---

① 袁宗道《白苏斋类集》卷十四。
② 《续焚书》卷二：《释子须知序》。

时不必言；从训蒙师时又不必言；即长而入学，即属师父与提
学宗师管矣；入官，即为官管矣。弃官回家，即属本府本县公
祖父母管矣。来而迎，去而送；出分金，摆酒席；出轴金，贺
寿旦。一毫不谨，失其欢心，则祸患立至，其为管束至入木埋
下土未已也，管束得更苦矣。我是以宁飘流四外，不归家
也。……只以不愿属人管一节，既弃官，又不肯回家，乃其本
心实意。……然出家遨游，其所游之地亦自有父母公祖可以管
摄得我。故我于邓鼎石初履县时，虽身不敢到县庭，然彼以礼
帖来，我可无名帖答之乎？是以书名帖不敢曰侍生。侍生则太
尊己，不敢曰治生，治生则自受束缚。寻思四字回答之，曰：
"流寓客子。"……然既书流寓矣，又书客子，不已赘耶？盖
流而寓矣，非筑室而居其地，则种地而食其毛，欲不受其管束
又不可得也。故兼称客子，则知其为旅寓而非真寓……去住时
日久近，皆未可知，县公虽欲以父母临我，亦未可得。既未得
以父母临我，则父母虽尊，其能管束得我乎？故兼书四字，而
后作客之意与不属管束之情畅然明白。①

上面这些话，说明他流寓作客在外，是为了摆脱封建势力对他的束缚和
压迫，是他的斗争方式之一。

　　李贽这一时期与耿定向的斗争，是他的反孔孟之道、反理学斗争的
重要内容之一。耿定向是湖北黄安的大官僚地主，这时他由都察院左佥
都御史升左副都御史协理院事，后来又升刑部左侍郎，同时他又是当时
反动理学的代表人物，平时喜欢讲学，以扶世立教为己任，喜欢吹嘘自

---

① 《焚书》卷四：《豫约·感慨平生》。

己的所谓"不容已"①的精神。但是事实上他却是一个十足虚伪透顶的假道学,满脑子的升官发财自私自利的思想,却满嘴仁义道德。万历七年,统治者杖杀何心隐,本来耿定向是有力量可以援救他的,却因为怕得罪当权者,坐视何心隐被杀害而不顾。后来又因为李贽反对用一套虚伪的孔孟之道来教育耿家的子弟,因而与耿定向直接发生了冲突。他不怕耿定向是当时的大官僚,痛快淋漓地写信揭露了耿定向的假道学面孔。他说:

　　试观公之行事,殊无甚异于人者。人尽如此,我亦如此,公之如此,自朝至暮,自有知识以至今日,均之耕田而求食,买地而求种,架屋而求安,读书而求科第,居官而求尊显,博求风水以求福荫子孙。种种日用,皆为自己身家计虑,无一厘为人谋者。及乎开口谈学,便说尔为自己,我为他人;尔为自私,我欲利他;我怜东家之饥矣,又思西家之寒难可忍也;某等肯上门教人矣,是孔孟之志也;某等不肯会人,是自私自利之徒也;……以此而观,所讲者未必公之所行,所行者又公之所不讲……翻思此等,反不如市井小夫,身履是事,口便说是事,作生意者但说作生意,力田作者但说力田,凿凿有味,真

────────────

　　① "不容已"这句话,出自《诗经·周颂·清庙》。原文是:"维天之命,於穆不已。"笺:"命,犹道也。天之道,於乎(呜呼)美哉,动而不止,行而不已。""不容已"就是不允许停止或不能停止的意思。耿定向在给李贽的信中曾说:"维天之命,於穆不已,古人继天之不已者以为心,虽欲自己,不容自已矣。……乃余固陋,第念降生出世一场,多少不尽分处,不成一个模样,在比来目见学术浇漓,人心陷溺,虽不敢妄拟孔孟模样,窃亦抱杞人天坠之忧矣。"(《耿天台全集》卷三,《与李公书》)耿定向在这封信里,摆起一副悲天悯人的样子,以孔孟之道的继承者自居,以挽救所谓"学术浇漓,人心陷溺"为己任,吹嘘自己有追求真理,坚持正义的"不容已"(永不停止)的精神。李贽就痛斥他这种虚伪的假道学面孔,揭露他惧怕权势,不肯援救何心隐的自私自利的卑怯心理,证明他丝毫也没有坚持正义的"不容已"精神。

有德之言，令人听之忘厌倦矣。①

李贽不仅用匕首一样的语言，剥落了耿定向虚伪的假道学面孔，指斥他的假道学是"言不顾行，行不顾言"，反而不如"市井小夫"的语言"有味道"，是"真有德之言"。李贽在这封信里，还尖锐地揭露耿定向倚官仗势，宣扬他的一套反动的"不容已"的谬论，而不许别人跟他讲相反的道理，李贽说：

> 今某之行事，有一不与公同者乎？亦好做官，亦好富贵，亦有妻孥，亦有庐舍，亦有朋友，亦会宾客，公岂能胜我乎？何为乎公独有学可讲，独有许多不容已处也？……仆未尝有一件不与公同也，但公为大官耳。学问岂因大官长乎？学问如因大官长，则孔孟当不敢开口矣。
>
> 且东廓先生（邹守益，阳明学派的人物），非公所得而拟也。东廓先生专发挥阳明先生"良知"之旨，以继往开来为己任，其妙处全在不避恶名以救同类之急，公其能此乎？我知公详矣，公其再勿说谎也！须知东廓先生方可说是真"不容已"……公继东廓先生，终不得也。何也？名心太重也，回护太多也。实多恶也，而专谈志仁无恶，实偏私所好也，而专谈泛爱博爱，实执定己见也，而专谈不可自是。②

李贽在另外两封信里，还直斥耿定向"教人以舍己，而自不能舍"③ 的两面态度，揭露他：

---

① 《焚书》卷一：《答耿司寇》。
② 《焚书》卷一：《答耿司寇》。
③ 《焚书》卷一：《寄答耿大中丞》。

　　所以执迷不返者，其病在多欲。……分明贪高位厚禄之足
以尊显也，三品二品之足以褒宠父祖二亲也，此公之真不容已
处也，是正念也。①

耿定向当时是刑部侍郎，是掌有生杀之权的大官僚，李贽面对这样的反
动统治者，敢于反复与他论辩，多次揭露他的虚伪面目，而且言辞毫不
假借，可见他确是有不怕死的战斗精神的。李贽对耿定向的批判斗争，
并不是个人之间的冲突，而是当时意识形态领域里具有进步思想和叛逆
精神的思想家同封建正统势力和反动封建道学斗争的一个突出表现。
　　李贽流寓麻城时期，还落了发，以异端自居。关于李贽的落发，究
竟是否是皈依了佛教，当了和尚？李贽自己曾有多次讲到他落发的事，
他说：

　　吾宁有意剃落耶？去夏头热，吾手搔白发，中蒸蒸出死人
气，秽不可当，偶见侍者方剃落，使试除之，除而快焉，遂以
为正常，复以手拂须曰："此物不碍，故得存耳。"②

这是他落发的第一个原因。他落发的另一个原因是：

　　因家中闲杂人等时时望我归去，又时时不远千里来迫我，
以俗事强我，故我剃发以示不归。俗事亦决然不肯与理也。又
此间无见识人多以异端目我，故我遂为异端以成彼竖子之名。
兼此数者，陡然去发，非其心也。③

---

① 《焚书·增补二》：《答耿司寇》。
② 《李温陵外纪》卷一：汪静峰《李卓吾墓碑记》。
③ 《焚书》卷二：《与曾继泉》。

他在《初潭集》的自序里还明确说到：

> 卓吾子落发也有故，故虽落发为僧而实儒也。

他的朋友刘东星也说李贽："虽弃发，盖有为也。"① 综合上面这些材料，再结合李贽虽落发而又留鬓须，虽出家而又食肉，身居佛堂而又挂孔子像，挂孔子像而又批判孔孟之道这些思想和行径来看，李贽的落发，与其说他是出世、皈依佛教，还不如说他虽落了发也没有出世，仍旧进行着他的反孔孟之道、反封建理学的战斗。李贽固然是所谓"儒教叛徒"、"异端"，但他又何尝是谨守佛教戒律的虔诚僧徒。

李贽弃官以后隐居龙湖的近二十年的生活，并不是出世的佛教徒或隐士的生活，而是紧张又艰苦的战斗生活。特别是他的《焚书》和《藏书》的出版，是他的战斗生活中的大事，也是当时反封建正统势力和反封建道学思想的意识形态领域里斗争的一件大事。

万历十八年（1590 年），李贽六十四岁，他的《焚书》在麻城刻成，他在《自序》中说：

> 一曰《焚书》，则答知己书问，所言颇切近世学者膏肓，既中其痼疾，则必欲杀我矣，故欲焚之，言当焚而弃之，不可留也。……
>
> 夫欲焚者，谓其逆人之耳也；欲刻者，谓其入人之心也。逆耳者必杀，是可惧也。然余年六十四矣，倘一入人之心，则知我者或庶几乎？余幸其庶几也，故刻之。

---

① 《李氏丛书》子集：《道古录》。

333

《焚书》的出版，封建统治者必将加紧对他的迫害，这一点他是早已预料到的，他的序言讲得最明白不过了，但是他不怕统治者的迫害，终于将《焚书》出版了。在《焚书》里，他公布了揭露批判耿定向的七封信，把耿定向的伪道学面目揭露无遗，同时还尖锐地揭露了当时的那些讲理学的人的丑恶嘴脸，他说：

> 今之讲周、程、张、朱者可诛也。彼以为周、程、张、朱者皆口谈道德而心存高官，志在巨富；既已得高官巨富矣，仍讲道德，说仁义自若也；又从而哓哓然语人曰："我欲厉俗而风世。"彼谓败俗伤世者，莫甚于讲周、程、张、朱也。①

《焚书》特别刺痛封建统治阶级和那些假道学的，是李贽对封建道学的始祖孔子以及儒家的经典著作《六经》等等的无情批判。孔子这尊偶像，在封建社会里是一直被封建统治阶级捧到至高无上的地位的。李贽却藐视这尊封建教主的偶像，大胆地对他进行了批判，他说：

> 夫天生一人，自有一人之用，不待取给于孔子而后足也。若必待取足于孔子，则千古以前无孔子，终不得为人乎？②

儒家的经典著作《六经》，在封建社会里也是一直被捧到至高无上的理论权威著作的地位的，但李贽却对它进行了极其尖锐的批判。他说：

> 夫《六经》、《语》、《孟》，非其使官过为褒崇之词，则其

---

① 《焚书》卷二：《又与焦弱侯》。
② 《焚书》卷一：《答耿中丞》。

臣子极为赞美之语。又不然，则其迂阔门徒，懵懂弟子，记忆师说，有头无尾，得后遗前，随其所见，笔之于书。后学不察，便谓出自圣人之口也，决定目之为经矣，孰知其大半非圣人之言乎？纵出自圣人，要亦有为而发，不过因病发药，随时处方，以救此一等懵懂弟子，迂阔门徒云耳。药医假病，方难定执，是岂可遽以为万世之至论乎？然则《六经》、《语》、《孟》，乃道学之口实，假人之渊薮也……①

李贽对孔丘及儒家《六经》、《语》、《孟》的批判，在长期的封建社会的反封建势力和反孔孟之道的斗争史上，可算得是空前激烈的。

在《焚书》里，李贽还第一个大胆肯定描写农民起义的长篇小说《水浒传》，称这部书是"发愤之所作也"。② 虽然李贽还没有站在被压迫阶级的立场上来认识和评介《水浒传》，但他对《水浒传》中农民起义者的态度，显然与当时封建统治阶级的反动文人大骂起义英雄是"盗贼"的反动态度，是鲜明的对照。

在《焚书》里，李贽还公然提倡"无一人不生知，无一物不生知"，人人可以成佛，没有"人外之佛，佛外之人"③ 的平等观点，他公开宣称"圣人不曾高，众人不曾低"，④ 把"圣人"与普通老百姓拉到一个平面上。他还一反封建道学家轻视妇女的反动观点，反驳封建道学家们"以女人学道为见短"的反动论调，指出："谓人有男女则可，谓见有男女岂可乎？谓见有长短则可，谓男子之见尽长，女人之见尽

---

① 《焚书》卷三：《童心说》。
② 《焚书》卷三：《忠义水浒传序》。
③ 《焚书》卷一：《答周西岩》。
④ 《焚书》卷 ·：《答京中朋友》。

短，又岂可乎?"① 在《焚书》里，李贽还为商人大鸣不平，他说：

> 　　且商贾亦何可鄙之有？挟数万之资，经风涛之险，受辱于
> 关吏，忍诟于市易，辛勤万状，所挟者重，所得者末。然必交
> 结于卿大夫之门，然后可以收其利而远其害，安能傲然而坐于
> 公卿大夫之上哉!②

李贽在这里一方面明显地关心同情商人，为商人说话；另一方面，又揭示了商人与封建统治势力之间的矛盾，商人要求自由买卖，赢利归己，封建势力的代表者封建官僚们则利用封建势力对商人进行重重盘剥，使商人们"经风涛之险，受辱于关吏，忍诟于市易"之外，还要去巴结"卿大夫之门"。李贽的这种同情，显然是符合于当时的商人们的利益的。

　　《焚书》的内容是相当广阔的，其中有不少是富于战斗性的近乎杂文式的文章，如《何心隐论》、《赞刘谐》、《李涉赠盗》、《蜻蛉谣》等等。由于《焚书》具有对封建统治者的强烈的揭露和批判的性质，以耿定向为代表的封建统治阶级和麻、黄地区的地主绅士们，纠集了一些流氓打手，趁李贽出游之机，对李贽进行辱骂殴打，并对他进行造谣、诬蔑等种种迫害。在这之前，耿定向的学生蔡毅中应耿定向的要求，还写了《焚书辩》，妄图用颠倒黑白的卑劣手段以混淆视听。统治者加紧对李贽的迫害，表明李贽的书打中了敌人的要害，使统治阶级感到害怕了。

　　万历二十七年（1599 年），李贽的另一部著作《藏书》在南京刻

---

　　① 《焚书》卷二：《答以女人学道为见短》。
　　② 《焚书》卷二：《又与焦弱侯》。

成。对于这部书，李贽老早说过："上下数千年是非，未易肉眼视也，故欲藏之，言当藏于山中以待后世子云也。"① "惟此一种（指藏书）系千百年是非。"② 他在这部书的《世纪列传总目前论》里，大胆抨击"以孔子之是非为是非，故未尝有是非"的反动思想统治。反对"以孔夫子之定本行罚赏"，并且公开申明"谓予颠倒千万世之是非……亦可也"。李贽是抱着反对"以孔子之是非为是非"的明确目的来写这部书的。这是一部巨大的历史著作，"起自春秋，迄于宋元"，"人更八百，简帙亦繁"，李贽在这部六十八卷的巨著里，一反封建统治阶级所提倡的儒家的传统观点，对不少历史人物作了翻案文章。他自己说："其是非堪为前人出气"③，"凡昔人之所忻艳以为贤者，余多以为假，多以为迂腐不才而不切于用。其所鄙者、弃者、唾且骂者，余皆的以为可托国、托家而托身也。其是非大戾昔人如此"。④ 他尖锐地批判了儒家"虽名为学，而实不知学，往往学步失故，践迹而不能造其域，卒为名臣所嗤笑，然其实不可以治天下国家"。⑤ 他赞扬卓文君自择佳偶的反封建行为，他对宋儒周（周敦颐）、程（程颢、程颐）、张（张载）、朱（朱熹）进行了尖锐的抨击。李贽这部书里充分表现了他反封建传统观点的战斗精神，他自己叙述他的写作情况说：

> 山中寂寞无侣，时时取史册披阅，得与其人会觌，亦自快乐。非谓有志于博学宏词科也。尝谓载籍所称，不但赫然可纪述于后者是大圣人，纵遗臭万年，绝无足录，其精神巧思，亦

① 《焚书·自序》。
② 《焚书》卷一：《答焦漪园》。
③ 《焚书》卷一：《答焦漪园》。
④ 《焚书》卷六：《读书乐引》。
⑤ 《藏书》：《世纪列传总目后论》。

能令人心羡。况真正圣贤，不免被人细摘。或以浮名传颂，而其实索然。自古至今，多少冤屈，谁与辨雪？故读史时真如与百千万人作对敌，一经对垒，自然获俘授首，殊有绝致，未易告语。①

很显然，李贽对历史的批判就是对现实的批判，正因为如此，所以封建统治阶级一再禁毁他的书，但李贽对自己的书是具有很高的自信心的，他说："若论著（按：指《藏书》中李贽作的议论部分）则不可改，此吾精神心术所系，法家传爱之书，未易言也。"② "《藏书》收整已讫。……一任付梓矣。纵不梓，千万世亦自有梓之者。"③ 历史证明了李贽的看法是经得起时间的考验的。

由于《焚书》和《藏书》的出现，封建统治阶级就加紧对李贽进行追害。万历二十四年，李贽准备去山西，耿定向的学生湖北巡道御史史某发出警告要法治他，面对着反动势力的威胁，李贽的态度是从容、镇静而坚强的，他在给朋友的信中说：

大抵七十之人，平生所经风浪多矣。平生所贵者无事，而所不避者多事。贵无事，故辞官辞家，避地避世，孤孤独独，穷卧山谷也。不避多事，故宁义而饿，不肯苟饱，宁屈而死，不肯幸生。此其志颇与人殊，盖世人爱多事，便以无事为孤寂；乐无事，便以多事为桎梏。唯我能随寓而安，无事固其本心，多事亦好度日。④

① 《续焚书》卷一：《与焦弱侯》。
② 《焚书》卷一：《答焦漪园》。
③ 《续焚书》卷一：《与耿子健书》。
④ 《续焚书》卷一：《与城老》。

他在另一封信里说：

> 窃谓史道欲以法治我则可，欲以此吓我他去则不可。……
> 我若告饶，即不成李卓老矣。……故我可杀不可去，我头可断
> 而身不可辱，是为的论，非难明者。①

这次迫害，统治者终于没有得逞，但他们也始终没有放松对李贽的迫害。万历二十八年，李贽七十四岁，这之前的几年，他已去过山西、北京、南京等地，继续进行讲学和著述，在南京并曾三次会见意大利人利马窦。当他回到麻城龙潭以后，统治者再一次地对他进行迫害，拆毁了他的芝佛院。他不得已暂时避到商城黄蘖山中，后来又随马经纶到通州，住在马经纶家，继续从事著述。万历三十年（1602年），统治阶级对李贽进行了最后一次迫害。礼科给事中张向达上奏控告李贽，说：

> 李贽壮岁为官，晚年削发，近又刻《藏书》、《焚书》、
> 《卓吾大德》等书，流行海内，惑乱人心。……以李斯为才
> 力，以卓文君为善择佳偶，以司马光论桑弘羊欺武帝为可笑，
> 以秦始皇为千古一帝，以孔子之是非为不足据……大都刺谬不
> 经，不可不毁者也！……②

终于以"敢倡乱道，惑世诬民"等莫须有的罪名，由明神宗亲自下令逮捕李贽。统治者审问他："若何以妄著书？"他卧而不跪，回答说："罪人著书甚多，具在。于圣教有益无损。"③ 统治者始终问不出一个罪名

---

① 《续焚书》卷一：《与耿克念》。
② 《明神宗卷实录》卷三六九。
③ 袁中道：《李温陵传》。

来，把他关在监狱里，李贽忍受着严重的疾病，仍旧读书作诗自如，最后终于自刭于狱中。他用死表示了他对封建统治阶级的强烈抗议和不屈的意志。

李贽对于死，是早有准备的，也就是说对于统治阶级对他迫害是早有认识的。他的朋友汪可受问他说："先生末后一著如何？"李贽说："得荣死诏狱（皇帝亲自下令逮捕审问的案件），可以成就此生。"又说："那时名满天下，快活，快活！"① 他在与焦竑的信中说："闻有欲杀我者，得兄分剖乃止，此自感德。……与其不得朋友而死，则牢狱之死，战场之死，固甘如饴也，兄何必救我也？死犹闻侠骨之香，死犹有烈士之名，岂龙湖之死所可比耶？"② 他在七十二岁那年写的《老人行叙》里说："虽曰《老人行》，而实则穷途哭也！……百世之下，倘有见是书而出涕者，坚其志无忧群魔，强其骨无惧患害，始终不惑，圣域立跻，如肇法师所谓'将头临白刃，一似斩春风'……则所著之书，犹能感通于百世之下，未可知也！"③ 可见他的战斗意志何等坚定，他对死的问题看得何等透彻，意态何等从容！

恩格斯指出："一切历史上的斗争，无论是在政治、宗教、哲学的领域中进行的，还是在任何其它意识形态领域中进行的，实际上只是各社会阶级的斗争或多或少明显的表现"。④ 李贽对封建正统势力和以耿定向为代表的假道学的批判和斗争，正是当时"社会阶级的斗争或多或少明显的表现"。李贽的思想，是当时较低下层的地主阶级和市民阶层的思想情绪的反映。

---

① 《李温陵外纪》卷一：汪静峰《李卓吾墓碑记》。
② 《焚书》卷二：《与焦弱侯》。
③ 《续焚书》卷二：《老人行叙》。
④ 《路易·波拿巴的雾月十八日》恩格斯写的第三版序言。见《马克思恩格斯选集》第1卷，第602页。

　　李贽的思想是比较复杂的，有主观唯心主义的东西，也有朴素唯物主义的思想，当然后者是主要的。他一方面激烈地批判孔孟之道和程朱理学，但在他的思想里也仍然还有儒家思想的影响。对于他思想里的消极的东西，当然我们应该进行批判，就是他的一些在当时起到进步作用的思想，在今天也必须对它作阶级分析、具体地研讨和批判地对待，但是，就他的言行的主要方面来看，我们不能不承认，他是当时反孔孟之道和程朱理学、反封建正统势力的一个不屈的斗士。他的一生，是战斗的一生。他的死，确实可以称得起"犹有侠骨之香，犹有烈士之名"，是死得凛凛有生气的。

　　尽管封建统治阶级杀害了李贽，屡次禁毁他的书籍，但李贽批判孔孟之道和程朱理学的进步思想是扼杀不了的。李贽死后，他的书更加风行，"无论通邑大都，穷乡僻壤，凡操觚染翰之流，靡不争购，殆急于水火菽粟也已"。甚至于人们"全不读四书本经，而李氏《藏书》、《焚书》，人挟一册，以为奇货"。① 可见反动统治阶级的扼杀政策是徒劳的，真正胜利的，不是当时的封建正统势力和反动道学们，而是李贽。

1974 年 10 月 14 日

---

　　① 朱国祯《涌幢小品》卷十六。

吴梅村墓调查记

——《徐文魁诗集》序

　　我与徐文魁兄论交，已经是十多年前的事了。文魁兄为人朴实诚恳而又热情。还是 80 年代初，我因事到苏州，顺道去看蒋风白先生，蒋先生极力邀我多住几天玩玩，文魁兄恰好在座，就劝我去石湖、横塘、角直，一看诗人范成大、陆龟蒙和横塘陈圆圆的遗迹，何况角直还有保圣寺，内有杨惠之塑。我一听有这么多的名迹可看，就欣然同意了。于是文魁兄就去准备车子，第二天一早来接我们，我们三人一起到了横塘，又到了石湖。正是碰上烟雾迷离的细雨天气，一路上柳丝已经泛出了鹅黄。江南的春色，毕竟与众不同，我们在石湖、横塘，虽然没有看到范成大或陈圆圆的任何遗迹，但这种细雨濛濛的早春二月，特别是姑苏水乡石湖、横塘的早春二月，真叫人惆怅销魂！从诗人的眼光来看，也可以说到处是诗的意境。到了角直，我们看了著名的杨塑，但据说已经重修过了，也许我是外行，并没有看出太多的名堂来。但我却对陆龟蒙的斗鸭池极感兴趣，因为这毕竟是诗人的遗迹啊！

　　中午，文魁兄安排我们在角直镇上吃饭，这又是一次别有风味的午餐。我看到角直镇上和店里妇女的打扮，完全与众不同。头上的头巾，两边出角，就像一只大馄饨；下边是花布短裙，这个裙子只有前半边，实际上颇像干活用的围巾。下边是长裤，花布鞋。这一身打扮多么富有特殊的地方特色和农村风味啊！特别是上来的菜，鳝鱼，清蒸鳜鱼，还有多种水产如活虾等等，一时我也记不清许多，只觉得新鲜可口。所以这次石湖、角直之游，给我留下了极其难忘的印象。

80年代初，我正在与叶君远弟一起修改《吴梅村年谱》稿，我一直惦记着吴梅村的墓，想查个水落石出，所以就决心专程到苏州去。谋之文魁兄，他也很感兴趣，决定陪我同去邓尉、灵岩，因此我又一次到了苏州。还是文魁兄安排了车子，我们一起到了邓尉，参观了光福司徒庙里的清奇古怪四棵汉柏，这确实是一绝。千年古柏，蟠屈如虬龙，或卧地偃蹇，或折而复起，或傲然挺立，真是不可思议。看罢古柏，我们向寺僧打听梅村墓的地址，寺僧说得清清楚楚，就在太湖边上顾鼎臣的墓边，地名是潭东高家前村，石壁山南麓。当天正在下雨，我们不好意思请他陪同，就直到石壁南面，居然找到了顾鼎臣墓。但是除了茫茫的太湖和周围桂花林里散发出来的浓浓的桂花香外，实在再也找不到什么了，我们只好穿着半湿的衣衫回到了城里。第二天我就回京。

但是，我回京大约不到一个月，文魁兄又给我来信了，说梅村墓找到了，连墓碑也找到了，还给我寄来了照片。这一喜正是非同小可，我立即再到苏州。恰值文魁兄有急事离开苏州，然而他却帮我做了最好的准备，交通住宿，统统安排好了。我到后就由他事先安排好的崔长灿兄陪同，直往高家前村，找到了花农周德忠，验看了墓碑，确实就是那块原石。因为此石梅村临终有遗言，"墓前立一圆石，题曰诗人吴梅村之墓"，这就是这块"圆石"，碑上也就是这几个字。墓碑当时已拿来铺路了，经过我们上回调查后，引起了当地老百姓的注意，所以被花农周德忠发现，从路上取了出来。看完墓碑后，周德忠又领我们到梅村墓地。墓地已改为梅林，当时花农们正在梅林里除草，恰巧原来给吴家看坟的花农在锄地，就由她带我们到墓地。经她的指点，果然墓地周围的砖墙还有部分残留，我随手就拍了照片；但这位看坟人却不愿意我给她拍照，我只好趁她不注意时偷偷拍了一张。终于我把梅村墓找出来了，此时距离梅村落葬（康熙十年辛亥，1671 年）已经 314 年了。这是经文魁兄帮助办成的一件大事，我当时就建议吴县县委把梅村墓修复，不知后来究竟如何，我却一直惦记着此事。

我与文魁兄的这些往事，转眼已十多年过去了，特别是我们的好友周一萍，中华诗词学会的领导，也是文魁兄的好友，不幸去世也已好几年了，回首往事，真正不胜感叹！

去年文魁兄来信告知我他的诗已结集了，希望我能写篇叙。我当时正忙得不可开交，实在无法，我与他商量，能否推迟一点，后来就没有消息。前些天，又接到文魁兄的信，告诉我诗集已在发排，望我赶快动笔。恰好我完成了另外一项工作，能挤出一点点时间。我也来不及向文魁兄再要诗来读，好在我过去读过他的诗的。我的印象是他的诗就像他的人一样，敦厚朴实。有人以为诗应该华丽花俏，其实诗是随人的，各人的风格不同，不是花俏的人就不会写花俏的诗，何况"温柔敦厚"就是古之"诗教"。所以对于诗，我主张："宁厚毋薄，先质后丽。"

还有，诗当然愈工愈好，但也不能一律强求。各人的情况不同，要人人都当李、杜、韩、白是不可能的。不少老同志以桑榆之年，而勤奋好学，作诗自娱，这实在是大好事，增加了社会的文化气息，也给年轻人以一种好学的榜样，这有多么好啊！所以文魁兄这次来信，我赶快抓紧时间，草草写了这些，聊当叙言罢。

1995 年 4 月 8 日夜，岁在乙亥

上巳后四日，于京华瓜饭楼

一个真实的历史人物

——《吴伟业评传》序

清初的大诗人吴梅村，是一个难度较大的研究课题。叶君远弟于80年代初在人民大学读研究生的时候，就开始作《吴梅村年谱》，历时五年，到1985年写成，由江苏古籍出版社出版。此后，君远又完成了《吴梅村诗选》，即将由人民文学出版社出版。在这样长期认真研究的基础上，君远又写出了《吴伟业评传》（以下简称《评传》），要我看看他的稿子，提点意见。

我花了一周的时间，认真地读完了这部排印稿，感到非常高兴。我认为这是一部力作，在吴梅村的研究上，可说是一个里程碑。

前面讲过，吴梅村研究是一个难题，那么写评传更是难中之难。因为做研究你可以就其某一点来进行，攻其一点，不及其余，这就范围缩小了不少。但作评传就必须全面深入研究有关吴梅村的一切问题，不能有所回避。我看这部《评传》，就是对梅村的一个全面深入的研究，一个巨大的综合研究的成果。

这部《评传》的特点之一，是充分地再现了传主所处的历史环境，使人物完全在他的时代环境里活动，从而使人看到了一个真实的历史人物吴梅村。

梅村的时代是很难描画的，矛盾太多，太错综复杂，下笔很难，但作者却有条不紊地做了全面而深入的描画。吴梅村时代的社会矛盾，一是阶级矛盾，这就是李自成和张献忠领导的两支农民起义军与明皇朝的矛盾；二是民族矛盾，这就是以努尔哈赤、皇太极、多尔衮为代表的后金（后改为大清）与明皇朝所代表的汉族政权的矛盾；三是明皇朝内部的派别斗争，这就是在野的复社、东林党与阉党、官宦腐朽势力的斗争。这三种矛盾时涨时落，此起彼伏，不断影响着整个局势。到后来清军入关则又是民族矛盾高涨。清统治者用血腥的手段将民族反抗斗争镇压下去后，随之而来的又是科场案等大狱的不断兴起，整个社会充满着恐怖与不测，实质上仍是民族镇压的变换方式。吴梅村就是生活在这样的时代环境之中，所以要写吴梅村，就必须把上面这些矛盾充分写出来。如果撇开了这些矛盾而单写吴梅村，那这个吴梅村就是脱离了具体时代的吴梅村。脱离了具体的时代，吴梅村就将是一个不可理解的吴梅村了。

叶君远弟在这方面的研究是很见功力的，以上这些矛盾他都做了深入的研究，取得较深的理解，从而使《评传》里的吴梅村，一直是生活在他的特定的历史氛围里，于是这个吴梅村的一举一动，一诗一文，都显得是很自然，是很可以理解的了。

所以我认为这部《评传》的突出成功之一是对于时代的深刻而精确的描述。

《评传》的特点之二是对吴梅村的一系列的事情和诗文做了精到的确切的考订，从而纠正了历来的错误，给人耳目一新之感。例一是吴梅村在弘光朝拜少詹事的时间。顾湄的《吴梅村先生行状》，顾师轼与日本人铃木虎雄的《吴梅村年谱》都系于弘光元年（顺治二年乙酉，1645年）。《评传》据谈迁的《国榷》和吴梅村的自述，证明是崇祯十七年

（1644 年）五月二十九日，从而纠正了以往诸家的错误。例二是关于
《永和宫词》的作年。顾师轼把它定在崇祯十五年，即田贵妃的卒年。
这与此诗的内容不合，《评传》作者指出"诗中在田贵妃死后接着还写
到了崇祯帝的死以及田贵妃和崇祯帝相见于黄泉"等情节，故《评传》
作者考定此诗作于弘光元年二三月间。其考证精密有力，无可怀疑。例
三是关于《圆圆曲》作年的考定。顾师轼系此诗作于顺治元年，程穆衡
系于顺治十六年，铃木虎雄则"疑作于顺治十六年以后"，以上诸说，
皆与事实不符。《评传》考定此诗作于顺治八年吴三桂进军四川之前，
具体时间是这一年的初冬。作者考订精密，确然无疑，其考订文字甚
详，此处不录，读者可按《评传》原文。例四是考订《绥寇纪略》作
于顺治九年嘉兴，这个初稿本后来又经修改补充，但直到他去世，此书
未能问世。后人将其付刻，已有改动，今所见之本，已非原貌。且此书
初名《鹿樵纪闻》，后人付刻时，定为《绥寇纪略》，而现今所流行的
《鹿樵纪闻》，乃是后人托名伪作。例五是关于《鸳湖曲》的作年和作
意的考定。程穆衡、顾师轼、铃木虎雄均将此诗系于顺治四年，皆误。
据《评传》考订，应为顺治九年。此诗作意，昔人都以为是凭吊怀旧之
作，程穆衡说是"痛昌时见法"，靳荣藩说是"以吊昌时为主"，今人
黄裳说是"绝无一字讥评，有的只是悲哀的忆念"。以上诸说，《评传》
认为都非事实。吴梅村在《复社纪事》一文中细摘吴昌时劣迹，说
"来之（吴昌时字来之）不知书，粗有知计，尤贪利嗜进，难以独任。
比阳羡（指周延儒）得志，来之自以为功，专擅权势，阳羡反为所
用"，"御史发来之他罪，首臣为所累，与俱败"，等等。且《鸳湖曲》
的作年与《复社纪事》接近，而曲中"闻笛休嗟石季伦，衔杯且效陶
彭泽"，石季伦显然是指吴昌时，则"休嗟石季伦"寓意甚明。《评传》
于此诗考订甚为详密，读者可以复按。例六是对《贺新郎·病中有感》
一词作年的考订。以往论者多将此词说成是吴梅村的临终绝笔（康熙十

347

年），然此词谈迁《北游录》已有著录，谈迁卒于顺治十四年，故此词决当作于顺治十四年之前。经《评传》作者考订，定为顺治十年秋吴梅村受征召之后不久所作。我认为这个判断是十分准确的，《评传》的详细论述和考订，这里不再重复。

《评传》的特点之三，是在评述吴梅村的时候，坚持了实事求是的原则。实事求是，一是要有实事，即历史根据，也即是史实。这一点，《评传》引用的史实是相当充分的，我读完全稿，感到最突出的一点，是作者完全凭事实说话，没有虚夸之词，没有无根之谈。二是即使有了史料，也不能随意夸大，随意解释，只能按照史料所含有的内容来解释，解释超过了史料本身的内涵，也就成为一种浮夸之词，也就华而不实了。但《评传》作者用笔甚严，绝无此种现象。三是史料的内涵解释过头固然不行，解释不透，不能尽发其蕴，也同样是不行。《评传》作者在这一点上做得尤为周密而有深度。上面所列举各项，都是《评传》作者对史料或传主的作品做了充分的深研后才做出的新的准确评断，这是非常难能可贵的。

《评传》特别可贵之处，是对梅村仕清前后的有据有理、鞭辟入里的分析，真正做到了恰如其分、恰到好处。关键是《评传》作者对梅村的时代（包括时代的种种矛盾）、对梅村其人的思想出处以及他所交往的人物的思想出处，都已经有一个透辟的了解，不是摸不透，而是摸透了，这样分寸也就掌握得准确了。读这部《评传》，只觉得根据吴梅村的思想修养、环境遭遇、性格特征，似乎他只能是最后走投无路而椎心出仕；而椎心出仕后，又必然是耿怀难忘，永世负罪，良心上永远得不到平衡。实际上在吴梅村的面前只有一条路，这就是像黄道周、陈子龙、杨廷麟等一样不屈而死。要想不死也不出仕，让历史放过他，那是不可能的，因为他的名气太大了。如果是一个没有多大影响的人也许可以侥幸，但他是得不到这份侥幸的，可吴梅村自己却一直在盼望祈求有

348

这份侥幸，所以终于他落空了。

但是吴梅村毕竟还是吴梅村，而不是钱谦益，不是王铎；毕竟他自然地与黄道周、陈子龙、杨廷麟区分开来了；同时也自然地与钱谦益、王铎等区分开来了。《评传》对吴梅村所走的道路写得自然而逼真，让人们感到：这真是吴梅村。

1999 年 4 月 10 日于京东且住草堂

《吴梅村年谱》序

　　我读书很晚，接触梅村诗则更晚，记得是在 1943 年高中一年级的时候。那时正是抗战最艰苦的阶段，南京汪伪政府大肆进行卖国投降活动，广大沦陷区人民则生活在火坑之中。正是在这种情况下，我们的老师张潮象老先生，选了梅村的《圆圆曲》和陆次云的《圆圆传》来给我们讲，讲到"冲冠一怒为红颜"这句诗，还特别引陆传中的"三桂赍重币求去此诗，吴勿许"以为印证。张老先生当时讲诗的用意并未说明，但他讲诗时对吴三桂的愤激之情却溢于言表，使人感到仿佛不是讲历史而是讲的现实。我那时还不到二十岁，由于张老先生的讲诗，却引起了我对梅村诗的爱好，至于梅村本人的历史，当时却一无所知。

　　几十年来我断断续续地读了一些梅村诗，后来又买到了《梅村家藏稿》。可惜解放以后，很少有人对梅村进行研究和评论，仿佛是一个禁区，不去触犯它比较保险。

　　前些年，叶君远弟来从我学习，他选定要研究吴梅村，我十分赞成。那么从何处下手呢？我还是主张从撰写年谱入手。撰写年谱，一要排比考订谱主的全部有关资料，包括他的家世、生平和交游等等。这就可以全面地确切地了解谱主的全部活动和他所处的具体时代环境，他的幸运的和不幸的种种遭遇。确切地了解这一切，就为深入了解作者的全部作品：诗、词、文章、传奇而打下了牢固而扎实的基础。二要研读谱主的全部作品，尽可能准确地弄清每件作品写作的确切年代及其背景，对作者有争议的作品，尤其要下功夫研究各种不同的意见，搜集和发掘各种有关史料，予以审慎地考订清楚，然后编撰出作品系年。有了以上两方面的基础，那么，就为撰写年谱准备好了必要的条件。同时也就是为研究吴梅村准备好了必要的条件。

以上这种研究方法，我认为不仅仅是研究吴梅村用得着，就是研究其他作家也同样用得着。当然，有不少作家的年谱，早已有前人或我们同时代人做出了很好的成绩，可以直接运用了，无需我们再从头做起了。但也还有不少的作家，缺少这样翔实的年谱可以作为研究的依据，还需要我们从头做起。

吴梅村的年谱是早已有人做过的：清道光二十年庚子（1840 年），顾师轼撰《梅村先生年谱》四卷。民国十七年戊辰（1928 年），日本汉学家铃木虎雄又撰成《吴梅村年谱》。另外，还有马导源的一种《吴梅村年谱》，但马《谱》完全抄袭铃木虎雄的《吴梅村年谱》，并不是新撰的著作，所以《吴梅村年谱》实际只有以上两种。而这两种《吴梅村年谱》又都过于简略，加之谬误甚多，不足为据，所以极有必要重新撰写一部较为翔实的《吴梅村年谱》来填补这个缺欠。——这就是我主张撰写《吴梅村年谱》的原因。

此谱由叶君远弟自 1980 年开始撰写，至今前后已历六年，三易其稿。每遇疑难处，则时时就我商量探讨，斟酌去取，其间得失，皆见本谱，嗣后我又作了两次修正，无烦一一缕述。

近几年来，对于吴梅村的研究，渐见好转。这是研究领域里的新气象，是值得高兴的。我个人认为，对于文学史研究者来说，凡是在文学史上起过或大或小的作用的，对文学的发展有影响的作家，都应该研究。当然文学史上有各种不同情况的作家，有屈原、杜甫、辛弃疾、陆游、文天祥这样的作家；也有庾信、吴梅村这样的作家。前者之需要研究，无需多言，而后者的需要研究，也并不难理解，其原因就是因为他们对历史——文学史起了作用。我们如果无视他们的存在，不去研究他们的创作（他们继承的方面，他们创作的成就得失，他们的创作给予后世的影响），那么，我们就会发现，我们所理解的或者写出的文学史，就会像是失去某些环节的锁链，虽然很长，但是却断了线了，连接不起来了。譬如我们不研究庾信，就不知道屈骚精神、汉魏风骨和正始之音对他的深刻影响，这无异于掩盖了以上这些优秀文学的积极作用。然而，上述这种优秀文学的历史性的积极作用，对于一个文学史研究者来说，他是不应该忽视的，忽视这种情况，就是忽视历史，这就有负于一个史学者的职责。以上是就庾信的继承方面来说的；再从庾信对后世的影响来说，文学史家几乎一致公认庾信开了唐代文学的先河，杜甫说："庾信文章老更成，凌云健笔意纵横"（《戏为六绝句》）；"庾信生平最萧瑟，暮年诗赋动江关"（《咏怀古迹》）；"清新庾开府，俊逸鲍参军"（《春日忆李白》）等等。杜甫极口称赞庾信，除抒发了异代同心的感慨外，自然也表明了他接受庾信深刻的影响。当然，庾信对唐代文学的先导作用，主要并不仅仅是对某些作家的影响，而是由他所引发的区别于唐以前的文学的真正唐代文学的开端。

　　吴梅村的诗，在明清之际的诗坛上，曾产生过重大影响，被号称为"梅村体"。所谓"梅村体"，主要是指他的歌行。梅村的歌行，一方面是元、白歌行的继承，同时他也吸收了初唐四杰的壮采和他们歌行的特色。特别要指出的是，梅村的歌行，不仅仅是初唐四杰和元、白的继承，而且有了重大的发展。其最突出的一点，就是用歌行来写重大的历史题材。梅村歌行具有史诗的价值，这原是人所共知的。但梅村以歌行体来写重大的历史题材，并不是偶一为之，而是作者特意这样做的，诗

《吴梅村年谱》序

人在临终时曾说："吾诗虽不足以传远，而是中之寄托良苦，后世读吾诗而知吾心，则吾不死矣。"（陈廷敬《吴梅村先生墓表》）可见诗人确是有深意的。所以在梅村的集子中，这种带有史诗性质的歌行，就占有相当的比重，而他的成就也就显得十分突出。梅村的歌行，不仅受优秀的文学传统的影响，而且又有新的发展，又有新的突出的成就，因此他的歌行又给后世以很深远的影响。所以，一部文学史，如果避开吴梅村，那么对于明清之际诗歌的继承和发展，就不容易说得很清楚，特别是对"梅村体"的产生和它的影响，就无法说明。

在梅村的历史上，确实有一个气节问题，比起当时其他一些人如夏允彝、夏完淳、陈子龙、瞿式耜、张煌言、侯峒曾、顾炎武、黄宗羲、王夫之等人来，他确是有愧的，甚至是有罪的。这并不需要史家为他回避掩饰，就连他本人对此也没有回避掩饰过，他的《贺新郎·病中有感》和《过淮阴有感》等诗词，就是他的自我批评和他的心病的自我暴露。对于历史人物的这种行为，我们自应作出切合当时历史的公正评价。但是，这样的评价，并不应该影响人们对他的创作的研究。相反，这两方面的工作都是我们应该做的。我们不应该顾了一面就丢掉另外一面。应该承认，吴梅村的诗歌的主要方面，无论是内容和形式，也就是思想和艺术，都达到了较高的成就。我们不应该因为政治上的原因，就无视他在文学上的重大成就和在文学史上的实际的影响和作用。

诗人的年寿不高，只活了六十三岁。明清易代之际，他三十六岁。入清后又过了二十七年。其间顺治十年（1653年），迫于征召，仕清为秘书院侍讲，迁国子监祭酒；顺治十三年（1656年），因嗣母之丧乞假归里，从此不复出。伟业以顺治十年九月启程赴京，至十一年初春抵达，以十二年十月乞归离京，在京供职首尾不足三年。诗人临终时，"自叙事略曰：吾一生遭际，万事忧患，无一刻不历艰难，无一境不尝辛苦，实为天下大苦人。吾死后，敛以僧装，葬吾于邓尉、灵岩相近，墓前立一圆石，题曰诗人吴梅村之墓，勿作祠堂，勿乞铭于人"。（顾湄《吴梅村先生行状》）诗人自评为"天下大苦人"，其实这种"苦"，就是因为他不能像夏允彝、夏完淳、陈子龙那样，"慷慨多奇节"，不能在国破家亡的关头，做一个烈烈丈夫，却"为当年沉吟不断，草间偷活"（《贺新郎·病中有感》），而他又是一个著名人物，历史又不可能将他幸免，一旦巨大的考验再次迫紧他时，他又没有勇气、没有肝胆去死，于是无所逃于天地之间，只好就范，也就因之"一失足成千古恨"，对社稷、对民族、对士论自知无可解释，即使是"剖却心肝"也无地可置（"今置地"意谓：今置何地也），即使是神医华佗来，也无法解他"肠千结"，最后自己得出结论："竟一钱不值何须说。"这确实是他坦率的自剖，也就是这个"天下大苦人"的"苦"衷。

诗人逝世后，确是葬于邓尉、灵岩之间，其所以要"敛以僧装"，是因为既不愿服清朝的服色，又不敢也无颜再服明服，只好用"僧装"来避开这个矛盾。墓石上所以要题"诗人吴梅村之墓"，一方面是他本心确实不愿做清朝的官，所以不肯题清朝赠的官衔，另方面也不好再用明朝给他的官衔，而他也确实称得上是一个杰出的诗人，所以只好如此题了。

从以上这些临终的遗嘱，也可以看出他对自己最后结局的安排，是费尽了苦心的。同时这些安排，也清楚地反映出了他的矛盾痛苦的心情。

梅村的墓，不知何时已湮没了。民国年间，李根源曾去寻访过，并曾记下了地址，但后来却已无存。前年正值我们在修改这部年谱的时候，却得到吴县政协徐文魁兄给我的信，他愿陪我去邓尉、灵岩之间寻找梅村墓。我高兴极了，于10月13日离京，14日到南京，留一宿，15日到苏州，16日由徐文魁兄陪同，坐车先到光福，看司徒庙内清、奇、古、怪四棵汉柏，并询寺僧以梅村墓遗址。寺僧指点历历如在目前，可惜天雨，不能亲自带我们去。我们依照指点，到了潭东高家前村，或云在石壁山南麓，在顾鼎臣墓邻近。我们冒雨径到该处，一路都是山间曲折小道，两旁满山皆古梅及桂树，当时正值桂花盛开，香溢十里。我们在一个小山丘的坡上找到了顾鼎臣墓的位置，下临太湖，风景清幽之极。然而，四顾茫茫，吴梅村墓却杳无踪迹，我们只得怅然而归。当时我曾得诗云：

> 飘蓬万里觅君坟。百树梅花对旧村。
> 呜咽犹闻太湖水，茫茫何处着吟魂。

但是过了不久，又得徐文魁兄来信，说终于找到了吴梅村墓，并找到了墓碑，墓碑上果然是刻"诗人吴梅村之墓"，还给我寄来了一张照片。我得此消息，高兴极了，可惜照片不很清楚，我决心再去苏州实地调查。12月2日，先到扬州，5日到苏州，仍由吴县政协派车，文魁兄因急事他出，由崔长灿兄陪同，因为他们早已去过，所以车子很容易地开到高家前村，找到了发现墓碑的村民花农周德忠同志，由他带领去看墓碑。原来墓碑已作为铺桥的石板，因为我在上次调查时，曾嘱咐他们注意石桥、石道上之用石，因此引起了他们的注意，果然从石桥上找到了此碑，随即把它取了下来。我们看过墓碑，拍了照，再由周德忠同志带我们去看墓地。墓已平掉，墓地上是大片梅林，我们去时，恰好村民在梅林里劳动。周德忠指着一位老太太对我说，她就是早先吴家的守墓人。我向老太太询问她的名姓，她始终不肯说，只是给我指明了吴墓的原址。经她指点，还可看到未拆掉的部分砖砌墓基。我将墓地拍了照，想给这位老太太拍照，她执意不允，只好乘她不注意时，拍了一张。

梅村墓实际上离我们上回去过的地方不足半里，只是，一在南面，一在北面，正是南辕北辙，尽管近在咫尺，也无从找到它了。

经过两次长途奔波，终于把久已湮没无闻的大诗人吴梅村墓找出来了，这真是意外之幸。我将此事告诉了九十四岁的老画家朱屺瞻老先生，请他为作一图以存纪念，老先生欣然命笔，为我作了一幅邓尉访梅村墓图。之后，王运天兄又为我求得老画家沈子丞老先生画了一幅。梅村生前，曾有禹之鼎所作像，即印入家藏稿者，此图是否尚存，不得而知。此外，还有顾见龙所作，今尚存，已印入《明清人物肖像画》（上海人民美术出版社）。惟梅村墓，三百年来，尚未闻有绘者，有之，则始自今日朱、沈诸老。我敢肯定，以朱屺老、沈子老这样的大手笔为三百年前大诗人之墓作图，自必传之久远，无可疑者，则亦可为他日寻吴墓者，增一依据矣。然而我更希望诗人吴梅村之墓能得到当地政府的重视并予以恢复。

我要谢谢陪同我的徐文魁、秦伟、雪涧、苗影、崔长灿及太湖公社诸同志，更要谢谢高家前村的花农周德忠同志，是他最后找出了"苦被人呼吴祭酒，自题圆石作诗人"的墓碑："圆石"。此石自康熙十年辛亥（1671年）至今，已历三百一十四年，竟能失而复出，重见天日，也算是梅村之幸了，为此我又写了一首诗：

天荒地老一诗翁。独立苍茫哭路穷。
千古艰难惟一死，伤心岂独属娄东。

1985年8月21日夜一时写毕于京华瓜饭楼
1985年8月25日改定于金陵旅次时寓南京饭店南楼

关于口述历史的一些思考

　　1981 年到 1982 年，我在美国斯坦福大学讲学，后来到了纽约，在纽约时，一度住在唐德刚兄家里。德刚兄送给我他记述的《胡适口述自传》等书。这是我最初得知史学界对于口述自传这一古老而又新颖的课题的开辟，德刚兄是"但开风气"的先行者。

　　前些年，我去台湾，又在台湾遇见了德刚兄，虽然一晃已将二十年，我们各自的头发都已白矣，但德刚兄却豪情如昔，仍约了一个时间我们两人一起吃饭并快谈移时。现在又已多年不见德刚兄了，但他在史学界领先的口述历史、口述自传一事，却在国内活跃起来了。中国社会科学出版社计划出版一套名家口述自传丛书，并还要创办《口述历史》丛刊，我认为这是一种远见卓识，虽然比起德刚兄在海外的开辟，已经晚了一些时间，但在国内还是一门领先的学术。

　　我想，口述自传、口述历史，在今天自然是新事物、新开辟，但在我国的文化历史传统中，却还是有史可据的。最为人所共知的，就是司马迁的《史记》。《史记》的史料来源，除了他所能见到的当时的国家档案和上世及并世流传的一些史籍外，就是司马迁自己游历各地所作的调查和所记的当事人及事件见知人的口述，他在《淮阴侯列传》里说：

　　　　吾如淮阴，淮阴人为余言：韩信虽为布衣时，其志与众
　　异。其母死，贫无以葬，然乃行营高敞地，令其旁可置万家。
　　余视其母冢，良然。

这里，"淮阴人为余言"以下到"余视其母冢"前这一段话，都是"淮阴人"口述的记录。他在《孟尝君列传》里说：

　　　　太史公曰：吾尝过薛，其俗闾里率多暴桀子弟，与邹、鲁
　　殊。问其故，曰："孟尝君招致天下任侠，奸人入薛中盖六万
　　余家矣。"世之传孟尝君好客自喜，名不虚矣。

在这段文字里，也记录了薛人的口述。这样的事例，本来是不言自明的，无须多举。

　　至于个人的自述，更是历史上常见的事，并不奇怪。

　　但是，现在的口述自传，却又异乎前两者，却有其创新的意义。新就新在自己口述自己所经历的事。这种方式，自有它的优点，有些年老失去写作能力的老人，就可以采用这种方式记录他的人生经历，也有些身经重大历史事件的老人，本身并不长于写作，也可以用口述的方式，把他所经历的历史事件记录下来，以补史传之阙。

　　我们这个时代，从20世纪走到21世纪，现今七十岁以上的人，所经的事情可多了，其中选择各方面有代表性的人物，为他作口述历史的记录，这等于是抢救了历史。例如张学良这样的人，其意义更为明显。但社会是多方面的，人也各有不同，所以口述自传，也应该是多方面的，不拘一格的，只要对社会有益，只要值得做，就应该去做。

　　历史最可贵的是真实，由自己口述历史，这就保持了最高的真实

性。但这只是从事理上说，不是绝对性。其中也会有个人的失忆、误记，甚至有意的作伪等等，后者虽然是极个别的，但不等于绝对没有，为了真正的历史真实，还必须防范这一点。所以口述工作，也不等于口头说说就行。即使没有其他意外，口述者也首先要做种种准备工作，而记录者更应认真记录和勤于查证。记得前些年我与尹光华同志一起为朱屺瞻老人作年谱的时候，有许多事老人都忘记了，问他时，他都说没有。最后尹光华同志逐年查了报纸杂志，查出了朱老早年的许多有意义的美术活动，我们拿了报纸给他看，他方才想起来确有其事。

总之，口述自传，也仍是一件艰苦的学术工作，只有口述者和记录者投入大量的劳动，才能把事情做好。

我们这个时代，是复杂变化的时代，是多姿多彩的时代，但也曾是艰难的时代，痛苦的时代。我们的痛苦，我们的灾难，再过若干年，等身经的人都过去了，再要记录就很难了，甚至是不可能了。我发现，现在的年轻人连"文化大革命"都不清楚是怎么回事了，说到许多著名政治家、军事家、著名学者、专家、艺术家都曾经遭到残酷的折磨，甚至折磨致死等等，他们往往睁大了眼睛问："是真的吗?"他们听了觉得不可思议。再如抗日战争，日本人的残暴，简直比禽兽还要凶残，他们更加难以想象。现在这些身经的人大都还在，但也已有不少人不在了。他们的不在，就是历史的失忆，就是珍贵史料的损失。惟其如此，我们应该及时做好这个工作，为这个时代留下它的踪迹，留下它应该给后人留下的东西。不论是光明的还是黑暗的，欢乐的还是痛苦的，光彩的还是肮脏的! 因为这都是历史，是历史的立体而不是历史的平面!

2003 年 12 月

两件微型墓志的启示

　　我在作文史研究的时候，除了文献资料以外，常常喜欢找一些历史文物来做佐证，还喜欢作实际的地面调查。因为我国的经济以前发展得很缓慢，所以有许多历史遗迹和地貌一直没有大的变迁，你可以意想不到地看到几千年来仍然矗立在地表上的古城址或古建筑的遗迹。所以我常说：文献资料、地下发掘、地面遗存的结合，是研究古文史的最可靠的方法。

　　前些年，北京通县出土了一块曹雪芹墓石，墓石很粗糙，上刻"曹公讳霑墓"五个大字，左边刻"壬午"两字。对这一发现，在研究中有的人断然否定，认为是假的，理由是墓志有规定，必须多大多高等等，因此石不合这个规矩，必然是假无疑。说得凿凿有据，好像真是那么回事似的。其实封建时代的官僚，根据官职的大小，他们的墓碑、墓志铭可能有规定，这是可以理解的。至於普通老百姓，有谁来规定呢？

　　从那以后，我就一直留心墓铭，意外地我买到两件墓铭，一件是明代万历年间用青花瓷烧制的墓铭，高20厘米，宽12.5厘米，厚3厘米。文曰："颍口张氏墓。古云生寄死归，世岂有生无死，要皆后先相继以衍祖脉（下略）。念送终之乏嗣，预卜九泉之有归，因自叙立碑以为记。

章公翰十九，讳从君，字汝惠，号平峰。生于嘉靖丙辰年四月初八日寅时。妻封氏，港口女，讳四英，生于嘉靖戊午年六月二十九日亥时，妾林氏，生于嘉靖癸亥年二月廿二日，殁于万历丁酉年。生女名月容，适儒林都八水瑕，女婿朱廷锡，万历丁巳岁冬月吉日。"这是一块地地道道的微型墓铭，文字只有第一行第二字模糊难认，其余都很清楚。

后来我又买到一件更为奇特的墓铭。墓铭是圆形带盖的陶盒。圆盒直径 21 厘米，盖上中心写"安陆黄公墓志"，环周写"光邑拾三都源头安陆黄公墓志"。盒底圆周的文字与盖一样，但圆心写"淑廿二"三字。圆盖里面的文字写："清故显考黄公派淑廿二，讳国贞，字学贞。係加四十二公之表孙，美十三公之长子，生于康熙丙子年（康熙三十五年）四月初二日未时，妻邓氏，生子有五（下略）。概我公享年六十一岁，不幸终于乾隆二十一年丙子岁□月廿九日戌时正寝，本年润九月廿三日午时卜葬本都游宅。"下边盘内写："屋从地名，黄家畲祖公加四十二，坐山左旁正作甲山庚向（下略），是以为志。选择家侄恭文，堂叔时夏书。"这也是一件完整的墓铭，但这种形式的墓铭我还是第一次见到。

我还知道，当年于右任买到一块西晋大文学家左思的妹妹左棻的墓铭，也很小，他常置于案头清供，后来我还看到左棻墓志原大的复制件，之后我更看到曹植的一块墓砖，只有普通的砖头大，上刻"曩陈思王陵"云云。当然以后我还看到有各色各样的墓志，因限于篇幅不能多谈。

总之，历史是复杂而多样的，研究问题，一定要从实际出发，掌握原始资料，并且与文献对证，如上述曹植墓砖，经与文献对证，完全一致。其他两件老百姓的墓志，就很难对证了，因为谁也不会为一个普通老百姓留下文献资料，但经鉴定，其实物是完全可靠的。尤其是那件圆盘墓志，正与曹雪芹同时，墓主死于乾隆二十一年丙子，这正是曹雪芹

《红楼梦》庚辰本第七十五回前写"乾隆二十一年五月初七日对清，缺中秋诗，俟雪芹"的那一年。真正事有凑巧，这件与曹雪芹完全同时代的出自湖北安陆的圆盘墓志铭，难道也因为它不合规格而予以否定吗？

2005 年 12 月 25 日

碑刻精华　史苑逸珍

——读《洛阳名碑集释》书感代序

　　黄明兰、朱亮同志的新著《洛阳名碑集释》即将付梓了，要我作序，我于碑刻虽有爱好但并无研究，岂能作序。但我是本书的第一个读者，我可以谈谈我的读后感，所以就把我匆促读完此书的初感，随笔写下来，说它是随感也好，说它是笔记也好，总之是不拘一格的信笔所至。

　　此书收录以古代洛阳为范围的历代碑刻，自东汉一直到清末民初，洋洋大观，可说是一部实体的洛阳碑刻通史。此书的体例，首先明确所收的对象是"碑"，不是墓志铭，也不是造像碑。明确了体例，也就主题分明，不会杂乱无章。在这个基础上，每一名碑，先列现状的图片——这一点很重要，我们看以往的碑录，从书上看分明历历在目，但一接触实际，就差距很大，甚至面目全非。现在每碑皆刊出现状的图片，既便于读者了解真相，也是一次历史性和阶段性的实况记录。除了实况的录相（照片）以外，此书还详实地校录了碑文。碑刻之所以重要，不仅仅是碑的实物，更重要的是碑上的文字，因为这是历史性的文献，可补正史之不足，也可以证正史之误。而此书把重点的工作放在碑

363

文的移录校补上，这就大大有利于读者的使用，无形中也就增加了此书的实用价值。本书的著者还特别注意到了每一件碑刻自身的历史，以及后人的著录、研究的情况，这更使读者得以纵向的全面的了解每一件碑刻自身的历史状况。这就更加便利于读者全面把握这件碑刻，从多方面去认识它和使用它。

从以上各点来看，我觉得本书的著者在建立自己的体例上，是尽可能地做到了周密和详备了。

大家知道，洛阳是九朝故都，中华民族的文化精华，洛阳应该说是积存最为丰富的地区之一。因为是九朝故都，所以洛阳留存下来的碑刻史料，也是最为丰富的。从史学的角度看，这些碑刻，都是第一手的珍贵史料。本书所收碑刻，可以说件件都是珍品，例如《司徒袁安碑》。袁安，东汉明帝、章帝、和帝时人，卒于和帝永元四年（公元92年），《后汉书》卷四十五有传，叙其事甚详，史称其为人严谨，守正不阿，明帝永平中，拜楚郡太守，案验楚王刘英谋逆案所株连者，赦出四百余家，征为河南尹，治政严明。和帝时，外戚窦宪兄弟专权，尽树亲党于诸郡，贿赂公行，安与司空任隗举奏，贬秩免官者四十余人。碑文简约，与《后汉书》本传合，此碑可证史传之不误。又《后汉书·袁安传》李贤注引《汝南先贤传》云：

> 时大雪积地丈余，洛阳令身出案行，见人家皆除雪出。有乞食者。至袁安门，无有行路。谓安已死，令人除雪入户，见安僵卧。问何以不出。安曰："大雪人皆饿，不宜干人。"令以为贤，举为孝廉。

此可补袁安微时事。此碑昔年我在洛阳关林见过，书体小篆而圆转遒劲，气息古朴，中有穿，尚存古意。此碑距今已1900年左右，无论从史料、书法、碑制等各方面来看，都是有极高价值的。

《河南梁东安乐肥君碑》，则记录了东汉末年行神仙方士之术的肥致的故事，碑文云：

> 诏闻梁枣树上有道人，遣使者以礼聘君，君忠以卫上，翔然来臻，应时发算，除去灾变。拜披庭侍诏。赐钱千万，君让不受。诏以十一月中旬，上思生葵，君却入室，须臾之顷，抱两束葵出，上问："君于何所得之？"对曰："从蜀郡太守取之。"即驿马问郡，郡上报曰："以十一月十五日平旦，赤车使者来发生葵两束。"君神明之验，讥（机？）彻玄妙，出窈入冥，变化难识，行数万里不移时日……

这种神仙方士之术，显然是迷信，但两汉时方术盛行，此碑所记，略如《三国演义》里的左慈，但《三国》成书已晚，此碑却是东汉末年之物，正可以证明汉末桓、灵之世，确有方术盛行。又此碑格式，已同墓志铭，且又埋入圹中，是碑而亦铭也，可证墓碑向墓志铭的转化。此碑既是神仙道术之原始资料，又是墓碑向墓志铭转化的实证。

再如《武帝贵人左棻墓碑》。左棻是大诗人左思的妹妹。此碑于民国十九年在偃师城西十五里蔡庄村由鲍姓村民挖出，民国二十七年无锡许同莘复刻原志于石，并立之墓墟。抗战后，原件流失，或云曾到南京，后又至上海，以后不知下落，也有说已流入日本，亦难确证。现存许氏复刻件，虽非原物，但毕竟保存了原碑的文字，使一代才人的文献资料，得以蜕存，亦一大幸事，且以待原碑之复出。左棻，《晋书》有传，此碑亦足以与史传互证。

再如《骠骑将军韩寿墓神道》。按韩寿，《晋书》无传，而于贾充传中多所提及。李商隐《无题》诗云："贾氏窥帘韩掾少，宓妃留枕魏王才。""韩掾"就是指韩寿，按《世说新语·惑溺》云：

> 韩寿，美姿容。贾充辟以为掾。每聚会，贾女于青琐中
> 看，见寿，悦之。恒怀存想，发于吟咏。后婢往寿家，具述如
> 此，并言女光丽。寿闻之心动，遂请婢潜修音问，及期往宿。
> 寿蹻捷绝人，逾墙而入，家中莫知。自是，充觉女盛自拂拭，
> 说畅有异于常。后会诸吏，闻寿有奇香之气，是外国所贡，一
> 著人则历月不歇。充计武帝唯赐己及陈骞，余家无此香，疑寿
> 与女通……乃取女左右婢拷问，即以状对。充秘之，以女
> 妻寿。

现存韩寿墓表，仅存中间一段，文曰："侍骠骑将军，南阳堵阳韩"十
字，余则残存笔划。韩寿史既无传，虽贾充传中旁及，终非正叙，幸
《世说新语》略存其事，今复得墓表，虽亦残损，究属实证，况书体俊
迈，近《西狭颂》，多古意，亦是吉光片羽，弥足珍贵。

再如《升仙太子之碑》。武则天亲自撰文并书写，碑高 8 米，立于
洛阳偃师县南缑氏山顶升仙太子庙内。今庙已废而碑尚存。碑文内容是
讲周灵王太子升仙的故事，太子字子乔，故习称王子乔。碑文除升仙故
事外，重点还在于歌颂武周的盛世。正如碑铭中所说："纪盛德于芳翰，
勒鸿名于贞石。"这篇洋洋洒洒的大文，共约 2000 余字，碑阴还有武则
天作的《游仙诗》及侍从诸臣的题名。题名中有武三思、苏味道、狄仁
杰、娄师德、薛稷、钟绍京等，都是一时名臣。这篇文章，也是气势恢
宏，词藻瑰丽的四六骈文。我以为武则天是有意摹拟太宗的《圣教序》
的，不仅仅是文字上的摹拟，而且是身份上的自比。不仅如此，就是在
书法上也是有意媲美的。大家知道，以行书入碑，始于唐太宗的《温泉
铭》，怀仁集王书《圣教序》也是行书，但那是集字，《温泉铭》是有

意书写，太宗的书法也是拟王羲之的书法，而武则天的《升仙太子碑》书体也是行草书，而且也是拟王羲之的书体而略带章草的笔意。据河南《偃师县志》称：

> 后初得晋王导十世孙王方庆家藏书迹，摹揭把玩，自此笔力益进，其行书有丈夫气。今观其草法极工，有乌丝方格，尚似章草及皇象书。

这段评论是符合实际的，王方庆曾进武则天以"王氏一门书翰"，唐代称《宝章集》，后称为"万岁通天帖"。记得60年代初，历史博物馆有一次盛大的碑帖展览，其中就有巨幅全拓《升仙太子碑》，且是旧拓，我曾多次去看此碑，觉得武则天书法确是气势不凡。

总之，本书所收各碑，皆具有极高的史料价值而其所含的史料量也极为丰富，诸如政治、宗教、法律、教育、社会、建筑、文学、艺术等等，本文不可能尽述，好在本书的《总论》有较为详备的概述，极利于读者的了解。

另外，此书又可看作是一部中国书体的发展史。此书所收各碑，自小篆一直到汉隶、魏碑、汉魏晋行草、隋唐楷书等等，应有尽有，因此它又是一部书法的实体史而不是理念化的抽象书史。更重要的它还是一部书法艺术史，所收各名碑，大都是名家所书，或虽不知名或未署名，而其书法却是夐然独秀的珍品。从名人名迹的角度看，此书又是历代名人名迹的总汇，不少书家的笔迹，幸借这些名碑得以保存。至于碑上的文章诗歌铭词，则又可补文学方面的不足。

从碑刻形制的发展史来看，本书又是一部碑刻的发展演变史。中国的碑刻，起源于灵柩落葬时为便于起落，在墓圹四周树立的木桩，桩上有穿，用以穿引柩上的绳，然后徐徐下放。后来在桩上书写文字，又有了记事的性质。以后木桩改用石材仍带穿，加上记事的功能，就逐渐演变成墓碑，所以早期的墓碑都带有穿，这就是由墓桩演变的痕迹。这种带穿的桩，据我所知，最早出于陕西凤翔秦公一号墓。今本书所收《袁安碑》，碑上有穿，尚保留初期墓碑的痕迹。

　　本书所收最高大的碑，要算立在河南嵩阳书院前的《大唐嵩阳观纪圣德感应之颂》碑，碑统高9米，号称嵩山第一巨碑，我曾两次到嵩阳书院看此碑，碑立在大门外右侧，碑周围没有多少空地，碑的南边是低地，碑处在崖边，我两次想拍摄全景都未拍成。此碑至今完好如初，此碑"造型雄健奇伟，气势磅礴，新颖壮丽"，确是一件石刻艺术的杰作，此碑由李林甫撰文，裴迥篆额，徐浩书丹。碑文内容记述唐玄宗李隆基追求长生不老之术，命道士孙太冲炼丹的故事。此碑亦可证玄宗确信方术，白乐天《长恨歌》所写"遂教方士殷勤觅"并非完全无据。我还得到过一件唐代铜牌拓本，铜牌上刻：

　　　　大唐开元神武皇帝李隆基，本命乙酉八月五日降诞，夙好道真，愿蒙神仙长生之法，谨依上清灵文，投刺紫盖仙洞。位忝君临，不获朝拜，谨令道士孙智凉赍信简以闻，惟金龙驿传。

　　　　太岁戊寅七月戊戌朔廿七日甲子告文

字体唐楷，拓片上有大兴刘铨福长跋，记此铜牌及拓本的由来，并有刘铨福录叶润臣题此铜牌之长诗。戊寅为开元二十六年（公元738年）。《唐嵩阳观碑》建于天宝三年（公元744年），晚于铜牌六年，此碑可以与铜牌互证。

　　本书所收最小的碑是《左棻墓碑》，计高27厘米，宽14厘米，厚4厘米。实际上只有一块极普通的砖那么大小，无怪当时于右任得到它后，把它置于案头。那末，真有这样小的碑吗？确是有的，除了左棻这块碑外，我在寿县见到一块砖，上刻"元康元年六月十一日，蒋之神柩"。砖高 34 厘米，宽 16 厘米，厚 6 厘米。字体是楷隶行结合的一种字体，早于《兰亭叙》63 年，从其砖面文字来看，当属墓碑。我还见到山东东阿鱼山县曹植墓内带文字的砖，记载筑陈王陵的情况，此砖非碑非铭，却起了碑铭的作用。砖高 42 厘米，宽 20 厘米，厚 11 厘米。我还藏有一块明万历四十五年（丁巳）的青花瓷碑，高 20 厘米，宽 12 厘米，厚 3 厘米。碑上文字首题"颖口章氏墓"，中间记载家世外，有句云："第念送终之乏嗣，预卜九泉之有归，因自叙立碑以为记。"这是一块墓主生前预立的碑，用青花瓷烧制，还特意在下端画出碑座的地位。我举这些例子，不仅仅是证明这种特小形制的左棻墓碑的可信性，而且类似的状况还有很多。因为以前在讨论"曹雪芹墓石"时，有人提出凡墓碑都有一定的规制，不合规制的都是假的，殊不知历史是丰富多彩的，既有高至 9 米的丰碑，也有小至 27 厘米的左棻墓碑，20 厘米的章氏墓碑；既有树立在墓前的墓碑，也有埋在圹内的墓碑——肥致碑。研究历史，既要知其常，也要知其变，只知其一，不知其二，岂足以论天下之事。

本书所收碑刻，除了上述种种可宝可贵之处外，还有一点也值得一提，这就是本书所收各碑，都是珍贵的文物。它除了以上种种丰富的内涵外，它自身都具有珍贵的文物价值。因此对于这些国宝，我们不仅仅要研究它，同时还要更好地保护它，使它能尽可能长久地流传下去，而这种著录式和研究式结合在一起的带图像的著录，也是一种保护，是可以使之永久流传的一种科学手段。

我几十年来，一直从事研究工作，深知文献资料和地面文物、地下文物之可贵。往往一种新发现的文物，或新发现的文献资料，会使研究工作出现飞跃。长期以来，我一直主张把地面调查、地下发掘与文献资料结合起来研究，使研究的问题和得出的结论能得到更多方面的互证。王国维提倡的二重证据法，实在是一种严谨的态度、科学的态度，也是客观的态度。

学术研究，尤其是历史科学方面的研究，可信的历史资料是第一位的，一切科学的结论，都必须有可信的历史资料来作为它的基石。科学的理论是很重要的，我们当然要重视理论，学习理论，掌握并运用理论。见物不见理，便成鼠目寸光，但见其表，不见其里。但是理论必须与实际结合起来，理论必须是从大量的历史事实、历史经验、历史资料中总结出来，升华出来，那种空洞的全无事实根据的"理论"，不过是哗众取宠的花言巧语而已。

所以，要使我们的学风转变，首先要低下头来，认认真真地读书，认认真真地尊重历史事实，尊重史料，而不要任意宰割史料，曲解史料，甚至于虚构"史料"。

从以上各方面来看，我认为本书是一部具有多方面的珍贵史料的书，因而也是一部非常有价值的书、非常值得认真阅读的书。

2001 年 11 月 6 日，旧历辛巳
立冬前一日于京东且住草堂

乡邦要籍　史学精品

——读"江苏地方文献丛书"

最近我读到了江苏古籍出版社出版，由薛正兴先生主编的"江苏地方文献丛书"，共 31 种，21 册。我是江苏人，读到了这么多的珍贵的地方文献，感到非常高兴。古人读书，讲究左图右史。史当然是指史籍，图是指图经，也即是地图和建筑平面图、水道图之类。而地方文献，往往是史与图的结合，读起来非常方便亲切。特别是有许多史料，往往不载于正史而能详见于地方文献里。所以地方文献，实在可算是史部的一个重要分支，做研究工作的人千万忽视不得。

这套"江苏地方文献丛书"，至少有三个方面的优点：

一是选目极精。现在所选的 31 种书，都是有极高的学术价值和文献价值的。例如《吴地记》传为唐陆广微撰，实则早在晚唐陆广微之前即已成书（见本书校注序），这是苏州最早的地方文献。又《吴郡图经续记》，北宋元丰七年（1084 年）朱长文撰，其时代仅晚于陆书。《吴郡志》，南宋范成大著。以上三书，是关于苏州的最早的地方文献，也是全国最著名的方志。《太湖备考》，清乾隆年间苏州金友理纂著，金氏世居太湖东山，深得当朝著名学人徐乾学、阎若璩、顾祖禹等之影响。

371

《备考》一书，详记太湖周围三州十县的沿湖水口山丘及湖中地理岛屿寺观村落等等，是记述太湖的一部极为详尽的专著。《宋平江城坊考》，是近人王佩诤先生的巨著。王先生是我的老师，40年代我在无锡国专读书，王先生授目录版本学，葛绥成先生授地理学。当时同学中盛知王师有此巨著，我即特地到苏州购得此书，线装五册，一直珍藏至今。现在校订出版的《宋平江城坊考》是王师的增订本，且有老友陈从周的序文，捧读之余，恍如重聆先生讲课。惟不知宋平江城坊图碑，是否尚存人间。《南明史料八种》（《弘光实录钞》、《圣安皇帝本纪》、《南渡录》、《甲乙事案》、《中兴实录》、《金陵野钞》、《南部死难纪略》、《使臣碧血录》），更是珍本秘籍，一向为治南明史者所珍视。此八种书，皆记弘光朝事，《实录钞》为黄宗羲撰，在清朝为禁书，《圣安皇帝本纪》为顾炎武撰，两人都是明清之际的著名学者，《南渡录》为明遗民李清撰，李清著书数十种，而为乾隆修四库时首禁之书，乾隆曾说"设其人尚在，必当立正刑诛"。谢国桢先生见过三种《南渡录》的本子，曾说"安得合此三本，较其异同，成一善本，亦盛事也"。现在这个本子是合12种本子而成的（见"校点说明"），当然更是盛事了。《南明史料》中其余五种，也都是极重要之书，且都有详实的校点说明，这里不能一一撮述。

这套丛书中，有《至顺镇江志》上下两卷，原书为元俞希鲁撰，原本虽已不存，但传刻有绪。元以前的镇江志，如唐孙处元的《润州图经》，南朝宋山谦之的《南徐州记》、刘损的《京口记》等等均已散佚（详见本书前言），故此至顺志已是现存最早的镇江志，且体例详密，纪事考证俱较周详，足补史书之不足，今经详校，益臻完善。又《龙江船厂志》则是这套丛书中别具一格的著作，为记载我国造船工业的难得的著作。我国明代的航海事业是比较发达的，特别是郑和七下西洋的壮举，如果没有科学的航海船只，绝难实行。美国著名的历史学家爱德华·伯恩斯等在他们的名著《世界文明史》中写道："明朝建立之际适值中国航海业迅猛发展之时。航海罗盘可能自 11 世纪时就得到使用，一些艨艟巨舰建造起来。中国远洋航船高四层，舱室舒适怡人，远航东印度群岛、马来半岛、锡兰、印度和阿拉伯半岛，载着商品、贡物和珍贵的地理知识返航。他们本是可以冒险向西航行绕过非洲的好望角的。在其盛期，明朝海军虽然部署在长江下游地区水域以对待日本海盗的骚扰，但它强于同时代欧洲任何国家的海军。"《龙江船厂志》的写作时间虽然已在郑和之后明朝航海事业的衰落期，但毕竟是典型犹存的一部难得的著作。

在这套丛书中，《百城烟水》、《清嘉录》、《吴郡岁华纪丽》、《吴趋访古录》、《吴门表隐》，都是记述吴郡（清苏州府及其所属各州县）山川名胜、历史掌故、风俗人情、寺观庵庙、园林宅第的著作，而各有所重，如《百城烟水》以山川名胜、历史沿革、政治遗闻、社会人事、寺观园林为重，《清嘉录》、《吴郡岁华纪丽》则重在记叙吴中的风俗节令，《吴趋访古录》则重在访古，《吴门表隐》则重在"只录志所未及"，即补地方志之所遗，所以名曰"表隐"。所以以上四种书又可互为补充。

此外，《寒山寺志》是寺庙的专志，《吴歌·吴歌小史》是近人顾颉刚纂集，此书集吴歌之大成，是吴地歌谣的专著。《吴越春秋》（著者后汉赵晔）是中国早期的一部历史传说性小说，内容是记载春秋末期吴越两国争霸的历史故事。

总之，收在这套丛书中的 31 种书，都是有关江苏地方文献的要籍和秘籍，有的甚至还从未刊刻过（如《清嘉录》），由此可见选目之精。

二是校订极精审。这套丛书的整理校订是十分认真的，每一种书都有一篇极为认真的"校点说明"或"前言"，可以作为本书的导读，也是本书校订的则例，使读者可以了解本书校订的具体情况和处理原则。

尤其是有不少种书的"校点说明"或"前言"，实际上就是关于本书及其整理情况的一篇学术论文，如《吴郡志》、《太湖备考》、《百城烟水》、《吴郡岁华纪丽》、《至顺镇江志》、《吴歌·吴歌小史》、《龙江船厂志》、《吴地记》等，我读了这些"校点说明"或"前言"，确实获益匪浅。至于每种书的校记，都做得非常认真。所以从整套书的校订来看，可以说是继承和发扬了我国传统的一丝不苟的校书精神。

三是这套书的排印装帧和校字也是高水平的。首先是采用直排的方式，我觉得这种传统的古籍，采用直排比横排要好，也许这是老年人的习惯，但恐怕也不尽然。我觉得作为传统文化的爱好者和研究者，习惯阅读直排是有用处的，因为我国有那么多的古籍需要作研究，而这些古籍都是直行，我们总得让自己的眼睛去适应它，而不可能把它们都变成横排来读。其次是这套书的校字也是十分认真的，我虽然还没有读完这套丛书，但也读了好多种。特别是每种书的"校点说明"或"前言"，我基本上都读了。至今我还没有发现错别字。比起社会上的其他一些书来，就觉得大不相同。

稍微有点不理解的是有的书叫"校点说明"，有的书又叫"前言"。而有的书用大字排，有的书的"校点说明"又用小字排，是否可以统一一下，读起来更可觉得整齐一点。

我只是粗粗地读了这套书，只是一些表面性的随感，只可作为一个读者的初步反映而已。

2000 年 3 月 1 日

明正德九年《罪己诏》考及其他

——两件关于故宫及明、清史的历史文献

我到北京已有五十多年，故宫不知去了多少次，故宫是我的学堂，故宫给予我的实在太多了，单是我在故宫看到的那些书画名迹，就是永远值得回味和咀嚼的，但我现在要说的是有关故宫的两桩历史事实和两件文献资料。

一、正德九年明武宗的《罪己诏》

记得是在"文化大革命"高潮时期，可能是 1967 年或 1968 年，我的家乡无锡前洲镇冯巷，在兴修水利挖河，平整土地时挖出了一个明代的棺材，里边尸体未腐，衣服完好如新，但死者的脑袋是用泥塑后配上去的。可见当时是被杀头的。死者的胸前挂有一个黄布口袋，袋里装着几份文书，我的侄子冯有责拿了一份，非常完整，他寄给了我。我一看是木刻版黄纸印刷的，共两张。第一张写"奉天承运，皇帝诏曰"云云，第二张末尾有"京本腾黄"四个大字，年份是"正德九年正月

二十八日"。我仔细一看，原来是一份明正德皇帝的《罪己诏》。"罪己诏"这个名词早就听说过，在小说戏剧里也都写到过，但从未见过实物。我一看内容，是因为乾清宫失火被焚，因而皇帝下"罪己诏"大赦天下。这件东西与故宫有关，但查有关故宫的资料，却未查到乾清宫失火的记载。因事关故宫，我就想把这件《罪己诏》交给故宫，一位朋友给我拿去后，隔了一段时间来回我说，故宫在运动中（"文革"）乱得很，根本没有人管这事，还是还你罢。所以又给我拿了回来，但他说，这份材料纸已很烂，所以帮我托裱了一下。这当然更好了，但我拿来一看，却"托"掉了很多字，原本纸虽有点烂，但文字很全，只有个别几个字丢失，经托裱后却丢失了好多字。当时正在"文革"高潮中，有几个人还能重视这些历史资料，能帮我"托"一下已经是很难得了。何况也多亏这次"托"过，所以我一直收藏到上世纪末也未曾损坏。一个偶然的机会，我到第一历史档案馆开会，参加原无锡国专老校长唐文治先生在前清时期的全部驻外日记的捐赠仪式。在座谈时我想起了这份《罪己诏》。我说这份《罪己诏》与故宫有关，如果档案馆愿意收藏，我可捐赠给档案馆。档案馆的领导非常重视此事，不久就来郑重地拿去了，还在报刊上发了消息，说，这是"迄今为止我国发现年代最为久远、保存完好的'罪诏'实物，具有重要的史料价值"。[①]《罪己诏》长 134 厘米，高 58 厘米。虽然历史记载常记到皇帝下"罪己诏"之事，但从未有实物留下来，也不知道是什么样子。这份《罪己诏》虽然是"京本膳黄"，即据京城里皇帝颁布的"罪己诏"的翻刻本，但这是遵官方的指令照原样印的，因为要颁布全国各地，只可能由地方上照京本翻刻翻印，这样才能及时传达。就是这样，可能还延缓了很长一段时间，以至于这个原本是该杀的罪人，如按"罪己诏"大赦的条例，该在赦免之

---

① 见 1997 年第 2 期《历史档案》。

例。但当《罪己诏》到时，人头早已落地了，脑袋还可能拿去示众了，所以只好用个泥塑脑袋配上。胸前再给他带上几份《罪己诏》，以便他去见"阎王"时好说明他原该赦免，《罪己诏》来得晚了，所以"屈"死了。

因为谁也未见过"罪己诏"是什么样子，我除了将档案馆为我拍的照片登出来外，还将《罪己诏》的文字摘录一些，以供欣赏，《罪己诏》本身，当然是研究故宫历史和明史的一份重要史料。

下面就是《罪己诏》的原文，仍依"罪诏"的原格式录写。其中有缺损处就用"□"代借。文曰：

　　　　奉
天承运，
皇帝诏曰：朕恭承
天命，统治万民，夙夜□□，恪遵
祖训，惟以敬
天勤民为首务，期在□□……顾以宴安易溺，举措有乖，未合天心，致生灾变，五行衍□□□蚩蝗，雷霆雨雹之非时，地震天鸣之迭见，水旱相继，饥馑□□，□民困穷，盗贼充斥，兵马之调发，骚动远近，刍粟之转输，役及妇女，疲羸饥殍，填委□□，□斗死亡，身膏草野，勤劳或未尽甄赏，义烈或未尽褒扬，邑井萧条，室庐焚荡，□□□□寄命，归者无所安居，加之奸吏舞文，贪官黩货，优恤之旨每下，而废格不行，蠲免□□□□，而催科如故。朕处深宫之中，念虑有所未周，见闻有所未及，以致民隐不能□□□□不得下流，官民乖隔，道路怨咨，祸变可虞。
上天示警，乃于正德九年正月十六日复有乾清宫之灾

377

累朝经营，一旦煨尽，望之蹙额，言之痛心。

九庙震惊

两官忧切，凡我臣民，罔不疑惧，咎徵所自，实在朕躬，已齐

心虔祷于

天地

宗庙

社稷

山川，踽踽敬畏，□□□新，復谕令群臣同加修省，极陈时

政，冀以消弥祸端，仰答

天谴，尤念天之视听，皆自我民，民心获安，

天意乃顺。特稽旧典，用布新恩，惠此下民，固我邦本，将

以延

宗社万万年无疆之休。所有宽恤事宜，条列于后

一、自正德九年正月二十八日昧爽以前，官吏军民人等有

犯，除谋及叛逆，子孙谋杀祖父母、父母，妻、妾杀夫，奴婢

杀主……者不赦外，其餘已发觉，未发觉，已结正，未结正，

罪无大小，咸赦除之。敢有以赦前事相告言者，以其罪罪之。

（以下略去二十五条）

一、内外文武官员住俸戴罪者，悉皆宥免，照旧关支

管事。

於戏！天惟显思，仁爱实存于谴告，民亦旁止，子惠必先

于困穷，惟德政之交修，庶天人之协应。播告中外，咸使闻知。

　　　皇　　帝

正德九年正月二十八日

　　　京本謄黄

明正德九年《罪己诏》考及其他

以上就是这份《罪己诏》的大概。值得重视的是"罪诏"开头说到的社会情况，如"水旱相继，饥馑□□，□民困穷，盗贼充斥"，"刍粟之转输，役及妇女，疲羸饥殍，填委□□，□斗死亡，身膏草野"，"邑井萧条，室庐焚荡"，"奸吏舞文，贪官赎货"等等，这些描写要不是出自皇帝老子之口，定被判成诽谤叛逆之罪，现在在"罪诏"里布告天下，可见它的真实性是无疑的了。

乾清宫火焚，皇帝下《罪己诏》，在当时当然是朝野震惊的头等大事，可是我检《明史·武宗本纪》，于正德九年正月只检到"庚辰，乾清宫灾"六个字，真是轻描淡写，一带而过，下《罪己诏》之事连影子也没有。到十二月则有"十二月甲寅，建乾清宫，加天下赋一百万"。再检《明武宗实录》卷一〇八有"乾清宫火"条，倒值得一读，此条说：

> 上自即位以来，每岁张灯为乐，所费以数万计。库贮黄白蜡不足，復令所司买补之。及是，宁王、宸濠别为奇巧以献，遂令所遣人入宫悬挂，传闻皆附着柱壁，辉煌如昼。上復于宫廷中依檐设毡幕而贮火药于中，偶勿戒，遂延烧宫殿，自二鼓至明俱尽。火势炽盛时，上犹往豹房省视，回顾光焰烛天，戏谓左右曰：是好一棚大烟火也。

原来逼他下《罪己诏》，又耗费人民一百万两的一场大火灾，他当时却高兴地说"是好一棚大烟火"。

这就是在这件《罪己诏》背后的真实历史。

二、天聪七年孔有德的《乞降疏》

我在研究曹雪芹家世时，先是找到了《五庆堂辽东曹氏宗谱》，在这个《谱》里看到了曹雪芹上祖的籍贯是奉天辽阳，后来又找到了大量史料证实了这一点。在搜检史料的过程中，我意外地从民国二十四年印行的"国立北平故宫博物院十周年纪念"《文献特刊》上，看到了《天聪七年元帅孔有德、总兵耿仲明遣官乞降疏》的满文本照片，编号为"甲字第一号"。奉命投送这份《乞降疏》的是曹绍中，是《五庆堂辽东曹氏宗谱》上的人物，是曹雪芹的堂房老祖宗。我查《清太宗实录》卷十四，天聪七年癸酉条说：

> 孔有德、耿仲明等，自镇江遣副将曹绍宗（中）、刘承祖等，奏报起程日期。上命督修岫巘、揽盘、通远堡三城。济尔哈朗、阿济格、杜度三贝勒率兵迎之。

《实录》里的这段记载，正与这份《乞降疏》合。《乞降疏》是满文，其汉译文字是：

总提兵大元帅孔有德
总督粮饷总兵官耿仲明

为直陈衷曲，以图大业事；照得朱朝至今，主幼臣奸，边事日坏，非一日矣！士兵鼓噪，触处皆然，非但本师如此也。前奉部调西援，钱粮缺乏，兼沿途闭门罢市，日不得食，夜不得宿，忍气吞声，行至吴桥。又因恶官把持，以致众兵奋激起

380

义。遂破新城，破登州，随收服各州县。去年已有三次书札，全未见复，始知俱被黄龙在旅顺所截夺。继因援兵四集，围困半载，彼但深沟高垒，不与我交战。彼兵日多，我兵粮少，只得弃登州而驾舟师，原欲首取旅顺为根本，与汗连合一处，谁知飓风大作，飘至广鹿岛（大连海中）。本师即乘机收服广鹿、长山、石城诸岛，若论大海，何往不利？要之终非结局。久仰明汗网罗海内英豪，有尧、舜、汤、武之胸襟，无片甲只矢者，尚欲投汗以展胸中之伟抱；何况本帅现有甲兵数万，轻舟百馀，大炮火器俱全。有此武备，更与明汗同心协力，水陆并进，势如破竹，天下又谁敢与汗为敌乎？此出于一片真热心肠，确实如此。汗如听从，大事立就，朱朝之天下，转瞬即汗之天下。是时明汗授我何职，封我何地，乃本帅之愿也。特差副将刘承祖、曹绍中为先客，汗速乘此机会，成其大事，即天赐汗之福，亦本帅之幸也！若汗不信，可差人前看其虚实如何。本帅不往别地，独向汗者，以汗之高明，他日为成大事，故效古人弃暗投明也。希详察之！为此合用手本，前投明汗驾前，烦为查照来文事理，速赐裁夺施行。须至手本者。

天聪七年（崇祯六年）四月十一日

《清史稿·列传二十一》之《孔有德传》说："有德等退屯双岛龙安塘，食尽，遣所置游击张文焕，都司杨谨，千总李政明，以男妇百人泛海至盖州。盖州戍将石国柱、雅什塔护使谒上，具言有德等举兵始末，且请降。上谕范文程、罗什、刚林预策安置。有德等复遣所置副将曹绍中、刘承祖等奉疏，言将自镇江登陆。上命贝勒济尔哈朗、阿济格、杜度帅师迓之。朝鲜发兵助明师，要有德等鸭绿江口。济尔哈朗等兵至江岸，严阵相对，敌师不敢逼，有德等舟数百，载将士、枪炮、辎重及其孥毕

381

登，三贝勒为设宴，上使副将金玉和传谕慰劳。天聪七年六月，有德、仲明入谒。上率诸贝勒出德盛门十里至浑河岸为设宴，亲举金卮酌酒饮之，赐蟒袍、貂裘、撒袋、鞍马，有德、仲明亦上金银及金玉诸器、彩缎、衣服。越二日，复召入宫赐宴，授有德都元帅、仲明总兵官，赐敕印，即从所署置也。"

按孔有德率部降后金（包括曹雪芹堂房老祖宗曹绍中及其子曹德先等）事在崇祯六年，地点是在沈阳，距崇祯十七年（1644 年）明朝灭亡首尾还有 12 年，也即是在清顺治建国前 12 年，可算是归降较早的了。但比起曹雪芹的直系六世祖曹世选、五世祖曹振彦来说，还是晚了 12 年。曹振彦是天命六年降金的，比起曹绍中来，更早得很多。后来曹绍中的儿子曹德先等一直跟随定南王孔有德入驻广西桂林，直到顺治九年七月初七日，南明李定国率部攻破桂林，孔有德放火自焚，曹德先全家三百馀口都一并烧死，事后清皇朝褒奖，赐葬河北涞水县张坊镇沈家庵村铁固山阳玉蟒河西。此故址至今尚在，我于上世纪 70 年代曾连续去调查六次。此处就是河北省有名的风景区十渡。

通过这份《乞降疏》，不仅反映出清建国前明金战争的许多实况，也反映出了曹雪芹堂房老祖宗当时的状况，实际上曹雪芹本房老祖宗和堂房老祖宗（曹绍中一房）都是很早就归附后金的，而且他们都是在辽阳。

现在这份珍贵的《乞降疏》原件，应该仍保存在故宫的档案馆。

2005 年 5 月 7 日夜 1 时半写毕于瓜饭楼

关于中国文字答记者问

《艺术报》记者　张悦　采访地点：北京通州冯宅　时间：2009年11月23日

今天充分认识到"文字"的意义

张　悦：您强调中国文字博物馆的成立是一项伟大创举，它的意义和价值何在？

冯其庸：作为历史文明传承的载体和见证，数千年来，中国文字始终以其强烈的民族凝聚力和绵延不断的历史，印证着中华民族前进的足迹，展现着中华民族的卓越智慧和伟大创新精神，对促进中华民族文化和世界文明的发展作出了不可磨灭的贡献。因此，每一位中华儿女都应该了解中国文字起源、发展、演进的历程。而中国文字博物馆恰恰为世人提供了这样一个场所，它作为一座全面反映、集中展示和专题研究中国各民族文字历史的国家级博物馆，将荟萃历代中国文字的文物和样本精华，诠释中国文字的构形特征和演化历程，反映中华文明与中国语言文字的研究成果，展示中华民族的灿烂文化和辉煌文明。中国文字博物馆的建设，不仅填补了我国语言文字类博物馆建设史的空白，也将对我国的历史、文字、文化、文明的传承、保护、研究和发扬产生重大而深远的影响。

张 悦：从对文物的重视到对文字的重视，是否说明人们对于文化、文明的认识更加的深入？

冯其庸：文字，大家太熟悉了，熟悉得都有些熟视无睹。仔细想来，文字应称得上是"宝中之宝"。中国历史源远流长，中华文化博大精深，有多少出土文物都是宝，但我说只有我们天天写、天天用的文字是"宝中之宝"。因为没有文字，我们的历史便成为空白，一件出土文物，它的上面有无铭文，其价值就相差很大，因为只有有了铭文，才能弄清楚这件文物所蕴含的历史背景和相关的事实。所以说没有文字就没有历史、文明、文化的传承与发扬。值得高兴的是，今天我们将"文字"的意义认识到了，并充分重视，建立了这样大的一个博物馆将中国文字归巢，这是国家的创举，是河南省的创举，是安阳市人民的创举，更是我国文化建设进程中的一项重要的步骤。

甲骨文前已有文字产生

张 悦：汉字是中国文字大家庭的主要成员，汉字的源头究竟在哪里？您对甲骨文的发现如何看？

冯其庸：文字是由符号转化来的，人类进步到一定的程度，懂得需要用文字来记录，这是思维的进步、智慧的结晶，而这个过程是无比漫长的，这是文字成长的"婴儿期"。文字真正的起源仍需借助考古发掘来揭开面纱。在河南安阳，我们发现了三千多年前殷商遗址，在殷墟出土的文物中发现的甲骨文单字约四千五百个，能够释读的约一千五百字。在甲骨文之前，中国文字还有一个漫长的发育过程。我们知道甲骨文还不是最原始的文字，文字发展到甲骨文的时候已经相当丰富和成熟了。我并非文字专家，只是一个外行人，但按照我的推测，殷商之前，也就是夏，应该就有文字产生了，而且是与商代文字相衔接的，我想在现今发现的甲骨文中就应有一部分夏代的文字在其中，因为我们不能想象，一到商朝，突然间冒出来大批的相当成熟并且以之纪事的文字来，难道它不需要有一个发展过程吗？但在甲骨文里是否含有夏代的文字我并没有什么证据，只是推测，这就要靠现在的许多文字学专家做进一步的研究和发掘。还有山东莒县发现的陶器上的原始文字，像四川大溪口发现的原始陶文，以前我都去考察过。河姆渡发现了骨刻和陶刻的图画，而且画得已经很细致了，比如在一块骨头上刻画了形如凤凰的鸟，还有看到如野猪一样的陶刻图画，更有令人惊奇的是：在一片陶片上画着一个类似的花盆，其中有一棵叶片对称的万年青，这说明着当时的思维已经能够将客观的东西摹写下来了，而且已经懂得对称的美，我理解这些就是文字的前奏。从形象的图画到抽象的文字，是人类思维的一个很大的飞跃。

文字简与繁的相互调节体现人类的进步

张　悦：文字起源阶段的文明脉动其实也触及着人类社会的进步。馆藏文物中的甲骨文、金文、简牍和帛书，展示出中国文字在推动人类社会进步中的重要作用。

冯其庸：甲骨文已经有比较复杂的结构了，因为甲骨文也发展了很长的时间，除甲骨文外，刻在青铜器上的商周金文同样重要。金文从商朝开始，至西周达于极盛，共经历一千二百多年历史。殷商文字至西周演化为大篆，奠定了方块字的基础，也使汉字的发展到达繁复的极点，这证明了人类的思维越来越精密了，一点点的区别都能够在文字上面表现出来。所以我一直认为，中国古老文字呈现出的繁复程度绝对不是我们的祖先随意而为就写出来的，而是他们精密思维的反映。后来因为在使用方面的简便，又由大篆到小篆。社会也从战国各诸侯国"车途异轨，律令异法，言语异声，文字异形"进入到秦朝大一统和书同文的时期，李斯奉诏"罢其不与秦文合者"创制小篆。小篆大多是从大篆中的一部分结构演化而来，可见由繁到简，更是体现了人类思维的进步，既照顾到长久使用过程中的习惯，不完全破坏原有字体的形象，又使文字的书写和使用的过程大大简便了。很快，由于书写的不便，小篆渐渐"隶变"，一种新的字体——隶书出现了，所以秦代也成为古今汉字的分水岭，从此之后，汉字又发展出楷书（正书）、行书、草书等，但其形态都是渊源有自的。另外，近当代将楷体又简化了一步，就是简化字。我们可以从几千年传承中简与繁的相互调节统一中看到汉字演进的脉络和线索。

张　悦：简化字之于中国文字的发展您如何看？

冯其庸：应该注意到简化字是古代就有的，您所问的当然不是指古代的简化字，而是指现代的简化字。对于现代的简化字，我个人认为和中国的传统文字有若干脱节，它的特点是向西方的拼音文字发展，重在声音。如果真正要实行汉字拼音化，如西方的文字一样，这就意味着要废弃汉字，完全改用西方式的拼音文字，这是否行得通，汉字是否会中断，这是值得深思的问题。我认为简化汉字，和向西方的拼音文字转化，这是两个不同的问题，前者是历史上有过的，后者却是中国传统文字根本性的改变，这就涉及到中国传统文化、历史的继续和传承的极端重大的问题，这就值得慎重深思了，我认为是行不通的，不可行的。简化字和它的发展方向的问题，我想这在以后的文字学术界还是会有所讨论的，我未研究过简化字问题，不敢妄论。中华汉字是中华民族悠久历史文化的载体和精神纽带，五千年来，这条纽带始终绵延不断，虽然有变但却不断，一直绵延至今，这都是依靠文字的记录，没有文字我们什么也不知道，历史就是一片空白，这就再度提到了文字的重要性，中国文字博物馆建立的重要性。

汉字为促进多民族团结功不可没

张　悦：中国文字博物馆还专门设有"民族文字大家庭展厅"，不仅展示了如藏文、蒙古文、维吾尔文等在中国社会中使用较为广泛的兄弟民族的文字，也展示了一些虽然在中国文字史上使用的时间不算太长，但是对于解读一些兄弟民族的典籍，了解和发掘兄弟民族文化历史十分重要的文字，这是如何考虑的？

冯其庸：我认为中国文字博物馆将兄弟民族文字和汉字一视同仁、平等对待，弘扬了中华民族多元一体的包容性。我们说文字是历史文明传承的载体和见证。中国有很多兄弟民族早期的文字已经失落了，我认为现在当务之急是要把一些最原始的文字，一些曾经出现但今天已无法解读，已经成为死去的文字，包括发现出来的早期的文字都好好保护起来，因为我们今天有一批著名的专家能识读和研究甲骨、金文，还有一批专家能识读和研究中古时期西部地区的文字，他们已作出了卓越的贡献，这就为我们研究远古、中古时期的历史文化创造了条件，也为后人对远古、中古时期历史的再认识铺平了道路。所以我们要格外珍惜这些古代的文字。

张　悦：在中国文字史中，汉字和一些少数民族文字之间产生过不同程度的影响。

　　冯其庸：的确，有一些兄弟民族的文字是根据汉字创制而成的。应当说，汉字和一些兄弟民族文字之间的相互影响和借鉴，体现了民族文化的交流和融合。经过历史的选择，汉字逐渐成为具有强大民族凝聚力的符号系统，维系着中国各民族之间的团结和睦。有了统一的文字，不同地域、不同生活习俗的人民就能够通过共同的文字和语言来沟通思想、交流情感。我十余次去新疆，多次到维族老乡家里去，他们大多可以看懂汉字，并能听懂汉语，有的也会说一口流利的标准汉语，我们交流起来没有什么障碍。五十六个兄弟民族能够成为一个和谐大家庭，应该说汉字的功劳是无可估量的。

再造善本　与文字结缘

　　张　悦：中国文字博物馆入藏了一套现已出版的《中华再造善本》，作为该项工程编纂出版委员会委员之一，您认为"再造"的意义何在？

　　冯其庸：我们好多珍贵的文献典籍由于年代久远，许多已经失传，有的是珍贵的孤本，不能借读，我读书的时候，宋元孤本就不能借读，所以长期以来，古籍保护与利用的矛盾十分突出。为了适应社会发展的需要，使古籍得到充分利用，2002 年起开始实施中华再造善本工程，从现存国内图书馆、博物馆、大学图书馆、私人收藏的古籍善本中精选珍贵版本，用现代和传统相结合的仿真影印技术，使得稀有、珍贵的古籍善本"化身千百"，实现了"继绝存真，传本扬学"的目的，以往看不到的宋元孤本，现在可以看到了，这对于弘扬传统文化，促进学术繁荣有很大作用。现在第一期工程已经结束，效果很好，第二期工程已经开始启动了。

张　悦：您曾谈到过您年轻时就与文字结缘，经历纷飞的战火和大时代的变迁，如今在八十七岁高龄任中国文字博物馆首任馆长，定有一番感触？

冯其庸：我很小就喜欢古文字，在无锡国专读书时，有一门"说文解字"的课程我的成绩最好，对古文字的研究也最有兴趣。1947 年我参加党的地下活动，1948 年大学毕业后在小学里教书，1949 年 4 月 22 日我迎接解放军过江后，第二天就报到入伍，参加解放军，从此就再也没有机会学古文字了。1954 年调到中国人民大学教书，教大一国文和文学史的课程，那时运动一个接连一个，我的课程又特别重，这样对古文字的学习也没能有时间继续下去了，但是只要碰到与古文字相关的事情，我仍然特别有兴趣。比如我们家乡"文革"期间发现有铭文的五件青铜器，铭文都较长，其中一件是很大的铜鉴，有较长的铭文，唐兰先生还与我一起琢磨过铜鉴上的铭文，后来差一点被毁掉，经过努力，我把它运到了北京，不少古文字专家对它作了研究，把它定名为"郏陵君鉴"。我把它无偿地交给了南京博物院。中国人民大学建立国学院的时候，我八十三岁，那时还参与了许多课程设置、专家聘请的具体工作。此次聘我为中国文字博物馆的首任馆长，我备感荣幸的同时，也深感责任重大。我年事已高，学识有限，但我相信有党的领导（从中央到省市），有各位学术造诣精深、治学风范严谨的知名专家作顾问，还有许多社会著名人士的支持，中国文字博物馆会越办越好的。我将竭尽所能、全力以赴，为中国文字、文化、文明的传承发展作出自己的微薄贡献。

2009 年 11 月 23 日

叶君远著《冯其庸学术简谱》序

予今八十又八，得君远弟为作学术年谱，稍加翻阅，不觉感慨系之。叹岁月之飘忽，伤故旧之零落，回思当年耕牧之初，如同隔世，几疑身在梦中矣。

若以当年之耕牧为梦，则故家乔木尚有存者，而同时耕作之人犹存一二，皆萧萧白发，尚能说当年耕牧事也。是则往昔之耕牧是真而非梦也。再念近昔，自上世纪 50 年代以后，直至"文革"，伤痕泪痕，斑斑在目，又岂能是梦耶？

尤以近三十年改革开放以来，万象更新，春风和谐，国运昌隆，众心归一，科学发展，跻于世界之先，凡此种种更是真而非梦也！

由是而知，予所历之八十又八年，实中国历史之最大转变期也。在此巨变中，予亦由一耕牧之童，渐次而厕身于学术之伍矣。

予曾三上帕米尔高原之最高处，因深知天之高也；予又曾深入罗布泊，至楼兰，经龙城、白龙堆、三陇沙入玉关而还。予在罗布泊、楼兰宿夜，中夜起步，见月大如银盆，众星灿烂，四周无穷无尽，唯知予置身于一大而圆之无际广漠之中，庄子云"其大无外"，予于此星月满天、茫茫无际之罗布泊，乃深悟庄生之意矣！予故谓，凡身经罗布泊者，终不敢自以为大矣，于是予方知天之高而地之宽也。予置身罗布泊之际，觉自身只一微尘耳，又何敢他言哉！

今君远弟为予作学术年谱，青岛出版社又为予出《瓜饭楼丛稿》，皆自其小者而观之也。自其小者而观之，则芥子可以称丘山而野马可以作鲲鹏也。

因念悠悠之天地，五千年历史之长河，仰观前贤，俯察自身，自为野马，为微尘，则心之所安矣！

总之，昔日之我即今日之我也，昔日之牧童耕夫，今日之学界野马微尘，皆一也，无他异也。其所异者，昔之苍苍，今皆化而为白矣，昔之登山涉水皆如平地，今则步履艰难，视听茫茫矣！

返视予之心路历程，内而自省，则予之心依然故我也，所有宠予之各种称谓，自知皆溢美也，不可以为荣，更不可以自认也。

其实者，予所作之文皆不敢虚言，予之心，依然当年故我也，其余则皆不足论也！

2010 年 6 月 6 日夜 10 时于瓜饭楼

铁肩担道义　妙手著文章
——在庆祝中国人民大学国学院成立五周年庆典暨冯其庸先生从教六十周年国际学术研讨会上的发言

各位领导、各位嘉宾、各位专家

各位老朋友、新朋友，大家好！

今天是人民大学国学院成立五周年的庆祝大会，非常感谢各位光临这个大会，但是会议还把我从教的事情也联系在一起，我实在不敢当。所以我只就国学的问题谈几点个人的意见，且限于时间，我只能说一个大意。

第一，我认为人民大学纪校长在国学问题激烈争论的时期，毅然创办国学院，这是非常有远见的正确的举措。国学院成立至今，成绩斐然，社会舆论也渐趋平静，国学院的首届毕业生就远远满足不了社会的需求，这一切，都说明国学院创办的正确和适时。

第二，关于国学的概念，我认为我们要坚持"大国学"、发扬和扩大"大国学"的概念，争取绝大多数人的理解和认同。我认为"大国学"的概念是与我们今天所处的伟大时代相适应的，不仅如此，它也是历史发展的必然，科学认识的必然。它既符合历史的发展，更符合我们民族认同、民族大团结的需要。我们要建设一个强大的、完全统一的多民族团结一致的伟大祖国，是不能不认同兄弟民族经过长时期历史创造的灿烂文化的。事实上在我们原来的传统文化里，也早已融合了兄弟民族的文化了。所以"大国学"的概念是有历史根据的，是从历史中来的，同时更是我们新时代所必需的。在这一概念指导下，当前我们更要重视对祖国大西部的研究，因为这个地区对我们的建设有特殊的重要性。

第三，现在社会上的浮夸风，学术界的浮夸风，教育界的浮夸风已经发展到十分严重的地步了，我个人把它看作是一种隐藏着的严重的社会危机，因为这种浮夸风，就是我们思想的浮夸、工作的浮夸的反映。这与我们要建设一个强大的和谐社会的目标是不一致的。所以，我们希望全社会来呼吁制止这种浮夸风，消除这种浮夸风，我们要全力来提倡实事求是、调查研究的风气。尤其是在学术领域里的浮夸风，弄虚作假，它影响到我们的教育事业，影响到下一代人才的培养，影响到学术的传承和对古籍的诠释。特别是在《红楼梦》的研究上，这种虚假的风气更为严重，连境外的学者都著书批评了，可见它所带来的不良影响。所以我为此感到十分忧虑。

第四，在这种浮夸风的感染下，更由于"文化大革命"对社会秩序和固有的社会伦理道德的破坏，使得现在的社会严重缺少道德感、信义感、个人对国家和社会的责任感。古人是"一诺千金"、"义重如山"、"舍己为人"、"天下兴亡，匹夫有责"。这些话的意思，用现在的话概括来说，就是"爱人民，爱祖国"。而所有这些，在国学的教育里都是与学术、文化、历史包涵在一起的，而且其中还包涵着更多的社会道德和人际交往的准则。所以，我感到今天的社会现实，十分需要国学的教育，当然同样需要新的社会道德的教育，这两者是一致的，相辅相成的。

　　人大的国学院虽然取得了显著的成绩，但毕竟还是初办，还需要更大的努力，我感到，祖国给予我们存亡续绝的担子太重了，但是再重也要挑下去，所谓"铁肩担道义，妙手著文章"，这两句话，就是"国学院"天赋的任务！当然，这两句话并不是用来专对人大的"国学院"的，全国所有的"国学院"和从事传统文化研究、教育的专家，都负有这个责任，同时这也是我们时代赋予我们的光荣使命！

2010 年 10 月 13 日夜 12 时于瓜饭楼

怀 念 母 校

——刘桂秋著《无锡国专编年事辑》序

我是 1946 年春考入无锡国专的，当时，迁到广西去的无锡国专本校还未迁回来，为了争取时间，所以唐文治校长决定先在无锡原校址实行春季招生。

这时，距抗战胜利还不到半年，但国内形势已很紧张，内战一触即发，不过对我这个一直生长在农村，连无锡城里都未去过的人来说，对时局根本一无所知，连"共产党"也是最近才听说的，可见我当时闭塞到什么程度。

我现在回忆起母校来，真正怀着无限的感激之情，套一句成语，可以说"生我者父母，长我者母校也"。

无锡国专，它决定了我这一辈子的人生道路。

我是在无锡国专逐步获得革命的知识，走上革命的道路的。1946 年上半年，学校发生了两件事，一是大家对个别年轻教师讲课的不满意，二是学生对伙食的不满意，两件事愈闹愈大，发展到学生自动停课。当时临时主持校务的记得是蒋石渠先生，但教务长是上海的王蘧常先生，蒋先生就请王蘧常先生来锡处理此事，我被推为学生代表面向王蘧常先

395

生陈述学生的要求。不想王蘧常先生完全理解学生的意见，作了两项决定：一是改善学生的伙食，学生交的伙食费和消费完全公开，二是更换教师。但王蘧常先生对更换教师的事作了解释，说年轻教师都有一个教学实践的过程，不要因此而对这位老师产生误解，因为每一位老师都有一个锻炼过程。同学们对王老师的处理都很满意，学校也就很快平静下来，而我就是在这一次认识王蘧常老师并留下极为深刻的印象的。

没有想到我们的这场自发的学生运动，却对社会产生了影响。当时国内的形势是学生运动不断发生，国共双方内战一触即发。最先是因"沈崇事件"爆发出来的全国性的反美学生运动，接着是反饥饿、反内战等全国性的反国民党的学生运动。当时无锡的社会教育学院学生进步势力最强，无锡国专因为有了上述自发性的学生运动，尽管当时并无政治背景，但也引起了社会的注意，当"沈崇事件"等全国性的反美政治运动爆发后，教育学院的学生会立即就与无锡国专学生会取得联系，以教育学院和无锡国专两校为主，联合全市其他学校，掀起了全市性的学生大游行。后来的几次运动更是如此。我当时是无锡国专学生会会长，到1947年底，无锡国专的教务会议上，有一位姓王的老师提出来要开除我和高滁云同学，会上竟然引起另一位教授俞钟彦先生的强烈反对（俞钟彦是国民党资深人士，与李济深交厚，在国专开唐诗选的课），用茶杯掷到王先生的桌面前，会议大乱。结果高滁云同学被开除，我被记二次大过、二次小过（仅免于开除），之后，我和高滁云很快就接到地下组织的通知，要我们立即离开无锡，说国民党的城防指挥部要抓人。我因此即于1948年春转到上海无锡国专分校，高滁云则由我介绍到我家乡前洲小学去教书。上海无锡国专分校是由王蘧常先生负责的，我去上海，首先是得到王蘧常先生同意的。由于地下组织的通知，因此我才明白我们每次学生运动都是有地下党组织的支持的。当时上海无锡国专也有地下党组织，领导人是我的同班同学于廉。于廉是我的好朋友，但在当时也只是大家思想一致，非常友好，没有向对方公开自己的身份，不过于廉是知道我因学生运动从无锡转来的。

我还记得 1947 年夏天或 1948 年初，具体时间我已经记不准了，为了呼吁释放因学生运动而被捕的大批学生，我曾与几位同学到上海拜见过唐校长，地点是在唐校长府上。当时上海不少学生因游行示威被上海市府和警备司令部逮捕，无锡也同样有一部分学生被捕。我们向唐校长陈述了上述情况，唐校长听了我们的陈述，毫不犹豫地答应了我们的要求，之后，唐校长就带头与张菊生、陈叔通等十多位著名人士，致书上海市长吴国桢，要求释放因学生运动而被捕的学生，经过各方面的努力和斗争，终于被捕学生全部得到释放。

到了这学期末，我又得到无锡国专同学们的来信，要我回到无锡，说无锡国专的形势大变，进步势力剧增，所以我于 1948 年下学期又回到无锡国专本校，冯振教务长也认可了我在上海半年的学历（我去上海并未办过任何手续，但冯振先生一向是理解和关心我的），终于我在本年年底在无锡国专本科毕业了。

我在无锡国专时，一直未与地下党组织发生过直接关系，我在 1948 年下半年，却与家乡（无锡前洲镇）的地下组织发生了直接关系，组织上安排我做发展新民主主义青年团的工作，同时，江阴的武工队队长王鹏还直接找到我，希望我参加他们的工作，我说明了我的情况后，才没有改变计划（王鹏于解放后任江阴县长）。等到我从无锡国专毕业后，很快就接到前洲镇树德小学校长孙默军的聘请，于 1949 年 2 月到树德小学教书，孙默军也是地下组织的人，我到树小后他们就向我明确了。我到树小不久，突然，附近堰桥胶南中学的一位地下党员暴露了身份，连夜出走，我又被树小的组织安排到胶南中学去接替这位教师。我是 1949 年 3 月初到胶中的，到 4 月 22 日晚，解放军就突破江阴防线，直接进军无锡。当晚我在锡澄公路上带领学生迎接了解放军，4 月 23 日一早即步行到无锡苏南行署政治教育处①，与陶白处长接头后，随即办理入伍手续，正式参加解放军。与我同时参加解放军的，还有我的同班同学沈绍祖、张仁迪、陈志刚、陆振岳等等，同时还有来自其他单位的与我年龄差不多的一批知识青年。之后，我又被派到无锡市第一女中工作，于 1950 年 2 月入党。这是我从一个农村的普通青年，经过无锡国专地下党的培养，接受进步思想的熏陶，终于走上革命道路的简略过程。

我参加解放军，当时的目标是进军大西南，组织上是准备让我们随大军南下的，当时的口号也是"进军大西南，解放全中国"。但由于形势的急剧发展，也由于地方的需要，领导上又安排我们一批新入伍的知识青年做地方的教育工作和全国解放战争的形势宣传工作。所以 1949 年 8 月，我与沈绍祖兄又一起被安排到无锡市第一女中工作。当时我们都是属部队的编制，未脱军装，经一年以后，由于学校的要求，苏南行署才批准学校的要求让我们转业到教学战线上，同时也改变了编制，脱下了军装。到 1954 年 8 月，我又被调到北京中国人民大学，担任大一国文课，不久又担任新创办的新闻系的中国文学史和中国古代作品选的课程。对我来说，担任这几门课是力不胜任的，因为我当时只是一个中学教师，到北京未给备课时间，一个月后，就要走上大学讲坛，实在太匆促了，但已无法推辞，只能靠自己努力去克服困难。更困难的是当时新中国建立不久，各种教材都缺少，全要靠自己编著，《历代文选》就是当时由我主编，由教研室的同志共同注释的大一国文教材，不想后来竟会受到毛主席的赞扬，因此吴玉章校长还特地召见我，给我鼓励并赠我以他的著作。从 1956 年到 1958 年上半年，我还独立编写了《中国文

---

① "苏南行署"、"政治教育处"是后来的名称，我到无锡找到陶白同志时，无锡刚解放，还没有这些机构名称，连"苏南军管会"也还没有公布。

学史》讲稿，因为没有适用的教材，唯一的一部是李长之先生的《中国文学史纲》，但十分简略，也没有编完，还有一部是杨公骥先生的《中国文学》，讲得比较详细，但只写到先秦，以后就没有了。旧有的教材是刘大杰先生的《中国文学发展史》和郑振铎先生的插图本文学史，但都较简，只能作为参考。所以我只能根据教学的需要自己动手来编写，我从 1956 年起到 1958 年上半年，从文学史的开头一直编到明代，当时边写边由誊印社刻印成讲义，基本上完成了当时的教学任务。①

回想起来，我从 1946 年考入无锡国专，开始接受进步思想的教育，参加各种进步运动，渐渐走到革命的队伍里。1954 年 8 月调到北京，未经准备，就接任大一国文的课，接着又任文学史的课程和古代文学作品选的课程，又参加各种学术活动和学术论争，现实的工作，又把我送上学术工作的道路。我之所以勉强能把这样重的任务担下来，还得到领导的勉励，除了当时个人的勤奋外，我真正要感激我在无锡国专三年受诸位老师的栽培。如果没有无锡国专三年的苦学，我是无论如何担任不了这些课程的。

所以，从读书做学问这方面来说，无锡国专诸位老师，又领我走上了读书和从事学术研究的道路。其中，对我影响最大的除了唐文治校长外（唐校长当时亲来讲授《诗经》），主要是王蘧常、钱仲联、冯振心、朱东润、童书业、吴白匋、周贻白、王佩诤和合众图书馆的顾廷龙诸先生。无锡国专除专业教授外，还有特聘来作专题讲演的老师，如著名的钱穆（宾四）先生，就曾来为全校作过关于如何治学的专题讲演，这次讲演使我终生难忘，他谆谆嘱咐，读书治学一定要"我见其大"。这是我终身不忘的一句名言。此外，王蘧常、钱仲联、朱东润、周贻白诸先

---

① 我的《中国文学史》讲稿从先秦编到明末，但当时刻印出来的只到宋末元初，以后由于政治运动不断，学生上山下乡等等，基本上停课了。所以元以后的讲稿未能打印，一场"文化大革命"，连原稿都被毁了，现在总算找到的是已刻印的部分，只到元初。

生，除课堂上讲课外，还经常在课外的谈论中给学生以教导，我与以上
诸位先生的交往，可以说直到诸位先生终身都未中断，而且王蘧常先生
还为我介绍了词学大师龙沐勋（榆生）、夏承焘先生，金文大师唐兰先
生等，所以，无锡国专的三年，又是我开始走上读书治学道路的三年。

　　总括起来，我从一个农村的求学青年，走上革命的和治学的道路，
而且终身服膺，虽经种种艰难挫折，终未丝毫改变初衷，应该说都是无
锡国专诸位恩师教导的结果，最难忘的是在"文革"的凶浪中，王蘧常
先生还来信鼓励我"独立乱流中"，钱仲联先生在临终时还叫着我的
名字！

　　我虽然是从无锡国专毕业的，但我对母校的历史并未研究过，所幸
的是我的老师辈，有好多位都是无锡国专的早期毕业生，我还有幸听过
唐文治校长亲自讲《诗经》，听过他最有名的唐调的朗诵，他来讲课，
每次都由陆修祜先生陪讲（他那时双目已失明，腰间还挂一个尿袋）。
唐校长和诸位师长的道德学问，无形中给我心中树立了永不磨灭的
榜样。

　　无锡国专的办学特点，我未经研究，直觉的感受，觉得它是我国历
史上书院制的继承和发展。唐校长是著名的经学大师，他完全可以像古
代的书院一样来主持讲学，但是他却延聘全国名师来执教，包括经学在
内，把我国传统的学术精华包罗无遗。更难得的是他思想开阔，除各种
传统的学问外，学校还设戏曲、小说课。我在上海分校时，赵景深先生
任戏曲课，我们还常到他家里去玩，听他讲有关戏曲小说的事。刘诗荪
先生开《红楼梦》的课，一学期专讲《红楼梦》。我当时兴趣还不在
《红楼梦》，所以只听了两次课，其他时间都花在诗词和撰写《蒋鹿谭
年谱考略》上。唐校长安排的课程设置和广聘名儒讲学，这是既继承了
书院讲学的传统，而又大大扩大了书院的学术范围，是适应时代的进步
发展。

　　无锡国专的另一特点，是课本都是用的原典，没有用什么选本、概论之类的教材，也没有文、史、哲等分科。尤其难能的是好多位老师讲课，都不带教材，全凭记忆背诵原著。如王蘧常先生讲《庄子·逍遥游》，从未带过书本，每次讲课都是听他背诵，我们手里拿着原书，一字不差，连各家的注疏他都能背出来，每当疏解完各家的注疏，评其得失，然后再讲自己的疏解，整个一学期，一篇《逍遥游》没有讲完，却给学生以最朴实的治学方法。特别是童书业先生讲秦汉史，也不用教材，有两位同学给他作记录，他所引各种典籍，全由他默记板书，而且写得极快，有一次他讲到秦代的物价，多少钱一石米，忽然插入一句"合现在的金圆券（国民党通货膨胀后的一种货币）多少万元"，引得学生轰堂大笑。他后来出版的《秦汉史》，就是在当时讲课记录的基础上整理出来的。朱东润先生讲《史记》、杜诗，也特别重视背诵，他要求我们《项羽本纪》也要背诵，杜甫的《北征》、《自京赴奉先县咏怀五百字》也要背诵，至于《秋兴》、《诸将》等律诗，更要背诵。而且每次上课，他总是低声朗诵，他的声调不高，但情韵特胜，大家都爱听他的朗诵。他的书法也特别好，正草隶篆都精，所以他上课的板书，学生都舍不得擦掉，他曾送给我多幅书法，我至今珍藏着。还有钱仲联先生，他的记忆力是惊人的，到他九十多岁，我去看望他时，谈论中所引古人诗篇，都是随口吟出，不假思索。冯振心先生教《说文》，有一次我去他书房里请教，他为《说文解字诂林》特做一个书柜，一格放一本，谈论时，要抽哪一本就抽哪一本，不用搬掉压在上面的书本，而且他对哪一个字在哪一本，都很清楚，随手就拿。我因为喜欢古文字，所以常到冯先生书房去。王蘧常先生也知道我喜欢古文字学，所以1954年我调到北京时，他特意为我写信给唐兰先生，我到京第一个拜见的就是唐兰先生。"文革"中，我的家乡出土了多件青铜器，都有铭文，最大的一件铜鉴体积很大，竟被放在猪圈里当猪食槽用。后来我的侄子用铅笔拓了十几个字寄来，我就到故宫拜见唐兰先生，最后辨认出这是一件大型楚器，还有几件器形较小，也有铭文。后来唐先生写信给我，让我想办法把它弄到北京来，但经过努力运来时，不幸唐先生已去世了。后来经过多位专家的研究，定名为"郏陵君鉴"。虽然这件事已与当年的无锡国专没有关系了，但要不是冯振心先生教我《说文》，培养我对古文字的兴趣，要不是王蘧常先生特为我介绍唐兰先生，这几件名器，可能就会因农民无知而毁弃。据知，同时出土的还有一把完整的宝剑，也有铭文，因为出土时不小心，断成三截，老百姓以为没有用了，就掷在土堆里了，等到我听说，托人去找时，当时是在挖河，河已开通，土堆也完全无法辨认了，终于未能再得。后来这件"郏陵君鉴"和其他几件铜器，我都无偿捐赠给了南京博物院。

无锡国专的教学，特别重视敦品，对学生的品德的培养。唐文治校长、王蘧常先生、冯振心先生等一大批教师，在抗日战争时期，历尽艰难，辗转办学。在国民党统治时期支持学生运动，这许多可歌可泣的事实，令在校的学生无不为之肃然起敬。所以无锡国专对学生敦品的教学，一是老师们的身体力行，二是以所读的古籍以及古今英贤为楷模。我国的传统古籍，很多是把品德的培养寓于书本知识中的，尤其明显的是《论语》、《孟子》、《荀子》等等。学生学习这些古籍，也就渐渐认识到自己对国家、社会、民族所负的历史责任。还有古今英贤的事迹和名言，对学生也起着重要的教育作用。记得校内有一副对联，联语是"铁肩担道义，妙手著文章"①。还有一幅字是写的张西铭的"为天地立心，为生民立命，为往圣继绝学，为万世开太平"。这些也都是对学生起着潜移默化的教育作用。所以在无锡国专所接受的教育，是品学俱重，品

---

① 这副硬联，我的记忆中是挂在进校后第二道门口的，原句是杨继盛的，下句作"辣手著文章"，但这副硬联下句作"妙手"，记得是左宗棠书。因此联书法好，我印象特深，连"左宗棠"三字，我至今尚有印象。

学同时进行的。

　　无锡国专教学的特点之三，是重视培养学生的自学能力和写作实践的能力。我自身的体会，真正地做学问，是在出学校后的自学，在学校主要是学会自学，打好基础。可以说古往今来的大学者，没有是在学校课堂上造成的，都是在长期的自学探索，长期的社会实践中完成的。

　　无锡国专当时很重视学生的作文课，每学期要写好几篇文章，有的比较好的文章，老师还拿到课堂上来表扬。

　　另外，还鼓励学生自办刊物，我与沈绍祖、梅鹤徵等几位同学还发起成立"国风诗社"，创办"国风"诗词刊，是油印本。"国风"两字是王子畏老师题的，这个刊物，一直办到我毕业，记得毕业时还办过一期专刊，可惜这个出了几十期的油印刊物经过一场"文革"，已无法找到了。我与同学们还办过一个墙报，刊名《彻札》，这个名字也是王子畏老师题的，这个刊物主要是发表评论文章，也办了很长时间。这些刊物，实际上是给学生以写作实践的机会，培养学生的写作能力。

　　还有一种活动，就是学术性的讲演会或讨论会，有机会时，就请专家来讲演。记得学校有一次请钱穆先生来讲演，影响极大，前面已经提到了。还有一次，是田汉、洪深带着他们的演剧九队到无锡来排《丽人行》，因为老师向培良、周贻白都与田汉、洪深熟，所以带着我们不少学生，到他们住处（秦淮海祠堂）去拜访他们，听田汉他们讲排演的情况，之后，田汉还到学校来过，作过座谈。此外，本校的老师也经常有学术讲演，我就听过朱东润先生的一次学术讲演。我在上海分校时，最感兴趣的是童书业先生与唐兰先生关于金文问题的论辩，童先生每次上课，总要先讲一段他们论辩的情况，客观上把学生带进了他们学术论辩的氛围，当然，两位先生的论辩，都是非常说理和实事求是的，记得这些文章，都是发表在《大公报》的专刊上，我至今还保存着当时的一本专刊合订本。我在上海分校的另一收获是由王蘧常先生介绍我与沈燮元兄一起到顾廷龙先生主持的合众图书馆看书，查阅资料，向他请教。当时顾老撰写的《明代版本图录》刚出版，在合众看书时，我也得到顾老关于版本学方面的教导。当时我正在撰写《蒋鹿谭年谱初稿》，顾老也给予我很多指点。而在这方面，我的同班同学、好友沈燮元兄，更是后来数十年一直与顾老合作，成为顾老后的第一人。

　　在无锡国专时的以上这些活动，实际上也是培育我们初步走上学术研究道路的实践活动，学术的至关重要的一点是实践，而不是空谈，无锡国专诸位老师的共同点，都是重视实践，不尚空谈，现在你只要去认真重读这些先生的著作，你就会确信这点。

　　我现在追忆，自己数十年来的治学，不敢讲半句无凭无据的空话，即使有所推测，也要说明是推测而不是证实。这一点求实的精神和实践的精神，直到2005年我八十三岁的时候，还去帕米尔高原4700米处为玄奘入境的山口古道立碑（与当地政府和中央电视台一起），还进罗布泊、楼兰、龙城、白龙堆、三陇沙入玉门关，以证实玄奘回归长安的最后一段路程，我们在大沙漠里整整十七天，终于得到了证实，印证了玄奘在《大唐西域记》里的记录。我的这种实地学术调查的爱好和求证的习惯，追溯往事，也是从无锡国专时就开始的，因为1947年，我上无锡国专第二年时，就在《大锡报》上发表习作《澄江八日记》，调查明末江阴抗清斗争的遗迹。这一实地调查的学术原则，从无锡国专到今天，我一直未曾改变。这也是我受母校诸老师之教的一点事实。

　　无锡国专在唐校长和诸师长的苦心经营下，确实造就了不少人才，但是至今却没有一部较为详实的历史，现在有了刘桂秋先生撰著的这部《无锡国专编年事辑》，总算弥补了这一重大学术缺憾。

　　但是，无锡国专这样的教育机构，是否可以算是翻过了的一页历史，对今天已没有现实意义了呢？我却以为不然，当今天中国人民大学国学院成立已五周年之际，当今天山西太原姚奠中先生国学教育基金会隆重成立之际，当今天全国各地纷纷举办国学学习机构的时候，我认为像无锡国专这样的以中国传统思想学术传承和发扬为任务的教学机构，还并没有过时，非但没有过时，而且在一场"史无前例的文化大革命"之后，我们自身的民族思想文化传统正面临着存亡续绝的历史危机，所以这样的教学，还是现实社会所非常必需的。

我们现在正处在伟大的民族复兴的历史时期，中华民族是一个伟大的有悠久的历史思想文化传统的民族，对全世界的文明发展，起过重大的推进作用。我们的民族复兴，当然是与民族的历史、思想、文化的复兴伴随而来的，一个没有自己的历史、思想、文化的民族，是不可能真正强大地独立于现代世界的，马克思主义必须与中国实际相结合，这是一句有深刻内涵的话，如果没有中国的历史、思想、文化，这个结合，就会缺少内涵。当此中华民族全面复兴的时刻，对刘桂秋先生的这部著作，我看作是非常及时、非常有现实意义的适时之作。只可惜我年老多病，眼睛已不大能看书，未能认认真真地细读全书，失去了很好的学习机会。我对以往许多事件的回忆，也可能有记错和失误的地方。好在还有许多学长在，如有误记，敬请指正，以免贻误读者，是所至盼至幸！

2011 年 1 月 17 日夜 1 时于海南

三亚养疴寓所

后　记

　　我给这本集子取名为《逝川集》，是因为这里所收的文章全是"文化大革命"以前写的，光阴已逝，年华老大，面对着这些不像样的东西，自己觉得心里很惭愧。"莫向秋波哭逝川"，十多年的生命白白过去了，我却不能无动于衷，一个人一辈子能有几个十多年的时间呢？想到这里，面对逝川，焉能不哭！

　　孔老夫子曾说过："逝者如斯夫，不舍昼夜。"他的这点时间观念，还是值得称赞的。时间就是生命，我们现在似乎还有一种习惯，不大珍惜时间，这种情况究竟是怎样造成的呢？我没有调查，没有发言权。但不论是什么原因造成的，这种情况总归是不好。

　　在古代作家中，给我以最大的精神力量的，莫过于司马迁，读他的《报任安书》，常常使我感到一种压力，感到一种强烈的精神力量。他的恻恻动人的文句，他深藏在内心深处的苦痛，他忍耻偷生以完成照耀千古的不朽巨著《史记》的坚强毅力，实在不能不使我感奋。"文化大革命"中，每当我读到"死有重于泰山，有轻于鸿毛"的名句时，常常懔然而惊，奋然而起，觉得自己做得太少了。我常常发出痴想，我认为一个人生活在社会上，一辈子消费了劳动人民创造的物质财富，对于我

后　记

们这些从事精神劳动的人来说，应该把这些消耗的物质财富转化为精神产品，司马迁一辈子的消耗，转化为一部伟大的《史记》，杜甫一辈子的消耗，转化为一部杜诗，曹雪芹一辈子的消耗，转化为一部《红楼梦》，他们实在是无愧于劳动人民的供养，他们为我们伟大祖国留下了不朽的精神财富和无穷的精神力量。

　　然而，在"文化大革命"的近十年中，我们又能做什么呢？但是每当我想起上面这三位作家时，我又感到有一种精神力量在支持着我，于是我在无事可做，也不允许做事的情况下，每天晚上在人们熟睡以后，在年轻的人们正在"誓死捍卫"的深夜，我偷偷用毛笔抄写庚辰本《石头记》，终于用了一年的每天的深夜，抄完了这部巨著。每次抄写时，曹雪芹的诗句："满纸荒唐言，一把辛酸泪。都云作者痴，谁解其中味！"还有那甲戌本"凡例"题诗的后两句："字字看来皆是血，十年辛苦不寻常！"① 总是使我产生强烈的深刻的共鸣，发出无尽的感慨！

　　另一个给我以精神力量的是文天祥和他的《正气歌》。文天祥当宋末季，被俘北上后，就囚禁在我现在住处的后面，他的照耀千古的不朽诗篇《正气歌》就写于此处。当"四人帮"横行之时，我时时诵读《正气歌》，我请书法家蓝玉崧同志写下了"天地有正气，杂然赋流形，下则为河岳，上则为日星，于人曰浩然，沛乎塞苍冥"这开头几句，悬之室内。我坚信"天地有正气"，这"正气"就是人民群众的要求、意志和力量。这种力量就是历史的动向，是不可抗拒的，是真正的浩然之气。我坚信我们伟大的中华民族是顶天立地的，陆放翁的诗句："三万里河东入海，五千仞岳上摩天"，正足以代表我们中华民族的顶天立地的气概。我的好友杨廷福在"四人帮"横行时，写了《咄咄吟》六章，诗友江辛眉依韵唱和，感慨苍凉，回荡郁勃，读两君诗，每为泣下。杨

---

① 这首诗我认为不是曹雪芹写的，但这末两句仍然很重要。

407

诗末四句云："身逢昏垫才宜敛，人到穷愁语可删；万古星辰原不废，凭栏依旧见东山！"其末两句亦"五千仞岳上摩天"之意也。

　　以上这些，都是过去的岁月里的思想片断，也可以说是十载逝川中激起的几滴浪花。"泥上偶然留指爪，鸿飞那复计东西？"把以上的片段姑记于此，以作"雪泥鸿爪"也好，以作"梦痕浪花"也好，总之，大江东去，悠悠逝川，已经是不可追回的岁月了！

　　　　　　　　　　1979 年 7 月 25 日深夜 2 时于避暑山庄

再 记

收在这本集子里的文章，都是发表时的原样，除错别字外，未作修改。

还有关于封建道德等的几篇文章，非史非文，也只好编在这里了。

近两年又写了几篇有关文史方面的文章，也一并收入本集。

冯其庸

2011 年 3 月 15 日

三　记

　　收在这本书里的文章，有一部分是原《逝川集》里的，所以书名仍用原名。但有不少是后来写成的文章，如《项羽不死于乌江考》及有关西部的多篇文章，都是《逝川集》以后的文章，这些文章，都是海英为我打的，有几幅重要的地图，也是由我画好后，由海英为我检核的，还有一幅是老友王炳华为我画的。海英曾随我去西部三次，登上帕米尔高原到达明铁盖山口，参加了为玄奘归国入境山口古道立碑的工作。第二天又随我到公主堡，她一下爬到了公主堡的顶上，纵观了全貌，我在山下则碰到牧羊人，弄清了公主堡脚下的小道才是古代的瓦罕通道，这才明白玄奘从明铁盖山口下来，是沿左手山根的瓦罕古道回来的，所以必经公主堡，因此在他的《大唐西域记》里会有记载。海英还仔细考察了塔什库尔干的石头城，玄奘曾在此住二十多天，我对石头城曾考察过两次，拍有不少照片，据王炳华同志告诉我，现在的石头城外边还有一道城墙，这是唐代的外城，目前高耸的石头城，是当时的内城，其下端还是唐代的旧基，我的照片上还可以清楚看到外城的城墙。2005 年 8 月 15 日在明铁盖山口立碑后回到塔什库尔干，海英即抽空去考察了石头城，我因为已去过两次，当天又有其他事情故未去。同年 9 月 25 日，海英

三　记

又随我去考察了营盘，找到了营盘古城，又在太阳落山前找到了脱西克吐尔烽火台（维语意为：带孔的烽火台），我只顾着拍照，她却趁着落日的余辉，登上了烽火台，细看了烽火台全貌，也拍了不少照片。第三天，27 日我们即到达米兰，又回到附近米兰镇上的米兰宾馆住宿，翌日清早即从米兰进罗布泊，当天只到罗布泊南缘，第二天整天穿越了罗布泊，经过颠簸的十八公里，于天黑前到达楼兰。海英与大家当天就先进入楼兰古城，我是第二天清早才进去的，在楼兰古城整整耽了一天，第三天又横穿罗布泊，到达龙城、LE 遗址、土垠、白龙堆、三陇沙入玉门关到敦煌，这一路在沙漠里共 17 天，海英都全程经历了。她还比我多走一个地方，即罗布泊最后一片有水的地方，当天已将天黑，我实在累了，就在营帐休息，他们不顾天晚，终于去看到了这片罗布泊的最后一点剩水了。她还随同我和菉涓一起到了南疆和田，看了玉龙喀什河挖玉的场面，还从民丰一起穿越了塔克拉玛干大沙漠，在库尔勒的罗布人村看到了两位百岁罗布泊老人，之后我们又到了库车，考察了盐水沟玄奘古道和盐水沟的特殊地貌，还进入了库车的天山神秘大峡谷，到了新发现的唐代阿艾石窟。她是从正面约 40 米高的笔直的绳梯直接爬上去的，我与菉涓是从右侧绕道走台阶登上去的。

从西部回来后，我写的有关西部的文章，都是由她打字并校定的。所以编定了这本新的《逝川集》，引起了我对西部的不少联想。记得我们在库车时，还一起到了很难到的昭怙厘东寺，我和海英都拍下了不少照片。这是玄奘记载到的西域古寺，玄奘在此停留两个多月，讲经弘法，等待凌山雪消后去印度。我连续去库车五次，直到第六次才得以到达被库车河隔开的昭怙厘东寺，完成了我的心愿。

编完了这本书，看到了这批旧文和照片，又不禁浮想联翩，下笔不能自止，就算是我对西部的又一次神游吧！

2012 年 6 月 15 日补记于古梅书屋

411